KB264030

익숙한 게임 용어로
1,900개 영단어 어휘 확장

게임 중독
단어 중독

상

이성민, 이성옥 지음

맘 토

게임중독
단어중독 상권

익숙한 게임 용어로
1,900개 영단어 어휘 확장

초판발행 2018년 1월 17일

지은이: 이성민, 이성옥
일러스트: 김보람, 이성민
펴낸곳: 맘토
출판등록: 제324-2016-000034호
주소: 서울시 강동구 동남로29길 2F
전화: 02.6080.4412
홈페이지: www.moms-mentor.com

ISBN 979-11-962726-2-3
ISBN 979-11-962726-1-6 (세트)

Copyright © Lee sungmin, 2018
이 책은 저작권법에 따라 보호받는 저작물이므로 무단전재와 복제를 금합니다.

★ 어학은 흥미가 있어야 합니다.

 어학이란 흥미가 없으면 '3일 공부'를 절대 넘지 못하는 학문입니다. 혹 강요로 인해 3일을 넘겨도 단순 나열로 외운 단어는 밑 빠진 독에 물을 붓듯이 바로 다음날 전혀 새로운 단어로 되돌아갑니다. 그런데 어학과 반대로 온라인게임은 인간의 흥미를 자극하는 가장 대표적인 놀이입니다. 그 중에서도 [LOL]의 인기는 대단합니다. e-스포츠의 대표종목이고 세계가 즐기는 게임입니다.

 [LOL]의 챔피언과 스킬 이름의 단어에서 이미지를 추출한 이 책은 게임자체의 흥미를 기억하게 하여 어학에 연결하는 형식으로 만들어졌습니다. 이미 독자의 대부분은 이 게임을 접한 기억이 있을 것으로 챔피언의 명칭과 스킬을 단어의 이미지에 결부시키는 데에 이점이 있습니다. 단어에 대한 설명도 게임용어와 연관시켜서 단어 암기의 지루함을 없앴습니다.

 저는 의사라는 바쁜 직업을 가지고 있지만 게임을 무척 좋아합니다. 온라인 게임 [뮤]부터 시작하여 [WOW], [리니지2], [길드워2], [디아블로], [아키에이지], [레이븐], [LOL] 등에 이르기까지 다양한 게임이야기로 밤을 지새울 수 있을 정도입니다. 그리고 흥미를 가지고 관련 외국 사이트를 뒤져보며 게임에 관한 정보를 얻는 것을 즐겨했습니다. 그러면서 좋은 단어를 발견하며 즐거워한 적이 많았는데, 재미에 공부가 따라붙은 격이라고 하겠습니다. 지겨운 단순 반복이 대부분인 단어 공부에 이런 온라인게임의 흥미가 더해진다면 이보다 신나는 일이 없을 것입니다.

★ 단어는 내 것이 되어야 합니다.

 단어가 노트와 책에 아무리 잘 정리가 되어있어도 내 머릿속에 없고 내 입으로 나오지 않는다면 내 것이 아닙니다. 단어를 보는 즉시 뜻이 떠오르면 좋고 잠시 들여다볼 때 생각이 나도 무방합니다. 이 때 처음 보는 낯선 단어는 연상법, 그룹화, 분해법 등 수단과 방법을 가리지 않고 일단 내 소유가 되게 만들어야합니다.

 그 단어가 내 것이 되게 하는 이미지로는 챔피언의 얼굴이어도 좋고 챔피언이 사용하는 스킬이어도 좋습니다. 노트에 수십 번을 써도 외워지지 않는 단어가 있는가 하면 한 번 보았는데도 평생 잊히지 않는 단어가 있습니다. 만일 그 단어가 내가 [LOL] 게임에서 수십 번 사용한 스킬이라면 그 동작이나 역할이 더욱 선명하게 기억이 날 수 있습니다. 그래서 게임을 좋아하는 친구가 어느덧 정신을 차려서 공부를 해야겠다고 마음을 먹었을 때는 그동안 쓰고 보아왔던 게임용어와 이미지가 큰 도움이 될 수 있습니다.

 예를 들어, 게임을 좋아하는 친구에게 챔피언 Nocturn녹턴의 이미지를 물어보면 〈어둠의 장막〉을 시전하고 공포를 거는 〈악몽〉 스킬을 떠올립니다. 여기서 '야행성의'를 뜻하는 형용사 nocturnal을 뽑아낼 수 있다면 녹턴을 선택한 후 플레이한 수많은 시간이 이젠 낭비라고 말할 수는 없어집니다. 어렴풋이 기억나던 초등학교 친구의 이름이 절친의 이름으로 바뀌는 셈입니다.

★ 단어 습득은 어원을 중요시해야 합니다.

 단어 하나로 수십, 수백 가지의 연결과 변형, 연관어를 기억할 수 있습니다. 그러려면 어근을 알고 있어야 합니다. 이 책에서 단어를 확장하는데 가장 중점을 둔 사항은 어원입니다. 모든 중점 단어의 기원과 어원을 설명했습니다. 영어는 한문처럼 어근을 기초로 해서 다양한 단어를 얻어낼 수 있는 언어입니다.

다행히 [LOL]의 게임 설계자는 다양한 영역의 챔피언을 창조하기 위해 우주과학, 역사, 공학, 전쟁, 신학, 화학, 생물학, 심리학 등 여러 분야의 용어를 사용했습니다. 특히 스킬 중에서 어려운 물리학 용어를 유난히 자주 사용하는 특징이 있어서 과학적 용어가 눈에 띄게 많습니다. 이러한 과학과 의학 용어들은 라틴어가 기본 바탕이어서 어원을 가지고 단어를 추적하는 데 많은 도움이 됩니다. 따라서 이 책은 그러한 과학용어를 간단히 짚고 넘어가려고 노력하였습니다. 물론 어원을 모두 암기해야할 필요는 없지만 단어의 어원을 한 번씩 확인하는 습관은 나중에 스스로 단어를 확장하려 할 때 매우 요긴합니다.

부모 없는 자식이 없듯이 출신을 모르는 단어는 없습니다. 우리가 한 사람을 알려면 그 사람의 가족, 고향, 친구 등을 알아야 하듯이 단어를 알려면 어원을 통해 색깔과 개성을 입혀야 합니다.

★ 상식을 요구하는 세상입니다.

수능이나 TOEFL에 출제되는 영어예문이나 지문을 보면 누구나 동감하는 경험이 있습니다. 영어가 '영어로 적힌 상식시험'과 거의 마찬가지라는 점입니다. 단어를 아무리 많이 안다 해도 여러 분야의 상식이 없으면 지문을 이해할 수 없습니다. 반대로 상식을 알면 대충 지문을 봐도 무슨 이야기를 하는지 바로 알 수 있습니다. 이러한 상식의 중요성에 대한 이해는 '한 분야의 terminology 전문용어 를 아는 것은 그 분야의 전문지식을 아는 것과 같다'라는 점을 생각하면 매우 중요한 통찰입니다.

풍부한 상식은 많은 독서와 견문을 통해 넓혀가야 하는 것이 맞지만 우리나라는 젊은 층에게 그것을 해낼 시간을 주지 않습니다. 그러면서도 정작 시험에 출제되는 지문과 문제는 학생들이 잡다한 상식을 고루 가지고 있기를 원하는 것으로 보입니다. 따라서 이 책은 본문에 이어진 회색박스 영역 안에 다양한 분야의 신선하고 흥미로운 정보와 용어가 제공되도록 노력하였습니다.

상식은 때로 잡식이라고도 칭해집니다. 당장은 상식이 쓸모가 없어도 내 지식의 밑거름이 되어 언젠가 주머니 속의 송곳처럼 튀어나올 것입니다.

★ 게임은 조절할 수 있어야 합니다.

온라인게임과 관련된 이 책을 처음 기획할 때 탈무드의 한 우화가 생각났습니다. 어떤 아들이 아버지에게 물었습니다. "아버지는 왜 돈을 항상 성경에 숨기세요?" 아들의 질문에 아버지는 대답합니다. "그것은 도둑이라면 성경을 보지 않을 것이고 성경을 보는 사람이라면 도둑질을 하지 않을 것이기 때문이란다."

이 책은 게임을 기초로 하는 것이므로 "항상 게임을 하는 친구는 공부를 하지 않을 것이고 항상 공부를 하는 친구는 게임을 모를 것이다."라는 비슷한 딜레마가 떠올랐던 것입니다. 그러나 곰곰이 더 생각해보니, '게임도 적당히 즐기며 스트레스를 풀고 동시에 공부도 열심히 하는' 독자 여러분이 있을 것이어서 작업을 시작하게 되었습니다.

게임을 하는 것은 죄가 아닙니다. 조절하지 못하는 것이 죄입니다. 오히려 적당한 게임은 정신을 이완시키고 친구나 사회에서의 관계에 도움을 주며 최신 기술을 접하는 기회를 제공합니다. 이 책은 조절의 능력을 배우면서 영어를 시작하려는 사람에게 탈출구로서 도움이 될 것입니다.

이 책이 게임의 니코틴 패치처럼 작용해서 서서히 게임을 하는 사람의 단점이 장점으로 승화되는데 도움이 될 것을 기대해봅니다.

저자 이 성 민

★ 수능 수준의 단어 위주로 난이도를 선택했습니다.

[수능 출제 단어]를 기초로 삼고 공무원 시험이나 편입시험, 토플, 토익, 텝스의 기초가 될 수준으로 난이도를 선택했습니다.

★ 어원을 중심으로 단어의 출신을 확인했습니다.

단어의 어원을 알면 그 단어에서 파생된 관련어의 확장에 큰 도움이 됩니다. 중요한 어근은 어원에 따라 단어를 분해하여 반드시 확인할 수 있도록 했고 그 어근이 사용된 단어를 같이 모았습니다.

★ LOL게임의 챔피언의 스킬 순서로 단어를 정리했습니다.

[LOL] 게임은 PC방에서 항상 인기순위 1위를 자랑하며 누구나 한 번 쯤 플레이하거나 관심을 가지고 들어보았을 인기 온라인게임입니다. 이 [LOL]의 120가지 챔피언이 사용하는 각각 5가지의 스킬 단어를 사용하여 순서를 정했고 그 챔피언과 그가 사용하는 스킬의 이미지를 단어에 연결해 흥미를 유발하도록 했습니다.

★ 한글 발음을 발음기호 옆에 적어 정확하게 읽도록 했습니다.

발음기호를 정확히 몰라서 애초에 영어를 포기하거나, 정확하지 않게 기억해서 단어를 놓치는 경우가 있습니다. 읽으면서 익숙해지도록 강세와 함께 원어민의 발음과 가깝게 적었습니다.

★ 동의어나 비슷한 상황에서 사용가능한 단어를 모았습니다.

동의어, 유의어, 반의어, 비슷한 발음의 단어들을 [수능 출제단어] 수준에서 같이 모아서 뉘앙스의 차이나 용례 등을 비교해서 기억하기 편하게 정리했습니다.

★ 단어를 외우기 편한 방법을 일러스트를 통해 제시했습니다.

일러스트를 딱 한 번 보면 상황과 단어의 발음이 같이 기억나게 하거나 단어 속에서 그 어근을 찾아낼 수 있도록 재미있게 만들었습니다.

★ 단어가 가장 잘 이해되는 상식적인 내용을 회색 박스에 담았습니다.

각각의 단어는 그 이미지나 사용되는 상황, 맥락이 있습니다. 단어에 따라오는 배경지식이나 게임, 영화, 시사 등 떠오르는 내용을 본문 뒤의 회색 박스에 담아 공부 후 같이 살펴볼 수 있게 했습니다.

★ 원어민이 만든 예문을 담았습니다.

간단하지만 그 단어로 가장 흔하게 사용되는 예문을 함께 볼 수 있도록 했습니다. 되도록 원어민의 입장에서 만들었고 각 챔피언의 마지막 장에 담아서 단어를 한 번 더 기억하게 만들었습니다.

**챔피언의 스킬과 연관하여
단어 이미지를 공부**

특정 스킬이 발사되어 공격하는
순간을 떠올리며
단어의 이미지를 만들어 보세요.

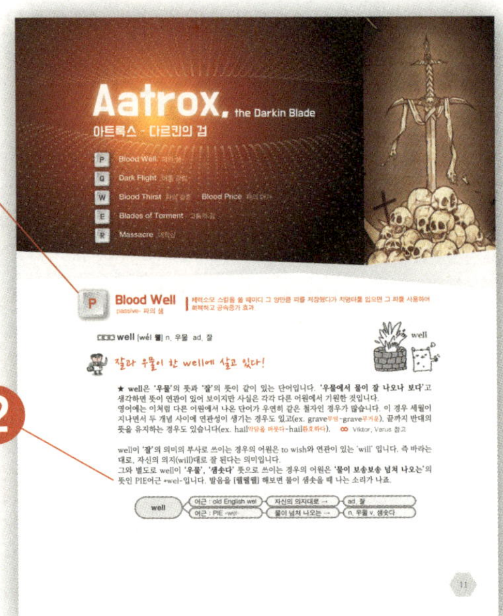

각 단어의 어원을 살펴보며 이해

어원을 알면 모르는 단어도 뜻을
유추할 수 있게 되지요.

연관된 단어 추가 습득

비슷한 단어를 연결시켜요~

연관 단어에 대한 자세한 설명 읽기

막무가내로 외울 수는 없죠.
단어의 자기소개서를 확인합시다.

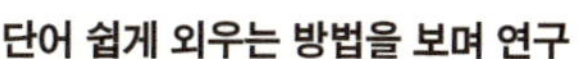

단어 쉽게 외우는 방법을 보며 연구

외울 수만 있다면 무슨 짓이든
다 해보는 겁니다.

□□□ miasma [mɪǽzmə 미애즈머] n. 불쾌한 공기

★ miasma는 독기나 불쾌한 냄새, 기운 등을 의미합니다. 같은 철자의 라틴어인 miasma에서 나온 단어인데 그 기원상 얼룩이나 오염을 뜻하는 mole과 관련되어 있습니다.

mole [moʊl 모울] n. 점, 얼룩, 두더지

miasma불쾌한 공기를 기억하는 방법은 (전국의 '미애' 이름을 가진 사람에게는 미안하지만) 미애를 불쾌한 냄새가 나는 친구로 가정하고 "크..냄새 누구지?" "미애지 머.."의 대화를 이용하면 됩니다.

Miasma theory(불쾌한 공기이론)의 최후

Miasma theory란 '불쾌한 공기'가 전염병의 원인이라는 이론입니다. 그리스 시대로부터 전해져 내려오는 이론이었는데 19세기 중반까지도 원시생물이 발견되기 전까지는 의사들은 이 Miasma 설을 믿고 있었습니다. 주로 전염병이 생기는 곳은 가난하고 위생이 불결한 곳이 많았으므로 나쁜 공기나 나쁜 날씨, 가난 등이 병을 전파시킨다고 여겼던 것입니다.

그러다가 1854년 영국 런던에 치명적인 콜레라가 대유행을 하게 됩니다. 환자들은 설사를 죽죽 계속하다가 검푸르게(dead-blue) 몸이 변해가며 죽어갔습니다. 모두 Miasma를 콜레라의 원인으로 생각할 때 John Snow란 의사는 콜레라가 발생한 집들을 지도에 위치표시를 하기 시작했습니다. 바로 예방의학계의 전설인 유명한 John Snow의 [콜레라 지도]였습니다. John은 도시의 콜레라 환자들이 한 상수도 펌프를 사용하는 집들에서 발생했다는 것을 발견했고 그 수원(水源)은 오물처리장과 맞붙어있다는 것도 알아냈습니다. 똥의 병균이 상수도에 스며들어 병을 일으켰음이 밝혀진 것입니다.
이후 Miasma 설은 모두 폐기되었고 공중위생은 선진국의 가장 중요한 도시설계의 기본이 되었습니다.

단어와 관련된 상식을 읽어보기

단어의 배경지식을 알면 기억도 잘
되는 법.
영어시험은 상식시험이죠.

Annie

★★★★★ pyromania - Pyromania is a type of impulse control disorder.
방화벽(防火癖)은 충동조절장애의 하나이다.

★★★☆☆ arson - A 19-year-old woman and three men were charged with arson.
19세의 여자와 세 명의 남자가 방화 혐의로 기소됐다.

★★★☆☆ arsonist - The fire detectives concluded it was the work of an arsonist.
화재조사관은 그것이 방화범의 소행인 것으로 결론지었다.

★★★★☆ kleptomania - Kleptomania is the recurrent failure to resist urges to steal items that you generally don't really need.
병적 도벽이란 당신이 보통은 진짜 필요하지 않은 물건을 훔치려는 충동을 막는 것에 반복적으로 실패하는 것이다.
(의학 - 훔치려는 충동을 참지 못 하는 일이 반복적으로 일어나는 것이다.)

★★★☆☆ bibliomania - The bibliomaniac collected 300 copies of this book for the past 10 years.
그 서적광(장서광)은 과거 10년 동안 이 책을 300권 수집했다.

★★★☆☆ disintegrate - His old cottage was completely disintegrated by frost and rain.
그의 낡은 오두막은 서리와 비로 인해서 완전히 분해됐다.

★★★☆☆ integration - a seamless integration (이음매가 보이지 않는) 완벽한 통합

★★★☆☆ integral- It is integral to eat all the snacks before your brother comes home.
너의 형이 집에 오기 전에 간식을 모두 먹어치우는 것이 필수적이다.

★★★☆☆ differential - New government said that it aims to narrow the wage differential between the employees.
새 행정부는 노동자간 임금 격차 축소를 목표로 한다고 말했다.

★★★☆☆ tangible - A leader of city of Merchants should have tangible assets like a dragon's egg.
상인의 도시의 지도자는 용의 알 같은 유형 자산을 가지고 있어야한다.

★★☆☆☆ contact - Contact the wizard if you are in need of a potion.
만일 네가 마법물약이 필요하다면 마법사에게 연락하여라.

★★★★☆ incinerate - The lake was engulfed in the toxic smoke of burned plastic, as they incinerate their trash in a big bonfire.
그들이 자신들의 쓰레기를 커다란 입덩불에 소각하자 그 호수는 불에 탄 플라스틱의 독성 연기에 에워싸였다.

★★★☆☆ indicate - I indicated that he should go ahead of me on the death drop ride.
나는 죽음의 하강 놀이기구에서 그가 나보다 먼저 타야 한다고 시사했다.

★★★☆☆ investigate - The police investigated who ate my chocolate pie.
경찰은 누가 내 초콜릿 파이를 먹었는지 조사했다.

★★★☆☆ intimidate - The author refused to be intimidated by threats of zealots.
그 저자는 광신도들의 협박에 겁을 먹지 않았다. (타역 - 겁먹기를 거절했다)

★★★☆☆ initiate - Although the pills obviously initiate chemical effects on the brain, no one has yet explained the exact process.
그 알약이 뇌에 화학적 효과를 내기 시작했지만 아직까지 어느도 그 정확한 과정을 설명하지 못했다.

★★★☆☆ molten - molten lava 녹은 용암

★★★☆☆ summon - He was summoned to the principal's office for smoking behind his school.
그는 학교 뒤에서 담배를 피운 것 때문에 교장실에 호출되었다.

★★★★★ necropolis - When arms and heads smashed through the ground at the necropolis, I knew I was in trouble.
네크로폴리스(죽은 자의 도시)에서 팔들과 머리들이 땅을 뚫고 나올 때, 나는 내가 곤란에 빠진 것을 알았다.

• Asset - Thing of value.

단어가 사용된 문장 속에서 용례 이해

문장에서 단어는 어떻게 사용되는지
원어민의 이야기를 들어봅시다.

★ 영어를 제외한 외국어(라틴어, 그리스어, 프랑스어, 고(古) 독일어, 고(古) 영어)는 회색 글씨체로 적었습니다.

★ 본문에 사용된 단어는 영어가 익숙해지도록 영어를 기준으로 한글 조사를 붙였습니다.
 ex) scurvy괴혈병가, business사업를, crime범죄은

★ 단어를 외우기 위한 방법으로 제시된 문장과 일러스트에는 표준어규칙을 적용하지 않고 사투리, 비속어, 발음대로 쓰기 등도 이용했습니다.

★ 대졸 수준을 넘어서는 단어나 게임어, 전문어는 진하게 표시하지 않았습니다.

★ 발음기호에는 한글로 읽는 법도 같이 적었고 최대한 원어민의 발음을 참고했으며 우리말에 없는 발음은 자음만 표시하는 방법을 사용했습니다.

★ 중요 단어는 게임의 아이템 등급처럼 5단계로 난이도를 구별하였습니다.

 1 단계 : ★☆☆☆☆ - 중 1,2 수준
 2 단계 : ★★☆☆☆ - 중 3 수준
 3 단계 : ★★★☆☆ - 수능 수준
 4 단계 : ★★★★☆ - 수능 최고급, 대학 1 수준
 5 단계 : ★★★★★ - 대학 이상 수준

★ 예문의 해석은 되도록 직역을 하되 되도록 우리말 어순과 어법에 맞도록 바꾸었습니다.

★ 그림에 들어간 영어 단어는 알파벳 이미지를 만들기 위해 첫 철자를 대문자로 적었습니다.

게임 오버. 로그 아웃. 시스템 종료.
그리고 이제는 책상 앞에 앉아
영어책을 펼치는 친구에게.

이 성 민

차례

본문에 들어가기 전에 보는 〈영어 어원과 학습 방법〉

A. PIE(Proto-Indo-European) : 인도-게르만 공통조어(祖語)

1. PIE어근을 발견한 윌리엄 존스 경

PIE는 '인도-게르만 공통조어'라고도 하고 '인도-유럽 공통조어'라고도 부릅니다. 1786년 영국령 인도에서 판사생활을 하던 Sir William Jones윌리엄 존스 경에 의해 그 존재가 처음으로 밝혀진 언어입니다. 그 당시 인도를 식민통치하던 영국은 인도인의 법률(힌두법률)에 영국의 법률을 통합해서 적용해야 할 필요성을 느끼게 됩니다. 그래서 수천 년간 전해져 내려오는 힌두법률을 연구할 사람을 정하게 됐는데, 그 적임자로 언어적 능력이 뛰어난 윌리엄 존스 경이 임명됩니다. 윌리엄 존스 경은 페르시아어 소개서를 출판한 적이 있었고 어렸을 때 배운 켈트어가 기원인 웨일스어도 알고 있었습니다. 게다가 그는 지식인의 기본 언어였던 라틴어와 고딕어에도 능통했습니다.

인도의 고전법이 적힌 힌두법률은 산스크리트어로 적혀있었습니다. 존스 경은 산스크리트어를 새로 배우며 연구하는 도중에 이 산스크리트어가 페르시아어나 영어뿐 아니라 그리스어, 라틴어, 독일어, 웨일스어와 놀랍도록 비슷한 구조와 단어를 가지고 있는 것을 알아냈습니다. 즉 자신이 알고 있던 여러 언어들의 모태가 되는 상위언어를 발견한 것입니다. 그는 이 놀라운 사실을 1786년 벵골-아시안 학회에 발표하였고, 그의 발표는 학계에 커다란 반향을 불러일으켰습니다. 그 후 linguist언어학자들은 동사의 어근이나 문법의 형태를 기초로 삼아서 총 12가지의 뿌리로 나누어진 인도-게르만 공통조어를 추적하여 밝혀내게 됩니다.

2. PIE어근에서 유래한 언어들

archeologist고고학자들은 PIE언어가 B.C. 4500~2500년경 흑해와 카스피해 사이에 펼쳐진 초원의 북쪽지역에서 쓰였다고 추측하고 있습니다. 이들은 말을 타고 양을 키웠으며 수레를 끌고 방추로 실을 짜서 옷을 만들어 입었던 것이 증명되었습니다. 즉 PIE어근에서 말, 양, 수레, 방추, 실, 옷 등 단어의 '조상 언어'가 발견되었고 고고학적 유적도 발굴된 것입니다. 이 선조들에게서 유래한 여러 언어들이 현재의 인류문명의 중앙(서아시아)과 서쪽(유럽), 그리고 신세계(남, 북 아메리카)를 담당하고 있는 것입니다.

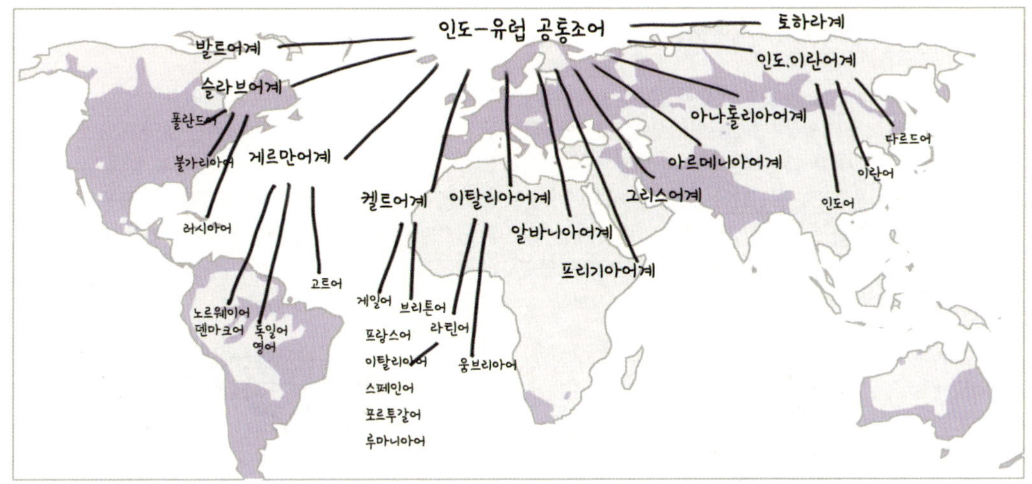

PIE어근에서 유래한 언어들

 지금까지 거의 1500개가 넘는 인도 게르만 공통 조어가 복원되었지만 실제로 존재하였는지는 알 수 없는 언어이므로 이 PIE어근의 단어에는 기호 *을 붙여서 표시하고 있습니다. 현재 유럽에서 사용되는 언어는 대부분 이 PIE어근에 속해 있습니다. 그러나 헝가리어, 핀란드어, 에스토니아어(이상 우랄-알타이어계), 바스크어(바스크어족), 몰타어(셈족)는 유럽에 존재하지만 PIE어족에는 속하지 않는 예외 어족입니다.

 마치 한문을 알면 '우리말 중 한문에서 유래한 일부 단어'의 이해가 쉬워지듯이 PIE어근을 알면 거기에서 유래한 영어단어의 기억이 쉬워집니다. 이 책의 본문에서 PIE어근을 적은 이유는 암기를 도와줄 수 있는 연관된 다른 단어가 존재하기 때문입니다. '그 사람을 알려면 그의 친구를 보라'라는 속담이 있듯이 한 단어를 알려면 그 단어와 연관된 단어들을 보면 됩니다.

B. 영어 단어의 뿌리

1. 아직은 의사소통이 가능한 미국과 영국

 우리는 영국식 영어와 미국식 영어를 주로 공부하게 됩니다. 아직 영국인과 미국인은 의사소통에 별다른 어려움이 없는데 이는 방언의 분화가 덜 되어서 그렇습니다. 일반적으로 두 방언의 핵심어휘가 10% 이상 다르면 서로 말이 통하지 않게 됩니다. 지난 1000년동안 영어의 핵심단어의 교체율은 26%였습니다. 미국은 1776년 영국으로부터 독립하였으니 아직 250년이 채 되지 않았습니다. 영국에서 미국으로 이주한 250년이면 약 6~7%의 단어 교체율이 있을 것이고 그 정도면 대화가 가능한 수준입니다. 게다가 요즘은 TV와 인터넷의 발달로 지리적 경계의 의미가 없어져서 방언의 분화율이 줄어들게 되었습니다. 즉 별도로 영어의 미국식 어원을 연구할 필요가 없다는 뜻입니다.

2. 라틴어가 영어 어휘의 기본

영국식 영어(English)는 서부독일어에서 기원하였습니다. English는 Angles앵글족이 사용하던 언어라는
뜻인데, 이들은 5세기경에 독일에서 영국으로 이주했습니다. 독일에서 건너온 이 앵글족의 영국식 영어가
독일어처럼 툭툭 끊어지는 격음이 많은 이유를 짐작할 수 있습니다. 앵글족이 오기 전 영국 땅에 살던
사람들은 북쪽으로 밀려나서 게일어를 사용하거나 (스코틀랜드), 서쪽으로 밀려나서 웨일즈어를 사용하고
있습니다(웨일즈). 그 후 영국은 중세에 프랑스에서 온 노르만 족에게 정복당했지만 지배민족만 교체된
것이어서 앵글족의 영어는 현재까지 유지되고 있습니다.

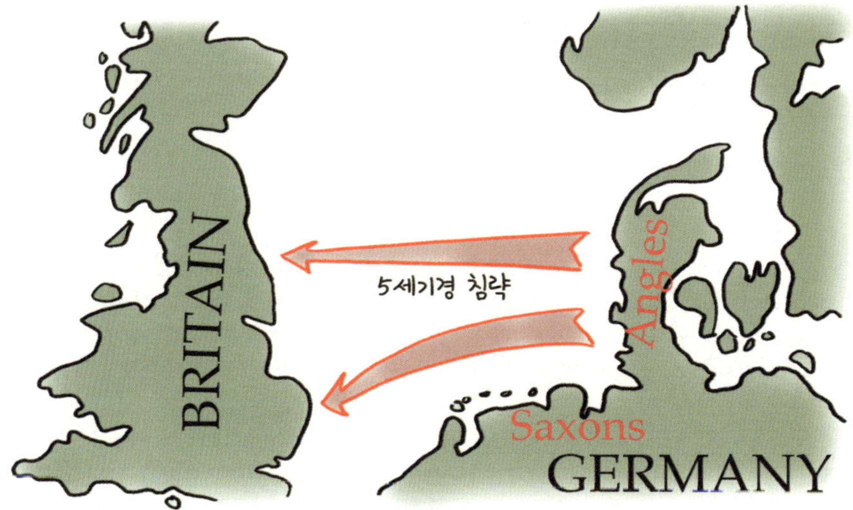

앵글로 색슨족의 5세기경 영국 침략

 이러한 역사를 통해 이 앵글족의 '영어'는 주로 독일어, 라틴어와 프랑스어에서 영향을 받은 것임을 알
수 있습니다. 즉, 영어는 천년 이상 외부의 영향을 받아 고유의 단어보다 수입된 단어가 많다라는 특징이
있습니다. 그리고 크게 독일계, 라틴어계, 프랑스어계, 그 외의 언어로 기원을 나눌 수 있습니다. 독일계
단어라고 하면 고(古)영어를 포함한 독일과 북유럽계에서 유래한 것들을 말하는데, 전체 영어 단어의 약
26%에 해당합니다. 그리고 라틴어에서 유래한 단어는 약 29%를 차지합니다. 또한 프랑스어에서 영향을
받은 단어가 29%정도 됩니다. 그런데 프랑스어도 원래 라틴어 기원이 대부분인 언어이므로 영어의 고유
명사까지 따지면 거의 60%의 단어를 라틴어 계열이라고 분류할 수 있겠습니다.

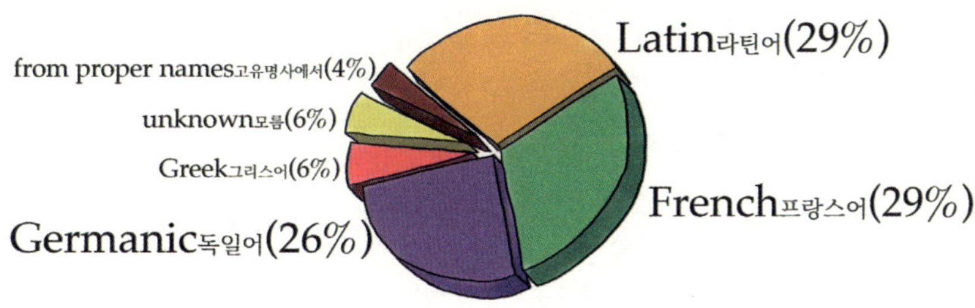

현대 영어 단어의 기원 비율

 따라서 라틴어 어원을 찾아보는 것이 영어 단어의 뿌리를 아는 가장 좋은 방법이 됩니다. 게다가 지금 이 순간에도 여러 학문적인 영역에서 라틴어 어근을 기본으로 한 신조어가 만들어지고 있습니다.

C. 간략한 라틴어 문법

 영어 단어를 기억할 때 라틴어 어원은 참고용으로만 보아도 되지만 반복해서 사용되는 중요한 라틴어 어근들은 기억하는 것이 단어의 확장에 큰 도움이 됩니다. 라틴어는 동사에 다양한 시제와 상[相]이 있고 명사뿐 아니라 형용사까지 성, 수, 격이 변화하므로 극히 복잡한 언어입니다. 이 책은 라틴어를 공부하는 책이 아니므로 여기서는 아주 간략한 라틴어 문법만 보겠습니다. 대표적인 라틴어 동사, 명사, 형용사의 어미를 기억하고 있으면 어원을 추적하는 데 도움이 됩니다.

1. 라틴어 동사

 라틴어 동사는 영어처럼 인칭, 수, 시제에 따라 모양을 바꿉니다. 동사의 기본형은 -are, -ere, -ire로 끝나게 됩니다. a, e, i 로 기억하면 됩니다. 어미에 따라 각각 동사의 1, 2, 3, 4 활용법이 있습니다.

 수와 인칭에 따른 변화를 '일하다' 뜻의 라틴어 laborare로 예를 들어보겠습니다.

동사기본형 단수		동사기본형 복수	
1인칭	-o (laboro)	1인칭	-mus (laboramus)
2인칭	-s (laboras)	2인칭	-tis (laboratis)
3인칭	-t (laborat)	3인칭	-nt (laborant)

라틴어 동사의 과거형은 -vi, -ui로 끝나는 단어가 많습니다. 라틴어 동사의 과거분사형은 과거형(-vi, -ui) + esse동사(영어의 be동사에 해당)의 반과거형태입니다. 이 과거분사형은 영어에서 보듯이 여러 형용사의 모태가 됩니다.

1활용 동사의 과거분사 변화를 보겠습니다.

과거분사 단수		과거분사 복수	
1인칭	-veram	1인칭	-veramus
2인칭	-veras	2인칭	-veratis
3인칭	-verat	3인칭	-verant

2. 라틴어 명사

라틴어 명사는 성, 수, 격에 따라 어미의 모양이 다릅니다. 성(姓)은 라틴어에는 남성, 여성, 중성으로 3가지가 있습니다. 주로 -us로 끝나면 남성, -a로 끝나면 여성, -um으로 끝나면 중성의 명사입니다. 영어에도 이 라틴어 어원에 따른 각 명사의 성(姓)의 흔적이 남아있습니다. 수(數)는 각 격에 따라 다르지만 주로 단수는 -a로 주로 끝나고 복수는 -ae로 끝납니다. 격(格)은 주격(~가), 속격(~의), 여격(~에게), 대격(~를), 탈격(~에 의해서), 호격(~야)이 있습니다.

3. 라틴어 형용사

라틴어 형용사는 명사에 맞추어서 성, 수, 격의 모양을 바꿔서 사용합니다. 기본형은 남성이면 -us, 여성이면 -a, 중성이면 -um으로 끝납니다. 따라서 '착한(bonus) 노예(servus)'라고 한다면 노예는 남성이므로 servus bonus가 되고 '착한 소녀(puella)'라고 한다면 여성형 형용사로 바꿔어서 puella bona가 됩니다.

D. 영어 단어 학습 방법

1. 단어에 개성 부여하기

길거리에서 만나는 어떤 사람이라도 붙잡고 5분만 대화를 해보면 그들만의 독특한 이야기와 족보가 있습니다. 그냥 휙 지나쳤다면 기억도 나지 않을 '행인 1, 행인2'에 불과했을 사람이죠. 영어 단어도 그렇습니다. 보자마자 분류가 되고 기억이 되는 단어가 아니라면, 어원사전을 통해 그 기원을 찾아보고 분해하여 성격을 부여하는 '단어와의 5분간의 대화노력'이 필요합니다. 그 단어에 부여되는 성격으로는 어근(족보), 어원(출신), 연관단어(친구), 발음(성격), 사용예문(직업) 등 다양합니다. 무의미하게 흘러갈 단어를 이렇게 어원을 통해 특별한 나만의 무엇으로 만들어 보시기 바랍니다.

2. 암기법 총동원하기

처음 보는 단어를 만나면 이 4가지 방법 중 하나 이상을 이용하여 내 것으로 만들어야합니다.

> a. 발음연상 ex) imminent **이미 넌** 긴박한 상태다.
> b. 어근유추 ex) contaminate con(함께) + touch+ ate(시키다)
> c. 묶음비교 ex) compliment칭찬 vs complement보완하다
>   : 생김새가 비슷하거나 뜻이 반대되거나 같은 종류의 단어를 묶어서 암기합니다.
> d. 시각화
>   ex) robbery강도

3. 장기적 기억을 위해 노력하기

'외워봐야 금방 사라지는' 기억의 장기화에 대해 중요한 사항 3가지를 알아야 합니다.

첫째. 집중하는 것입니다.
"기억하고야 말테야!"하며 최대한 집중해보십시오. 중얼중얼 반복하는 것보다 훨씬 낫습니다. 또한 전체 정신에너지 총량은 일정하므로 음악을 듣거나 다른 일을 병행하여 집중을 방해하는 일이 없어야 합니다.

둘째. 강렬한 자극을 자주 줘야합니다. 시각, 청각, 촉각 뭐든 다 사용해야합니다.
단조롭지 않은 강력한 자극은 신기하게도 오래갑니다. 예를 들어 자신의 뺨을 철퍽 때려서 **얼얼**하도록 만들면서 "난 백작이 되고 말거야!!"라고 외쳐 earl백작이란 단어를 기억하는 식이죠.

셋째. 반복하는 것입니다.
망각곡선을 참고하여 잊을 만 할 때 한 번 더 자극을 줘야합니다. 10분 후에 복습하면 1일을 기억하고, 1일 후에 복습하면 1주를 기억하고, 1주일 후 복습하면 1달을 기억하고, 1달 후 복습하면 6개월을 기억하게 됩니다.

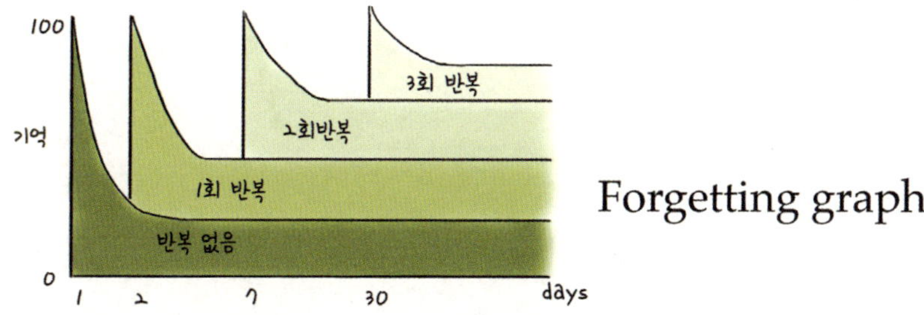

Aatrox. the Darkin Blade
아트록스 - 다르킨의 검

P · Blood Well 피의 샘

Q · Dark Flight 어둠 강림

W · Blood Thirst 피의 갈증   Blood Price 피의 대가

E · Blades of Torment 고통의 검

R · Massacre 대학살

P · Blood Well
passive- 피의 샘

체력소모 스킬을 쓸 때마다 그 양만큼 피를 저장했다가 치명타를 입으면 그 피를 사용하여 회복하고 공속증가 효과.

□□□ **well** [wél 웰] n. 우물 ad. 잘

잘과 우물이 한 well에 살고 있다!

★ well은 '**우물**'이라는 뜻과 부사 '**잘**'이라는 뜻을 함께 가진 단어입니다. '우물에서 물이 잘 나오나 보다'라고 생각하면 뜻이 연관이 있어 보이지만 사실은 각각 다른 어원에서 기원한 것입니다.

영어에는 이처럼 다른 어원에서 나온 단어가 우연히 같은 철자인 경우가 많습니다. 이 경우 세월이 지나면서 두 개념 사이에 연관성이 생기는 경우도 있고(ex. grave무덤-grave무거운), 끝까지 반대의 뜻을 유지하는 경우도 있습니다(ex. hail악담을 퍼붓다-hail환호하다).   ∞ Viktor, Varus 참고

well이 '**잘**'이라는 의미의 부사로 쓰이는 경우의 어원은 to wish와 연관이 있는 '**will**' 입니다. 즉 바라는 대로, 자신의 의지(will)대로 잘 되다라는 의미입니다.
그와 다르게, well이 '**우물**'이나 '**샘솟다**'라는 뜻으로 쓰이는 경우의 어원은 '**샘물이 보송보송 넘쳐 나오는**'이라는 뜻의 PIE어근 *wel-입니다. 발음을 [웰웰웰] 해보면 물이 샘솟을 때 나는 소리가 나죠.

well	어근 : old English wel	자신의 의지대로 →	ad. 잘
	어근 : PIE *wel-	물이 넘쳐 나오는 →	n. 우물 v. 샘솟다

그럼 well과는 별 관계가 없지만 단어 안에 well이 끼어들어 있는 것도 같이 보겠습니다.

dwell [dwel 드웰] v. ~에 살다
swell [swel 스웰] v. 부풀다

* dwell은 '~에 **거주하다, 살다**'라는 뜻의 동사입니다. 여기에 -er이 붙으면 dweller거주자가 됩니다.
또 dwell on(~에 대해 곰곰이 생각하다)이라는 표현은 마치 한 곳에 사람이 정착하듯이 문제나 실수를 깊게 숙고하는
상황을 말합니다.
dwell의 어원을 추적해보면 원래 '**길을 잘못 이끌다**'라는 뜻의 원시독일어 dwelan에서 나온 것임을 알 수 있습니다.
그러다 '**길을 잃어 제자리에 머무르다**'라는 뜻이 되었고 13세기 이후에 '**집을 짓고 살다**'라는 뜻이 되었습니다.
인생은 길을 잃고 떠돌다가 우연히 한 자리에 정착하게 되는 것임을 알게 해주는 어원이라고 하겠습니다.
dwell을 외울 때는 그냥 '**well**우물**에 들어가 앉아 곰곰이 생각에 빠져있다**'라고 생각하면 되겠습니다.

* swell은 '**부풀다**'라는 뜻인데 원시 독일어인 swelnan에서 나온 단어입니다. 부풀어 오르는 것에 대해서는 거의 다
swell 표현이 가능합니다. 즉 벌에 쏘여 피부가 부풀어 오르거나 돛이 부풀어 오르거나 소리가 점점 커지거나, 어떤
감정이 점점 강해질 때 모두 swell을 사용할 수 있습니다.
swelling하면 '**(살갗의) 부기, 부종**'을 말하는 명사가 됩니다.
swell은 암기할 때 벌에 쏘인 뒤 "**쓰..입술이 well잘도 부었다.**"라고 한탄하는 이미지를 만들면 됩니다.

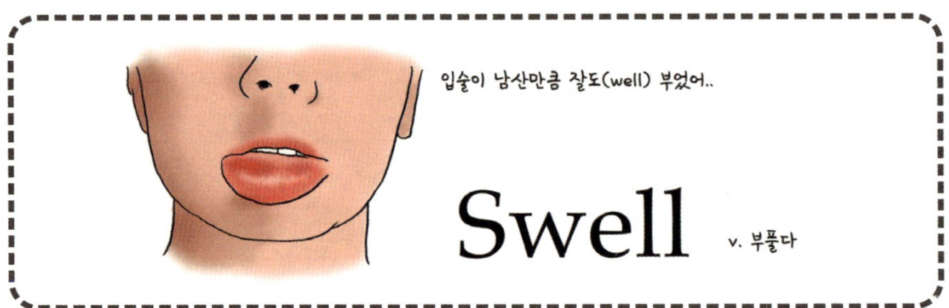

Q **Dark Flight**
Q- 어둠 강림

현재체력의 10%를 소모하며 타겟으로 쿵 내려앉기. 주변 적에게 물리피해.
대상들 1초 동안 공중부양.

□□□ **flight** [flaɪt ㅎ플라이ㅌ] n. 비행

flight은 비행과 도주의 동사가 각각 따로 존재

★ flight는 fly날다의 의미인 PIE어근 *pleu-에서 나온 단어이고 비행을 의미하는 명사입니다.
하지만 '**비행**'에서 뜻이 파생되어 run도주, escape탈출를 뜻하기도 합니다. 그래서 명사형은 flight로

하나인데 동사형은 fly와 flee의 두 가지로 나뉩니다.
fly는 날다(fly-flew-flown), flee는 도망가다(flee-fled-fled)라는 뜻일 때 사용되는 동사입니다.

flee [flɪː ㅎ플리이] v. 도망가다

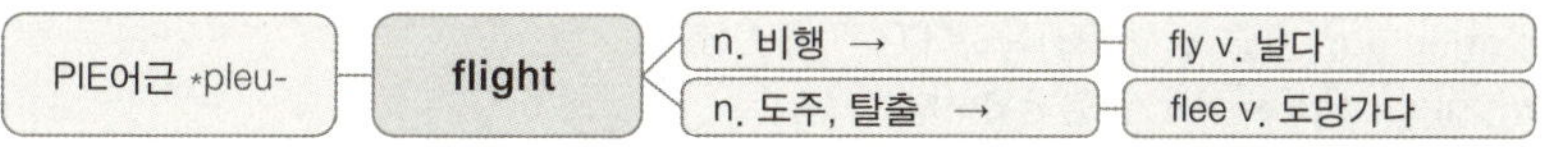

Blood Thirst / Blood Price
W- 피의 갈증 (Toggle off)　　W- 피의 대가 (Toggle on)

(비활성화) : 매 세 번째 공격마다 체력회복.
(활성화) : 매 세 번째 공격이 체력소모 + 추가 데미지.

□□□ **thirst** [θɜːrst 써어스ㅌ] n. 갈증　　∞ Warwick 참고
□□□ **toggle** [tάːgl **타아글**] n. (on/off) 선택키

★ **thirst**는 갈증이라는 뜻인데 한국어 표현의 **'성공에 갈증을 느끼다'**에서처럼 물 뿐만 아니라 다른 것에 대한 갈망의 의미도 있습니다. 이처럼 동서양이 한 단어에서 같은 추상적인 의미의 확장을 해온 것은 앞으로도 자주 볼 수 있습니다.

thirsty [θɜːrstɪ **써어**스티] a. 갈증이 나는

-ggle는 한글에서도 무한 반복을 의미한다. 글글글글..

★ **toggle**은 원래 외투에 다는 막대모양의 단추를 말합니다. 또한 불을 켜는 on/off 전기 스위치나 컴퓨터의 한/영 변환(toggle)키 같은 반복적인 변환 장치의 개념이 있습니다.

영어에서 -ggle로 끝나는 단어들은 toggle이 on-off-on-off를 반복하듯 같은 움직임을 반복하는 경우가 많습니다. 이는 라틴어에서 유래한 어미 -ele, -le가 원래 반복을 나타내는 접미사여서 생긴 현상입니다. 우리말도 영어 발음처럼 보글보글, 우글우글, 지글지글 등 '-ggle글'로 끝나는 의태어가 많다는 것이 신기합니다.　∞ Taric E skill 참고

giggle [gígl **기글**] v. 키득키득하다
wiggle [wígl **위글**] v. 꿈틀꿈틀하다
juggle [dʒʌ́gl **저글**] v. 저글링하다 (ex. 공 3개 공중으로 던지기)

E — Blades of Torment
E- 고통의 검

| 아트록스가 현재 체력의 5%를 소모하여 검기를 발사하고 검기를 맞은 적에게 물리피해와 둔화 효과를 줌.

□□□ **torment** [tɔ́:rment **토어먼트**] n. 고통, 고민거리　∞ Morgana 참고

tor-는 토 나오는 통증

★ torment는 고통이라는 뜻입니다. 단어에서 tor-부분을 보면서 통증을 느끼는 분은 영어 좀 하는 사람입니다. tor-어근은 twist비틀기하다는 뜻의 PIE어근 *terkw-에 그 어원이 있습니다.
조선시대에도 주리를 틀면서 고문을 했었는데 torture란 단어가 있는 것을 보면 서양에서도 사람을 꼬아서 괴롭힌 것이 분명합니다.
torture 단어를 기억할 때는 한글 발음대로 **"쇠를 실토할 때까지 토 나오게 쳐! 고문해!"**를 이용하면 편합니다.
참고로 같은 tor-어근에서 나온 단어인 torque는 자동차엔진의 회전력을 말합니다.

torture [tɔ́:rtʃə(r) **토어처**] n. 고문　∞ Morgana 참고
torque [tɔ́:rk **토어크**] n. 회전력　∞ Maokai 참고

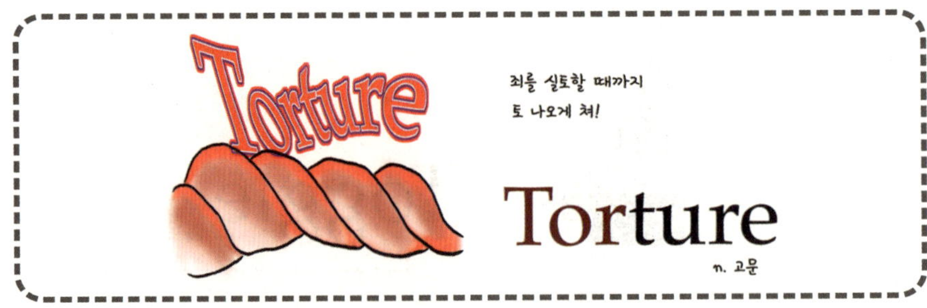

자동차의 3가지 성능 요소

자동차는 torque토크, horse power마력, 그리고 cc로 그 능력을 평가합니다. torque토크는 엔진을 돌리는 힘(가속도)을 말하고, horse power마력는 물체를 움직이는 힘(속도)을 뜻합니다. 여기서 cc는 'cubic centim-eters'의 약자로서 엔진의 displacement배기량를 말합니다.

자동차의 토크가 좋으면 순간가속도가 좋고 경사진 길도 잘 오릅니다. 마력(馬力)이 높으면 최고속도가 높고 그 유지력이 좋습니다. 배기량은 엔진의 연소실의 부피를 말하고 높으면 자동차의 힘을 많이 올릴 수 있습니다. 대신 연료소비량은 늘어나게 됩니다.

이렇게 세 가지 요소로 자동차의 성능을 평가하는 것은 컴퓨터에서 CPU, RAM, hard하드의 세 가지로 그 성능을 표현하는 것과 비슷합니다.

displacement [displéɪsmənt 디스**플레**이스먼ㅌ] n. 이동, 배기량

자동차 성능 3요소	컴퓨터 성능 3요소
torque 토크 (회전력)	CPU (central processing unit)
horse power 마력	RAM (random access memory)
cc (displacement 배기량)	hard 하드

Massacre

R - 대학살

| 적의 피를 흡수해 주변 적에게 마법피해. 공속과 사정거리 증가.

□□□ **massacre** [mǽsəkə(r) **매**서커] n. 대학살

massacre(대학살)는 mass(군중)와는 무관한 인간만의 특징

★ **massacre**는 사람들을 마구 죽이는 '**대학살**'을 의미하는 단어입니다. 어원상 slaughterhouse 도살장라는 뜻의 라틴어 macellum과 어원이 관련되어 있습니다. 즉, 도살장에서 집단으로 가축들을 도축하듯이 사람을 죽이는 것을 말합니다.

보기에는 massacre의 단어 안에 mass군중가 있어서 군중을 죽이는 느낌이지만 어원은 전혀 관계가 없는 셈입니다.

그래도 massacre를 암기할 때는 mass집단 + acre에이커로 보고 킬링필드(대량학살현장)를 떠올리며 '**집단(mass)으로 학살당한 1 에이커(acre) 면적**'을 이미지로 만드는 것이 편합니다.

서로의 집단을 체계적으로 죽이는 동물은 인간밖에 없어서 그런지 집단학살과 관련된 단어의 종류가 massacre 이외에도 의외로 많습니다.

genocide [dʒénəsaɪd **제**너사이드] n. 집단종족학살   ∞ Vladimir 참고
holocaust [hɑ́ːləkɔːst **하**알러코어스트] n. 홀로코스트
annihilation [ənɑɪəléɪʃʌne 어나이얼**레이**션] n. 절멸   ∞ Akali 참고

* **genocide**는 '**집단종족학살**'이라는 뜻입니다. 종족 또는 속(屬)을 뜻하는 그리스어 genos(race종족) + cide(kill 죽이다)가 합성된 단어입니다. genocide의 앞 쪽 어원이 되는 genos는 genus속나 gene유전자에서도 볼 수 있습니다. 또한 접미사로 사용된 -cide는 pesticide살충제, herbicide제초제, fungicide곰팡이방지약 등에서 보듯이 무언가를 죽이는 약이나 행위를 말하는 단어를 만들 때 쓰입니다.

* **holocaust**홀로코스트는 라틴어인 holocaustum에서 나온 단어이고 원래는 제사를 지낼 때 '**양이나 소를 완전하게 다 태워서 신에게 제물을 드리다**'는 의미입니다.
holos(whole완전히) + kaustos(태우다) 의 조합이고 여기서 '**태우다**' 뜻의 어근이 되는 그리스어 kaustos는 지금도 영어에서 caustic부식성의에서 그 자취를 찾아볼 수 있습니다.   ∞ Kog' Maw 참고
그리스와 로마시내에는 제사의 뜻으로 사용되던 holokaustos 난어는 나중 세 2차 세계대선 때에 히틀러가 유대인을 가스실에서 수백만 명을 죽이고 태운 것을 계기로 '**제사**'의 의미는 사라지고 '**대량학살**'을 말하게 되었습니다.
holocaust를 기억할 때는 whole완전히의 발음을 이용해 '**완전히(whole) 꼬실**라버리다'고 연상하는 것이 좋습니다.

* **annihilation**은 '**절멸**'이라는 뜻입니다. 라틴어 annihilare에서 나왔고 ad(향하여)+ nihil(nothing아무것도)의 조합입니다. '**(0을 향하여) 아무것도 남겨놓지 않다**'는 뜻입니다. 여기서 nihil은 '**허무, 무(無)**'를 의미합니다. 라틴어 nihil은 철자 그대로 영어에 사용되고 있으며 nihil은 단순히 숫자로서의 '0'의 개념보다는 '**허무, 공허**'의 감정이나 물질적 상태를 나타냅니다.

annihilation은 이렇게 '**nihil을 만들 정도로 모두 다 죽이는**' 무시무시한 이미지의 단어입니다. 예전 13세기에 몽고군이 반항하는 성을 함락했을 때 본보기로 주민과 함께 닭 한 마리, 쥐 한 마리까지 다 절멸시키는 것이 단어의 예가 되겠습니다.
annihilation을 암기할 때도 단어 속에서 **nihil**을 찾아내어 이러한 잔인한 이미지를 상상하며 이해하면 됩니다.

한편, 우리 주변에서 massacre^{매서커}를 찾아보려면 당장 LOL에서 pentakill^{펜타킬(5연속 kill)}, hexakill 헥사킬^(6연속 kill)을 외치는 게임 멘트에 귀를 기울이면 되겠습니다. 물론 현실에서도 세계 곳곳에서 테러와 전쟁으로 인한 massacre^{대학살}가 일어나고 있고 미국 본토에서도 총기난사로 massacre^{대학살}를 경험하고 있습니다.
또한 massacre의 어원처럼 도살이라는 뜻이 들어있는 slaughter, butcher 같은 단어들은 인상이 강렬해서 WWE 프로레슬러들의 nickname^{별명}에서도 자주 볼 수 있습니다.

slaughter [slɔ́ːtə(r) **슬로어러**] n. 도살자 v. 도살하다   ∞ Hecarim 참고
butchery [bútʃərɪ **부쳐리**] n. 도살, 학살

Aatrox

★☆☆☆☆ well - Wells often had to be sunk a considerable depth in order to tap the geological stratum holding water.
우물은 물을 함유하고 있는 지층에 닿기 위해서 종종 상당한 깊이까지 내려가야 했다.

★★★☆☆ dwell - The boys dwelled on whether to hit the books or not.
그 소년들은 공부를 할까 말까 곰곰이 생각했다.

★★★☆☆ swell - a swell of pride 부푼 자부심

★☆☆☆☆ flight - a comfortable flight 편안한 비행

★★★☆☆ flee - The champion fled the scene after his partner died.
그 챔피언은 파트너가 죽자 그 현장에서 도망쳤다.

★★★☆☆ thirst - thirst for fame 명성에 대한 갈망

★★★★☆ toggle - Toggle the power switch to turn off the broken robot.
그 고장난 로봇을 끄려면 전원스위치를 (off로) 바꿔라.

★★★☆☆ thirsty - Sophia was thirsty for knowledge at that time probably influenced by her father.
소피아는 그때 지식을 갈망했는데, 아마도 아버지의 영향이었을 것이다.

★★★★☆ giggle - We giggled after seeing that he failed to kill even one champion.
우리는 그가 챔피언 한 명도 죽이지 못하는 것을 보고 낄낄거렸다.

★★★★★ wiggle - The worm wiggled down his throat.
벌레는 그의 목구멍으로 꿈틀거리며 기어 내려갔다.

★★★★★ juggle - Only about two people in 100 can actually juggle with three balls.
100명 중에 두 명 정도만이 실제로 공 세 개로 저글링을 할 수 있다.

★★★☆☆ torment - The little boy tormented an ant with a magnifying glass.
그 작은 소년은 돋보기로 개미 한 마리를 괴롭혔다.

★★★☆☆ torture - He was put to dreadful electrical torture, admitted his crime.
그는 끔찍한 전기고문을 당해서 범죄를 자백했다.

★★★★★ torque - torque converter 회전력 변환장치

★★★☆☆ displacement - a ship of 60,000 tons displacement 배수량 6만 톤의 배

★★★★☆ genocide - We must continue to raise international awareness of the importance of prosecuting those who commit genocide.
우리는 대량학살을 저지르는 사람들을 기소하는 것의 중요성에 대한 국제적인 관심을 끌어올리는 것을 계속해야 한다.

★★★☆☆ holocaust - holocaust memorial muscum (유대인) 학살 추모(기념)관

★★★★☆ annihilation - annihilation campaign 섬멸전

★★★★☆ massacre - Shamefully, our team was massacred by a single champion.
부끄럽게도, 우리 팀은 적의 단 한 명의 챔피언에 의해 모두 학살당했다.

★★★☆☆ slaughter - The cow was slaughtered by a village elder to celebrate the Lunar New Year.
그 소는 구정을 축하하기 위해 마을 어르신에게 도축되었다. (구정을 축하하기 위해 마을 어르신이 그 소를 도축하였다.)

★★★☆☆ butchery - an illegal butchery of dogs 불법적인 개 도축

Ahri, the Nine-Tailed Fox
아리 - 구미호

P	Essence Theft	정기 흡수
Q	Orb of Deception	현혹의 구슬
W	Fox-Fire	여우불
E	Charm	매혹
R	Spirit Rush	혼령 질주

P — Essence Theft
passive- 정기 흡수

스킬이 적중할 때 정기흡수(스킬 1회당 최대 3번). 9중첩 후 스킬이 중첩할 때마다 체력회복.

□□□ **essence** [ésns 에슨스] n. 본질, 정수　∞ Ezreal 참고

□□□ **theft** [θeft 쎄프트] n. 절도

steal은 물건을 훔치고 rob은 대상을 훔친다

★ theft는 도둑질, 절도를 뜻합니다. 어원상 thief도둑에서 출발한 단어입니다. 유구한 인류의 도둑질의 역사 때문에 훔치는 종류에 관한 단어도 무척 다양합니다.

burglary [bɔ́ːrglərɪ 버어글러리] n. 빈집털이
embezzlement [ɪmbézlmənt 임베즐먼ㅌ] n. 횡령
larceny [láːrsənɪ 라아서니] n. 절도
looting [lúːtɪŋ 루우팅] n. 약탈
shoplifting [ʃáːplɪftɪŋ 샤앞리ㅎ프팅] n. 가게 좀도둑질, 들치기
pickpocket [píkpɑːkɪt 픽파아킷] n. 소매치기
robbery [ráːbərɪ 라아버리] n. 강도

* burglary는 '빈집털이'라는 뜻입니다. 여기서 burg는 요새(fort)를 뜻하는 독일어 burg에서 나온 것입니다. 지금도 burg는 Hambrug함부르크, Salzbrug잘츠부르크, Hapsbrug합스부르크 등의 단어에 남아서 독일의 도시 이름으로 자주 볼 수 있습니다. 이런 도시의 성벽을 파괴하고 약탈하는 것에서 빈집털이라는 뜻이 나왔습니다.
burglary를 기억할 때는 이 도시 저 도시 여러 burg들을 털어가는 빈집털이로 생각하면 편합니다.

* embezzlement는 공금을 훔치는 횡령을 뜻합니다. 동사 '**횡령하다**'는 embezzle입니다. 고(古) 프랑스어 em(into) + besillier(찌르다)의 조합에서 나온 단어입니다. 돈 주머니 안으로 손을 찔러서 훔쳐가는 모습을 생각나게 합니다. embezzle을 기억할 때는 단어 안의 'bezzle'의 발음을 '배 쩰'로 생각하고 공금을 횡령하고 나서 "**임마! 배 쩰라면 쩨라**"고 말하는 모습을 상상하면 됩니다.

* larceny는 '**절도**'라는 뜻인데 같은 뜻의 라틴어 latrocinium에서 나온 단어입니다. 여기에서 어원이 되는 라틴어 latro가 도둑이라는 뜻입니다.
larceny를 기억할 때는 '**처음 보는 낯선 이가 절도를 했어**'로 기억하면 편합니다.

* looting은 약탈을 뜻합니다. 온라인 게임에서 아이템을 획득하려고 죽은 몹을 클릭하는 것을 '**루팅**'이라고 합니다. 몹의 입장에서는 게이머에게 죽임을 당하고 아이템을 뺏기는 것이니 약탈(looting)당하는 것이죠.

참고로 steal과 rob은 둘 다 훔쳐가는 것이지만 훔쳐가는 것이 살짝 다릅니다.
steal은 '**물건 자체**'를 훔쳐가는 것이고 rob은 '**대상의 일부나 소유물**'을 훔치는 것입니다.

> A thief stole my computer. 도둑이 내 컴퓨터를 훔쳐갔다.
> A thief robbed me of my wallet. 도둑이 나의 지갑을 훔쳐갔다.

예를 들어 steal the money는 되지만 steal the bank는 안됩니다.
rob the bank는 되지만 rob the money는 안됩니다.
만일 steal the bank를 했다고 하면 문장의 뜻은 은행자체를 크레인 같은 것으로 통째로 들고 가는 스케일 큰 행위가 됩니다. 그런 도둑은 영화에서나 볼 수 있죠. 따라서 일반적인 권총을 들고 은행을 터는 행위는 동사 rob을 써야합니다.

도둑질과 강도질이 자유로운 게임 : GTA

[GTA]는 폭력성과 선정성이 가득해서 우리나라에 수입금지가 된 적이 있는 유명한 게임입니다. 주인공 3명은 각각 은퇴한 bank robbery은행 강도, psychopath싸이코패스, ganster동네 건달입니다. 우연히 만난 이들이 게임 내에서 theft절도나 violence폭력 등을 행사한다는 스토리입니다.

자유도가 높은 것으로 유명한 게임인데 실제로도 현실에서 모방범죄를 유발하는 게임으로 의심되고 있습니다. 길을 가다가 몽둥이를 들고 맘에 들지 않는 깡패를 두들겨 패기도 하고 보석상을 털어서 그 돈으로 총을 사서 길거리에서 난사를 하기도 합니다.

제목 [GTA]는 [Grand Theft Auto]의 약자인데 여기서 auto는 automobile자동차의 약어입니다. 그러므로 [GTA]를 번역하면 **'대단한 자동차 도둑님'**쯤 되겠습니다.
19세 이상 대상의 게임인데도 5천만 장 이상 팔렸다고 하니 정말 대단한 기록입니다.

Q **Orb of Deception** | 구슬을 던져 마법피해를 주고 적중한 적에게는 돌아올 때 마법피해 추가.
Q - 현혹의 구슬

□□□ **orb** [ɔːrb 오어브] n. 구체　∞ Xerath 참고

□□□ **deception** [dɪsépʃn 디셉션] n. 속임, 사기　∞ Shaco 참고

orchid(난초)에 고환이 숨어있다!

★ orb는 구나 구체를 말합니다. 특이 왕이 들고 다니는 십자가가 달린 둥그런 보주를 말하기도 합니다. 또한 하늘의 둥근 것인 **'태양, 달'**을 뜻하기도 해서 천문학에 관한 단어에 많이 사용됩니다.

우리가 일상에서 볼 수 있는 둥그런 구체 모양의 것은 왕의 보주 이외에도 몇 가지가 더 있습니다.
eyeball눈알도 둥글고 testis고환도 둥글둥글하고, 행성이나 위성의 orbit궤도도 둥글게 형성됩니다.
그래서 이러한 단어들에게서 모두 라틴어인 orb 어원을 찾을 수 있습니다.

    orbit [ɔ́ːrbɪt **오어빗**] n. 궤도
    orbital [ɔ́ːrbɪtl **오어비틀**] a. 궤도의, 안와의

그리고 orb와 연관된 orchi-는 남성의 두 쪽인 '**고환**'을 뜻하는 접두어로 쓰입니다.
막상 orchi-고환를 그 생긴 것을 상상하고 공부를 하자면 조금 부끄러워집니다. 다행히 요즘에는
orchi-는 orchitis고환염같이 어려운 의학용어에만 사용되고 일반적으로 고환을 가리킬 때는 그냥
testis라고 부르고 있습니다.
여자 친구를 제외한 친구끼리는 그냥 balls라고만 불러도 어떤 물건을 가리키는 단어인지 다들 잘
이해합니다.

또, 청초한 이미지의 난초도 고환이라는 이 orchi- 어원을 사용해서 놀랍습니다. 이는 땅을 파보니
난초의 뿌리가 고환처럼 둥글둥글하게 생겼다고 해서 'orchid난초'처럼 남우세스러운 단어가 나온
것입니다. 이 사실을 알았으니 이제 아름다운 난초의 꽃을 볼 때마다 지저분한 고환을 생각하게 될
것입니다. '**아는 게 병**'인 것이지요.

    orchid [ɔ́ːrkɪd **오어키드**] n. 난초

Ahri는 현혹 좀 했을 뿐 deception(사기)은 치지 않았다

★ deception은 '속이다'라는 뜻의 동사 deceive에서 나왔고 de(from) + ceive(take가져오다)의 조합입니다. 누군가로부터 (속임수를 써서) 물건을 휙 가져오는 이미지의 단어입니다.
LOL의 챔피언 Ahri아리는 한국 전설의 구미호에서 concept컨셉을 가져온 것입니다.
우리가 알고 있는 전설 속의 어여쁜 구미호는 지나가던 선비에게 사기를 치지는 않았습니다. 미모로 현혹했다고 봐야겠죠.

    deceive [dɪsíːv 디씨이브] v. 속이다   ∞ Shaco 참고

그런데 동사인 deceive에는 '**속이다**'라는 뜻과 '**현혹하다**'라는 뜻이 같이 있지만 명사로 deception 이 되면 '**사기, 속임**'이라는 의미만 남게 됩니다.
그러므로 아리의 Q스킬 〈deception〉을 그냥 그대로 해석하면 '**사기**'라는 뜻이 돼버립니다. 사기의 누명을 쓴 구미호 아리를 우리가 공부해서 구합시다.

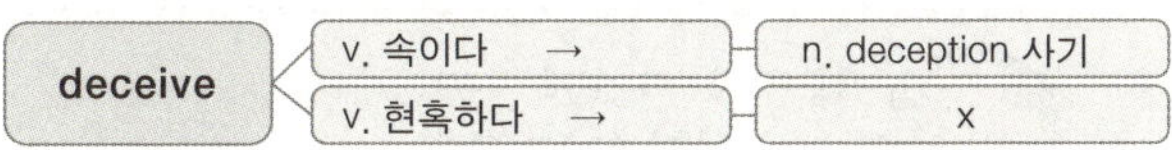

deception사기을 기억할 때는 영화 [Transformer트랜스포머]에서 Autobot오토봇 세력과 대립관계 이던 기계 생명체 세력인 Decepticon디셉티콘을 이용하면 됩니다. 게다가 con에도 '**사기**'라는 뜻이 있어서 deception사기과 con사기을 같이 기억할 수 있습니다.

참고로 deception사기의 종류도 다양해서 여러 단어가 사용됩니다.
그리고 사기나 속임수는 '**모르면 당한다**'라는 특징이 있습니다. 우리는 영어 단어라도 알아야 사기를 덜 당합니다. 속이는 것에 관계된 단어를 아래로 갈수록 좀 더 강력하고 비열한 속임을 나타내도록 나열해서 대비를 해보겠습니다.

    trick [trɪk 트릭] v. 속이다
    cheat [tʃiːt **치**잇] v. 속이다
    delude [dɪlúːd 딜**루**으드] v. 현혹시키다
    defraud [dɪfrɔ́ːd 디ㅎ**프로**어ㄷ] v. 사취하다   ← **fraud** n. 사기
    swindle [swíndl **스윈**들] v. 사취하다 → **swindler** n. 사기꾼

＊ **trick**이나 **cheat**은 게임이나 생활상의 간단한 속임수를 말합니다. 이 정도의 속임수는 미워도 용서가 됩니다.
참고로 우리가 친구 답안지를 훔쳐보는 cunning컨닝이라고 알고 있는 행위는 cheating치팅이 올바른 표현입니다.

＊ **delude**는 '**속이다**'라는 뜻입니다. 명사형이 되면 delusion망상의 뜻이 됩니다. 라틴어 deludere에서 나온 단어인데
de(down아래로, 손해를 끼치며) + ludere(play놀다)의 조합입니다.
이 라틴어 ludere 어근은 '**조롱하듯이 가지고 놀다**'라는 뜻이 있어서 allude암시하다, elude피하다, illude속이다 등의
단어에서 보듯이 상대를 이용하는 행동에 주로 사용됩니다.
delude를 기억할 때는 앞으로도 속이고 '**딜루두(뒤로도) 속이다**'라는 발음을 이용하면 됩니다.

＊ **defraud**는 '**사취하다**'라는 뜻인데 de(throughly철저히) + fraud(사기)의 조합입니다. fraud는 같은 '**사기**'의 뜻인
라틴어 fraudem에서 나왔습니다. fraud는 친구끼리의 용서할 만한 속임수가 아니라 조금 더 범죄에 가까운 사기를
의미합니다.
fraud사기 단어를 기억할 때는 비슷한 철자인 유명한 정신분석학자 Sigmund Freud지그문트 프로이드 박사의 이름을
사용하면 되겠습니다. '**프로이드**의 [**꿈의 해석**]이란 책이 완전 사기였다!'라고 외우는 것입니다. 프로이드 박사님에겐
죄송하지만 fraud사기 단어 하나 외우겠다고 그를 우리 마음대로 생각해버리는 것이죠.

＊ **swindle**은 '**사취하다**'라는 뜻입니다. '**어지럽다**'라는 뜻의 고(古) 고지독일어인 swintilon에서 유래한 단어입니다.
18세기 영국에 살던 독일계 유태인들이 사기꾼을 '**어지럽게 만든 다음에 돈을 강탈해가는 사람**'이라고 swindler라고
부른 것에서 유래했습니다.
이 swindler사기꾼 정도쯤 되면 이제 상대를 쉽게 용서가 힘든 단계가 되어버립니다. 사람들은 theft도둑질을 당하거나
rubbery강도를 당하는 것보다 deceit사기를 당하는 것에 분노를 더 표현하기 때문입니다.
swindle을 기억할 때는 swing흔들다의 발음을 이용해서 눈앞에서 야바위꾼이 손을 '**흔들어(swing)**' 시선을 가린 다음
사기를 치는 이미지를 떠올리면 됩니다.

Fox-Fire ❚ 근처의 적에게 마법피해를 주는 여우불 3개 발사. 하나이상 명중 시 30% 추가 데미지.
W - 여우불

E Charm
E - 매혹 | 키스를 날려 마법피해. 첫 번째로 맞은 적은 홀려서 무작정 아리에게 걸어옴.

□□□ **charm** [tʃɑːrm 챠아암] n. 매력 v. 매혹하다 ∞ Ashe 참고

★ charm은 **'매력'**을 의미하지만 **'부적'**을 뜻하기도 합니다. 여기서는 부적의 뜻을 보겠습니다. charm의 부적의 뜻은 **'노래'**라는 뜻의 라틴어 어원인 carmen에서 나온 것입니다. 이 carmen은 주술사가 주술을 노래한 결과물로 생각하면 됩니다. 즉 부적이 되는 것이지요. 우리말의 부적은 주로 노란 종이에 붉은 글씨를 쓰는 것을 말하지만 외국에서는 그냥 들고다니는 물건의 형태입니다.

온라인게임에서 게임 캐릭터의 장신구 슬롯에 들어가는 **'부적'**은 그 종류가 다양합니다. 대표적으로 charm, talisman, amulet의 세 가지를 들 수 있는데 그 용도에 미묘한 차이가 있습니다.

talisman [tǽlɪzmən **탤**리즈먼] n. 부적
amulet [ǽmjʊlət **애**뮬럿] n. 부적

이 세 가지 부적을 그 용도에 따라 구분해보면 charm은 good luck행운을 끌 목적, talisman은 그 착용자에게 어떤 이익을 줄 목적, amulet은 가슴에 달아서 위험으로부터 무언가를 막을 목적으로 구별할 수 있습니다. 이런 차이는 문화와 민족에 따라 샤머니즘이 다양한 것에 기원합니다.

R Spirit rush
R- 혼령 질주 | 전방으로 질주하여 3명의 적에게 혼령의 정기발사. 마법피해.

□□□ **spirit** [spírɪt **스피**릿] n. 정신, 영혼, 기분 ∞ Nasus 참고
□□□ **rush** [rʌʃ 러쉬] v. 서두르다 ∞ Rek' Sai 참고

Ahri

★☆☆☆☆ essence - The essence of this book is to teach you vocabulary.
이 책의 핵심은 너에게 어휘를 가르치는 것이다.

★☆☆☆☆ theft - Poverty can lead individuals to commit theft.
가난은 개인으로 하여금 절도죄를 범하게 할 수 있다.

★★★★★ burglary - The burglary was committed just before closing time.
그 도둑질은 마감시간 직전에 발생했다.

★★★★☆ embezzlement - embezzlement of government money 정부공금횡령

★★★★★ larceny - grand larceny and petty larceny 중절도죄와 경절도죄(좀도둑질)

★★★☆☆ looting - reports of looting and lawlessness 약탈과 무법에 대한 보고들

★★★☆☆ shoplifting - You could be arrested for shoplifting.
넌 가게 물건을 훔친 혐의로 체포될 수도 있다.

★★☆☆☆ pickpocket - She was pickpocketed by an elf, while visiting the North Pole.
그녀는 북극을 방문하는 동안 엘프에게 소매치기를 당했다.

★☆☆☆☆ robbery - daylight robbery 백주대낮의 날강도짓

★★★☆☆ orb - The round white orb was sending its rays in full flood.
둥글고 하얀 구체가 만조의 바다에 그 빛을 비추고 있었다.

★★★☆☆ deception - The magician used the power of deception to trick us.
그 마법사는 우리를 속이기 위해 기만의 능력을 사용했다.

★★☆☆☆ orbit - Through his telescope Mickey saw a cheese wheel orbiting Earth.
미키는 망원경으로 지구를 도는 (바퀴모양의) 치즈를 보았다.

★★★☆☆ orbital - an orbital flight 궤도 비행

★★★★★ orchid - a night-flowering orchid 밤에 꽃을 피우는 난초

★★☆☆☆ deceive - We have also objected to the use of terms and statistics that are deliberately designed
to deceive the public.
우리는 또한 대중을 기만하도록 고의적으로 고안된 용어와 통계의 사용에 반대해왔다.

★☆☆☆☆ trick - I will try an old trick I learned from my father.
나는 아빠에게 배운 낡은 수법을 시도해볼 것이다.

★☆☆☆☆ cheat - I don't cheat on her.
난 그녀를 두고 바람을 피우지 않는다.

★★★☆☆ delude - Don't delude yourself, this is our own idea.
자신을 속이지 마, 이건 우리들 생각이야.

★★★☆☆ defraud - Amelia defrauded him of his property.
아멜리아는 그의 재산을 사취했다.

★★★☆☆ swindle - The goldsmiths were swindling their customers who trusted them.
금 세공사들은 그들을 믿는 고객에게 사기를 치고 있었다.

★☆☆☆☆ charm - The boy was charmed by a mouse with a flowery dress.
그 소년은 꽃무늬 옷을 입은 쥐에게 매혹되었다.

★★★★★ talisman - a talisman against evil 악마를 막는 부적

★★★★★ amulet - Her great grandma gave her an amulet in the shape of a skull.
그녀의 증조할머니는 그녀에게 해골모양의 액막이 장식을 주었다.

★☆☆☆☆ spirit - Her spirit was uplifted by the return of her bird Chirpy.
그녀의 새 처피(짹짹이)가 돌아오자 그녀는 기분이 좋아졌다.

★☆☆☆☆ rush - Hecarim in the middle rushed recklessly forwards.
중앙에 있던 헤카림이 무모하게 전방으로 돌진했다.

Akali, the Fist of Shadow
아칼리 - 그림자의 권

P	Twin Disciplines	양면의 수련
Q	Mark of Assassin	암살자의 표식
W	Twilight Shroud	황혼의 장막
E	Crescent Slash	초승달 베기
R	Shadow Dance	그림자 춤

P **Twin Disciplines**
passive - 양면의 수련

(기백의 규율) : 기본공격 + 6% 추가마법피해. 주문력 6증가마다 1증가.
(무력의 규율) : 6% 주문흡혈, 공격력6 증가마다 1% 흡혈증가.

□□□ **discipline** [dísəplɪn 디서플린] n. 규율, 훈육, 절제력

 **discipline(훈육)은 이제 그만**

★ discipline은 '훈육'을 뜻합니다. 주로 자녀에게 예절과 바른 습관을 가르치는 행위입니다. 예전에는 자녀의 훈육이라하면 매나 벌로 다스리는 것을 의미했습니다. 그래서 discipline이 동사로 사용되면 '(매와 벌로) 징계하다'라는 뜻이 됩니다. 또한 영어로 home discipline하면 가정교육을 의미합니다. 공공장소에서 마구 뛰어다니는 버릇없는 아이를 보면 이 'home discipline'이 제대로 안됐다고 표현할 수 있습니다.

원래 discipline의 어원은 disciple제자이란 단어에서 기원한 것인데 제자를 엄격히 가르치는 모습과 discipline규율이란 단어를 연결지어 볼 수 있겠습니다.

totalitarianism전체주의 사회에서는 엄격한 '규율'에 '훈육'받으면 '절제력'이 생긴다고 생각했는데 한글로 번역하면 '규율', '훈육', '절제력'이란 단어들을 모두 이 discipline의 한 단어로 대체할 수 있어서 재미있습니다.
discipline훈육을 외울 때는 disciple제자에서 철자를 유추해도 되고 '뒤에 서서 팔 올린'의 벌을 받는 발음과 이미지를 사용해도 됩니다.

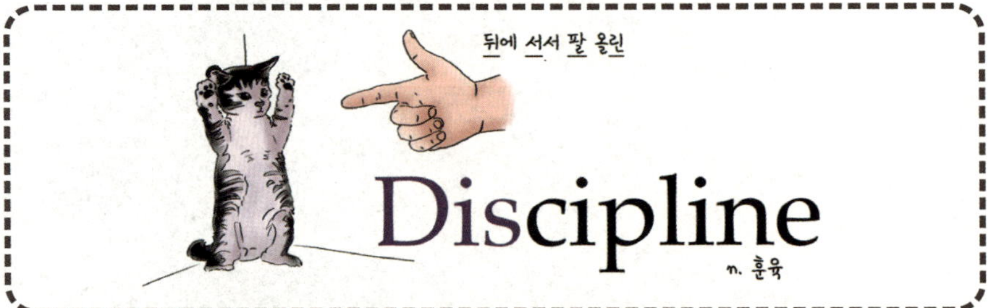

abuse [əbjúːs 어**뷰**우스] v. 남용하다, 학대하다
adoption [ədáːpʃn 어다**앞**션] n. 입양, 채택
disciple [dɪsáɪpl 디**싸**이플] n. 제자

* abuse는 '**남용하다**'라는 뜻입니다. 약물을 남용할 때 뿐 아니라 '**아동이나 동물을 학대하다**'고 할 때도 사용되는 동사입니다. ab(away멀리) + use(사용하다)의 조합입니다. 정상에서 벗어나 물건을 잘 못 사용하거나 상대를 잘 못 대하는 것이죠. mis(wrong틀린) + use(사용하다)의 조합인 misuse오용와 같은 단어 구조입니다.

* adoption은 입양이라는 뜻입니다. ad(to향하여) + option(choose선택)의 조합이고 이는 누군가를 선택하는 것을 말합니다. 고아원에서 아이를 '**선택**'하여 데려오는 모습을 연상하면 됩니다. adoption은 입양뿐 아니라 상대방의 제안이나 여러 선택지 중에서 한 가지를 채택할 때도 쓸 수 있습니다.
adoption을 기억할 때는 새 동생을 입양하는 마음으로 "동생. 우리집으로 **어더옵션**!(어서옵셔!)"의 발음을 이용하면 됩니다.

* disciple은 제자나 사도를 의미합니다. dis(apart떨어져서) + capere(take가져가다)의 조합인 라틴어 discipere 에서 나왔으며 이는 스승으로부터 받은 지식을 각각 '**나누어서**' 분석하고 정리하는 것을 표현한 단어입니다.
역시 고대로부터 공부를 잘하는 제자는 노트정리를 잘 하는 친구였음을 알 수 있게 하는 어원입니다. disciple제자은 일상에서 자주 쓰는 단어는 아니고 성경의 '**예수님의 12제자(the 12 disciples)**' 정도에서나 볼 수 있습니다.
disciple제자를 기억할 때는 의대생을 의사 스승을 따라 흰 가운을 '**뒤**에 **사입을** 제자'라고 기억하면 됩니다.

discipline은 구시대적인 개념

이제 더 이상 아이들을 매로 다스릴 수는 없습니다. 요즘 미국에서는 child abuse아동학대로 신고 당하게 되면 그 부모는 해당 자녀를 키울 수가 없게 됩니다. 정부가 부모에게서 parental rights친권을 박탈하고 아동을 위탁가정에 adoption입양시켜버리기 때문입니다.

영국에서도 이젠 아동은 discipline훈육의 대상이 아니고 엄격한 보호대상입니다. 13세 미만이거나 키 135cm 미만의 아동을 카시트 없이 차에 태우면 fine벌금이 500파운드(90만원)나 됩니다. 우리나라처럼 '**잠시 아이가 울어서 안고 있었어요**'라고 대답해도 fine벌금을 깎아주지 않습니다.

또한 학부모가 동반하지 않으면 아이들은 등하교를 할 수 없습니다. 그러므로 이제 discipline은 현대사회에 비교하여 조금 구시대적인 개념이 있는 단어라고 할 수 있겠습니다. 그럼에도 discipline이란 단어를 자주 사용하는 사람은 이제 '**꼰대**' 취급을 받을 수 있습니다.

Mark of Assassin
Q - 암살자의 표식

아칼리가 적 대상에 카마를 던져 마법피해와 6초간 표식 남김.
표식된 대상을 근접공격시 추가마법피해를 주고 기력을 회복.

□□□ **assassin** [əsǽsn 어**쌔**슨] n. 암살자

assassin(어쌔씬)은 대마초를 피운 zealot(질럿)

★ assassin은 암살자라는 뜻인데 아랍어가 기원인 hashish하시시에서 나온 말입니다. hashish는 원래 '풀'이라는 뜻인데 풀 중에서도 특히 마약의 재료가 되는 '대마초'를 뜻합니다. 지금도 hashish하시시는 영어로 대마수지로 만든 마약을 의미합니다.

이러한 대마와 암살자의 관계는 11세기까지 거슬러 올라갑니다. 이슬람교 이스마일파 중 한 가지인 니자르파가 있었습니다. 신도들에게 절대적 nihilism허무주의과 믿음에 따른 완전한 복종을 가르치는 분파였습니다.
그들은 redemption구원을 얻는다는 종교적인 신념 이외에도 미녀가 약속된 천국과 대마로 신도들을 현혹했습니다. 현혹된 자들은 죽음을 전혀 두려워하지 않는 광신도가 되어 암살에 동원되었습니다. 사람들은 이런 암살자들을 'hashish하시시를 피운 사람'이라고 불렀고 거기에서 assassin아사신이란 단어가 생겨나게 되었습니다.

nihilism [nάɪɪlɪzəm **나**이일리즘] n. 허무주의　∞ Aatrox 참고
assassinate [əsǽsəneɪt 어**쌔**서네이트] v. 암살하다
redemption [rɪdémpʃn 리**뎀**션] n. 구원, 상환(相換)　∞ Soraka 참고
zealot [zélət **젤**럿] n. 광신도　∞ Irelia 참고
crusade [kruːséɪd 크루우**세**이드] n. 십자군

＊ nihilism은 허무주의를 말합니다. '0'을 뜻하는 라틴어 nihil에 사상, 주의(主義)를 뜻하는 어미인 -ism이 붙은 단어입니다. 고대에는 소피스트들이 사용한 용어였으나 현대에는 절대적인 도덕이나 진리의 존재를 믿지 않는 철학자

들의 주장을 말하는 단어가 되었습니다.

대표적으로 Nietzsche니체가 '신은 죽었다'란 명제로 표현한 nihilism허무주의을 주장했습니다. skepticism회의주의의 한 종류로 생각하면 됩니다.

nihilism 단어를 기억할 때는 nihil허무(='0')에서 뜻을 유추하거나 '니 힐 안줘. 허무하게 죽어버려.'하며 힐을 안주는 온라인게임에서 힐러의 모습을 생각해도 됩니다.

* **assassinate**는 '**암살하다**'라는 뜻입니다. assassin암살자에 동사화어미 -ate가 붙어서 '**암살하다**'는 뜻의 동사가 된 것입니다.

* **zealot**은 광신도를 말합니다. [스타크래프트]에서 보던 반가운 이름인 그 광전사 zealot질럿이 맞습니다. zeal열성을 가지고 있는 zealous열정적인한 사람이란 뜻입니다. jeal질투-jealous질투하는 단어와 잘 구별해야 합니다.

* **crusade**는 십자군을 말합니다. 라틴어 crux(cross십자가)에 행동을 나타내는 접미사인 -ade가 붙은 것입니다. 길게 해석해본다면 '**악마에 대항하는, 신을 상징하는 정의로운 십자가의 행동(전쟁)**'이란 뜻이 됩니다.

산의 노인

11세기, 이슬람 광신도 암살자들을 만든 사람은 '**산의 노인**'이라 불리는 Hassan-e Sabbah하산 삽바흐입니다. 어느 날 그에게 페르시아의 통치자의 사절이 방문하자 그는 자신의 신도를 수천 피트의 골짜기 아래로 믿음의 표시로 뛰어내리라고 명령합니다. 그 신도가 산골짜기에 떨어져 산산조각나자 "난 이런 복종을 할 사람들이 60 만 명이나 된다. 당신의 주인은 몇 명이나 가지고 있나?"라고 사절에게 물어봅니다.

그 후 하산은 페르시아의 통치자와 손잡고 이 암살자분파의 zealot광신도들을 반대파나 십자군을 몰래 죽이는 도구로 이용하였습니다. 이 암살자들은 반드시 단도를 사용해서 표적을 죽였습니다. 또 암살 뒤에는 도망가지 않고 자신들의 주장을 큰 소리로 외치곤 했습니다.

이후 '**산의 노인**'과 그의 광신도들의 이야기는 The Crusades십자군전쟁을 통하여 유럽으로 전해지게 되고 나중 서구에서 [아사신 문학]이란 장르가 생겨나는 계기가 됩니다.

Twilight Shroud
W – 황혼의 장막

8초간 유지되는 연막 뿌림.
아칼리는 연막 안에서 은신되며 이동속도 증가.

□□□ **twilight** [twáɪlaɪt 트와일라잇] n. 황혼
□□□ **shroud** [ʃraʊd 슈라우드] n. 장막

twilight(트와일라잇)은 여자들의 스타크래프트

★ twilight은 해가 뉘엿뉘엿 지는 황혼을 뜻합니다. 2008년부터 2012년까지 매년 한 편식 총 5편이 상영된 영화 [Twilight트와일라잇] 시리즈는 잘 생긴 네모 턱의 Robert Pattinson로버트 패틴슨과 2013년 MTV 영화제에서 '**최고의 웃통 벗은 연기상**'을 수상한 늑대인간 Taylor Lautner테일러 로트너가 여성관객의 심장을 두근거리게 만든 영화입니다.

[Twilight] 영화 시리즈 제목은 모두 하늘과 천체현상에 관계된 지구과학 용어로 되어있습니다.

> 2008년 Twilight 트와일라잇　　　　　　　2009년 New moon 뉴 문
> 2010년 Eclipse 이클립스　　　　　　　　2011년 Breaking Dawn 브레이킹 던 part 1
> 2012년 Breaking Dawn 브레이킹 던 part 2

eclipse [ɪklíps 이클립스] n. 식(蝕)　　∞ Leona 참고

* new moon뉴 문은 삭(朔)입니다. 막 시작한 초승달을 말합니다. 또한 보름달은 full moon이고 그믐달은 dark(old) moon입니다.

* eclipse이클립스는 식(蝕)입니다. 식(蝕)이란 한 천체가 다른 천체를 가리는 현상을 말합니다. 한자로는 부수에 먹을 식(食)자를 볼 수 있고 옆에 벌레 충(虫)도 있어서 마치 벌레가 사과를 먹는 듯한 이미지가 떠오릅니다.
일식은 solar eclipse이고 월식은 lunar eclipse입니다.

* dawn은 새벽, 여명을 뜻하고 daybreak와 같은 뜻입니다.

[Twilight] 영화를 꼭 봐야하는 이유

　[Twilight] 영화의 주인공들은 인간이 아니고 뱀파이어나 늑대인간입니다. 모두 매력적인 남자들입니다. 영화에서 보듯이 이제 인간의 맨몸으로는 여성에게 어필하기 힘든 세대가 왔습니다. 뱀파이어, 늑대인간, 혹은 [아이언맨]의 suit수트를 입은 재벌 정도가 될 수 없다면 영화 [Warm bodies웜 바디스]에서의 잘생긴 좀비라도 되어야합니다.

　그럼에도 불구하고 이런 특수능력(!)을 하나도 못 가진 어떤 남자가 [Twilight] 영화도 전혀 보지 않고 여자 친구와 영화관련 이야기를 하는 것은 어리석은 짓이라고 할 수 있겠습니다. 이는 마치 스타나 디아블로 게임을 한 번도 안 해보고 남자 친구들과 피시방 이야기를 하는 것과 같습니다.

 **E**

Crescent Slash
E - 초승달 베기

| 카마를 휘둘러 주변 적 유닛을 베며 추가 공격력의 물리피해를 입힘.

□□□ **crescent** [krésnt 크레슨ㅌ] n. 초승달 모양
□□□ **slash** [slæʃ 슬래쉬] v. (/모양 선을) 긋다

slash는 한 방 크게 그어버리기

★ slash는 키보드에 있는 '/'입니다. 동사로 쓰이면 칼같이 날카로운 것으로 '획'하고 베는 동작을 의미합니다. 명사로는 '긋기'입니다.
slash는 RPG(Roll Playing Game역할수행게임) 게임의 하위 장르인 '핵앤슬래시(hack-and-slash)' 게임으로 우리에게 익숙한 단어입니다.
여기서 hack도 '자르다'라는 뜻이고 slash도 '긋다'라는 뜻이므로 '핵앤슬래시'란 닥치는 대로 칼로 베고 죽이는 게임을 나타냅니다. 스트레스 해소용이므로 머리를 쓰는 것을 별로 요구하지 않습니다.

또한 slash는 요금을 깎아서 '대폭 낮추다'는 뜻도 있습니다.

 **R**

Shadow Dance
R - 그림자 춤

| 그림자 사이로 빨리 움직이며 적을 타격해 마법피해를 입히고 그림자정수 소모.
킬, 혹은 어시스트 시 또는 일정시간마다 그림자정수를 얻을 수 있음. (최대 3개)

□□□ **shadow** [ʃǽdoʊ 쉐도우] n. 그림자   ∞ Zed 참고

Akali

★★★☆☆ **discipline - He showed great discipline in waiting for the right time to attack.**
그는 공격하기에 가장 적절한 순간까지 기다리는 대단한 절제력을 보여주었다.

★★★☆☆ **abuse - child abuse and elder abuse** 아동학대와 노인학대

★★☆☆☆ **adoption - The soccer team adopted a new plan of attack after a series of defeats.**
그 축구팀은 연이은 패배 후에 새로운 공격작전을 채택했다.

★★★☆☆ **disciple - master and disciple** 스승과 제자

★★☆☆☆ **assassin - a hired assassin** 살인청부업자

★★★★★ **nihilism - political nihilism** 정치 허무주의

★★★☆☆ **assassinate - The guerrilla group has tried various plot to assassinate the president.**
그 게릴라 집단은 대통령을 암살하려고 다양한 음모를 시도해봤다.

★★★☆☆ **redemption - redemption of the loan** 대출금 상환

★★★☆☆ **zealot - the right-wing zealots** 극우 열성분자

★★★★☆ **crusade - a holy crusade** 거룩한 십자군

★★★☆☆ **twilight - the twilight years** 인생의 황혼기

★★★☆☆ **shroud - The case of the one handed man is shrouded in mystery.**
외손의 남자의 사건은 미스터리에 싸여있다.

★★★☆☆ **eclipse - He eclipsed his previous best score.**
그는 자신의 최고기록을 갈아치웠다.

★★★☆☆ **crescent - The crescent moon can only be seen tonight on this planet.**
이 행성에서 초승달은 오늘 밤에만 볼 수 있다.

★★☆☆☆ **slash - Unfortunately, lawmakers decided to slash a budget for this year.**
불행하게도, 국회의원들이 올해의 예산을 삭감하기로 결정했다.

★☆☆☆☆ **shadow - The shadow of the ghost was the only way we knew it was real.**
유령의 그림자만이 그것이 실재라는 것을 알 수 있는 유일한 방법이었다.

Alistar. the Minotauros
알리스타 - 미노타우로스

- **P** Trample 짓밟기
- **Q** Pulverize 분쇄
- **W** Headbutt 박치기
- **E** Triumphant Roar 승리의 포효
- **R** Unbreakable Will 꺾을 수 없는 의지

P **Trample**
passive - 짓밟기

스킬 사용 시 3초간 유닛충돌을 무시할 수 있고 주변적과 건물에 마법피해. 미니언에게는 2배 데미지.

□□□ **trample** [træmpl **트램플**] v. 짓밟다

tramp(부랑자)가 trampoline(트램폴린)에서 trample한다

★ trample은 '**짓밟다**'라는 뜻입니다. 잔디나 사람을 짓밟을 때도 사용되고 감정이나 권리를 짓밟을 때도 사용됩니다.
tramp부랑자에서 나온 말인데 부랑자는 터벅터벅 걷습니다. 먼 길을 걷느라 힘이 다 빠져 사뿐사뿐 걷지 못하죠. 내딛는 발걸음마다 힘겹게 털썩거립니다.
이런 부랑자의 동작 '**쿵쿵대며 무겁게 밟다**'가 반복되어 trample짓밟다이라는 단어가 나왔습니다.

사실 trample짓밟다은 우리가 이미 알고 전에 사용했던 단어입니다. 다들 어렸을 때 골목 한 귀퉁이 공터에서 천원을 내고 30분간 trampoline트램폴린에서 폴짝폴짝 뛰며 조금이나마 중력을 거스르던 즐거운 추억이 있을 겁니다. 이 트램폴린 안에 트램플 단어가 들어있습니다.
요즈음 trampoline트램폴린은 엄청난 칼로리를 소모하는 전신운동의 하나로서 성인들도 다이어트 목적으로 많이 사용하고 있습니다.

tramp [træmp 트램프] n. 부랑자
trampoline [træmpəliːn **트램**펄린] n. 트램펄린

tramp n. 부랑자 →	trample v. 짓밟다 →	trampoline n. 트램폴린

Q Pulverize
Q - 분쇄

알리스타가 지면을 강타해 주변 적들을 1초간 공중에 날려버림. 추가로 적들이 땅에 떨어지면 마법피해와 0.5초간 기절.

□□□ **pulverize** [pʌ́lvəraɪz 펄버라이즈] v. 분쇄하다

Pulverize는 적을 풀 베라

★ pulverize는 가루로 만들다(milling), 적을 쳐부수다(demolish)라는 뜻으로 좀 과격한 의미지만 격식을 갖춘 글에 쓰이는 단어입니다.
pulverize는 무언가를 'powder가루로 -rize만든다(化) = 쳐부수다'는 뜻의 라틴어 pulverizare에서 나온 것입니다. 이 어원은 가루의 일종인 pollen꽃가루와 연관되어 있습니다.

pulverize는 한국인은 외우기가 쉽습니다. 한글 발음 그대로 pulverize를 읽으면 '**풀 베라**', '**적을 풀 베듯이 쳐부수다**'라는 의미로 이해되기 때문이죠.

pollen [pá:lən 파알런] n. 꽃가루

Headbutt

| 알리스타가 대상유닛에 돌진하여 머리로 들이받아서 마법피해 + 1초간 600거리로 날려버림.

W - 박치기

□□□ **headbutt** [hédbʌt **헤드버ㅌ**] n. 박치기

buttock(엉덩이)은 좌우 두 개니까 buttocks다

★ butt은 동사로 **'들이받다'**는 뜻입니다만 명사로는 **'뭉툭한 끝'**을 말하므로 소총의 개머리판이나 담배꽁초, 또는 속어로 엉덩이를 뜻하기도 합니다. 모두 자주 사용되는 뜻입니다.
권투에서 butting버팅은 고개를 숙이고 머리를 휘둘러서 상대를 들이받는 것을 말합니다. 반칙이지만 무척 자주 사용되는 기술입니다.
이러한 butt의 여러가지 뜻은 **'뭉툭한 끝'**에서 시작하여 차차 파생된 것들로 이해하면 됩니다.

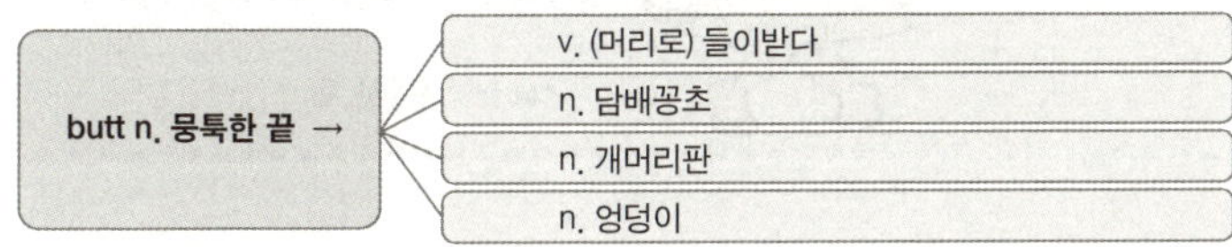

butt이 엉덩이의 뜻일 경우 영어에는 hip, bottom, buttocks, behind, ass 등 그 부분을 뜻하는 비슷한 단어가 많이 있습니다.
우리나라도 둔부, 엉덩이, 방뎅이, 궁둥이, 꽁무니 등 상황에 따른 여러 말이 있습니다. 동서양을 막론하고 워낙 관심이 많이 가는 부위라서 지칭하는 단어도 많은 듯합니다.

buttock [bʌ́tək **버턱스**] n. 엉덩이 (좌우로 뭉툭한 것이 두 개이므로 복수 buttocks로 사용)
bottom [bá:təm **바아텀**] n. 바닥, 엉덩이

* hip은 일반적으로 엉덩이(그 볼록 튀어나온 두툼한 두 개의 덩어리)보다는 골반(허리와 다리사이의 양옆으로 튀어나온 부위)의 의미이므로 신체사이즈를 재는 BWH(Bust/Waist/Hip가슴,허리,골반)를 이야기할 때 사용됩니다. 물론 엉덩이에 힘을 주는 hip up이란 표현이 있듯이 원어민들도 엉덩이와 골반을 혼동하여 사용하긴 합니다.

* bottom은 일반적인 엉덩이를 말하므로 글이나 대화에서 쓸 수 있지만 단어 자체가 뜻이 야릇하므로 보통 bottom 보다는 behind뒤에,엉덩이를 써서 점잔을 빼며 그곳을 지칭합니다.

* buttocks는 마찬가지로 일상에서 엉덩이를 말할 때 쓰이지만 주로 병원이나 의학책에서 근골격계의 부위로서 엉덩이 즉, '둔부'를 지칭할 때 쓰입니다.
엉덩이를 지칭할 때는 일상 친구끼리의 비속어 대화에선 bum, butt을 사용하고 '욕이 대화의 90%'인 친구들끼리는 ass까지도 사용합니다.
buttocks를 기억할 때는 '벗으면 톡 튀어나오는 것, 엉덩이'로 발음을 이용해도 됩니다.

E   **Triumphant Roar** | 승리의 함성으로 자신과 주변아군 체력회복. 근처에서 적 유닛이 죽으면 '승리의
E - 승리의 포효 | 포효'의 쿨타임 2초 감소.

□□□ **triumphant** [traɪʌ́mfənt 트라이**엄**ㅎ펀ㅌ] a. 큰 승리를 거둔
□□□ **roar** [rɔː(r) 로오어] v. 포효하다   ∞ Sion 참고

triumph는 'victory x 100'의 완전한 대승리

★ triumphant의 명사형은 triumph대승리입니다. 원래 triumph는 그리스어인 thriambos에서 나온 단어로서 'hymn to Dionysus디오니소스에게 찬양을'이란 Etruscan에트루리아어에서 나왔습니다. triumph는 손가락 V로 그리는 소소한 victory가 아니고 기쁨과 환호가 온 나라에 가득한 대단한 승리(triumphant)의 수준을 말합니다.

미국 대선에서 트럼프가 힐러리를 이기고 대통령에 당선되자 워싱턴포스트(WP), 뉴욕타임즈(NYT)

등의 언론들은 일제히 대문짝만하게 〈Trump triumphs.트럼프가 대승리하다〉를 헤드라인으로 내걸었습니다. 미국인에게는 운율이 있는 문장이어서 기억하기 쉬웠을 겁니다.
우리는 triumph에 3을 뜻하는 tri-가 단어에 들어간 점을 이용해서 **'3번(tri)이나 이기는 대승리'**로 기억하면 됩니다. 트럼프의 공화당은 대통령, 상원, 하원 3가지를 모두 한 번에 이겨버렸습니다.

triumph [tráɪʌmf **트라**이엄ㅍ] n. 대승리

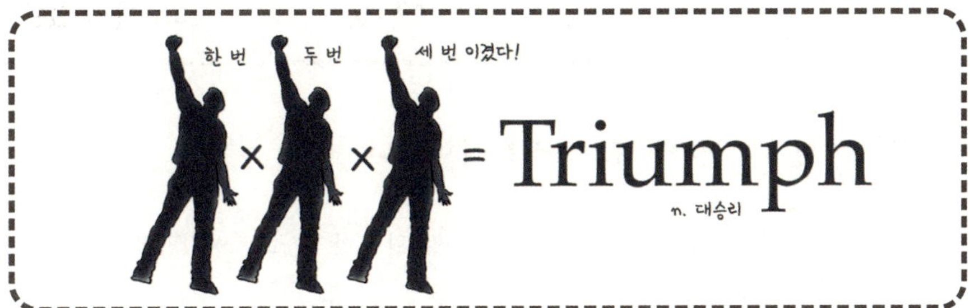

R **Unbreakable Will** **I** 사용 즉시 알리스타의 모든 상태이상 제거. 7초간 공격력 증가, 받는 피해감소.
R - 꺾을 수 없는 의지

□□□ **unbreakable** [ʌnbréɪkəbl 언**브레**이커블] a. 부서뜨릴 수 없는   ∞ Braum 참고

□□□ **will** [wɪl 윌] n. 의지, 유언장

un + 머머 + able은 '머머할 수 없는'의 조어법이다

★ break는 '깨지다'라는 뜻이고 un-(반대) + break + -able(할 수 있는)의 조합에 들어가 **'깨뜨릴 수 없는'** 뜻의 unbreakable이란 단어가 만들어졌습니다.
이렇게 **'~할 수 없는, ~하지 않은'**이란 단어를 만들기 위해서 **'un + 단어 + -able'** 조합을 사용하는 예는 unbelievable믿을 수 없는, uncomfortable불편한, unstable불안한 등 무려 1000개 이상을 찾을 수 있습니다.

이처럼 -able은 능력을 나타내는 형용사를 만들 때 사용됩니다. -able의 변형된 모습인 어미 -ible도 동사의 뒤에 붙어서 역시 **'~할 수 있는'** 능력을 나타내는 형용사를 만듭니다.
또한 able~할 수 있는의 명사형인 ability능력도 -ability라는 접미사로 사용되어 '~능(能)'이란 뜻의 단어를 만들게 됩니다. 그 예로는 believability신뢰성, comfortability쾌적함, stability안정성 등이 있습니다. 동사 하나만 알면 -able, -ability, un~able로 단어 4개를 알 수 있는 셈입니다.

will은 제일 마지막에 쓴 것이 효력이 있다

★ will이 '~할 것이다'의 조동사로 사용되지 않고 명사나 일반 동사로 사용되면 '의지', '유언장'이나 '의도하다'라는 뜻이 됩니다.
will만 써도 유언장의 뜻이지만 좀 더 강조하기위해 'last will and testament'라는 말을 씁니다. (마지막)유언장이란 뜻이겠지요. 유서를 잘 써놓지 않는 우리나라에 비해 외국에서는 젊었을 때부터 꾸준히 유서를 써 놓습니다. 그리고 자식의 행태를 보며 자주 바꿉니다. 결국은 맨 마지막에 쓴 것이 효력이 있다고 합니다.

> **testament** [téstəmənt 테스터먼ㅌ] n. 증거

testament는 법정에서의 '증거'를 말하는 것이 아니고 일반적인 사실이나 존재유무에 대한 '증거'를 뜻합니다.
testament의 어원은 'witness증인'를 뜻하는 라틴어인 testis와 연관되어 있습니다. 라틴어 testis는 철자 그대로 영어에서 '고환'이라는 뜻으로 쓰입니다. 정력의 증인이라는 뜻이 이어진 것입니다.
더 어원의 추적을 계속하면 '3(three)'을 뜻하는 PIE어근 *tris-와의 관련을 찾을 수 있습니다. 어떤 사건에서 보통 '제 3자'가 객관적인 증인이 되므로 3(tri-)과 testament증거가 연관된 것입니다.

이처럼 증인이나 맹세의 뜻에서 기원한 라틴어 testis 어근의 단어를 보겠습니다.

> **contest** [kάːntest 카안테스ㅌ] n. 대회, 콘테스트   con(함께) + testis(증인)
>   :증인 앞에서 함께 겨루는 것
>
> **attest** [ətést 어테스ㅌ] v. 입증하다   ad(to향하여) + testis(증인)
>   : 증인을 향하여 증명하는 것
>
> **detest** [dɪtést 디테스ㅌ] v. 매우 싫어하다   de(down아래로) + testis(맹세)   ∞ Evelynn 참고
>   : 맹세(욕)를 해서 상대를 낮추는 것
>
> **protest** [próʊtest 프로우테스ㅌ] v. 항의하다   pro(앞으로) + testis(맹세)
>   : 맹세(욕)을 해서 상대를 향해 대드는 것
>
> **testis** [téstɪs 테스티ㅅ] n. 고환

Alistar

★★★☆☆ **trample** - A young boy trampled over her elaborate sand castle.
한 어린 소년이 그녀의 공들인 모래성을 짓밟았다.

★★★☆☆ **tramp** - Charles wanted to tramp across as many continents as possible, and he assumed that Emma wanted to do the same.
찰스는 가능한 많은 대륙의 도보 횡단을 원했고, 그는 엠마도 같은 것을 원하리라고 추정했다.

★★★☆☆ **trampoline** - She bounced up and down on the trampoline.
그녀는 트램펄린에서 위아래로 뛰었다.

★★★★★ **pulverize** - A feral cat was pulverized by a tank, while it looked for food.
들고양이 한 마리가 먹이를 찾다가 탱크에 (깔려) 가루가 되었다.

★★★☆☆ **pollen** - Pollen from flowers was pushed along by a giant's great blow.
꽃에서 나온 꽃가루가 거인의 대단한 입김을 따라 밀려나갔다.

★★★☆☆ **head-butt** - The fighter head-butted his opponent to win.
그 전사는 이기려고 적에게 박치기를 했다.

★★★☆☆ **buttock** - This exercise will tone up your sagging buttocks.
이 운동은 너의 처진 엉덩이를 올려줄 것이다.

★★☆☆☆ **bottom** - It was only a matter of time before stock market hit rock bottom.
주식시장이 바닥을 치기까지는 시간문제에 불과했다.

★★★★☆ **triumphant** - His team was triumphant yet again.
그의 팀은 다시 한 번 대승리를 거두었다.

★★★☆☆ **roar** - a deep-throated lion's roar
목구멍 깊은 곳에서 울려 나오는 사자의 포효

★★★★☆ **triumph** - Americans crave stories of triumph, especially over the disease.
미국인은 특히 질병을 극복하는 이야기를 갈망한다.

★★★☆☆ **unbreakable** - unbreakable plastic bottle
잘 깨지지 않는 플라스틱 병

★☆☆☆☆ **will** - He has the will to fight through his pain.
그는 고통을 이겨내고 싸울 의지를 가지고 있다.

★★★☆☆ **testament** - His top ranking is a testament to his hard work.
그의 최상위 순위는 그가 열심히 했다는 증거다.

★☆☆☆☆ **contest** - The contest is almost over and I'm still number one.
대회는 거의 끝났고 나는 아직 일등이다.

★★★☆☆ **attest** - As any gamer can attest, a good team is essential.
어떤 게이머도 입증할 수 있듯이, 좋은 팀은 필수적이다.

★★★☆☆ **detest** - I detest when my favorite restaurant is closed.
나는 내가 가장 좋아하는 음식점이 문을 닫을 때가 정말 싫다.

★★★☆☆ **protest** - Teens protested the new gaming policy change.
십대들은 새 게임정책의 변화에 대해 항의했다.

★★★★★ **testis** - His developing testis allow him to feel like a man.
그의 점점 커지는 고환은 그로 하여금 남자가 되었다고 느끼게 해준다.

Amumu, the Sad Mummy
아무무 - 슬픈 미라

P	Cursed Touch	저주의 손길
Q	Bandage Tosse	붕대 던지기
W	Despair	절망
E	Tantrum	짜증내기
R	Curse of the Sad Mummy	슬픈 미라의 저주

P Cursed Touch
| 아무무의 기본공격을 맞은 적은 마법저항력 감소. 3초간 지속.

passive - 저주의 손길

□□□ **curse** [kɜːrs 커어스] n. 욕, 저주   ∞ Swain 참고

Don't call me names. (욕하지 마세요.)

★ curse는 swear욕하다라는 뜻이고 원래 '**저주하다**'라는 의미에서 나온 단어입니다. 즉 사람이나 물체에 좋지 않은 일이 생기기를 바라는 것입니다. 어떤 사람은 curse가 십자가를 뜻하는 cross에서 나온 저주의 단어라고 말하기도 합니다.

욕의 종류는 무척 다양합니다. curse저주를 하는 욕, swear맹세를 하는 욕, 신체부위를 언급하는 욕, 성적인 욕, 동물 등에 비유하는 욕 등등.. 우리가 그 많은 영어 욕을 열심히 외울 필요는 없으므로 거꾸로 "욕하지 마세요."라는 표현을 아는 것이 더 좋겠습니다.

> Don't call me names. / Don't swear at me. / Stop cursing.
> / Why don't you stop saying bad words?
> 욕하지 마세요.

여기서 "Don't call me names."는 "내 이름들을 부르지 마세요."라는 뜻이 아닙니다.
다른 이상한 이름으로 부르지 말라는 것으로서 "욕하지 마세요."라는 뜻입니다.

 ## Bandage Toss | 붕대를 던져 적중한 적에게 마법피해와 1초간 기절시킴. 아무무는 그 위치로 이동.
Q - 붕대 던지기

□□□ **bandage** [bǽndɪdʒ **밴**디지] n. 붕대

 ### 대일밴드는 band-aid이다

★ **bandage**는 환자들이 감고 있는 붕대를 말합니다. 상처부위를 감아 압박하는 탄력붕대는 elastic bandage라고 부릅니다. 참고로 elastic band(=rubber band)는 고무줄입니다.
우리나라에서 대일밴드라고 부르는(상품이름) 작은 상처용 밴드는 영국에서는 plaster, 미국에서는 band-aid라 부릅니다.

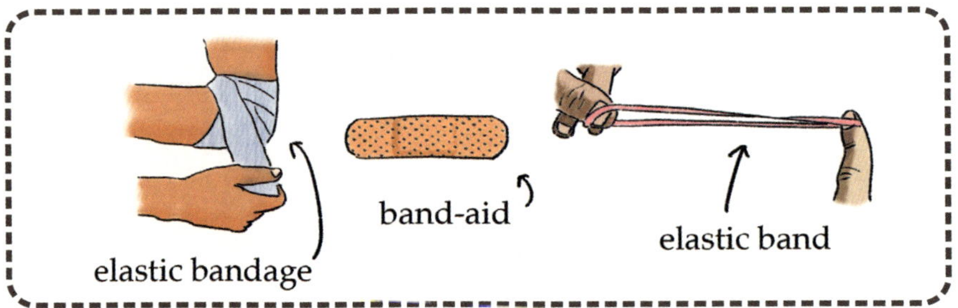

 ## Despair | 매 8초당 8의 마나를 소모하여 적에게 '마법피해 + 적의 체력'에 비례한 마법피해를 입힘.
W - 절망

□□□ **despair** [dɪspέr 디스**페**어] n. 절망 v. 절망하다   ∞ Ryze 참고

 ### despair(절망) 속에 spair(희망)가 숨어있다

★ **despair**는 de(without) + spair(hope), 즉 **'희망이 없다'**라는 뜻입니다. 단어를 해체해보면 절망이라는 단어 속에 희망이라는 단어가 숨어있는 셈입니다.

despair의 형용사형은 desperate입니다. 여기서 spair는 라틴어 어원 sperate(hope희망)에서 나온 어근입니다. spair 어근이 사용된 다른 단어가 영어에 있으면 이해하기 좋겠지만 프랑스어를 통해서 넘어오는 바람에 despair는 혼자 동떨어진 단어가 되었습니다.
despair를 기억할 때는 spair와 어원은 다르지만 철자가 비슷한 spare여분 단어를 이용해서 '남은 것(spare)이 없어(de)..'라고 하면서 절망하는 사람을 떠올리면 이해하면 편합니다.

desperate [déspərət 데스퍼럿] a. 필사적인, 절망적인　　∞ Ryze 참고
desperation [despəréɪʃn 데스퍼레이션] n. 자포자기

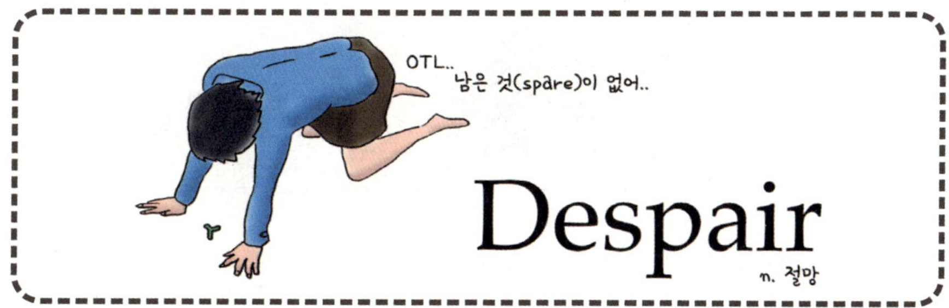

Tantrum
E - 짜증내기

| (지속효과) : 아무무가 받는 물리피해가 감소.
| (액티브) : 주변 적에게 마법피해. 아무무가 일반공격 당할 때마다 짜증내기 재사용시간 0.5초 감소.

□□□ **tantrum** [tǽntrəm 탠트럼] n. 짜증내기

temper tantrum은 분노발작이다

★ tantrum은 주로 어린아이가 떼를 쓰는 것을 말합니다. tantrum은 구어체에서 기원한 단어여서 어원은 알려진 바가 없지만 비슷한 '**성질부리기**'라는 뜻의 단어로는 temper가 있습니다.
temper는 울화통(걸핏하면 화내는 성격)을 뜻하지만 단순하게 사람의 기질을 말하기도 합니다. 우리말에도 영어와 같은 표현이 있는데 "He has a temper. 그 사람 성격 좀 있어."라고 하면 여기서 그 성격은 '**character**성격 자체'를 의미하지 않고 '**욱하는 성격**'을 의미합니다.　　∞ Bard 참고

이렇게 자기 성격을 못 참고 밖으로 드러내는 사람들이 상대에게 경고조로 말을 할 수 있는 '**짜증나다**'라는 표현은 annoy, irritate, piss somebody off 등이 있습니다.

annoy [ənɔ́ɪ 어**노어**이] v. 짜증나게 하다
irritate [írɪteɪt 이리데이트] v. 짜증나게 하다, 자극하다

* annoy는 '짜증나게 하다'라는 뜻입니다. 원래 라틴어 문장이 프랑스어로 가며 한 단어가 된 단어입니다. 라틴어로 (esse) in odio라는 말은 esse(is있다) + in(상태) + odio(hateful증오), 즉 '증오하는 상태에 있는 것'을 말합니다. 이 문장의 in odio 부분을 한 단어로 프랑스어에서 anuier로 만들어서 annoy가 나온 것입니다.
그런데 어원을 생각해서 외우는 것 보다는 옷자락을 잡고 옆에서 짜증나게 괴롭히는 친구에게 '어 노치, 좋은 말 할 때..아놔'로 기억하는 것이 덜 annoy하게 보입니다.

* irritate는 '자극하다'라는 뜻입니다. 바늘 같은 것으로 콕콕 쑤시면서 irritation자극을 주는 것을 말합니다.
또한 화장품이 피부를 따끔하게 하면 irritation자극받은 것이고 공부 좀 하라고 엄마가 엄친아를 언급할 때도 나에겐 irritation자극이 됩니다.
어원상 고(古) 이탈리아어인 *rito-에서 나온 말로서 '한바탕 휘저어서(stir) 자극했다'라는 뜻입니다.
irritate자극하다를 외울 때는 '밥 먹는 호랑이를 겁 없이 자극하는 이리떼'를 생각해도 좋겠습니다.

장난감 코너의 '그 아이'의 분노발작

tantrum은 일상에서는 자주는 쓰이지 않고 주로 정신과학에서 'temper tantrum'을 tantrum으로 줄여서 말하기도 합니다. 이는 '분노발작'이라는 히스테리 증세인데 주로 어린이가 주변의 사물을 때려 부수고 괴성을 지르며 심지어 숨을 안 쉬기도 하는 모습을 말합니다.
분노발작은 소아 시기에 아이들이 자신의 욕구가 충족되지 않으면 보여주는 심리적인 행동이고 가끔 마트의 장난감 코너에서 '그 아이'를 볼 수 있습니다. 이 분노발작은 그 나이에 흔히 일과성으로 지나가는 정상반응으로 볼 수 있는 행동입니다.

Curse of the Sad Mummy | 아무무 주변 적에게 마법피해. 2초간 스턴.
R - 슬픈 미라의 저주

□□□ **mummy** [mʌ́mɪ **머**미] n. 미이라

미이라는 포르투갈어이고 영어로는 mummy

★ **mummy**는 '**미이라**'라는 뜻으로 쓰이고 아이들이 '**엄마!**'라고 부를 때도 쓰입니다.
미이라란 뜻은 페르시아어 mum(wax왁스)에서 나왔고 이집트인이 시체를 약물로 embalm방부처리
하면 조직이 암갈색으로 mum(wax왁스)을 칠한 것처럼 보여서 mummy로 부른 것입니다.
그리고 엄마라는 뜻은 mammy를 아이들 용어로 부른 것입니다.

우리나라에서는 mummy를 미이라라고 부릅니다. 그런데 '**미이라**'는 영어가 아닙니다. 영어사전에
미라나 미이라를 검색해보면 mummy가 나옵니다. 원래 '**미이라**'라는 단어는 Portuguese포르투갈어
인데 일본을 통해 우리나라에 들어온 단어이기 때문입니다.

참고로 embalm은 '**미이라로 만들다**'는 뜻인데 고대 이집트에서 미이라를 만들 때는 특수한 연고를
시체에 발랐기 때문에 만들어진 단어입니다.
이렇게 embalm은 '**연고를 바르다**'는 뜻의 em(en되게하다) + balm(연고)의 조합입니다. 이 balm
밤이란 것은 남자에게는 낯선 단어이지만 화장을 하는 여자에게는 입술에 바르는 lip balm립밤이나
보습효과를 통해 피부의 자극을 완화시키는 soothing balm수딩밤이란 단어를 통해서 무척 익숙한
것입니다.

embalm [ɪmbáːm 임**바**암] v. (시체를) 방부처리하다, 미이라로 만들다

한글에 유입된 포르투갈어

15세기와 16세기에는 Spain스페인과 Portugal포르투갈이 대양을 지배하고 있었습니다. 그 당시의 포르투갈은
실론을 점령하고 마카오의 거주권을 얻어 동방무역을 독점하는 유럽 국가였습니다. 그렇게 활발한 해상활동을
하던 중 포르투갈 상인이 탄 범선이 1543년 풍랑을 만나 일본과 조우하게 됩니다. 이후 우여곡절 끝에 서로
무역을 하게 되면서 일본어에는 다른 유럽어에 비해 포르투갈어가 많이 외래어로서 유입됩니다. 그리고 다시
포르투칼어가 우리나라에 일제 강점기를 통해 전해지게 된 것입니다.

이렇게 포르투갈에서 일본을 거쳐 발음이 조금 바뀐 다음, 우리나라에 유입된 단어들을 지금도 몇 가지 찾아볼
수 있습니다. 대표적인 것이 빵(pao), 카스테라(castela), 미이라 등입니다. 또 사라다(salada), 덴뿌라(tem-
pura)나 요즘 광고에 등장했던 우루사(ursa)나 따봉(Ta bom)이란 단어도 포르투갈어에서 기원한 것입니다.

Amumu

★★★☆☆ curse - The castle was cursed by the one eyed witch.
그 성은 외눈박이 마녀에 의해 저주받았다.

★★☆☆☆ bandage - The doctor bandaged him up after killer bees attacked him.
살인 벌떼가 그를 공격한 후 의사는 그를 붕대로 감아주었다.

★★★☆☆ despair - Natalie and her family fell into the depths of despair.
나탈리와 그녀의 가족은 절망의 구렁텅이에 빠졌다.

★★★☆☆ desperate - He was desperate to join the all-star team.
그는 올스타 팀에 들기 위해서 필사적이었다.

★★★☆☆ desperation - an act of sheer desperation
순전히 자포자기에서 나온 행동

★★★★☆ tantrum - The baby threw a tantrum to get a lollipop.
그 아기는 막대사탕을 가지려고 성질을 부렸다.

★★★☆☆ annoy - Teacher's constant joking was beginning to annoy her.
선생님의 계속되는 농담이 그녀를 짜증나게 하기 시작했다.

★★★☆☆ irritate - Don't irritate my nerves.
내 신경을 자극하지 마라.

★★☆☆☆ mummy - Egyptian mummy 이집트의 미이라

★★★★★ embalm - The Egyptians embalmed cats to preserve them.
이집트인들은 고양이를 보존하기 위해 미이라 방부처리를 하였다.

Anivia, the Cryophoenix

애니비아 - 얼음불사조

- **P** Rebirth 환생
- **Q** Flash Frost 냉기 폭발
- **W** Crystallize 결정화
- **E** Frostbite 동상
- **R** Glacial storm 얼음 폭풍

P **Rebirth**
passive - 환생

치명적인 피해시 알의 형태로 돌아가고 체력이 완전회복되며 방어력과 마법저항력이 증가. 알로 변한 뒤 애니비아가 6초간 살아남으면 환생.

□□□ **rebirth** [rɪ:bɜ́:rθ 리이**버어**쓰] n. 부활

reincarnation(환생)할 것인가 resurrection(부활)할 것인가?

★ rebirth는 부활을 뜻합니다. 부활은 인간의 가장 강력한 소망답게 종교에 따라서 여러 단어가 있습니다. LOL에서는 rebirth를 '**환생**'으로 번역했는데 그 보다는 '**부활**'이나 '**재탄생**'이란 단어가 이론적으로는 적절할 수 있습니다.
왜냐면 환생은 Buddhism불교나 Hinduism힌두교의 윤회사상에서 나온 개념이라서 reincarnation 환생이란 단어가 따로 있기 때문입니다.

불교에서 reincarnation환생이란 중생이 한 생애에서 행한 karma업에 의해서 욕계, 색계, 무색계와 지옥, 아귀, 축생, 아수라, 인간, 천상도의 삼계육도(三界六道)를 오르내리며 벌레나 돼지 혹은 사람 등의 여러 가지 생을 samsara윤회하며 부처가 되기 위해 다시 태어나는 것을 말합니다.

따라서 얼음불사조 Anivia애니비아가 다시 똑같이 태어난다면 '**부활**'이라고 부를 수도 있겠지만 만일 '**환생**'을 한다면 전과 똑같은 불사조가 될 보장이 100%가 아니게 됩니다.
개나 지렁이 등 여러 종류의 생명체로 변할 수 있는 여지가 생겨버리는 것이죠. 그러므로 rebirth는 환생보다는 부활로 번역하는 것이 더 적절해 보입니다.

reincarnation환생의 어원은 라틴어 reincarnationem입니다.
분해를 해보면 re(다시) + in (안으로) + caro(flesh살) + -tion(명사형어미)의 조합이 됩니다.
이는 '**다시 살을 가진 육체로 태어남**'이라는 뜻입니다.
여기에 사용된 flesh살을 뜻하는 caro 어근은 carnival축제이나 carnivore육식동물 같은 단어에서
찾아볼 수 있습니다.   ∞ Cho' Gath 참고

reincarnation [rɪːɪnkɑːrnéɪʃn 리이인카아**네이**션] n. 환생

불교의 reincarnation환생과 비교했을 때 Christianity기독교의 부활에 대한 doctrine교리은 신자가
예수님의 crucifixion십자가처형으로 인한 the Atonement속죄함와 the Resurrection부활을 믿고
그로 인한 salvation구원을 믿어서 최후의 심판의 날에 다시 부활하여 eternal life영생를 얻는다는
것입니다.

이런 기독교 관련 단어들은 어려워 보이지만 연관어를 알면 외우기가 무척 쉽습니다. 봅시다.

resurrection [rezərékʃn 레저**렉**션] n. (주로 기독교에서의) 부활
doctrine [dάːktrɪn **다악**트린] n. 교리, 정책
atonement [ətóunmənt 어**토운**먼트] n. 속죄
crucifixion [kruːsəfíkʃn 크루우서**픽**션] n. 십자가처형
salvation [sælvéɪʃn 샐**베이**션] n. 구원   ∞ Soraka 참고

* **resurrection**은 주로 기독교적인 '**부활**'을 뜻합니다. re(다시) + surge(rise일어나다)의 조합
입니다. surge는 무언가가 해일처럼 덮치는 것을 말하는데 여기에서는 누웠다가 벌떡 일어서는
모습을 표현합니다.   ∞ Irelia 참고
resurrection을 기억할 때는 '**예수님이 너 다시(re) + 서래.. 부활하래. 일어나!**'로 한글발음을
이용하면 됩니다.

* **atonement**는 '**속죄, 죗값**'이라는 뜻입니다. 동사인 atone속죄하다은 철자 그대로 at + one의
조합으로서 '**하나가 되다**'라는 뜻입니다.
예로부터 불은 정화의 의미가 있었습니다. 신전이나 제단에서 죄를 용서받고자 할 때는 자신을 불로 태워야 했죠.
하지만 자기 죄 때문에 스스로를 매번 홀랑 태울 수는 없으니 제물인 양이나 소를 자신삼아서(at one) 불로 태우고
atonement속죄한 것에서 유래한 단어입니다.

* doctrine은 각 종교의 '**교리**'를 뜻합니다. 교리란 종교적인 이치이자 법입니다. doctrine은 '**가르치다**'에서 출발한 doctor에서 나온 말입니다.

* crucifixion은 십자가 처형을 말합니다. cross(십자가) + fix(고정)한다는 간단한 조합입니다.

* salvation은 종교적인 구원을 말합니다. save구하다에서 나온 단어여서 의미를 이해하기 쉽습니다.

resurrection	n. 부활	연관어 surge	re(다시) + surge(rise일어나다)
doctrine	n. 교리	연관어 doctor	doctor의 원래 뜻인 '가르치다'에서 나온 단어
atonement	n. 속죄	연관어 at one	at + one(하나가 되어)
crucifixion	n. 십자가 처형	연관어 cross	cross(십자가) + fix(고정)
salvation	n. 구원	연관어 save	save에서 나온 단어

참고로 Anivia의 〈Rebirth〉 스킬과 비슷한 의미로 rejuvenation회춘이라는 단어가 있습니다. 회춘도 거의 다시 태어나는 것만큼 어려운 일입니다. 청춘과 관련된 단어도 같이 보겠습니다.

rejuvenation [rɪdʒuːvənéɪʃən 리쥬우버**네**이션] n. 회춘, 원기회복
juvenile [dʒúːvənaɪl **쥬우**버나일] a. 청소년의
adolescence [ædəlésns 애덜**레**슨스] n. 청소년기
puberty [pjúːbərtɪ **퓨우**버티] n. 사춘기

* rejuvenation회춘의 동사형은 rejuvenate입니다. 라틴어인 re-(다시) + juvenis(젊음) + -ate(동사화접미사)가 합쳐진 것입니다. juvenis는 '**young**젊은'의 뜻을 가진 어원인데 이 juvenis를 사용해서 '**juvenile**청소년의'이라는 단어가 나왔습니다. juvenile을 외울 때는 칠판을 닦고 있는 '**주번아이**' 청소년을 떠올리면 됩니다.

Flash Frost
Q - 냉기 폭발

| 거대한 얼음 덩어리를 지정한 지역에 발사 마법피해와 이동속도 3초간 20% 감소시킴.
사거리 끝에 다다르거나 재사용시 구체가 폭발하여 마법피해와 1초간 기절 추가.

□□□ **flash** [flæʃ ㅎ플래쉬] v. 번쩍이다
□□□ **frost** [frɔːst ㅎ프러스ㅌ] n. 서리   ∞ Lissandra 참고

flash는 후래쉬

★ flash는 우리가 손에 들고 다니는 전등을 부르는 '**후래쉬**'가 그 flash입니다. 불을 처음 다루게 된 뒤로 인간들은 그 아름다움과 놀라운 모습을 묘사할 다양한 단어를 만들어 냈습니다. 여러 가지 불과 빛을 묘사하는 단어는 상황에 따라 다르게 사용해야합니다.
아래의 표는 빛을 묘사한 여러 동사를 대표적인 빛을 내는 물체와 연관지은 것입니다.

flash	v. 번쩍이다	카메라 flash플래쉬가 번쩍이는 빛
glare	v. 환하다	headlights헤드라이트에 눈이 부심
gleam	v. 어슴푸레 빛나다	먼 window창문의 어슴푸레한 빛
glimmer	v. 희미하게 깜빡이다	희미하게 깜빡이는 lamp등잔불
glisten	v. 번들거리다	젖은 sweat땀이 번들거리는 빛
glitter	v. 반짝반짝 빛나다	반짝이는 diamond다이아몬드의 광휘
glow	v. 발갛다	cigarette담배 불이 발갛게 타며 밝게 빛날 때.
shine	v. 빛나나	sun태양의 환한 빛
shimmer	v. 어른거리다	바다에 비치는 희미한 moonlight달빛
sparkle	v. 반짝거리다	glass유리가 반짝임(glitter와 거의 같음)
twinkle	v. 반짝거리다	star별 빛의 반짝거림

Crystallize
W - 결정화

| 얼음의 벽을 만들어 적의 움직임을 제한. 5초뒤 벽은 녹음.

□□□ **crystallize** [krístəlaɪz **크리**스털라이즈] v. 계획을 확고히 하다, 결정화하다   ∞ Skarner 참고

 **Frostbite** | 적에게 냉기의 바람을 날려 마법피해. 대상이 얼어붙으면 2배의 피해.
E - 동상

□□□ **frostbite** [frɔ́ːstbaɪt ㅎ**프러**스트바이트] n. 동상

 *frostbite(동상)은 frost(서리)에 물린 것일까?*

★ frostbite는 freezing결빙에 의한 조직손상을 말합니다. 어미인 -bite는 '**물다**'의 뜻인데 벌레나 뱀 같은 것에게 물렸을 때 붙이는 단어입니다.
frost서리에 의해서 생긴 상처가 무언가에 물린 듯 상처가 발생해서 나온 표현으로 보입니다. 아니면 frost서리를 '**공격하는 생명체**'처럼 여겨서일 수도 있겠습니다.

> **snakebite** [snéɪkbaɪt **스네**이크바이트] n. 뱀에 물린 상처
> **fleabite** [flíːbaɪt ㅎ**플리**바이트] n. 벼룩이 문 자국, 사소한 일

 **Glacial storm** | 얼음 폭풍우를 소환하여 마법피해를 입히고 적의 이동속도를 1초간 20%낮춤.
R - 얼음 폭풍

□□□ **glacial** [ɡléɪʃl 글레이셜] a. 빙하의 　∞ Braum 참고

 *glacier(빙하)가 녹으면 인공 화산폭발로 다시 얼릴 수 있을까?*

★ glacial은 '**빙하의, 빙하기의**'라는 뜻으로 쓰이고 명사형은 glacier빙하입니다.
기본적으로 glacier빙하의 어원은 PIE어근인 *gel-에서 나온 것입니다. 이 *gel- 어근은 *kol- 어근의 변형인데 cold나 cool에서 보듯이 얼음과 관련된 차가운 성질의 것을 표현하는 단어들의 공통 발음입니다.

glacial 단어를 외울 때는 발음상 얼음처럼 투명한 glacier빙하와 **glass**유리의 이미지를 연관시키는 것이 편합니다.

> **glacier** [ɡléɪʃər **글레**이셔] n. 빙하

global warming지구온난화이 점차 심해짐에 따라서 극지방의 glacier빙하가 녹아 sea level해수면이 상승하고 있습니다. 대부분 해안에 위치한 인류의 대도시들은 해수면이 2m 이상 오르게 되는 21세기 말에는 물에 다 잠기게 되고 그 전에는 극심한 기후변화가 문제가 될 것입니다.

인공 glacial period(빙하기) 만들기 프로젝트

최근 일부 과학자들은 인공적으로 stratosphere성층권에서 태양을 가리는 방법을 제시했습니다. 1991년에 필리핀의 Mt. Pinatubo피나투보 화산가 eruption폭발했는데 화산재와 CO2(이산화탄소)가 공기 중에 분출되어 지구의 온도를 올리는 역할을 했습니다. 그렇지만 폭발에 의해 같이 분출된 SO2(이산화황)는 성층권까지 올라가 태양빛을 가렸고 결과적으로 지구의 온도가 1.3도 이상 떨어지게 만들었습니다.

여기서 힌트를 얻어 풍선에 매단 튜브를 지상에서 성층권까지 이어서 올리고 지구의 온도를 조절할 만큼의 SO2를 성층권에 올려 보내자는 아이디어가 나왔습니다. 여기에 사용될 SO2의 공급은 그동안 shale gas 셰일가스를 얻기 위해 모아두었던 찌꺼기로 충분하다고 합니다. 일종의 인공 화산폭발의 아이디어인 셈입니다. 이러한 아이디어는 기술적으로는 문제가 없으나 과학적 예측성의 문제와 정치적, 국제적 논란이 엄청날 것으로 보입니다.

인류가 다 이해하지 못하는 지구의 기후를 손대는 것이라서 거대한 재앙이 될지도 모르는 방법인 것입니다. 현재로서는 미래세대를 위해서는 인간의 탐욕을 줄이기 위한 방법을 찾아보는 수밖에 없어 보입니다.

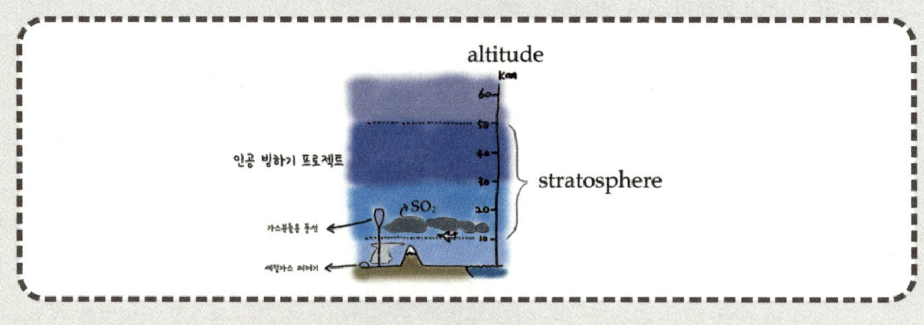

Anivia

★★★☆☆ rebirth - the rebirth of Japanese militarism 일본 군국주의의 부활

★★★☆☆ reincarnation - Reincarnation is believed by the Hindu religion.
환생은 힌두교에서 믿어진다.

★★★☆☆ resurrection - Christians believe in the Resurrection of Jesus Christ.
기독교인들은 예수 그리스도의 부활을 믿는다.

★★★☆☆ doctrine - The tribe's doctrine was viewed as strange by the outside world.
그 종족의 신조는 외부세계에 이상하게 보였다.

★★★★☆ atonement - He had to be crucified to make atonement for my sins.
그는 내 죄를 속량하기 위하여 십자가에 매달려야 했다.

★★★★☆ crucifixion - cross and crucifixion 십자가와 (예수의) 십자가처형

★★★☆☆ salvation - Salvation Army officer 구세군 사관

★★★☆☆ rejuvenation - The old mice seemed to undergo rejuvenation after transfusions of blood from human teenagers.
그 늙은 쥐는 인간 십대의 피를 수혈 받은 후 회춘하는 것으로 보인다.

★★★☆☆ juvenile - An old grandma acted juvenile when she jumped on a trampoline.
한 할머니가 트램펄린에서 점프할 때 청소년처럼 행동했다.

★★★☆☆ adolescence - at the period of adolescence 청소년기에

★★★☆☆ puberty - Psychologists found girls are reaching puberty 18 months earlier than their mothers.
심리학자들은 소녀들이 (자신들의) 엄마보다 18개월 빨리 사춘기가 되는 것을 발견했다.

★☆☆☆☆ flash - In a flash, a boy arrived in line as soon as the ride opened.
순식간에, 놀이기구가 열리자마자 한 소년이 줄에 도착하였다.

★★☆☆☆ frost - Frost falls. 서리가 내린다

★★★☆☆ crystallize - The caramel crystallized in the sun. 그 캐러멜은 햇볕에 딱딱해졌다.

★★★☆☆ frostbite - His fingers and ears got frostbite while waiting for the bus in Canada. (True story)
그는 캐나다에서 버스를 기다리다가 손가락과 귀에 동상이 걸렸다(실화).

★☆☆☆☆ snakebite - a poisonous snakebite 독사에 물림

★★★★★ fleabite - proven methods for treating fleabites
벼룩에 물린 것을 치료하는 데 증명된 방법들

★★★☆☆ glacial - the glacial period 빙하기

★★★☆☆ glacier - That glacier has been melting for decades.
그 빙하는 수십 년 동안 녹아내리고 있다.

Annie. the Dark Child
애니 - 어둠의 아이

- **P** Pyromania　방화광
- **Q** Disintegrate　붕괴
- **W** Incinerate　소각
- **E** Molten shield　용암 방패
- **R** Summon : Tibbers　소환 : 티버

P

Pyromania
passive - 방화광

┃ 애니가 스킬을 4번 시전할 때마다 애니의 다음 공격스킬이 대상을 기절시킴.

□□□ **pyromania** [pɑɪroumémɪə 파이로우**매이**니어] n. 방화광

Pyromania(방화광)은 arsonist(방화범)의 부분집합이다

★ pyromania는 pyro-(불의) + mania(광)의 뜻이 모인 것입니다.
pyro-는 fire를 뜻하는 PIE어근 *paewr- 어원에서 나왔습니다. '**불**'은 인류역사상 가장 오래된
단어중 하나일 것입니다. 유럽지역과 아시아계 언어의 공통기원인 PIE어근에서 /p/와 /f/는 서로
대치되어 자주 사용됩니다.
불과 관련된 /p/와 /f/로, 또는 /v/로 시작하는 단어의 발음은 여러 민족의 언어를 통하여 추적할 수
있습니다.

	old English	Fyr	[피에르]
	German	Feure	[퍼이어]
	France	Feu	[페우]
불(fire)	Dutch	Vuur	[뷔어]
	Spain	Fuego	[푸에고]
	China	火	[푸아]
	Korea	불	[불]
	Japan	ひ	[희]

영어에도 화산을 뜻하는 volcano에 vul [불]의 발음이 들어있습니다.
불과 관련된 영어 단어 중 한글과 발음이 연관이 되어있는 것이 몇 가지 더 있습니다. 직접 발음을
해보면 동서양을 가로지르는 언어의 유사성을 확인할 수 있습니다.
linguistic anthropologists언어인류학자들은 이처럼 문명의 발전과 관련된 어휘들을 각 언어와 비교
연구함으로서 인류의 과거를 추적하고 있습니다.

영어	영어 발음	비슷한 뜻의 한글 단어
ashe n. 재	[애쉬]	숯 [숯]
tan v. 햇볕에 타다	[탠]	타다 [타다]

또한 이런 오랜 역사를 가진 단어 '불'과 연관되어 있는 단어로 arson방화이 있습니다.
arson방화은 '재, 잿더미'를 뜻하는 ash와 어원이 같습니다. arson을 기억할 때는 경상도 사투리를
이용해서 '아아 손에 불이 있으면 방화가 된다'라고 생각하면 됩니다. 방화범은 arsonist입니다.
참고로 arsonist방화범는 정신적 질환의 유무와 관계없이 고의로 불을 지르는 사람을 그냥 칭하는
단어이고 비슷한 pyromania방화광는 정신질환을 가진 환자라는 개념이 포함되어 있는 단어입니다.
즉, arsonist는 전체집합이고 pyromania는 그중 일부인 부분집합인 셈입니다.

arson [ɑ́ːrsn 아아슨] n. 방화
arsonist [ɑ́ːrsənɪst 아아서니스트] n. 방화범

충동조절장애의 일종인 방화벽

챔피언 Annie가 사용한 pyromania 스킬은 불을 지름으로서 정신적인 긴장의 해소나 만족을 얻는 Impulse
Control Disorders충동조절장애라고 할 수 있습니다. pyromania방화광들은 원시시대에 이글거리는 불을 보며
감탄하고 열광하는 원시인의 그 마음을 아직도 못 버리는 병이 있는 것일까요?
그러한 의미에서 방화광은 '원시인'같은 정신병이라고도 생각할 수 있겠습니다.

여기서 mania는 자체로 열광, 정신병이라는 뜻이지만 '~을 (병적으로) 좋아하는 사람'의 뜻인 어미로도 많이
사용됩니다. 예를 들어 klepto(thief도적), biblio(bible책, 성경)에 mania를 붙이는 경우입니다.

kleptomania [kleptəmе́ɪnɪə 클렙터메이니어] n. 병적 도벽
bibliomania [bɪblɪoumе́ɪnɪə 비블리오우메이니어] n. 장서광

 **Disintegrate**
Q - 붕괴

| 마나로 가득한 화염구를 발사하여 마법피해 입힘. 명중한 적이 사망하면 마나를 다시 회복하고 쿨타임 감소.

□□□ **disintegrate** [dɪsíntɪgreɪt 디스**인**티그레이트] v. 붕괴되다, 산산조각나다   ∞ Velkoz 참고

 ### integral(적분)은 integral(필수적)이다!?

★ disintegrate는 dis(반대) + integrate(통합)의 조합입니다. 이는 '**하나로 통합하다**'의 반대되는 모습으로서 '**흩어지다**'라는 뜻입니다.

integrate통합하다를 또 다시 나눠보면 in(not) + tangere(touch)의 조합인 라틴어 integratus에서 나온 것임을 알 수 있습니다. 이는 무언가를 만지기 전의 온전한 상태를 말합니다.

여기에 사용된 tangere(touch) 어근을 더 추적해보면 '**만지다**'라는 뜻의 PIE어근 *tag-에서 나온 말임을 알 수 있습니다. 우리에게 아주 익숙한 tag꼬리표 단어가 기본인 것입니다.

integration [ɪntɪgréɪʃn 인티그**레**이션] n. 통합

integrate를 외울 때는 한글발음인 '**in 떡을 했다, 모았다**'로 기억해서 절구통에 떡을 치며 안으로 모아가는 이미지를 만들면 적당하겠습니다. 형용사형인 integal적분의도 '**in 떡을 할**'을 이용해서 같이 입에 붙이는 것이 좋겠습니다.

| tag(만지다) → | touch(만지다) → | integrate(통합하다) → | disintegrate(붕괴하다) |

integration통합 단어가 어려워 보이는 이유는 단어의 다른 뜻이 수포자(수학포기자)를 양산하는 [적분]이기 때문일 것입니다. '**적분**' 단어를 생각하는 것만 해도 짜증이 나는데 형용사형인 integral은 영어단어 자체에 두 가지의 다른 뜻이 있어서 더 골칫거리입니다.

integral [íntɪgrəl **인**티그럴] a. 적분의, 필수적인
differential [dɪfərénʃl 디퍼**렌**셜] a. 미분의, 차별하는   n. 차이, 격차

즉, integral은 '적분의'라는 뜻뿐만 아니라 (통합성을 이루기 위하여 전체의 구성요소로서) '필수적인, 중요한'이라는 뜻이 동시에 있습니다. 마치 교육 과정에서도 [적분]은 필수적이라는 의미로 들립니다.

그리고 반대말인 differential은 '미분의' 뜻 외에 (분할해서 구분했다는) '차이', '차별하는'이라는 뜻이 있어서 미적분을 포기해서 성적 격차가 벌어지고 차별되는 학생들을 슬프게 합니다.

integral과 differential을 기억할 때는 '적분은 필수적이고 미분 못하면 차별받는다'로 외웁시다.

integral	a. 적분의	a. 필수적인	암기 : 적분은 필수적이다?!
differential	a. 미분의	a. 차별하는	암기 : 미분 못하면 차별받는다?!

마지막으로 integration^{적분}에 사용된 tangere(touch)어근이 들어간 tangible^{만질 수 있는}, contact^{접촉}도 보고 가겠습니다.

tangible [tǽndʒəbl 탠져블] a. 유형의, 만질 수 있는   tangere(touch) + able(할 수 있는)

contact [kɑ́ːntækt 카안택ㅌ] n. 연락, 접촉   con(함께) + tangere(touch)

* tangible은 '유형의, 만질 수 있는'이라는 뜻입니다. 예를 들어 우리나라의 유형문화재는 만질 수 있는(tangible) 문화재이고 무형문화재는 만질 수 없는(intangible) 문화재입니다.

tangible을 기억할 때는 tangere(touch)어근이 우리말의 '(손을) 댄'과 의미와 발음이 같은 점을 이용하면 됩니다. 즉 '손을 댈 수 있게 형태가 있는'으로 이해하면 편합니다.

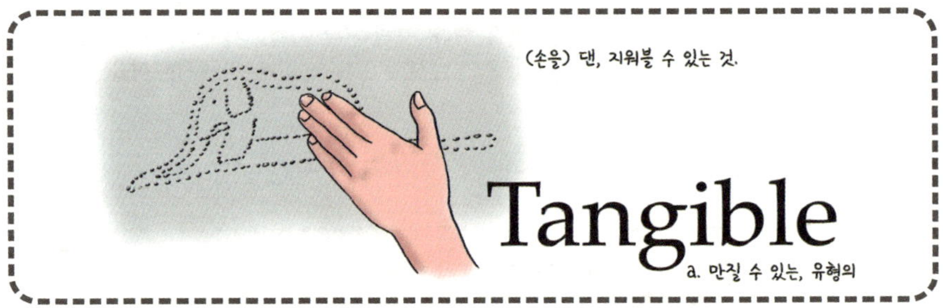

Incinerate
원뿔모양의 불을 발사하여 해당지역의 모든 적에게 마법피해.

W - 소각

□□□ **incinerate** [ɪnsínəreɪt 인씨너레이트] v. 소각하다

'in + 시너 + rate'와 'in + 잿더미 + rate' 중 맞는 것은?

★ incinerate는 '소각하다'라는 뜻입니다. 페인트 희석제로 사용되고 불이 잘 붙는 그 thinner시너를 생각하면 외우기 편합니다. 즉 단어의 조어방식을 시너를 들이부어서 소각시키는 'in시너rate'의 모습으로 생각하면 되겠습니다.

물론 incinerate의 어원은 페인트 희석제인 시너(thinner)에서 나온 것이 아니고 ashes잿더미에서 나온 것입니다.

어원상 incinerate소각하다는 라틴어 incineratus에서 나온 말로서 in(into되게 하다) + cinis(ashes) + ate(동사화접미사)의 조합입니다. '잿더미(ashes)로(into) 만들어버리다(ate)'가 되겠습니다.

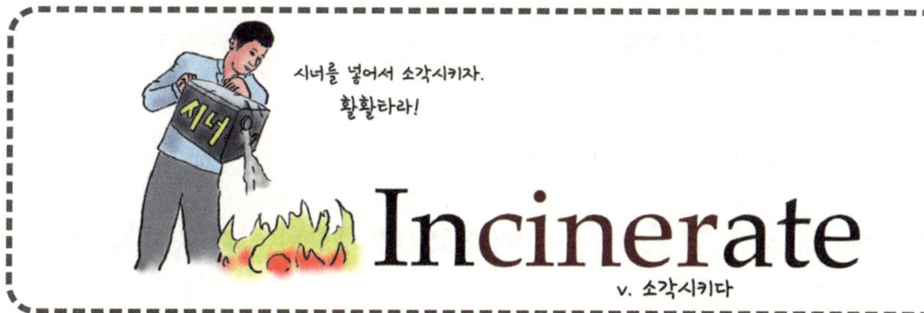

이처럼 'in(안으로) + 단어 + ate(化)'의 조어방식을 따르는 'in시너rate'와 비슷한 모양의 단어는 영어에 200가지가 넘을 정도로 무척 많습니다. 문장에서 뜻을 모르는 경우 '상태의 변화를 시키다'로 의미를 대충 해석하며 넘어갈 수 있습니다.

이러한 조어법을 가진 단어는 가운데 부분의 의미를 알면 전체 단어 의미가 자동으로 유추됩니다. 예를 들어 단어는 처음 보는 것인데 diction발음, vestige흔적, timid소심한 이란 단어를 알고 있다면 각각 indicate나타내다, investigate조사하다, intimidate위협하다의 뜻을 발견해낼 수 있습니다.

indicate [índɪkeɪt 인디케이트] v. 나타내다   in(into되게 하다) + dicare(말하다) + ate(동사화접미사)

investigate [ɪnvéstɪgeɪt 인베스티케이트] v.조사하다
   in(into되게 하다) + vestigare(추적하다) + ate(동사화접미사)

intimidate [ɪntímɪdeɪt 인티미데이트] v. 위협하다   ∞ Khazyx 참고
   in(into되게 하다) + timid(소심한) + ate(동사화접미사)

initiate [ɪníʃɪeɪt 이니쉬에이트] v. 개시하다   in(into되게 하다) + ire(가다) + ate(동사화접미사)

* 마지막의 initiate는 그냥 전투 시작을 말하는 게임용어 '이니시'를 생각하면 이해하기 편합니다.

E **Molten shield**
E - 용암 방패
애니 주변의 용암 방패를 5초간 생성하여 방어력 및 마법저항력 상승.
기본 공격하는 적에게 마법피해.

□□□ **molten** [móʊltən 모울턴] a. 녹은

★ molten은 '녹은'이란 뜻입니다. **'금속이나 암석을 녹이다'**라는 뜻의 melt에서 나온 단어입니다. 예를 들어 molten lava라고 하면 녹은 용암을 의미합니다. 챔피언 애니의 스킬 〈Molten Shield〉 에는 용암이라는 뜻의 lava는 적혀있지 않지만 그냥 이미지대로 〈용암방패〉로 해석되었습니다.

Summon : Tibbers

R - 소환 : 티버

1st : 목표지역에 애니의 곰 티버를 소환하여 바법피해.
2nd : 티버는 가까운 지역에 마법피해를 입힘.

□□□ **summon** [sʌ́mən 써먼] v 소환하다　　∞ Malzahar 참고

summon(소환) 작업은 necropolis(네크로폴리스)의 흑마법사에게

★ **Summon**소환은 주로 온라인게임에서 흑마법사들의 능력으로 나옵니다. [WOW]나 [Warcraft] 를 보면 네크로맨서 등의 흑마법사 캐릭터들은 죽은 자들의 도시인 Necropolis네크로폴리스에서 태어나 소환작업에 열중합니다. skeleton해골이나 death knight데쓰나이트 등을 불러내는 것이죠.

여기서 necropolis란 이집트 이래로 그리스시대까지 볼 수 있는 무덤의 도시를 말합니다. 성벽밖에 세워진 무덤군이 마치 죽은 자들의 도시를 이룬 것처럼 보인다고 하여 polis(도시)에 빗대어 붙여진 이름입니다. 고고학적으로 로마시대 이전의 에트루리아 문명은 이 네크로폴리스의 무덤과 부장물을 통하여 세상에 널리 알려져 있습니다.

necropolis [nəkrɑ́ːpəlɪs 너**크라**아펄리ㅅ] n. 고분군

* **necropolis**는 **'죽은 자들의 도시'**인 고분군(群)을 말합니다. necro(죽은) + polis(도시)의 조합입니다. 여기의 necro-어근은 **'시체의(죽은)'**를 뜻하는 어근이고 그리스어인 nekros에서 나온 단어입니다. necromancer 네크로맨서(주술사), necrosis괴사, necrophilia시간증, necropsy부검 등의 단어에서 볼 수 있는 아주 어려운 어근입니다. 하지만 네크로맨서 흑마법 클래스와 친한 우리 게이머에겐 necro-는 반가운 어근이라 하겠습니다.

에트루리아 문명

　에트루리아는 B.C. 1000년부터 B.C. 100년까지 로마 바로 위쪽의 토스카나 지방에 있던 나라이고 로마에 의해 멸망당했습니다. 문화가 무척 발달한 민족이었는데 특이하게도 인도유럽어족이 아닌 것으로 밝혀졌고 그리스 문명과 로마문명 사이의 중간자적 역할을 한 것으로 보입니다. 에트루리아는 한 때 로마의 영역을 지배할 정도로 융성했으나 도시들의 분열로 차례로 로마에 정복당하게 됩니다.
　로마 초기 유물은 대부분 에트루리아 문명의 양식과 구분이 거의 힘듭니다. 이는 로마가 그만큼 에트루리아의 영향을 많이 받았다는 이야기이고 동시에 파괴의 형식이 아니라 융화의 형식으로 민족과 문명이 로마로 흡수 되었다는 것을 의미합니다.

Annie

★★★★★ **pyromania** - Pyromania is a type of impulse control disorder.
방화벽(防火壁)은 충동조절장애의 하나이다.

★★★☆☆ **arson** - A 19-year-old woman and three men were charged with arson.
19세의 여자와 세 명의 남자가 방화 혐의로 기소됐다.

★★★☆☆ **arsonist** - The fire detectives concluded it was the work of an arsonist.
화재조사관은 그것이 방화범의 소행인 것으로 결론지었다.

★★★★☆ **kleptomania** - Kleptomania is the recurrent failure to resist urges to steal items that you generally don't really need.
병적 도벽이란 당신이 보통은 정말 필요하지 않은 물건을 훔치려는 충동을 막는 것에 반복적으로 실패하는 것이다.
(의역 - 훔치려는 충동을 참지 못 하는 일이 반복적으로 일어나는 것이다)

★★★☆☆ **bibliomania** - The bibliomaniac collected 300 copies of this book for the past 10 years.
그 서적광(장서광)은 과거 10년 동안 이 책을 300권 수집했다.

★★★☆☆ **disintegrate** - His old cottage was completely disintegrated by frost and rain.
그의 낡은 오두막은 서리와 비로 인해서 완전히 분해됐다.

★★★☆☆ **integration** - a seamless integration (이음매가 보이지 않는) 완벽한 통합

★★★☆☆ **integral**- It is integral to eat all the snacks before your brother comes home.
너의 형이 집에 오기 전에 간식을 모두 먹어치우는 것이 필수적이다.

★★★☆☆ **differential** - New government said that it aims to narrow the wage differential between the employees.
새 행정부는 노동자간 임금 격차 해소를 목표로 한다고 말했다.

★★★☆☆ **tangible** - A leader of city of Merchants should have tangible assets like a dragon's egg.
상인의 도시의 지도자는 용의 알 같은 유형 자산을 가지고 있어야 한다.

★★☆☆☆ **contact** - Contact the wizard if you are in need of a potion.
만일 네가 마법물약이 필요하다면 마법사에게 연락하여라.

★★★★☆ **incinerate** - The lake was engulfed in the toxic smoke of burned plastic, as they incinerate their trash in a big bonfire.
그들이 (자신들의) 쓰레기를 커다란 모닥불에 소각하자 그 호수는 불에 탄 플라스틱의 독성 연기에 에워싸였다.

★★★☆☆ **indicate** - I indicated that he should go ahead of me on the death drop ride.
나는 죽음의 하강 놀이기구에서 그가 나보다 먼저 타야 한다고 시사했다.

★★★☆☆ **investigate** - The police investigated who ate my chocolate pie.
경찰은 누가 내 초콜릿 파이를 먹었는지 조사했다.

★★★☆☆ **intimidate** - The author refused to be intimidated by threats of zealots.
그 저자는 광신도들의 협박에 겁을 먹지 않았다. (직역 - 겁먹기를 거절했다)

★★★☆☆ **initiate** - Although the pills obviously initiate chemical effects on the brain, no one has yet explained the exact process.
그 알약이 뇌에 화학적 효과를 내기 시작했지만 아직까지 아무도 그 정확한 과정을 설명하지 못했다.

★★★☆☆ **molten** - molten lava 녹은 용암

★★★☆☆ **summon** - He was summoned to the principal's office for smoking behind his school.
그는 학교 뒤에서 담배를 피운 것 때문에 교장실에 호출되었다.

★★★★★ **necropolis** - When arms and heads smashed through the ground at the necropolis, I knew I was in trouble.
네크로폴리스(죽은 자의 도시)에서 팔들과 머리들이 땅을 뚫고 나올 때, 나는 내가 곤란에 빠진 것을 알았다.

Ashe, the Frost Archer
애쉬 - 서리 궁수

P Frost Shot 서리 화살

Q Ranger's Focus 궁수의 집중

W Volley 일제 사격

E Hawkshot 매 날리기

R Enchanted Crystal Arrow 마법의 수정화살

Frost Shot
passive - 서리 화살

스킬과 기본 공격 시 2초간 대상의 속도가 느려짐.
서리 화살 효과를 받고 있는 대상에게는 기본 공격이 항상 치명타를 입혀 피해를 입히는
대신 다른 치명타는 발동하지 않음.

 □□□ **frost** [frɔːst ㅎ프러스트] n. 서리 ∞ Lissandra 참고

Ranger's Focus
Q - 궁수의 집중

기본 지속 효과 : 스킬이나 기본 공격을 맞히면 집중이 올라 4초간 유지되며 최대
5번까지 중첩.
사용 시 : 집중 중첩을 모두 소모하여 4초간 애쉬의 공격 속도가 증가하며 서리
화살의 둔화 효과가 20% 증가.

 □□□ **ranger** [réɪndʒə(r) 레인저] n. 경비대원, 관리원
□□□ **focus** [fóʊkəs ㅎ포우커ㅅ] v. 집중하다 n. 초점 ∞ Karma 참고

 **ranger는 줄을 서서 range(범위)를 감시하는 사람들**

★ ranger는 우리가 TV 프로그램 [파워레인저]를 통해서 아는 '**레인저**'를 말하는데 경비대원이라는
뜻입니다. '**범위**'를 뜻하는 range에 -er(사람을 나타내는 어미)을 붙인 것입니다.
이는 '**줄지었다**'라는 뜻의 고대 프랑스어 rengier가 영어로 넘어온 것입니다.

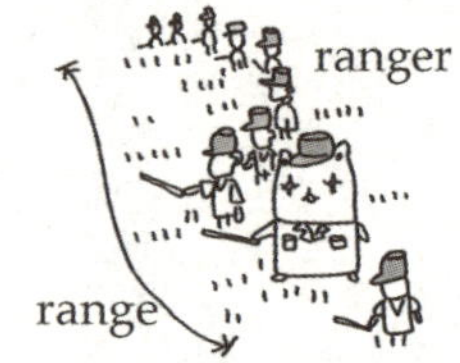

레인저들은 일렬로 줄을 지어 숲을 헤치고 가면서 사냥감을 몰거나 경계 범위를 따라 영주의 동물을 밀렵하는 밀렵꾼들을 찾는 일을 했습니다.
사냥터감시인은 다른 말로 gamekeeper라고도 합니다.

중세시대 영주의 사슴을 죽이는 poacher밀렵꾼는 잔인한 처벌을 받았습니다. 눈을 뽑히거나 사지가 절단되고 결국은 처형당하기 일쑤였습니다. 그럼에도 불구하고 생계를 유지하려고 밀렵은 끊이지 않았고 그 밀렵꾼을 막기 위한 ranger 직업도 계속 유지되었습니다.
이후 ranger란 단어는 차차 순찰대원이나 경비대원, 공원이나 삼림감시원, 특수부대원을 부르는 단어가 되어 현대에 이르렀습니다.

poacher [póutʃə(r) 포우쳐] n. 밀렵꾼

* poacher는 ranger가 막고자 했던 허가받지 않은 poach밀렵를 하는 사람들을 말합니다. poach는 어원상 poke 포크와 연관된 단어이고 마치 허가받지 않고 친구 도시락의 계란말이에 '**포크를 찌르듯이**' 숲의 경계를 침범한다는 뜻에서 나온 단어입니다.
poacher를 암기할 때는 '**밀렵꾼! 엎드려 뽀쳐!**'로 외우면 편합니다.

또한 이 ranger 단어의 기본 의미인 '**줄 지었다**'라는 뜻에서 몇 가지 단어를 더 찾아볼 수 있습니다.

derange [dɪréɪndʒ 디레인지] v. 흐트러지다   des(dis반대로) + rengier(줄을 지어서다)
arrange [əréɪndʒ 어레인지] v. 마련하다, 배열하다   ar(ad향하여) + rengier(줄을 지어서다)

focus는 렌즈가 발명되기 전까진 모닥불이란 뜻이었다

★ focus는 '**초점**'이라는 뜻입니다. 난로나 모닥불을 의미하는 라틴어 focus에서 나온 단어입니다. 그러다 focus는 중세 이후부터는 '**여러 선들이 한 곳에 모인 점**'을 뜻하는 convergence집합점를 정의하는 단어로 쓰이게 되었습니다.
'**모닥불**'이라는 의미가 '**초점**'이라는 의미로 발전한 것은 렌즈가 발명되어 빛을 한곳에 모아(초점) 불을 지피는 기술이 생긴 후로 보입니다.

convergence [kənvə́ːrdʒəns 컨버어전스] n. 한 점으로 집합함, 집합점   ∞ Ekko 참고

* convergence는 '**집합점**'이라는 뜻입니다. 동사형인 converge는 '**한 점으로 함께(com) 모여들다**'라는 뜻입니다.
따라서 convergence는 '**각각의 verge(가장자리)에서 출발한 집합**'을 연상하면 되겠습니다.
어근이 되는 verge는 가장자리나(edge)나 경계(rim)를 뜻하는 단어입니다. 이 verge는 바꾸다(turn)라는 뜻의 PIE
어근 *werg에서 나온 단어입니다.
또한 이 경계를 뜻하는 verge로부터 diverge란 단어를 유추할 수 있는데 '**분기(分岐)하다(갈래가 나누어지다)**'라는
뜻입니다. 특히 diverge에서 나온 divergent다이버전트는 여러 미드나 게임에서 특이한 능력을 가지게 된 '**이생물체**'를
뜻하는 단어로 자주 볼 수 있습니다.
현대에 들어서 가장 의미 있는 convergence집합점의 예는 다양한 기기의 기능을 흡수하는 스마트폰으로의 통합이라
할 수 있겠습니다. convergence를 기억할 때는 단어에서 verge가장자리 어근을 찾아 뜻을 유추하면 됩니다.

verge [vɜːrdʒ 버어지] n. 가장자리　　∞ Ekko 참고
converge [kənvɜːrdʒ 컨**버어**지] v. 모여들다　con(com함께) + verge(가장자리)
diverge [daɪvɜːrdʒ 다이**버어**지] v. 분기하다, 나뉘다　　∞ Ekko 참고
　　　　di(apart떨어져서) + verge(가장자리)
divergent [dɪvéːrdʒənt 디**버어**전ㅌ] a. 일탈한

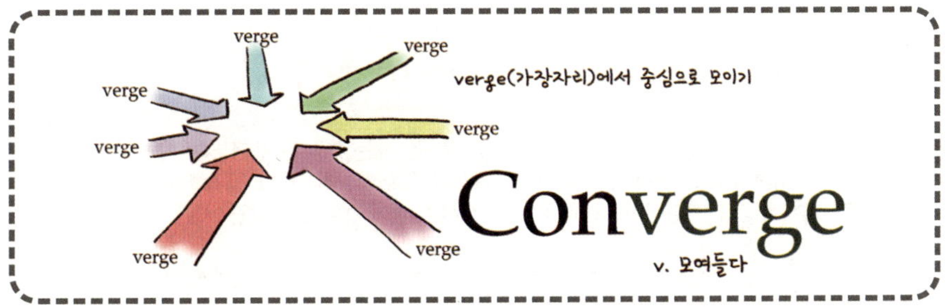

Volley
W - 일제 사격

| 원뿔 형태로 9개의 화살을 발사하여 물리피해. 적들은 일제 사격의 여러 화살을 막아낼 수 있지만 첫 번째 화살의 피해만큼을 입음.

□□□ **volley** [váːlɪ **바**알리] n. 발리, 일제 사격

★ volley는 '**탄환을 한 번에 일제사격으로 날리다**'라는 뜻입니다. fly날다라는 뜻의 라틴어인 volare
에서 나온 단어입니다. 쉬운 volleyball배구 단어로 익히 아는 것입니다. volley는 요즘에 테니스나
축구에서 공이 땅에 떨어지기 전에 차는 것도 의미합니다.

Hawkshot
E - 매 날리기

맵의 어느 위치든 지정하면 날아가면서 그 일대를 밝힘. 애쉬는 한 번에 매를 최대 2마리까지 저장할 수 있음.

□□□ **hawk** [hɔːk 호어ㅋ] n. 매　　∞ Quinn 참고

Enchanted Crystal Arrow
R - 마법의 수정화살

얼음 수정 화살을 일직선으로 발사하여 적 챔피언을 맞힐 경우 마법 피해를 입히고 기절시킴. 최대 3.5초까지 기절.

□□□ **enchant** [ɪntʃǽnt 인챈ㅌ] v. 마법을 걸다, 황홀하게 만들다
□□□ **crystal** [krístl 크리스틀] n. 결정체　　∞ Skarner 참고

enchant는 chant(노래) 속으로 빠지게 마법걸기

★ enchant는 '**마법을 걸다**'라는 뜻으로 RPG 게임을 하는 사람은 무척 자주 볼 수 있는 단어입니다. 보통 무기를 enchant인챈트하게 되면 빛이 나는 effect가 생기거나 공격력이 더 강해지는 효과가 생기게 됩니다. 온라인게임은 뽀대가 90%라고 여기는 게이머들이 많습니다.

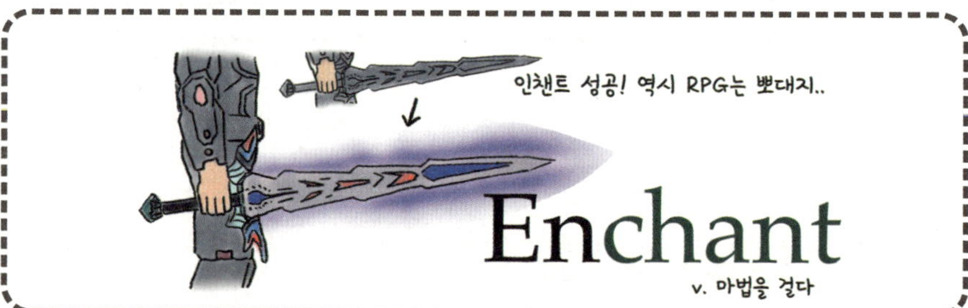

이런 게임상의 강화효과의 하나인 enchant는 bewitch마법을 걸다라는 뜻의 라틴어인 incantare 에서 나온 말로서 en(into) + cantare(chant, sing노래하다)의 조합입니다.
말그대로 노래 속으로(en) 빠지게 하는 것이니 아름다운 모습의 요정이 노래를 불러서 용사를 꾀는 장면을 떠올리면 되겠습니다. 일상에서는 보통 enchant는 '**매료시키다**'라는 뜻으로 쓰입니다.
'**노래하다**'라는 뜻의 어근인 chant챈트는 지금도 교회의 찬송인 성가(聖歌)의 뜻으로 사용됩니다.
우리가 잘 아는 프랑스의 가요곡인 chanson샹송도 이 chant 어근에서 나온 단어입니다.

그럼 chant 어근을 기준으로 함께 기억하면 좋은 4개의 단어를 보겠습니다.

chant [tʃænt 챈ㅌ] n. 구호, 성가
recant [rɪkǽnt 리캔ㅌ] v. (신념을) 철회하다   re(다시) + cantare(노래하다)
enchantment [ɪntʃǽntmənt 인챈트먼ㅌ] n. 황홀감
disenchant [dɪsentʃǽnt 디스인챈ㅌ] v. 마법에서 풀다, 환상을 깨우다   ∞ Ahri 참고

* **recant**는 자신이 가지고 있던 신념을 버리는 '**철회하다**'라는 뜻이고 cantare(chant) 어원에서 나온 단어입니다. 만일 어떤 정치인이 자기가 항상 하던 주장과 반대된 이야기를 한다면 '**다른 노래를 부르는 것**'으로 표현해서 recant 철회하다를 사용할 수 있습니다.
recant를 기억할 때는 어원과 관계없이 re(다시) + can't(못해)의 조합으로 간주하고 '**다시 안한다고 철회하다**'라는 식으로 외우면 편리합니다.

* **enchantment**는 enchant의 명사형으로서 '**황홀감**'이라는 뜻입니다. 마법에 걸린 상태를 말합니다.

* **disenchant**는 enchant의 반대말로서 '**마법에서 풀다**'라는 뜻입니다. 우리가 마법에서 깰 일은 별로 없으므로 주로 일상에서는 미몽에서 깨어나 '**환멸감을 느끼게 하다**'라는 뜻으로 사용됩니다.   dis(not) + enchant(마법을 걸다)의 조합입니다.

참고로 enchant마법을 걸다 이외에 마법을 행하는, 그래서 매혹에 빠지게 만드는 단어로는 bewitch 홀리다, charm매혹하다, captivate매혹하다, fascinate매혹하다 등이 있습니다.

bewitch [bɪwítʃ 비위치] v. 홀리다, 넋을 빼놓다
charm [tʃɑːrm 챠암] n. 매력 v. 매혹하다

* **bewitch**는 '**마법으로 홀리다**'라는 뜻입니다. 단어는 be(되다) + witch(마녀)의 조합이어서 이해가 쉽습니다. '**마녀가 되서(be) 마법을 쓰다**'라는 뜻이고 문장에서는 주로 이 마법에 당하는 수동태로 쓰입니다.
즉 be bewitched하면 '**마법에 당하다**'라는 뜻이 됩니다.

* **charm**은 '**매력**' 또는 '**매혹하다**'라는 뜻입니다. charm도 chant처럼 '**노래하다**'라는 뜻의 라틴어인 canere에서 나온 단어입니다. (canere의 라틴어 반복형이 cantare입니다.)
역시 노래를 잘하는 것이야말로 인간 매력의 가장 기본임을 이 charm의 어원을 통해 알 수 있습니다.
charm은 Walt Disney월트 디즈니사의 Animation애니메이션인 [Shrek2슈렉2]에서 매력적인 왕자 Prince Charming 프린스 챠밍을 떠올리면 됩니다. 프린스 챠밍은 그 완벽한 외모와 느끼한 미소로 Far Far Away Kingdom겁나 먼 왕국을 노리는 매력적이 character캐릭터입니다.

위의 언급된 5 단어는 모두 마법을 거는 자(마녀나 마법사, 혹은 매혹적인 미녀)의 입장에서 발생한
동사임을 눈치채셨을 것입니다. 따라서 마법에 당하는 자(선량한 시민이나 총각)의 입장에서 발생한
'마법에 걸리다, 매혹되다'라는 표현은 수동태가 됩니다.
즉, be enchanted매혹되다, be bewitched매혹되다, be charmed매혹되다처럼 쓰이는 것이죠.

enchant v. 마법을 걸다	be enchanted 매혹되다	무기 인챈트(강화)로 암기
bewitch v. 홀리다	be bewitched 매혹되다	witch(마녀)로 암기
charm v. 매혹하다	be charmed 매혹되다	
captivate v. 매혹하다	be captivated 매혹되다	화면 capture(캡처)로 기억
fascinate v. 매혹하다	be fascinated 매혹되다	패션에 매혹되는 것으로 기억

Ashe

★★☆☆☆ frost - A layer of frost destroyed the tangerine harvest.
서리 층이 귤 수확을 망쳤다. (의역 : 서리가 내려 귤 수확을 망쳤다.)

★☆☆☆☆ ranger - A ranger caught a man trying to steal baby squirrels.
산림보안관이 새끼다람쥐를 훔치려한 남자를 붙잡았다.

★☆☆☆☆ focus - This picture is out of focus. 이 사진은 초점이 맞지 않다.

★★★☆☆ poacher - The poacher was surprised when an elephant clothed in black shot him in his dream.
그 밀렵꾼은 꿈에 검은 옷을 입은 코끼리가 자신을 쏘자 놀랐다.

★★★☆☆ derange - an asteroid impact large enough to derange the climate
기후를 어지럽히기에 충분한 크기의 소행성(충돌)의 충격

★★★☆☆ arrange - Help me arrange my Christmas sweaters from ugly to ugliest.
내 크리스마스 스웨터를 '안 예쁜 것부터 최고로 안 예쁜 것'의 순서대로 정리하게 도와주세요. (예쁜 옷 좀 사달라고..)

★★★☆☆ convergence - Are there moves toward convergence?
그곳에 수렴으로 향하는 움직임이 좀 있나요? (의역 : 의견이 모아질 움직임이 좀 보이나요?)

★★★☆☆ verge - I'm on the verge of becoming a platinum player in that mobile game.
나는 그 모바일게임에서 플래티넘(백금) 사용자가 되기 직전이야.

★★★☆☆ converge - The two rivers converge at a deadly waterfall.
그 두 강은 무시무시한 폭포에서 합류한다.

★★★☆☆ diverge - The twins' personalities diverged when one became a doctor and the other a pro-gamer.
그 쌍둥이의 성격은 한 명이 의사가 되고 다른 한 명이 프로게이머가 되었을 때 (서로) 나뉘어졌다.

★★★☆☆ divergent - Divergent views caused the country to separate.
서로 다른 관점은 국가의 분리를 야기했다. (의역 : 서로 다른 견해로 나라가 분열되었다.)

★★★★☆ volley - a volley of protests 빗발치는 항의

★★☆☆☆ hawk - Jack watched Leah like a hawk.
잭은 엄중한 (매의) 눈으로 레아를 감시했다.

★★☆☆☆ enchant - His performance enchant everyone who sees it.
그의 공연은 그것을 보는 모든 사람을 매료시킨다.

★☆☆☆☆ crystal - Steve gazed vacantly into crystal ball.
스티브는 멍하니 수정 구슬을 응시했다.

★★★☆☆ chant - The audience chanted "One more game, one more game."
그 청중은 "한 게임 더, 한 게임 더."라고 구호를 외쳤다.

★★★☆☆ recant - He recanted his statement that he created the bitcoin.
그는 그가 비트코인(가상 디지털 화폐)을 창조했다는 진술을 철회했다.

★★★☆☆ enchantment - That's the only way to break the spell of enchantment.
그것은 (넋을 잃게 하는) 마법의 주문을 깨는 유일한 방법이다.

★★★☆☆ disenchant - Merlin was disenchanted with the political process.
메를린은 정치적 과정에 환멸을 느꼈다.

★★★☆☆ bewitch - Hamilton was bewitched by some evil spirit. 해밀튼은 악령에 들렸다.

★☆☆☆☆ charm - A charming peacock had 20 followers.
매력적인 수컷 공작에게는 추종자 20마리가 있었다.

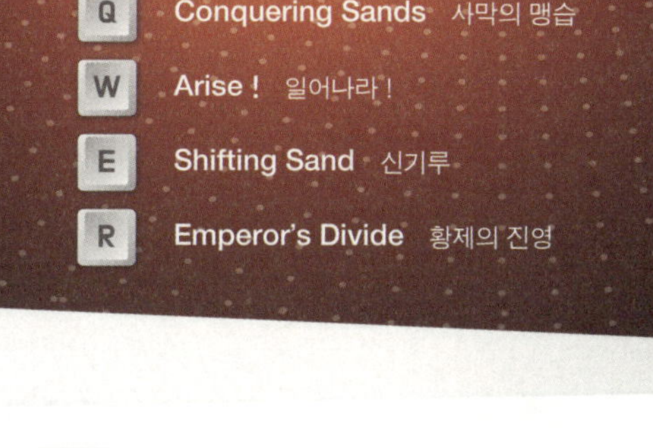

□□□ **legacy** [légəsɪ **레**거시] n. 유산

legacy(유산)는 다 리것이여~

★ **legacy**는 죽은 사람이 남긴 유산을 말합니다. 이때의 legacy는 a last will_{유언}에 의해 legate _{유증된}된 재산을 말합니다. 또한 legacy는 물려받은 사회체제나 사상적인 영향을 뜻하기도 합니다. legacy_{유산}는 '**법의**'라는 뜻의 legal과 어원이 같으므로 법적으로 승인받아 지위와 재산을 물려받는 사법적인 개념으로 생각하면 됩니다.
legacy를 기억할 때는 할아버지가 돌아가시며 힘들게 말씀하시는 "**이 유산은 이제 다 리것이**여..잘 **혀..**"라는 장면을 떠올리면 됩니다.

legacy와 같은 '**유산**'이라는 뜻의 단어로는 inheritance가 있습니다. legacy가 법과 관련된(legal) 좀 더 물질적인 재산 쪽의 유산을 말하는 뉘앙스인데 반해 inheritance는 재산뿐 아니라 유전적인 재능 쪽의 유산을 설명할 때 사용됩니다.

inheritance [ɪnhérɪtəns 인**헤**리턴스] n. 유산
  ← **inherit** [ɪnhérɪt 인**헤**릿] v. 상속받다, 물려받다
  ← **heir** [er 에어] n. 계승자, 상속자
heredity [hərédətɪ 허**레**더티] n. 유전

* inheritance는 유산이라는 뜻입니다. 보통 선조에게 물려받은 것이죠. 동사는 inherit입니다.
inherit은 in(into안으로) + heres(heir상속자)의 뜻이 들어있는 라틴어 inhereditare에서 나온 단어입니다. heir
상속자나 heredity유전 모두 '남겨졌다(left behind)'는 뜻의 PIE어근 *ghe-에서 나온 같은 어원 출신의 단어입니다.
inherit을 외울 때는 '앞이마 안에 번개문양을 물려받은 해리포터'를 이용하여 이미지를 만들어도 되겠습니다.
그러면 heir상속자도 '상속자가 애여?'로 함께 기억할 수 있는 장점이 생깁니다.

Q Conquering Sands
Q - 사막의 맹습

모래병사를 지정한 위치로 보냄. 모래병사를 통과한 적에게 마법피해. 중첩 가능한 1초간 25% 둔화효과.

□□□ **conquer** [kάːŋkə(r) **카앙커**] v. 정복하다

Quest : global conquest(세계정복)는 가능한가?

★ conquer는 다른 나라나 민족을 '**정복하다**'라는 의미입니다. 라틴어인 conquaerere에서 나온
단어인데 con(강조의 com) + quaerere(seek찾다)의 조합입니다. 명사형인 conquest에 quest
퀘스트가 들어가듯이 라틴어 어원은 질문이나 요청을 의미하는 query문의와 관련되어 있습니다.
그러므로 conquer를 어원대로 생각하면 '**새로운 땅이나 승리를 찾아다니다**'라는 뜻의 단어조합이
되겠습니다.

conquest [kάːŋkwest **카앙퀘스ㅌ**] n. 정복
quest [kwest **퀘스ㅌ**] n. 탐구, 탐색
query [kwírɪ **퀴**리] n. 문의, 의문

quest퀘스트 어원과 관련된 단어로는 request요청, inquiry연구, inquest조사 등이 있습니다.

require [rɪkwάɪə(r) **리콰**이어] v. 요구하다   ∞ Tahm Kench 참고
 → **request** [rɪkwést **리퀘스ㅌ**] n. 요청   re(다시) + quest(묻다)
inquire [ɪnkwάɪər **인콰**이어] v. 묻다   ∞ Tahm Kench 참고

→ **inquiry** [ɪnkwáɪərɪ 인콰이어리] n. 연구　　in(into안으로) + query(문의)

→ **inquest** [ínkwest 잉퀘스ㅌ] n. 조사, 사인규명　　in(into안으로) + quest(묻다)

→ **inquisitive** [ɪnkwízətɪv 인퀴저티브] a. 꼬치꼬치 캐묻는

* inquisitive는 '**꼬치꼬치 캐묻는**' 뜻의 형용사인데 5살짜리 꼬마애가 "왜요? 왜요? 왜요?"하며 끊임없는 질문을 하는 모습을 생각하면 됩니다.

inquisitive는 in(into안으로) + quaerere(seek찾다)의 라틴어 조합에서 나온 단어입니다. 계속해서 inquiry연구 속으로 파고드는 모습을 보여주는 단어입니다.

inquisitive를 기억할 때는 가운데 부분 발음이 quiz퀴즈와 같아서 **퀴즈**를 계속 내는 모습으로 외우는 것이 편합니다.

세계정복은 가능한가?

　[세계정복은 가능한가?]라는 오카다 토시오의 책이 있습니다. 우리가 어릴 적에 자주 꿈꾸던 global conquest 세계정복의 방법과 순서에 대한 조금은 황당한 지도서입니다.

　수많은 만화와 영화에서 global conquest세계정복를 꿈꾸는 악당들은 지금까지 실패만을 거듭해 왔습니다. 그들의 실패가 모두 hero히어로 때문일까요? 이 책에서는 현재의 행복과 가치를 부정하고 자신의 의지대로 세계를 재창조하려는 노력의 결과가 global conquest세계정복인데 악당들은 그렇게 목적론적으로 체계적이지 않다는 점에서 세계정복 실패의 이유를 찾고 있습니다.

　인생의 바쁜 날들 때문에 진행하려다가 그동안 미루고 있었던 '**global conquest**세계정복'가 갑자기 생각나신 분들에게 일독을 권합니다.

conqueror [káːŋkərə(r) 카앙커러] n. 정복자

Arise !
W - 일어나라 !

대상으로 지정되지 않는 모래병사를 소환. 병사들은 여러 대상을 관통하는 직선공격하고 아지르가 멀리 떨어져도 공격수행.
마법피해를 입히며 시간이 지나면 사라짐.

□□□ **arise** [əráɪz 어라이즈] v. (어떤 일이) 발생하다

Shifting Sand
E - 신기루

모래병사 중 하나에게 돌진하여 부딪힌 적에게 마법피해. 만일 적 챔피언과 부딪치면 멈춰서 4초 동안 보호막과 피해 흡수.

□□□ **shift** [ʃɪft 쉬프ㅌ] v. 이동하다   ∞ Ezreal 참고

shift가 걸려있어도 안타는 나온다

★ shift는 장소나 생각을 이동하거나 바꾼다는 뜻입니다. 명사로 '**변화**'라는 뜻 외에 '**교대근무**'라는 뜻으로 자주 사용됩니다. 키보드에서 자판선택을 위로 올리는 'Shift시프트' 키를 떠올리면 됩니다.

> We are working in shifts. And the night shift has just come off duty.
> 우리는 교대근무로 일하고 있다. 그리고 밤 근무조가 막 근무를 마쳤다.

야구에서 shift쉬프트는 당겨 치거나 밀어 치는 타자의 특징을 파악하여 야수들의 위치를 이동시키는 작전을 말합니다.
shift쉬프트가 걸렸다고 해도 타자들은 자신의 습관을 쉽게 바꾸지는 않습니다. 타격 mechanism 메커니즘은 아주 섬세하므로 routine루틴의 과정 중 하나만 어긋나도 타자들은 리듬을 잃는 경우가 많기 때문입니다.
그리고 shift쉬프트가 걸린 그 상황에서도 잘 치는 타자들은 안타를 꼬박꼬박 만들어 냅니다.

Emperor's Divide
R - 황제의 진영

병사들을 일렬횡대로 소환하여 돌진시키고 적들을 밀어내고 마법피해. 이후 병사들은 벽 상태로 유지.

□□□ **emperor** [émpərə(r) 엠퍼러] n. 황제

□□□ **divide** [dɪváɪd 디바이ㄷ] v. 나누다   ∞ Zac 참고

눈에 힘 빼라..나 emperor(황제)야

★ emperor는 황제입니다. 어원상 emperor는 라틴어인 imperare에서 나온 단어이고 im(into 되게하다) + perare(order명령)의 합으로서 '**명령을 내리는 사람**'이라는 뜻이 되겠습니다. perare 어근은 order명령하다, provide준비하다 등의 뜻이고 prepare준비하다, repair수리하다처럼 광범위한 단어에 사용되고 있습니다.

emperor의 형용사형은 imperial입니다. 형용사는 라틴어 접두사(im) 그대로 영어에 전해진 것을 알 수 있습니다. emperor는 쉬운 단어이지만 기억이 잘 안날 때는 **"눈에 힘 빼라..나 황제야."**라는 장면을 생각하면 됩니다.

　　imperial [ɪmpíriəl 임**피**리얼] a. 황제의

우리나라도 고려시대 광종 때 칭제건원하고 일본도 스스로 천황이라 칭하지만 대표적으로 동양은 중국, 서양은 로마에서만 황제가 호칭되었습니다. 중국은 칭기즈칸에 의한 세계 정복 후 4대 칸국의 후예로서 황제의 칭호가 이어졌고, 로마제국은 동서분열 후 비잔틴제국과 신성로마제국으로 황제의 칭호가 이어집니다.

진정한 황제가 되고 싶었던 영국

　영국도 근대 약 70년간 잠시 황제국이 된 적이 있었습니다. 그 전까지 영국은 19세기 당시 세계에서 가장 넓은 땅을 지배하였지만 아직 황제라고 불리지는 않았었습니다. 그 당시 독일, 러시아, 터키 등 경쟁국들은 모두 황제국이었습니다. 독일은 신성로마제국이후 그 title타이틀을 자랑스레 이어갔습니다. 또 비잔틴제국과 관계되어 러시아와 오토만제국도 마음껏 황제를 사용합니다. 그런데 자존심 상하게도 영국만 그대로 왕이었던 것입니다.

　그러던 빅토리아 여왕이 드디어 여제(empress)라는 칭호를 얻게 된 것은 동인도회사가 인도 무굴제국 황제를 퇴위시키면서 1876년 〈Empress of India인도의 여제〉라고 쓸 때부터입니다. 인도의 무굴제국은 칭기즈칸의 후예라 칭하는 티무르왕조로부터 시작되었기에 그 위대한 정복자의 권위로 인정받은 황제 타이틀이 있었는데 그것을 영국이 빼앗아 온 것입니다.

　이후 영국왕실은 그토록 바라던 황제라는 표현을 자랑스럽게 공문서나 동전에 RI(Rex Imperator)라고 새기다가 1948년 인도가 독립하고 나서 다시 왕으로 돌아가게 됩니다. 여기서 라틴어 Rex는 king왕을 말하고 Imperator는 emperor황제를 말합니다. 즉 **'왕이자 황제'**라는 뜻입니다.

divide되어버린 widow(과부)

★ **divide**는 **'나누다'**라는 뜻입니다. 명사형은 dividend배당금과 division분할이 있습니다. divide는 라틴어 **dividere**에서 나온 단어입니다.

이는 di(apart떨어져서) + vide(separate나누다)의 조합이고 '떨어지게 분리시키다'는 의미입니다.
여기 사용된 vide 어근은 devise고안하다, individual개인, widow과부 등의 단어에서 볼 수 있습니다.
이 단어들은 모두 '분리되어 생성된 어떤 결과'라는 개념이 들어있습니다.
즉, 물건을 나누어 새롭게 뭔가를 고안했고(devise), 전체에서 개인이 떨어져 나왔으며(individual),
남편의 죽음으로 결혼에서 분리된 과부(widow)가 된 것입니다.

dividend [dɪvídend 디비덴ㄷ] n. 배당금
division [dɪvíʒn 디비젼] n. 분할, 분배　　∞ Zac 참고
devise [dɪváɪz 디바이즈] v. 고안하다　→ device n. 장치
individual [ɪndɪvídʒuəl 인디비쥬얼] n. 개인　a. 개인의
widow [wídoʊ 위도우] n. 과부　⇔ widower n. 홀아비

* dividend는 '배당금'을 말합니다. 배당금이란 보통 주식이나 펀드에 투자를 했을 때 나오는 이득을 나눈 금액을 의미합니다. 어원이 되는 라틴어 dividendum에서 나왔는데 이는 divided thing(분할된 것)을 의미합니다. 여기서 -um은 라틴어 중성형 명사어미입니다.
dividend를 기억할 때는 divide(나누다)에 -nd만 붙은 것으로 이해하면 편합니다. 한글 발음인 '디비덴드'를 응용해 'divide된 돈 = 배당금'으로 보는 것이죠.

* division은 '분할'을 뜻하는 divide의 또 다른 명사형입니다. 이 division은 분할, 나눗셈, 분열, 사단, 부서 등 다양한 뜻을 가진 단어입니다. 이중 우리같은 게이머에게 가장 먼저 떠오르는 뜻은 '정보국, 첩보국, 정찰국'에서처럼 '국(局),부서'의 의미로 쓰이는 경우입니다.

* devise는 '고안하다'는 뜻인데 라틴어 divisare에서 나왔고 이는 divide의 라틴어 반복형 어미 변환의 모습입니다. 즉 나누고 나누고 또 나눈 것입니다. 그런 다음 다시 배열을 해서 뭔가 멋진 것을 '고안하게' 되는 것입니다.
devise의 명사형은 /s/가 /c/로 바뀐 device디바이스입니다. 명사인 device의 뜻은 '장치, 기구'입니다.

* individual은 '개인'을 말합니다. 라틴어 individualis에서 나온 것인데 in(not) + divide(나누다) + -ible(~할 수 있는)의 조합입니다. '더 이상 나눌 수 없는 것'이라는 의미입니다. 개인을 더 나누면 살인이 되어버리죠.

* widow는 '과부'라는 뜻입니다. vide 어근의 /v/자음이 /w/로 바뀌었지만 widow에서도 vide나누다 어근의 자취를 찾을 수 있습니다. 과부는 남편과 죽음에 의해 나누어진 사람이니 어원에 설득력이 있습니다.
홀아비는 widower입니다.

the Division(더 디비젼)

2016년 출시된 톰 클랜시의 [the Division더 디비젼]은 가장 신나는 RPG PS4게임 중 하나입니다. PS4뿐만 아니라 PC나 XBOX 등 멀티플랫폼으로 발매되며 정교한 그래픽과 치밀한 스토리가 있고 GTA5에 맞먹는 맵 크기를 보여줍니다.

톰 클랜시는 미국에서 가장 인기 있는 소설가 중의 하나인데 그의 이름을 넣어서 게임 타이틀을 정한 것이 특이합니다. [더 디비젼]은 생물학 테러대비 훈련을 하던 중 의문의 바이러스가 퍼지게 되고(pandemic이라고 부릅니다) 5일 만에 모든 미국의 공공질서가 무너지는 것을 스토리 배경으로 삼고 있습니다.

이후 소수정예의 [the division정보국]에 소속된 요원이 된 플레이어는 아직 남아있는 물이나 식량의 자원 등을 갈취하려는 폭도, 테러범, 사이비종교단체와 전투를 벌이게 됩니다.

Azir

★★★☆☆ **legacy** - an intellectual legacy 지적 유산

★★★☆☆ **inheritance** - She used her inheritance money to buy a tropical island.
그녀는 상속받은 돈을 열대 섬을 하나 사는 데 사용했다.

★★☆☆☆ **inherit** - I inherited $20,000,000 USD from my uncle who invented the teleporter.
나는 공간 이동기를 발명한 나의 삼촌에게서 2천만 달러(200억원)를 상속받았다.

★★★☆☆ **heir** - He is the heir to his late grandfather's ramen fortune.
그는 작고한 할아버지의 라면 재산(기업)을 물려받은 상속자다.

★★★☆☆ **heredity** - Heredity laws should include robots.
상속법은 로봇을 포함하여야한다. (로봇에게도 상속이 가능하게)

★★☆☆☆ **conquer** - They conquered another city by launching biochemical bombs.
그들은 생화학폭탄을 발사하여 다른 도시를 정복했다.

★★★☆☆ **conquest** - Norman conquest of England 노르만의 영국정복

★☆☆☆☆ **quest** - The king gave his men a quest to catch 27 wild chickens before sundown.
왕은 신하들에게 해가 지기 전에 야생 닭 27마리를 잡아오라고 요구했다.

★★★☆☆ **query** - Failure to receive a response to a query message can lead to session termination.
질문 메시지에 대한 응답에 실패하면 과정 종결로 갈 수 있다.

★★☆☆☆ **require** - I require 10,000 won to stay at the PC Room all night.
나는 피시방에서 밤새 있으려면 만원이 필요하다.

★★☆☆☆ **request** - I will request an invitation to join your clan.
나는 네 클랜에 가입할 수 있도록 초대를 요청할 것이다.

★★☆☆☆ **inquire** - I inquired about the latest game patch.
나는 가장 최근의 게임패치에 대해 문의하였다.

★★★☆☆ **inquiry** - credit inquiry 신용조사

★★★☆☆ **inquest** - The inquest showed that the cause of death was playing computer games too long.
그 조사는 그 죽음의 원인이 컴퓨터게임을 너무 오래한 것이라는 것을 보여주었다.

★★★☆☆ **inquisitive** - The inquisitive girl was playing with Annie's bear.
그 꼬치꼬치 캐묻는 소녀가 애니의 곰과 놀고 있었다.

★★☆☆☆ **conqueror** - William the Conqueror 정복자 윌리엄

★☆☆☆☆ **arise** - A problem of how to deal with 1 million bugs arose after she left candy on the counter.
그녀가 계산대에 캔디를 두고 떠난 뒤에 백만 마리의 벌레를 어떻게 처리해야하는지의 문제가 생겼다.

★★☆☆☆ **shift** - He shifted his leg to avoid the falling grape juice.
그는 떨어지는 포도주스를 피하려고 한쪽 다리를 옮겼다.

★★☆☆☆ **emperor** - The emperor of the online game industry will give out free computer games this Tuesday.
그 온라인 게임 산업의 황제는 이번 주 화요일에 무료 컴퓨터 게임을 내놓을 것이다.

★☆☆☆☆ **divide** - I was asked to divide equally 279 fish into 9 fish tanks.
나는 생선 279마리를 수조 9개에 균등하게 나누라고 요청받았다.

★★★☆☆ **imperial** - The board issued an order removing him from the city to a distant island.
위원회는 그를 도시에서 낙도로 보내는 명령을 공포했다.

★★★☆☆ **dividend** - non dividend 무배당

★★★☆☆ **division** - His team was in the highest division in the league rank system.
그의 팀은 리그 순위제도에서 최고 디비전(분과)에 속했다.

★★★☆☆ **devise** - If I were responsible for the end-result of new project, I would be compelled to devise a clever and unique plan.
내가 이 프로젝트의 최종결과에 책임이 있는 사람이라면 나는 현명하고 독특한 계획을 마련해야만 할 것이다.

★☆☆☆☆ **Individual** - an individual portion 한 사람 분

★★★☆☆ **widow** - a sorrowful widow 슬픔에 잠긴 미망인

Bard. the Wandering Caretaker

바드 - 영겁의 수호자

- **P** Traveler's Call 방랑자의 부름
- **Q** Cosmic binding 우주의 결속
- **W** Caretaker's Shrine 수호자의 성소
- **E** Magical Journey 신비한 차원문
- **R** Tempered Fate 운명의 소용돌이

P Traveler's Call
passive - 방랑자의 부름

Chimes 고대의 종 : 바드가 있으면 전장에 신성한 고대의 종이 나타남.
이 종을 얻으면 바드의 이동속도, 경험치, 마나 리젠증가
Meeps 정령 : 하급정령들이 바드에게 모여들어 바드가 공격할 때 적에게 돌진.
고대의 종을 모을수록 정령의 수 증가.

□□□ **traveler** [trǽvələr **트래**블러] n. 여행가

집 떠나서 travel(여행)하면 travail(고생)

★ traveler는 travel여행하는 사람을 말합니다. 여행은 즐거운 것이 맞지만 쉽게 고생으로 변하기도 합니다. **'집 떠나면 고생'**이라는 말이 우리나라 속담에도 있는데 서양에서도 travel의 어원은 우리 조상님들의 속담 그대로 travail고생과 연관되어 있습니다.

챔피언 바드의 별명인 〈Wandering Caretaker〉는 직역하면 **'방랑하는 수호자'**가 됩니다. Bard바드가 비록 P스킬로 traveler여행가를 사용하지만 폼나는 여행가라기보다는 정처 없이 떠도는 wanderer 방랑자였던 것입니다. 고생하고 있는 챔피언이죠 .

wander [wɑ́ːndə(r) **와안**더] v. 거닐다, 헤메다   ∞ Yasuo 참고
voyage [vɔ́ɪɪdʒ **보**이지] n. 항해
travail [trǽveɪl **트래**베일] n. 고생, 산고

traveler와 비슷하게 **'집 떠난 사람들'**을 표현하는 말로는 tourist관광객가 있고 voyager라고 항해를 주로 하는 장거리 여행자를 뜻하는 단어도 있습니다.

* **voyage**는 항해를 말합니다. journey여정을 뜻하는 라틴어인 viaticum에서 나온 단어입니다. 여기서 via는 우리가 흔히 '~을 경유하여'의 뜻으로 사용하는 영어에서 via의 기원이 되는 어근입니다.

via [víɪə **바**이어] prep. ~을 경유하여

* **travail**은 고생을 뜻합니다. 고문이나 고생을 뜻하는 라틴어 tripalis에서 기원한 단어입니다. 이 라틴어 tripalis는 tri(three) + palus(stake말뚝=pale)의 조합으로서 원래 고문도구로 사용된 3개의 말뚝을 의미하는 단어였습니다. 어원에 죄수가 말뚝에 큰 대(大)자로 묶여서 고생하는 것이 눈에 보이는 듯한 단어입니다. 또한 travail에는 말뚝에 매달린 것만큼이나 아픈, 출산의 고통을 말하는 '산고(産苦)'라는 의미도 들어있습니다.
travail을 기억할 때는 '**3개의 말뚝**'을 떠올리거나, 발음이 비슷한 '**고생 가득한 travel여행**'을 생각하면 편합니다.

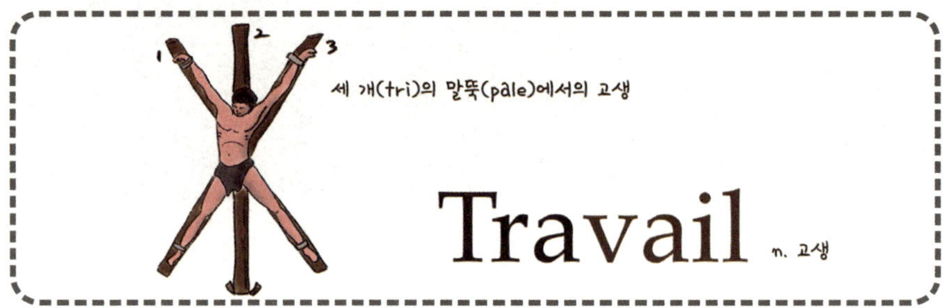

Q **Cosmic binding**
Q - 우주의 결속

바드가 영적 에너지를 직선으로 방출, 두명의 적에게 마법피해.
첫 번째 적에게 느려짐. 두 번째 적에게 기절효과.

□□□ **cosmic** [káːzmɪk **카아즈믹**] a. 우주의

cosmos(우주)는 질서를 말했으나 이젠 chaos(혼돈)가 대세

★ cosmic은 cosmos우주에서 나온 형용사입니다. 그리스어로 '**질서나 잘 된 정돈**'을 의미하는 kosmos에서 나온 단어입니다. 이것은 우주를 질서가 빡빡하게 채워져있는 세상으로 본 것입니다. 즉 cosmos우주라는 단어에는 고대철학자들의 '**혼돈과 반대되는 개념으로서의 질서가 있는 우주**'에 대한 철학이 들어있습니다. 우주는 질서 있게 운행이 되고 조화롭게 형성되어 있어서 인간은 이성적 사고를 통하여 그 질서의 근본을 찾으려고 노력한다는 생각입니다.

이런 '**질서의 우주론**'은 피타고라스부터 시작하여 프톨레마이오스(천동설), 코페르니쿠스(지동설), 케플러(케플러의 법칙), 갈릴레이, 뉴턴, 아인슈타인까지 이어져왔습니다.

이렇게 질서의 우주를 cosmos라고 한다면 혼돈의 우주는 chaos가 되겠습니다.
현대에는 Chaos theory카오스 이론가 대두되고 있습니다. 이 카오스 이론은 혼돈이 가득한 우주 속에 질서가 결합되어 우리가 살고 있는 우주가 된 것이라고 이해하는 것입니다.

cosmos [kάːzmoʊs 카아즈모우ㅅ] n. 우주
chaos [kéɪɑːs 케이아아스] n. 혼돈　　∞ Viktor 참고

Caretaker's Shrine

W - 수호자의 성소

바드가 체력회복 성소를 만듦. 성소를 통과하는 아군은 10초간 체력회복, 1.5초간 이동속도 50%증가.
3개까지 성소생성가능. 적 챔피언이 잠시 밟으면 파괴됨.

□□□ **caretaker** [kéəteɪkə(r) 케어테이커] n. 경비원
□□□ **shrine** [ʃrɑɪn 슈라인] n. 성소

caretaker(경비원)는 care(주의)를 기울이는 사람

★ caretaker는 경비원 혹은 관리인의 뜻으로 쓰이지만 임시정부(과도정부), 임시관리자에서처럼 '임시'라는 뜻으로도 사용됩니다.

caretaker government　과도정부
caretaker manager　임시관리인

미국에서는 아파트관리인하면 superintendent를 쓰고 삼림관리인이나 교통관리인 같은 특정장소의 관리인으로는 warden을, 파수꾼하면 keeper를, 수위는 janitor를 사용합니다.

superintendent [suːpərɪntɛ́ndənt 수우퍼인텐던ㅌ] n. 관리인, 경찰서장
janitor [dʒǽnətər 재너터] n. 수위(미국은 건물 청소관리인)

shrine(성지)은 신발을 벗고 들어가야..

★ shrine은 '성지'를 말하는데 종교와 나라에 따라 그 숭배하는 대상은 다양합니다. 일본은 신사가 성지일 것이고, 이슬람은 Mecca메카나 Medina메디나일 것이며, 카톨릭은 성모 마리아나 성자들이 기적을 행한 곳이 될 것입니다.
shrine은 서류보관함을 의미하는 라틴어 scrinium에서 나왔는데 나중에는 유물보관함을 의미하게 되었고 14세기에 들어서는 성인(聖人)의 무덤을 말하는 단어가 되었습니다.
shrine 단어를 외울 때는 성스러운 곳에서는 보통 신발을 벗고 입장해야하는 점을 이용해 '**shoe line**(신발 라인)'으로 변형하여 기억하는 것이 편합니다.

상자 모양의 성지하면 역시 이슬람교의 성지 Mecca메카가 떠오릅니다. 이 메카를 향해 전 세계의 무슬림은 하루 5번씩 기도를 합니다. 성지 순례는 무슬림의 5대의무 중 하나이며 메카를 방문하여 신도들은 shrine성소를 7바퀴 시계 반대방향으로 돌아야합니다.

이 메카 중앙에 있는 검은 신전인 Kaaba카바에는 유명한 Black stone흑석이 있습니다. 원래 카바 신전은 A.D. 400년경에 만들어진 다신교의 신전이었지만 마호메트의 영향으로 카바 신전의 주신 알라를 유일신으로 섬기게 됩니다. 그래서 카바 신전에는 알라를 상징하는 검은 돌이 있었던 것이고 지금까지도 그 돌을 신성하게 여기고 있습니다.

이 돌은 검은색 meteorite유성로 추측되는데 과학자들은 마노보석으로 생각하기도 하고 검은 돌이 물에 뜬다는 연대기의 글에 따라 부석(浮石)으로 생각하기도 합니다.

Black stone(흑석)의 수난

수억 명이 신성시하는 이렇게 의미 있는 돌을 사람들이 얌전히 놔둘 리가 없습니다. 모나리자 그림이 여러 번 도난당하고 공격받는 것과 마찬가지입니다.

1. **부서지고** : 먼저 683년에는 도시를 공격하는 catapult투석기의 돌에 맞아 산산조각이 나고 그 후 은을 사용하여 다시 결합됩니다.

2. **도난당하고** : 930년에는 카르마트파가 그 돌을 훔쳐가서 자기 동네의 모스크에 보관하고 전 세계의 순례자가 자기 쪽으로 오기를 기대하기도 했습니다.
   그러나 순례자들은 여전히 원래 흑석이 있던 카바 신전을 향했고 실망한 카르마트의 리더인 Abu Tahir 아부 타히르는 흑석을 돌려주는 대가로 엄청난 ransom보석금을 요구합니다. 그 후 메카는 20년 만에 7 조각으로 더 부서져 버린 돌을 돌려받게 됩니다.

3. **피가 튀고** : 흑석은 그 후에도 11세기에 돌을 부수려다 그 자리에서 맞아죽는 사람이 생기기도 했습니다.

4. **배설물이 발라지고** : 17세기에는 배설물을 발라서 "누구든 여기 키스하면 더러운 수염이 될거야!"라고 외친 사람에게 수난을 겪기도 했습니다. 무슬림들은 그 범인을 시아파 페르시안으로 생각하고 수세기 동안 저주를 했다고 합니다.

 **E**

Magical Journey
E - 신비한 차원문

| 바드가 지정한 벽에 차원문을 만듬. 벽 반대편 끝으로 이어지며 적군과 아군 챔피언 모두 한쪽으로 통과 가능.

□□□ **magical** [mǽdʒɪk 매지클] a. 마법의
□□□ **journey** [dʒɔ́ːrnɪ 져어니] n. 여정

magic(마법)을 부릴 때는 practice를 사용하자

★ **magic**은 '**마법**'이라는 뜻입니다. 쉬운 단어이지만 함께 사용하는 동사가 쉽지 않습니다. magic 자체의 동사형이 없으므로 '**마법을 부리다**'라는 표현을 하려면 work, practice, make, use 등의 동사를 magic 앞에 사용해야 합니다.
즉, to practice magic은 '**마법을 연습하다**'가 아니라 '**마법을 부리다**'로 해석하는 것이죠.

> Anyone who practiced any form of magic was burned at the stake.
> 어떠한 형태의 마법을 부리는 자라도 화형을 당했다.

마법을 부리는 행위를 표현하는 다른 단어로는 conjure가 있습니다.

conjure [kʌ́ndʒə(r) 컨져] v. 마술을 부리다　　∞ Yorick 참고

* conjure는 '**마술을 부리다**'는 뜻입니다. '**함께 맹세하다**'라는 뜻의 라틴어 coniurare에서 나온 단어입니다. 라틴어 어근인 iurare는 영어에서 배심원단을 뜻하는 jury의 어원입니다. conjure는 이후 악마에 대고 맹세하여 마술을 부리다라는 뜻으로 차차 발전하였습니다.
conjure를 외울 때는 동화 〈재크와 콩나무〉를 생각하여 재크가 자신만만하게 "**콩 줘봐. 그럼 마술을 부려 줄께.**" 라고 말하는 모습을 생각하면 됩니다.

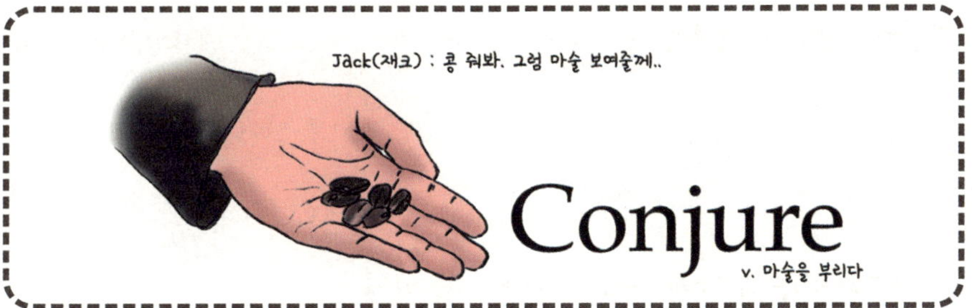

journey(여정)는 하루 동안에 일어나는 일

★ journey여정은 'the travel of a day(하루 동안의 일이나 여행)'이라는 뜻에서 나온 말입니다. 라틴어 속어인 '하루'를 의미하는 diurnum에서 나온 단어로서 영어의 diurnal주행성의과 어원이 연관되어 있습니다.

journey와 diurnal의 발음은 다른 듯하지만 두 개를 여러 번 발음해보면 연관성이 느껴질 것입니다. 그리고 이러한 journey를 묶어놓은 표인 itinerary여정표도 같이 알아두는 것이 좋겠습니다.

> **diurnal** [dɑɪʒ́ːrnl 다이**어**어늘] a. 주행성의, 하루 동안의
> ⇔ **nocturnal** a. 야행성의   ∞ Nocturne 참고
> **itinerary** [ɑɪtínərerɪ 아이**티**너레리] n. 여행일정표

* itinerary는 '여행일정표'를 말합니다. journey여정을 뜻하는 라틴어 itineris에서 나온 단어로서 이는 시간에 따른 여정의 경로를 의미합니다.

itinerary여행일정표를 외울 때는 신혼부부가 중남미 여행일정표를 짜면서 "**아이티 너래니깐~!**"하면서 사랑싸움하는 모습을 유추하면 됩니다.

R

Tempered Fate
R - 운명의 소용돌이

| 바드가 적, 아군, 챔피언, 미니언, 몬스터, 포탑까지 대상지역 모든 유닛을 그대로 정지시킴. 동결된 유닛은 피해에 면역.

□□□ **tempered** [témpərd 템퍼드] a. 완화된

□□□ **fate** [feɪt ㅎ페이ㅌ] n. 운명   ∞ Kalistar 참고

tempered는 완화된, -tempered는 기질

★ tempered는 '**완화된**', '**조절된**'이라는 뜻입니다. 예를 들어 진한 커피에 물을 타서 쓴 맛을 덜하게 한다든지 사나운 분노를 완화시킨 경우에 쓸 수 있는 형용사입니다.
이 때의 tempered는 동사 temper누그러뜨리다의 과거분사형에서 나온 형용사입니다.
그런데 hot-tempered욱하는 성질의처럼 하이픈(-)을 사용해 '**~한 기질의**' 뜻의 복합어가 만들어진 경우는 temper의 명사의 의미인 '**기질**'에서 나온 형용사여서 뜻이 달라집니다.

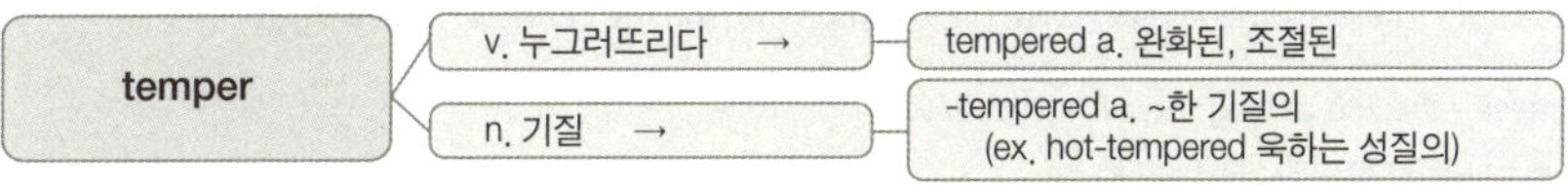

인생게임 Journey(저니)

방랑자란 컨셉의 챔피언 바드처럼 여행을 주제로 한 게임이 하나 있습니다. [Journey저니]라는 PS3, PS4용 게임입니다. 머플러 하나 묶어매고 광활한 사막을 여행하는 힐링 게임을 표방한 인디게임입니다.

몬스터와 싸우거나 즐거운 퀘스트.. 그런 것 없습니다. 아름다운 OST 음악과 함께 기가 막힌 배경을 감상하며 저 멀리 보이는 빛의 산으로 그냥 계속 가는 게임입니다. 온라인이 연결되어 있다면 국적도 알 수 없고 대화도 안 되는 게이머와 사막 한가운데서 journey여정을 같이 하게 됩니다.
3시간이면 클리어할 수 있을 만큼 간단한 게임이지만 인생 최고의 게임이라고 꼽는 분들이 있을 만큼 기묘한 명작임은 틀림없습니다.

문득 한 밤중에 인생에 지쳐서 삶의 journey여정을 돌아보고 싶은 분들께 권합니다.

Bard

★☆☆☆☆ traveler – The traveler saw all 50 states while in America.
그 여행자는 미국에 있는 동안 50개 주(州) 모두를 보았다.

★★☆☆☆ wander – She wandered about aimlessly.
그는 정처 없이 떠돌았다.

★★☆☆☆ voyage – The exploration party went on a voyage through the center of the earth. 그
탐사대는 지구의 중심을 관통하는 항해를 계속했다.

★★★☆☆ travail – the end of long travail 긴 고난의 끝

★★★☆☆ via – I came to Jeju via 'Asiana Air.'
우리는 '아시아나 항공' 으로 제주에 왔다.

★★★☆☆ cosmic – We have a duty to follow cosmic order.
우리는 우주의 질서를 따를 의무가 있다.

★☆☆☆☆ cosmos – Before Hubble Space Telescope, no one knew exactly how old the cosmos was.
허블 우주 망원경 이전에는 우주가 정확히 얼마나 오래되었는지 아무도 몰랐다.

★★★☆☆ chaos – The chaos of the peon party left a huge mess.
일꾼들의 혼란은 완전 엉망진창인 상황을 만들었다.

★★★☆☆ caretaker – the official caretaker 공식적인 관리자

★★★☆☆ shrine – a shrine dedicated to Mao Zedong 모택동(마오쩌둥) 참배지

★★★☆☆ superintendent – a school superintendent 학교장

★★★☆☆ janitor – We need a janitor to clean up after last day of school celebrations.
우리는 학교 기념행사의 마지막 날 후에 (학교를) 치울 청소부가 필요하다.

★☆☆☆☆ magical – The magician pulled a pink rabbit out of his magical hat.
그 마술사는 자기 마술 모자에서 분홍색 토끼를 꺼냈다.

★★☆☆☆ journey – a week's journey 일주일간의 여행

★★★☆☆ conjure – The magician conjured up a spell that can destroy zombies.
그 마법사는 좀비를 파괴시키는 주문을 외웠다.

★★★☆☆ diurnal – a diurnal animal 주행성 동물

★★★☆☆ itinerary – Our itinerary includes sky diving on Tuesday and frog racing on Saturday.
우리 여행일정은 화요일에 있을 스카이다이빙과 토요일에 있을 개구리경주를 포함한다.

★★★☆☆ tempered – a quick-tempered woman 화를 잘 내는 여자

★★★☆☆ fate – The fate of the mission is in your hands.
그 임무의 운명이 네 손에 달려있다.

Blitzcrank. the Great Steam Golem

블리츠크랭크 - 거대 증기 골렘

P   Mana Barrier   마나 보호막

Q   Rocket Grab   로켓 손

W   Overdrive   폭주

E   Power Fist   강철 주먹

R   Static Field   정전기장

P **Mana Barrier**
passive - 마나 보호막

| 체력이 20%이하로 내려가면 마나 보호막을 활성화. 현재 마나의 50%에 해당하는 내구력으로 10초간 유지됨. 90초에 한 번만 발동 가능.

□□□ **barrier** [bǽrɪə(r) 배리어] n. 장벽

barrier는 bar(막대기)에서 나온 말

★ barrier는 장벽을 뜻합니다. barrier의 어원은 문을 가로지르는 막대기인 bar입니다. 이 bar는 여러가지 용도로 사용되었습니다. 술집에서는 칸막이로 bar나무막대를 만들어 놓고 술을 마셨으므로 bar는 그대로 '**술집**'을 뜻하는 단어가 되었습니다.
또한 court법정에서는 판사와 변호사자리를 bar나무막대로 막아놓고 재판을 했으므로 법정과 관계된 단어 들에도 bar가 들어가게 되었습니다.
참고로 술집을 말할 때 미국은 bar라고 부르고 영국 쪽은 pub 혹은 tavern 이라고 부릅니다.

다음은 술집, 법정, 막대기를 각각 뜻하는 bar에서 출발한 단어들입니다.

bartender [bɑ́ːtendər 바아텐더] n. 바텐더   bar술집 + tender도우미
barrister [bǽrɪstə(r) 배리스터] n. (영국의) 법정변호사   bar법정
barricade [bǽrɪkeɪd 배리케이드] n. 장애물   bar막대기
barrage [bərɑ́ːʒ 버라아쥐] n. 탄막(일제 엄호사격)   bar막대기
barrel [bǽrəl 배럴] n. (목재나 금속의) 통   bar막대기

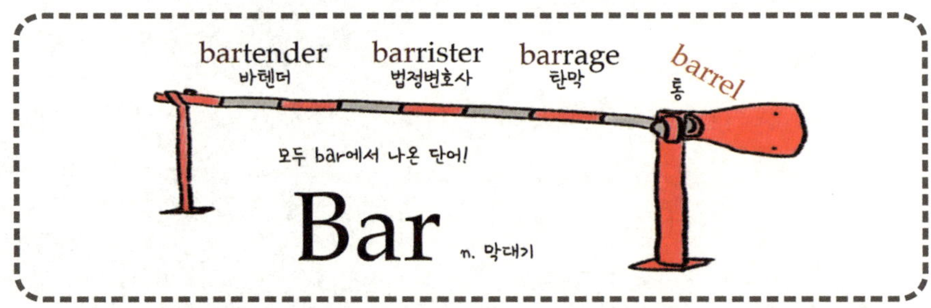

Rocket Grab
Q - 로켓 손

오른손을 발사하여 적에게 마법피해를 주고 기절시킴과 동시에 블리츠크랭크 앞으로 끌어옴. 대상에게 맞을 시 시야를 밝힘.

□□□ **grab** [græb 그랩] v. 붙잡다

grab은 꽉 움켜잡는 것이다. 기회도 꽉 잡아야하는 것

★ grab은 단단히 꽉 움켜잡는 동작을 말하고 때로는 **'기회를 잡다'**라는 뜻으로도 사용됩니다. 손의 잡는 움직임과 관련해서 몇 가지 비슷한 동사를 같이 보겠습니다.

catch	v. 붙잡다	catch a ball 공을 잡다
clutch	v. 꽉 움켜잡다	자동차의 클러치 페달, clutch power 권력을 쥐다
cling	v. 매달리다	cling to life 삶에 집착하다
grip	v. 잡다	grip on one's arm 팔을 붙잡다 grip of golf club 골프채 손잡이
grab	v. 움켜잡다	grab a taxi 택시를 잡다
grasp	v. 꽉 잡다	grasp the meaning 갈피를 잡다
hold	v. 붙잡다	hold on A : A를 계속 붙잡고 있다
snatch	v. 잡아채다	a bag snatch 핸드백 날치기
seize	v. 움켜잡다	seize a rope 로프를 움켜잡다

grip은 주로 라켓이나 골프채의 손잡이를 뜻하거나 잡는 방식을 말합니다. grip과 grasp는 **'잡다'**의 뜻에서 통제나 이해의 의미로도 발전하였습니다. 재미있게도 우리나라 말도 "그 분야는 내가 꽉 잡고 있지. 나만 믿어."라는 표현에서처럼 **'잡다'**에는 **'통제'**의 의미가 포함되어 있습니다.

Overdrive
W - 폭주

| 블리츠크랭크의 공격속도와 이동속도 크게 증가. 5초에 걸쳐 이동속도 돌아옴. 폭주가 종료되면 블리츠크랭크는 1.5초간 둔화됨.

□□□ **overdrive** [óuvədraɪv 어우버드라이브] n. 증속구동

overdrive는 속도를 높이려고 기어를 올리는 것이다

★ overdrive는 속도를 올리기 위해 차량의 기어를 높은 단으로 올리는 것을 말합니다. 보통은 **'열과 성을 다해서 노력하다'**는 의미로 쓰입니다.

LOL에서 Blitzcrank블리츠크랭크는 기계형 챔피언 concept컨셉이어서 몸 안에 crank크랭크와 gear 기어 등을 볼 수 있습니다. W스킬 〈증속구동〉에서 보듯이 공격속도가 증가되는 변속 공격이 가능한 챔피언입니다. 여기에서 Blitzcrank블리츠크랭크란 단어는 blitzkrieg전격전의 발음을 차용한 LOL의 신조어입니다.

독일군의 blitzkrieg(전격전)이란?

blitzkrieg전격전은 독일어 blitz(lightning) + krieg(war)의 합성어입니다. 여기서 blitz블리츠는 전격이라는 뜻인데 lightning번갯불을 뜻하는 독일어입니다. 이 독일어 blitzkrieg가 영어에 철자 그대로 도입된 이유는 제2차 세계대전에서 연합군이 독일군에게 blitzkrieg전격전를 호되게 당했기 때문입니다.

blitzkrieg전격전이란 장갑차와 탱크 등으로 이루어진 기계화부대가 신속한 기동력을 이용하여 적의 제 1선을 돌파하고 양단하는 tactics전법을 말합니다. 양단된 적의 부대는 후속보병이 각개격파하게 됩니다. 돌파당한 적군은 측면이 노출되고 후퇴가 어려워지며 옆 부대와 연락이 끊어져서 결국 무너지게 됩니다.

1939년 독일은 폴란드 침공 때부터 이 전격전을 사용했습니다. 그 후에도 프랑스의 마지노선을 돌파하거나 소련과 전투를 벌이면서 blitzkrieg전격전의 엄청난 돌파력을 보여줍니다. 전격전이 나오기 전까지는 참호나 방어진지로 전선을 길게 마주 보며 형성하는 참호전(trench warfare)이 많았습니다. 번개가 치듯이 재빠른 전격전은 참호전에 비하여 오히려 사상자가 적게 나는 전술적인 혁명이었습니다.

blitzkrieg [blítskriːg 블리츠크리이그] n. 전격전

 **Power Fist**
E - 강철 주먹

| 다음 기본 공격의 피해량이 2배가 되며 적을 공중으로 날려버림.

□□□ **fist** [fɪst ㅎ피스트] n. 주먹

★ fist주먹는 손가락의 개수 five에 그 어원이 있습니다. 한 움큼은 fistful 또는 handful로 쓰면 됩니다.

 **Static Field**
R - 정전기장

| (패시브) : 2.5초마다 주변의 적에게 번개로 마법피해.
| (액티브) : 주변에 강력한 자기장을 발사 광역피해와 0.5초간 침묵시킴.

□□□ **static** [stǽtɪk **스태틱**] a. 고정된, 정적인

static(정지된)은 stand(서있다)에서 나온 단어

★ static은 stand서있는을 뜻하는 PIE어근 *sta-에서 나온 말입니다. 활발해야 할 것이 움직이지 않고 '**정체된**' 상태를 말합니다. 예를 들어 물이나 피가 진행을 멈추었을 때 혹은 경제, 산업 등이 발전을 멈추었을 때 사용할 수 있는 단어입니다.
사람이 신체적, 정신적으로 발전하지 못하고 있을 때도 static정적인을 사용할 수 있습니다.

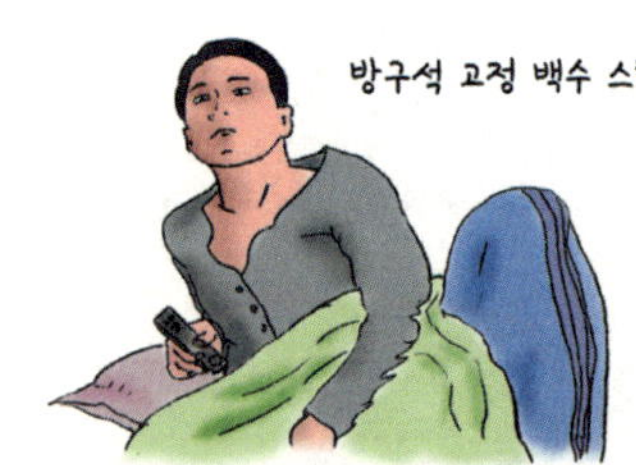

어근인 stand와 연관된 단어를 더 보면 station정거장, statue(서있는) 조각상, outstanding눈에 띄는, obstacle장애물, statistics통계학 등이 있습니다.
그리고 그 station정거장에서 모음 철자만 살짝 다른 두 단어가 나왔는데 stationary는 형용사형으로 '**정지된**'이라는 뜻이고, stationery는 명사로서 멈춰서 물건 파는 곳, 즉 '**문방구**'라는 뜻입니다.

stationary [stéɪʃənerɪ **스테**이셔네리] a. 정지된
stationery [stéɪʃənerɪ **스테**이셔네리] n. 문방구

statue [stǽtʃuː **스태**츄우] n. 조각상
outstanding [ɑutstǽndɪŋ 아웃**스탠**딩] a. 눈에 띄는, 걸출한
obstacle [ɑ́ːbstəkl **아압**스터클] n. 장애물
statistics [stətístɪks 스터**티**스틱스] n. 통계, 통계학　　∞ Udyr 참고

* obstacle은 '**장애물**'을 말합니다. ob(against대항하여) + stare(stand서다)의 조합이어서 적들이 다가올 때 맞서서
서있는 물건을 의미합니다.
obstacle을 외울 때는 단어 속에서 장애물로 '**서있는**' stand 어원을 이용해서 기억할 수도 있고 탱크가 쳐들어오는
장면 속에서 '(**탱크에**) **앞서 턱을** 장애물로 만드는 병사'로 발음을 이용해서 기억해도 됩니다.

* statistics는 '**통계학**'을 뜻합니다. statistics통계학란 어떤 (정지된) 시점의 state상황를 숫자로 표현하는 학문이고
역시 stand 어원에서 시작한 단어입니다. static정지된에 한 번 더 /stic/을 늘린 철자여서 재미있습니다.

Static field는 정전기장이 아니라 정전자기장이다.

　LOL에서 스킬을 한글로 번역하면서 '**옥의 티**'처럼 놓친 어려운 과학개념 하나를 배워보겠습니다. 만일 다음
글을 두 줄 읽고 머리가 어지럽다면 바로 다음 페이지로 건너뛰는 것이 정신건강에 좋습니다.

　챔피언 Blitzcrank블리츠크랭크의 R스킬 〈Static Field정전기장〉 스킬은 원래 번역을 정전자기장이라고 하거나
LOL 본사에 요청하여 영어를 electrostatic field라고 바꿔달라고 해야 합니다. 왜냐하면 static field는
전기장에 의해서 형성된 '**static electric field**정전기장'과 자기장에 의해서 형성된 '**static magnetic field**
정자기장'의 두 가지가 다 포함되는 개념이기 때문입니다. 즉 두 가지가 포함된 개념을 그 안의 하나의 이름으로
불러버린 셈입니다.

　이러한 field들이 무엇을 말하는지 과학적으로 좀 더 보겠습니다. electric field전기장는 전기의 흐름에 의해
생긴 electric charges전하끼리의 attraction인력과 repulsion척력에 의해 생긴 것을 말합니다. 또한 magnet-
ic field자기장는 자석이나 전류가 흐르는 도선 주위에 발생한 것입니다. 그리고 여기에 각각 static(靜)이 붙어
정전기장/정자기장이라고 하게 되면 시간적으로 변화하지 않는 field를 말하게 됩니다.

　　static field (정전자기장)　= **electrostatic field** (정전기장) + **magnetostatic field** (정자기장)

　　attraction [ətrǽkʃn 어**트랙**션] n. 끌림, 인력, 관광명소
　　repulsion [rɪpʌ́lʃn 리**펄**션] n. 역겨움, 척력

Blitzcrank

★★☆☆☆ barrier - To everyone's great joy, that wall was the last barrier to the city of gold.
모두가 기쁘게도, 그 벽은 황금의 도시로 가는 마지막 장벽이었다.

★★☆☆☆ bartender - Blitzcrank have worked as a bartender in Dallas.
블리츠크랭크는 댈러스에서 바텐더로 일해왔다.

★★★★★ barrister - Why barristers wear wigs?
변호사들은 왜 가발을 쓰는가?

★★☆☆☆ barricade - Two tanks broke through the barricade.
두 대의 탱크가 바리케이드를 돌파했다.

★★★★★ barrage - The tank cannons barraged the enemy soldiers.
그 탱크 대포가 적병을 탄막으로 가려주었다.

★★☆☆☆ barrel - the price for a barrel of oil 배럴당 유가

★★☆☆☆ grab - He grabbed the last chocolate grasshopper from the jar.
그는 단지에서 마지막 초콜릿 메뚜기를 잡아 쥐었다.

★★★☆☆ overdrive - Industry went into overdrive to support the Second World War.
산업은 2차 세계대전을 돕기 위해 열과 성을 다했다.

★★★★★ blitzkrieg - blitzkrieg tactics 전격전 전술

★★☆☆☆ fist - The bullish boy struck me with his fist even if his teacher shouted at him.
그 불량소년은 (그의) 선생님이 그에게 소리치는 것에 아랑곳하지 않고 (그의) 주먹으로 나를 쳤다.

★★★☆☆ static - The static growth of the city's population could be a serious problem.
그 도시인구의 정체된 성장은 심각한 문제가 될 수 있다.

★★★☆☆ stationary - a stationary object 정지된 목표물

★★★☆☆ stationery - the stationery cabinet door 사무용품 캐비닛 문

★★☆☆☆ statue - a statue cast in bronze 청동으로 주조된 동상

★★★☆☆ outstanding - Due to the outstanding team effort, we destroyed their base.
우리는 팀의 뛰어난 노력 덕분에, 그들의 기지를 파괴시켰다.

★★☆☆☆ obstacle - the obstacle in my life 내 인생의 장애물

★★★☆☆ statistics - The statistics show more people play computer games nowadays.
그 통계는 요즘에 더 많은 사람들이 컴퓨터게임을 하고 있다는 것을 보여준다.

★★☆☆☆ attraction - Strangely, he feels a sense of attraction for his female game character.
이상하게 그는 그의 여자 게임 캐릭터에 끌리는 감정을 느꼈다.

★★★☆☆ repulsion - A feeling of repulsion rushed over him, when his friend threw-up on him.
그의 친구가 그에게 토하자 역겨운 느낌이 그를 덮쳤다.

Brand, the Burning Vengeance
브랜드 - 타오르는 복수

- **P** Blaze 불길
- **Q** Sear 불태우기
- **W** Pillar of Flame 화염의 기둥
- **E** Conflagration 발화
- **R** Pyroclasm 파멸의 불덩이

Blaze
passive - 불길

> 브랜드의 주문이 적을 불길로 휘감음. 브랜드의 스킬에 적중당한 대상은 4초 동안 초당 최대 체력의 2%만큼, 총 8%의 마법피해. 미니언, 몬스터 등을 상대로는 최대 초당 80의 피해.

□□□ **blaze** [bleɪz 블레이즈] n. 불길

인도-유럽계는 불은 다 [불]로 발음한다

★ blaze는 명사로는 '**불길**'이라는 뜻이고 동사로 쓰일 때는 '**커다란 불길이 이글이글, 활활 타다**'는 뜻입니다. blaze는 어원이 PIE어근에서 불을 뜻하는 *bhel-과 연관되어 있어서 한글의 [불] 발음을 생각하면 외우기 편합니다. 전 세계 언어의 불에 관계된 단어는 불을 피우기 위해 바람을 혹 '**부~**'는 발음에서 나온 것이어서 대부분 발음이 비슷합니다.
챔피언 브랜드의 W스킬인 〈Pillar of Flame화염의 기둥〉에서 flame도 '**화염**'이라는 의미인데 역시 *bhel- 어근에서 나온 단어입니다.

Sear
Q - 불태우기

> 브랜드가 불덩이를 발사하여 마법 피해.
> 대상이 불타는 상태라면 불태우기에 맞은 대상은 2초간 기절.

□□□ **sear** [sɪr 시어] v. 그슬다

sear(시어)는 불에 그슬렸시어!

★ sear는 '불에 태워져서 그슬다'는 의미인데 고대 독일어인 '마르다(dry)'라는 뜻의 단어 sear에서 나온 단어입니다. 나중 말라서 그슬게 되는 원인에 '달궈진 쇠(인두)에 의해서 그슬다'라는 의미가 덧붙여졌습니다. 인두로 물건을 지지거나 가축에게 인두 도장을 찍을 때 이 sear 단어를 사용할 수 있습니다. sear를 외울 때는 **"불에 그슬려씨어!"**라고 호소하는 모습을 떠올리면 됩니다.

sear와 비슷하게 지지는 것을 표현할 때 scorch란 단어도 많이 사용합니다. scorch는 'scorch the earth(초토화)'라는 표현을 통해 군사작전에서 볼 수 있는 단어입니다. 적에게 유용한 것은 모두 불태우고 파괴하는 작전이 초토화 작전입니다. 이때의 scorch는 땅을 다 불로 지져버리는 것이죠. 또한 실수로 털을 그슬릴 때는 singe란 단어도 사용합니다. singe는 챔피언 신지드가 화공약품에 피부를 그슬리는 이미지를 떠올리면 되는 단어입니다.
이 비슷한 뜻의 세 단어(singe, scorch, sear)를 한꺼번에 외우는 방법은 일본 애니메이션의 명작 [에반게리온]의 주인공 신지를 떠올리면 됩니다. 신지가 꼬치를 구워먹다가 그슬리신 것이죠.
"신지's 꼬치를 그슬려씨어."로 외우면 됩니다.

scorch [skɔ́ːrtʃ 스코어치] v. 그슬리다　∞ Singed 참고
singe [sɪndʒ 신지] v. (실수로) 그슬리다

W　Pillar of Flame
W - 화염의 기둥

잠시 뒤 목표 지점에 화염의 기둥을 생성, 해당 지역 적 유닛에게 마법 피해. 대상이 불타는 상태라면 25%의 추가 피해.

□□□ **pillar** [pílə(r) 필러] n. 기둥　∞ Trundle 참고
□□□ **flame** [fleɪm ㅎ플레임] n. 불길, 불꽃

무량수전 배흘림 pillar(기둥) 옆에 서서

★ **pillar**는 다리나 건물 등을 받치는 기둥을 말합니다.
유럽을 여행하면서 만나는 수많은 건축 유적은 무너진 가운데서도 pillar기둥 몇 개는 반드시 볼 수
있습니다. 그리스 건축양식을 본떠 만든 건축의 기둥은 Ionic이오니아식, Doric도리아식, Corinthian
코린토스식의 3가지 중 하나의 모습을 취합니다.
우리나라 목조건물의 원형기둥이 원통형기둥, 민흘림기둥, 배흘림기둥처럼
시대에 따른 양식의 변화가 있듯이 그리스의 기둥도 변화를 해왔습니다.

또한 column칼럼도 pillar처럼 둥근 원주 기둥을 말하는 단어입니다.
column에는 '**세로줄**'이라는 뜻도 있고 '**신문의 칼럼**'이라는 뜻도 있습니다.
멀리서 신문의 칼럼을 보면 글들이 기둥처럼 줄줄이 서있는 것처럼 보여서 생긴 뜻입니다.
이 경우 신문의 칼럼은 객관적인 사실이 아닌 주관적인 의견을 적은 글들을 말합니다.

    column [kάːləm **칼**럼] n. 원주기둥, 세로줄, 신문칼럼

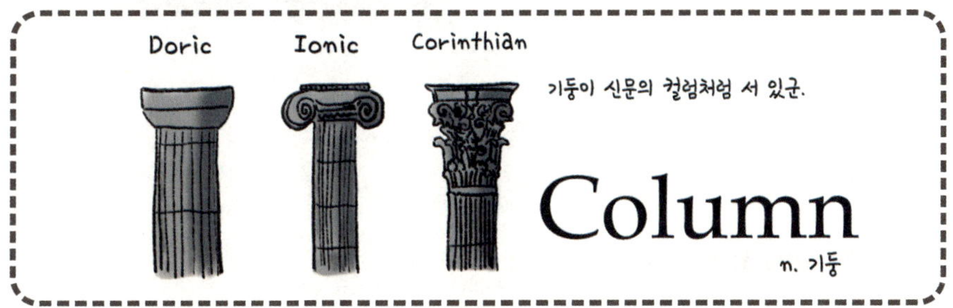

flame(불꽃)은 '불 냄'

★ **flame**은 불길이나 불꽃을 말하는데 blaze처럼 PIE어근 *bhel-에서 나온 단어입니다. 여기서는
flame에 능력을 나타내는 -able이 접미사로 붙은 flammable이란 단어를 보겠습니다.

    flammable [flǽməbl ㅎ**플래**머블] a. 인화성이 있는

flammable은 '**인화성이 있는**'의 뜻입니다. 가연성이 있어서 조금의 불씨만 있어도 불이 확 붙는
성질을 나타내는 단어입니다. 미국에서는 '**인화성이 있다**'는 표현으로 flammable을 주로 쓰지만
영국에서는 앞에 in을 더 붙여서 inflammable을 같은 뜻으로 사용합니다. 주의할 점은 여기서 쓰인
in은 '**반대**'의 의미가 아니고 in(안으로)나 into(안쪽으로, 방향)의 의미로 사용되었다는 것입니다.

미국에서는 영국식 표현(inflammable)이 사람들에게 반대의 의미를 가진 접두사 '**in**'의 뜻으로
오해되는 것을 막기 위해 의도적으로 미국식표현(flammable)을 사용하도록 권고하고 있습니다.

만일 휘발성 물질에 경고의 의미로 밖에 [주의! inflammable]이라고 써놓았다면 영어가 조금 약한
이민자들은 "**오! in이 붙었으니 flammable의 반대의미인가..그럼 인화성이 없다는 이야기네?**"라고
오히려 불을 더 사용해버리는 사고도 날 수 있어서 그런 것입니다.

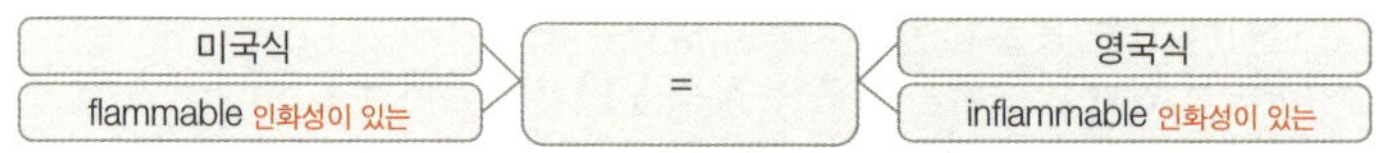

flammable은 같은 뜻의 단어로 combustible가연성의로 바꿔 쓸 수 있습니다.
flammable을 기억할 때는 '**불 남** + **able(수 있는)**'의 한글 발음으로 이해해도 되는 단어입니다.

E Conflagration
E - 발화

| 브랜드가 목표에 강력한 폭발을 일으켜 마법 피해.
대상이 불타는 상태라면 주변 적에게도 발화가 옮겨감.

□□□ **conflagration** [kɑːnfləgréɪʃn 카안플러그**레이**션] n. 대화재

명약관화(明若觀火) flagrant

★ conflagration는 '대화재'를 의미하는데 con(강조) + flagrant(불타는) + -tion(명사형어미)의 조합입니다.
conflagration은 단어가 좀 길고 어려워서 신문 또는 책에서나 볼 수 있는 단어입니다.
그러나 단어 안의 flagrant는 '**불타는**'이라는 뜻에서 발전하여 '**노골적인, 명백한, 명약관화한**' 등의 뜻으로 자주 쓰입니다. 그리고 역시 blaze, flame처럼 PIE어근 *bhel-에서 나온 단어입니다.
우리말에도 '**명약관화(明若觀火) : 불을 보는 것처럼 뻔하다**'라는 사자성어가 있으니 동서양 모두 flagrant는 그 의미의 발전이 같습니다.

동양	불 타다 →	불 보듯 뻔하다
서양	flagrant(불타는) →	flagrant 노골적인, 뻔한

flagrant [fléɪgrənt ㅎ**플레**이그런ㅌ] a. 노골적인, 명백한

conflagration이란 표현은 상당히 큰 화재를 의미하므로 조그만 산불을 설명할 때에는 사용하기 힘듭니다. 역사상 유명한 서기 64년 네로황제 때의 로마 대화재, 1666년의 런던 대화재, 1657년 도쿄 대화재 정도는 되어야 쓸 수 있겠습니다.
conflagration을 외울 때는 한글 발음 그대로 **'큰 불내고 레이션'**으로 외우면 간단합니다.

R

Pyroclasm
R - 파멸의 불덩이

브랜드가 5번까지 반사되는 불의 급류를 발사, 마법 피해.
대상이 불타는 상태라면 챔피언에게 우선적으로 반사.

□□□ pyroclasm [páɪrouklæzm **파이**로우클래즘] n. (신조어)파멸의 불덩이

 iconoclasm은 icon(우상)을 파괴하는 것이다

★ **pyroclasm**은 LOL게임에서 만든 합성어여서 일상생활에는 쓰이지 않는 단어입니다.
그러나 라틴어 어원으로 된 조어이므로 pyro-(불) + -clasm(파괴)로 나누어보면 **'불로 파괴하는'** 스킬임을 유추할 수 있습니다. -clasm은 어미로 사용되어 **'파괴'**라는 뜻을 나타냅니다.
예를 들면 icon(아이콘, 우상)을 부수는 iconoclasm우상파괴이란 단어가 있습니다. iconoclasm은 눈에 보이는 우상파괴뿐 아니라 보이지 않는 인습타파라는 의미도 있습니다.

iconoclasm [aɪkánəklæzm 아이**카**너클래즘] n. 우상파괴, 인습타파   ∞ Galio 참고

원래 iconoclasm우상파괴은 8~9세기 비잔티움 제국 등지에서 성화상(icon)을 파괴하는 역사적인 사건을 말하는 것으로서 잘 안 쓰이는 단어였지만 최근 Islamic State(IS)의 Nimrud님루드, Hatra 하트라 등 메소포타 미아 지역의 고대유적파괴가 이슈가 되면서 다시 사용되고 있는 단어입니다.
IS의 iconoclasm 행위는 이슬람 율법에 위반되는 우상숭배를 없애기 위해 고대 유적도 무너뜨린다 는 종교적 신념으로 하는 행동입니다.

이러한 문화적 파괴행위를 표현하는 다른 단어로는 vandalism이 있습니다. 게르만족의 한 민족이었던 Vandal반달족이 민족이동을 하면서 기원후 455년 로마를 대대적으로 파괴했기 때문에 생긴 단어입니다.

vandalism [vǽndəlɪzəm 밴덜리점] n. 공공기물 파괴주의

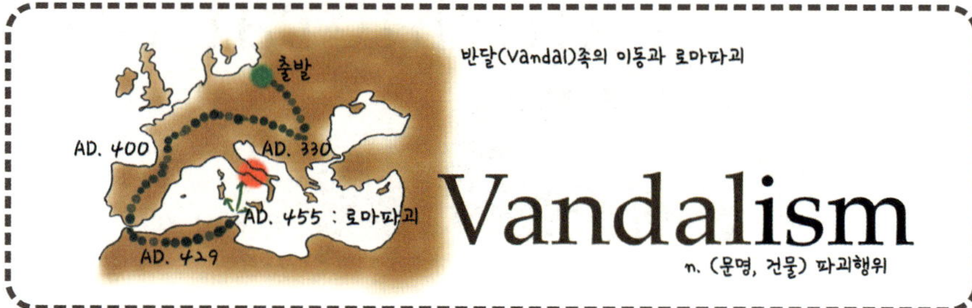

Vandals(반달족)

 Vandals반달족은 비록 악명이긴 하지만 vandalism공공기물 파괴주의이란 단어를 통해서 세상에 이름을 남긴 종족입니다. 게르만의 한 종족으로서 원래 2세기 스칸디나비아반도의 남쪽에 살고 있었던 것으로 추정되는데 나중 지금의 폴란드 남부에 정착하면서 이름이 알려졌습니다.
 반달족은 특이하게도 전 유럽과 아프리카를 한 바퀴 휘돌며 세상을 어지럽힌 종족입니다. 그들의 이동경로는 스칸디나비아반도, 폴란드를 지나 330년경에는 Pannonia판노니아(지금의 헝가리)에 이르렀고 400년 경에는 Huns훈족에게 밀려서 Gaul골(지금의 프랑스)을 지나 피레네 산맥을 넘어서 이베리아 반도(지금의 스페인)로 이동합니다. 그리고 다시 429년 Visigoths비시고트족에 밀려 아프리카로 건너가서 Vandal kingdom반달왕국을 세우게 됩니다.

 이후 반달족은 아프리카의 카르타고 지역(지금의 튀니지)과 시칠리아섬, 샤르데냐섬까지 영역으로 삼게 되고 455년 로마를 침략하여 불살라서 역사에 큰 기록을 남기게 됩니다. 그러다 내부 분열과 534년 비잔틴제국의 정복으로 인해 멸망을 당합니다. 그리고 살아남은 사람들은 비잔틴제국의 콘스탄티노플로 모두 실려가게 되고 지금은 흔적도 없이 사라져버린 민족이 되었습니다. 이렇게 민족 하나가 대륙을 건너 이동에 이동을 거듭하다 통째로 사라진 것은 인류사에 드문 일입니다.

Brand

★★☆☆☆ blaze - The blaze was put out by 1,000 mice with water buckets.
그 불길은 물 양동이를 든 쥐 1000마리에 의해 진화되었다.

★★★★☆ sear - Sear meat on all sides until deep brown.
고기를 짙은 갈색이 될 때까지 골고루 익혀라.

★★★★☆ scorch - The fire scorched the fine hairs on her arms.
불은 그녀의 팔에 난 고운 털을 그슬리게 했다.

★★★★★ singe - The explosion singed off his eyebrows.
그 폭발은 그의 눈썹을 홀랑 태워버렸다.

★★★☆☆ pillar - Monks were leaning against the pillar.
수도승들이 기둥에 기대 서있었다.

★★☆☆☆ flame - His remarks fanned the flames of racism.
그의 말은 인종차별주의 사태를 악화시켰다(불난 집에 부채질했다).

★★★☆☆ column - The new building was held up by 10 giants acting as columns.
그 새 건물은 기둥 역할을 하는 거인 10명에 의해 떠받쳐 있었다.

★★★☆☆ flammable - a flammable substance 인화성 물질

★★★★☆ conflagration - the ever-burning conflagration 영원히 타오르는 대화재

★★★☆☆ flagrant - His flagrant behavior which has never been seen before surprised his mom.
전에는 결코 볼 수 없었던 그의 뻔한 행동은 그의 엄마를 놀라게 했다.

★★★☆☆ iconoclasm - ISIS should know that iconoclasm does not cleanse history.
ISIS는 우상파괴가 역사를 정화시키지 못한다는 것을 알아야 한다.

★★★★★ vandalism - Vandalism in this park needs to be stopped.
이 공원의 공공기물 파괴주의는 멈춰져야 한다.

Braum, the Heart of the Freljord

브라움 - 프렐요드의 심장

P	Concussive Blows	뇌진탕 펀치
Q	Winter's Bite	동상
W	Stand Behind Me	내가 지킨다
E	Unbreakable	불굴
R	Glacial Fissure	빙하 균열

P Concussive Blows
passive - 뇌진탕 펀치

브라움과 아군이 힘을 합쳐 대상을 기절시킴. 브라움의 기본 공격은 뇌진탕 일격을 적용시킴.
첫 번째 중첩이 적용된 후에는 아군의 기본 공격 역시 뇌진탕 중첩을 적용 가능. 중첩이 4번 쌓이면 대상은 기절하며 마법피해.

□□□ **concussive** [kənkʌ́sɪv 컨커시브] a. 뇌진탕성의

□□□ **blow** [bloʊ 블로우] v.(입으로) 불다, 강타하다 n. 강타

concuss는 머리를 함께 흔드는 것이다

★ concuss는 '뇌진탕을 일으키다'라는 뜻의 동사입니다. con(together) + cuss(shake흔들다)가 더해져 '함께 흔들다'는 뜻의 조합입니다. 명사형인 '뇌진탕'은 concussion입니다.
concuss처럼 어근 cuss(shake흔들다)가 들어간 단어로는 percuss타진가 있습니다.

percuss는 의사가 진찰을 할 때 사용하는 5가지 기본 방법인 [시진, 문진, 청진, 촉진, 타진] 중에서 '두드려보는 방법(타진)'에 해당합니다. percuss는 per(through통하여) + cuss(shake흔들다)의 조합으로서 뭔가를 통하여 두드리거나 흔들어보는 모습이 단어에 들어있습니다. 이 방법은 벽지가 발라진 벽을 두드려서 '탁탁'과 '통통'의 소리 차이로 못을 박을 만한 빈 공간을 발견하는 것과 같은 이치입니다.

예를 들면 liver간 같은 딱딱한 장기는 두드리면 '탁탁'하는 진동이 울리고 대장이나 소장같이 공기가 차있는 장기는 두드리면 '통통'거리는 소리가 나게 됩니다. 이 타진 방법을 통해 내부 장기의 크기나 경도를 측정하게 됩니다.

concuss [kənkʌ́s 컨**커**스] v. 뇌진탕을 일으키다
→ concussion [kənkʌ́ʃn 컨**커**션] n. 뇌진탕
percuss [pərkʌ́s 퍼**커**스] v. 두드리다, 타진하다
→ percussion [pərkʌ́ʃn 퍼**커**션] n. 타악기

또한 percussion퍼커션은 타악기라는 뜻이 있습니다. '**퍼커션**'은 두드려서 소리가 나는 악기를 모두 총칭하며 실로폰, 마림바, 벨, 콩가, 봉고, 젬베 등 무수한 종류가 있습니다. 타악기를 칠 때 나는 소리인 '**퍼커 퍼커퍼커**'를 이용해서 percussion을 기억하는 것이 편합니다.

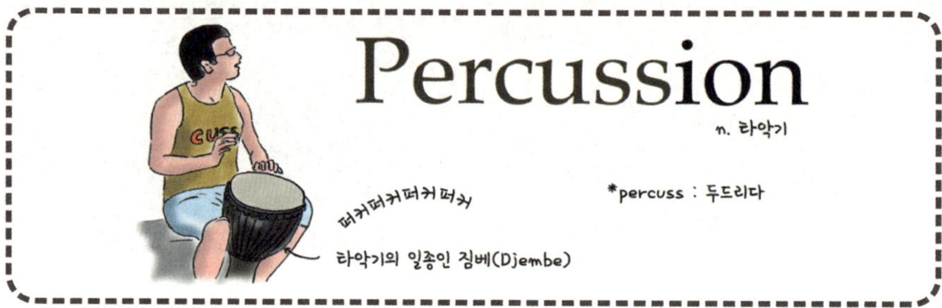

blow는 때로는 강펀치도 의미한다

★ **blow**의 뜻은 '**바람을 입으로 불다(blow-blew-blown)**' 외에도 명사로서 '**강타(punch)**'의 뜻이 있습니다. 그리고 권투시합에서 한 선수가 펀치를 날릴 때 되받아서 치는 것을 counterblow 또는 counterpunch라고 합니다.

Winter's Bite
Q - 동상

브라움이 방패에서 빙결을 뿜어내어 마법 피해를 처음 받는 적에게 입히고 대상 적에게 70%의 둔화. 둔화 효과는 이후 2초간 점차 감소. 이 스킬로 뇌진탕 중첩이 오름.

□□□ **bite** [baɪt 바이트] v. 물다 (bite-bit-bitten)

Stand Behind Me
W - 내가 지킨다

브라움이 대상 아군 챔피언이나 미니언에게 도약. 대상에게 다다르면 브라움과 아군은 3초 동안 방어력과 마법 저항력이 증가.

□□□ **behind** [bɪháɪnd 비**하인드**] prep. 뒤에   ad. 뒤떨어져

Unbreakable
E - 불굴

브라움이 받는 피해를 줄이며 뒤에 있는 아군을 안전하게 막음. 브라움이 원하는 방향으로 방패를 들어올려 그 쪽에서 오는 다음 번 공격의 피해를 취소. 이어지는 공격은 피해량이 감소. 브라움이 투사체를 가로막아 자신이 대신 맞고서 소멸. 이동안 브라움의 이동 속도가 상승.

□□□ **unbreakable** [ʌnbréɪkəbl 언**브레이커블**] a. 부서뜨릴 수 없는   ∞ Alistar 참고

unbreakable(부술 수 없는) Braum

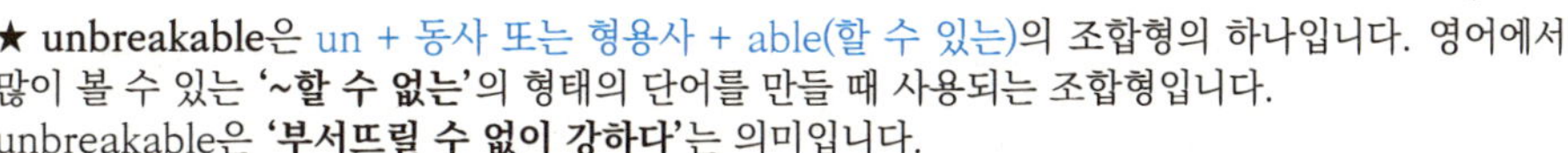

★ unbreakable은 un + 동사 또는 형용사 + able(할 수 있는)의 조합형의 하나입니다. 영어에서 많이 볼 수 있는 '~할 수 없는'의 형태의 단어를 만들 때 사용되는 조합형입니다. unbreakable은 '**부서뜨릴 수 없이 강하다**'는 의미입니다.

불굴의 챔피언 Braum의 concept컨셉가 강펀치를 가진 필드의 boxer권투선수와 비슷해서 여기서는 몇 가지 boxer와 관계된 단어를 함께 보겠습니다.

clinch	클린치 : 껴안기 (시합 중 펀치를 피하기 위해 껴안는 동작)
southpaw	사우스포우 : 왼손잡이 boxer
glass jaw	유리 턱 : 턱에 약점이 있는 권투선수
gumshield	마우스피스(konglish)
head-butt	버팅 : 머리로 상대를 가격하는 것
shadowboxing	섀도복싱 : 상대가 있다고 생각하고 펀칭연습을 하는 것
KO	knock down
TKO	technical KO : 한 라운드에 다운 3회 이상이나 부상으로 패배하는 것
RSC	referee stopped contest : 심판재량판정승

gumshield [gʌ́mʃiːld **검쉬일ㄷ**] n. 마우스피스
clinch [klɪntʃ **클린치**] n. 클린치(껴안음) v. 성사시키다
southpaw [sáʊθpɔ **사우쓰포어**] n. 왼손잡이 선수

* gumshield는 gum(잇몸) + shield(방패)의 조합인데 우리말에서는 mouthpiece마우스피스로 통칭되지만 외국에서
마우스피스는 악기에 끼우는 장치로서 입과 만나는 부품을 말합니다.
결국 우리가 권투선수나 야구선수가 이빨에 무는 '**잇몸 보호장치**'를 마우스피스라고 부른다면 일종의 콩글리쉬가
됩니다. 권투선수의 마우스피스는 gumshield나 mouth guard라고 부르는 것이 맞습니다.

* clinch클린치는 권투에서 상대선수의 겨드랑이 밑으로 손을 넣어서 펀치를 못 날리도록 껴안는 동작을 말합니다.
interlock서로 맞물리다의 뜻이고 clench꽉 쥐다의 변형형태입니다.
또한 clinch는 일상에서 '**(일을) 매듭짓다, 성사시키다**'라는 뜻으로도 자주 사용됩니다.

We congratulated the project leader on clinching the great deal.
우리는 큰 거래를 성사한 것에 대해 팀장을 축하했다.

* southpaw사우스포우는 최근 [사우스포]란 영화가 제작이 되어 익숙한 단어입니다. 왼손잡이 투수나 복서를 일긴는
단어인데 south(남쪽의) + paw(동물의 손, 발)의 조합입니다.
paw는 주로 동물의 손이나 발을 지칭하는 것인데 사람에게 쓸 때는 약간 재미있는 의미를 담아 사용하게 됩니다.
예를 들어 아이가 몰래 식탁위의 손님용 쿠키를 손대려고 하면 엄마가 "Take away your paw!(그 손 치워!)"라고
외치실 것입니다. 이 때 엄마는 paw를 쓰심으로서 아이가 예의 없는 '**동물**'임을 표현하신 것이라 할 수 있습니다.

Southpaw(사우스포우)의 유래

   southpaw란 용어는 **'남쪽을 향한 손'**이라고 직역됩니다. 야구에서 왼손잡이 투수를 부르는 명칭입니다. 여기서 **'손'**을 사람의 hand가 아닌 동물의 발인 paw라고 쓴 이유는 악동의 의미를 집어넣기 위해서입니다. 오른손잡이보다 유리한 왼손잡이의 영악함이나 음흉함의 뜻을 강조하고 싶은 단어라서 그렇습니다. 실제로 왼손잡이 투수는 오른손잡이 투수보다 우타자의 몸쪽 공을 위력적으로 잘 던질 수 있기도 하고 1루 견제가 쉽기도 합니다. 그리고 왼손잡이의 희소성으로 인해 타자가 익숙하지 않아 공이 더 빨라 보입니다.

   southpaw 용어의 사용은 1880년대 Finley Peter Dunne이라는 스포츠 기자에 의해서였습니다. 당시에는 오후경기가 많아서 타자를 위해서 타석이 동쪽을 바라보게 구장이 설계되었고 자연히 왼손잡이 투수는 왼손이 남쪽에 위치하게 되므로 이런 말을 통용되었다고 합니다.

R Glacial Fissure
R - 빙하 균열

브라움이 지면을 내리쳐 전방 직선상의 적들을 띄워올림. 이 직선을 따라 균열이 가며 적들을 둔화. 맞은 적들은 마법 피해. 첫 번째로 맞은 적 챔피언은 공중에 뜨고 이후의 적들은 잠깐 동안 띄워짐. 이후 이 영역이 지속되는 동안 들어온 적은 이동속도 감소.

□□□ **glacial** [gléɪʃl **글레**이셜] n. 빙하의　∞ Anivia 참고

□□□ **fissure** [fíʃə(r) ㅎ**피**셔] n. (암석, 땅의) 갈라진 틈　∞ Velkoz 참고

fissure(틈)은 fiber(섬유)처럼 나눠진 것

★ fissure는 암석이나 땅이 크게 **'갈라진 틈'**을 말합니다.
fissure의 어원은 split나누다 뜻의 라틴어인 findere에서 나왔습니다. 단어 fiber섬유도 이 findere 어근에서 나왔는데 이때의 섬유란 가늘고 길게 **'split된'** 실이라는 뜻입니다.

재미있게도 fissure갈라진 틈 단어는 어원을 더 거슬러 올라가 보면 pizza피자와도 관계가 있습니다. 피자를 나누는(split) 모습에서 어원이 연결된 것입니다.
fissure를 기억할 때도 **pizza**피자의 발음과 피자칼로 갈라진 틈을 만드는 이미지를 떠올려 봅시다.

그리고 이 라틴어 findere 어근에서 -fid 어미가 생겼는데 이는 **'갈래'**를 의미하는 단어를 형성할 때 사용되는 어미입니다.
예를 들어 bifid라고 하면 bi(two둘) + fid(split나누다)가 되어 **'두 갈래'**라는 뜻이 됩니다.
세 갈래면 trifid, 네 갈래면 tetrafid, 다섯 갈래면 pentafid... 이런 식으로 숫자를 이용해 우리가 마구 단어를 만들어도 되는 어미입니다.

   bifid [báɪfɪd **바이**ㅎ피드] a. 두 갈래의

Braum

★★★☆☆ concussive - A concussive shock wave from my loud mouth friend knocked me over.
내 떠벌이 친구의 골을 울리게 하는 충격파는 나를 완전히 때려눕혔다.

★☆☆☆☆ blow - A mighty blow from a boxer almost ended my life.
한 권투선수의 세찬 주먹 한 대가 내 인생을 거의 끝장내버렸다.

★★★☆☆ concuss - She may be partially concussed from that fall.
그녀는 그 추락으로 부분적으로 뇌진탕을 입었을 것이다.

★★★☆☆ concussion - concussion of the brain 뇌진탕

★★★☆☆ percuss - The doctor began to percuss over her lung field.
그 의사는 그녀의 폐 부위 위를 두드리기 시작했다.

★★★☆☆ percussion - percussion instruments 타악기

★☆☆☆☆ bite - He bit me, thinking I was a hamburger.
그는 내가 햄버거라고 생각하고 나를 물었다.

★☆☆☆☆ behind - behind the times 시대에 뒤떨어진

★★★☆☆ unbreakable - My friends tried to get the secrets of me, but I was unbreakable.
내 친구들은 나에게서 비밀을 얻어내려고 노력했지만 나는 굳건했다.

★★★☆☆ gumshield - a transparent gumshield 투명 마우스피스

★★★☆☆ clinch - My grandmother threw her arms around me in a clinch.
내 할머니는 팔로 나를 감싸 부둥켜안았다.

★★★☆☆ southpaw - a southpaw pitcher 왼손잡이 투수

★★★☆☆ glacial - a glacial stare (얼음처럼) 차가운 응시

★★★☆☆ fissure - a yawning fissure 입을 크게 벌리고 있는 틈

★★★★☆ bifid - My bifid ribs need treatment as soon as possible.
양 갈래로 갈라진 내 갈비뼈는 최대한 빨리 치료가 필요하다.

Caitlyn, the Sheriff of Piltover

케이틀린 - 필트오버의 보안관

P	Headshot 헤드샷
Q	Piltover Peacemaker 필트오버 피스메이커
W	Yordle Snap trap 요들잡이 덫
E	90 Caliber Net 90구경 투망
R	Ace in the Hole 비장의 한 발

P Headshot
passive- 헤드샷

매 기본 공격 8, 7, 6회마다 케이틀린이 헤드샷을 발사하여 챔피언에게 150%의 피해.
미니언에게 250%의 피해. 대상이 챔피언일 경우 추가 방어력의 50%를 무시.

□□□ **sheriff** [ʃérɪf **셰리ㅎ프**] n. 보안관

sheriff(보안관)는 마을의 shepherd(셰퍼드)?

★ Caitlyn케이틀린은 보안관 concept컨셉의 챔피언입니다. 원래 sheriff는 영국에서 shire(주州) + reeve(chief)의 합성어로서 주(州)의 장관을 일컫는 말이었습니다.
그러다 노르만족의 영국 점령 이후에는 쓰이지 않게 되었고 다만 Anglo-Saxon앵글로색슨족이 주로 사는 스코틀랜드나 북아일랜드에만 남아있었습니다. 이렇게 거의 잊혀가던 sheriff라는 단어는 17세기 미국에서 마을의 '**보안관**'이라는 뜻으로 바뀌어 다시 널리 사용되기 시작했습니다.

sheriff는 발음이 양치기 개인 shepherd셰퍼드와 비슷하고 하는 일도 비슷한 듯하지만 어원은 전혀 관계가 없습니다. shepherd는 그냥 sheep(양) + herd(목축) + er의 조합이기 때문입니다.
그래도 sheriff보안관를 기억할 때는 **셰퍼드** 개가 순찰하는 모습을 떠올리면 편합니다.

또한 sheriff보안관를 보좌하는 사람을 부보안관이라 하는데 deputy sheriff라고 부릅니다. 흔하게 그냥 deputy라고도 호칭하기도 합니다. deputy부-를 기억할 때는 한글발음에 '**부(副)**'가 들어감을 이용하거나 부보안관이 '**시장이나 보안관에 덧붙이**는' 지위임을 이용하면 됩니다.

deputy [dépjutɪ **데퓨티**] n. (부시장, 부보안관 등에서) 부(副)-
shepherd [ʃépərd **셰퍼ㄷ**] n. 양치기 v. (길을) 인도하다

부보안관 배지다!
우리 임무는 보안관에게 덧붙치기!

Deputy

n. (부시장, 부보안관 등에서) 부

Macaroni Western(마카로니 웨스턴)의 시작

western서부영화은 1903년 [대열차 강도]가 처음 상영된 이후로 거의 100년 동안 영화팬에게 사랑을 받았던 장르입니다. 이후 1930년부터 1950년대까지 서부영화는 개척정신을 강조한 영웅주의를 다룬 매우 정형적인 영화들이 많아지게 됩니다. 약간 고독하지만 강한 영웅, 검은 옷을 입은 험악한 악당들, 매력적인 여자 주인공, 총격전과 추격전과 술집, 드넓은 황야 등이 거의 무한 반복됩니다.

주제도 계속 반복되는 경우가 많은데, 예를 들면 보안관이 주인공이 아닌 사람에게 별모양의 badge배지를 탁 달아주면서 "deputy부보안관로 당신을 임명한다."하는 장면이 되겠습니다. 그 후 대부분의 deputy부보안관는 badge배지를 단 채 장렬히 악당의 총에 맞아 죽습니다. 그에 반해 절대 죽지 않는 착한 주인공은 눈물을 머금고 복수를 합니다.

그러나 1960년대가 되자 이런 내용이 뻔한 3류 서부영화들에 식상한 관객들은 서부영화를 멀리하게 됩니다. 이 때 Clint Eastwood클린트 이스트우드가 주인공인 [A fistful of dollars 황야의 무법자(1964)]를 시작으로 잔혹한 액션과 명확하지 않은 선악구조를 가진 Macaroni Western마카로니 웨스턴 genre장르가 영화시장에 나와 인기를 끌게 됩니다. 이탈리아 감독이 만든 서부영화라고 비꼬기 위해 이탈리아 음식인 마카로니를 장르에 이름 붙인 것입니다. 그래서 마카로니 웨스턴은 스파게티 웨스턴이라는 이름으로 불리기도 합니다. 이런 식의 조어법을 이용해 얼마 전 우리나라 감독이 영화 [좋은 놈, 나쁜 놈, 이상한 놈]과 같은 새로운 스타일의 서부극을 만들었을 때 평론가들은 김치 웨스턴이라고 이름을 붙이기도 했습니다.

Clint Eastwood. 1964

A fistful of dollars

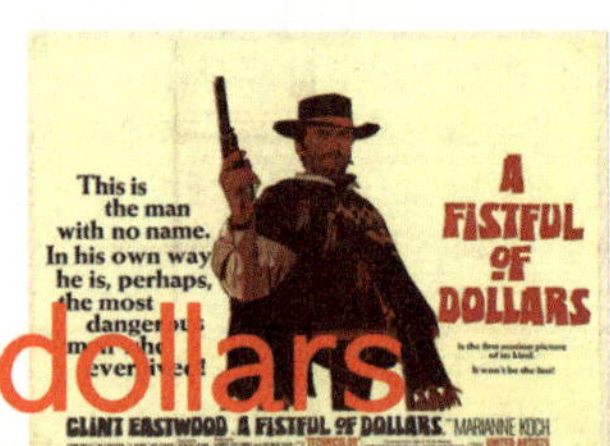

 **Q**

Piltover Peacemaker
Q- 필트오버 피스메이커

| 케이틀린이 1초 동안 조준을 한 후 적을 관통하는 총알을 발사 물리 피해. 관통하는 적마다 피해는 10%씩 낮아지며 최소 50%까지 감소.

□□□ **peacemaker** [píːsmeɪkə(r) **피**스메이커] n. 중재자

 **세상의 peacemaker는 바로 pacifier(쪽쪽이)가 아닐까?**

★ peacemaker는 전쟁이나 분쟁을 종식시키기 위해서 노력하는 중재자를 말합니다.
peacemaker처럼 peace평화가 들어가서 비슷하게 **'진정시키는 것'**의 뜻이 되는 단어에는 pacifier
가 있습니다. pacifier는 동사 pacify에 행위자 혹은 기구를 나타내는 어미 -er이 붙은 것입니다.
이 pacify의 어원은 'make peace평화를 만들다'란 뜻의 라틴어인 pacificare에서 나온 것이어서 조금
변형되었지만 단어에 peace가 숨어 있는 셈입니다.

그러다 1904년에 pacifier는 **'우는 아이들의 입에 물려져서 가정을 평화롭게 만들어주는 고무기구
= 쪽쪽이'**의 정식이름이 되었습니다.
또한 태평양의 명칭에도 pacific이 사용되는데 탐험가 마젤란이 마젤란해협을 지난 뒤 크고 잔잔한
바다를 발견하고 지은 이름이 바로 Pacific ocean태평양(太平洋)입니다.

pacify [pǽsɪfɑɪ **패**시ㅎ파이] v. 진정시키다, 달래다
pacifier [pǽsəfɑɪər **패**서ㅎ파이어] n. 조정자, 고무 젖꼭지
pacific [pəsífɪk 퍼**시**ㅎ픽] a. 평화로운

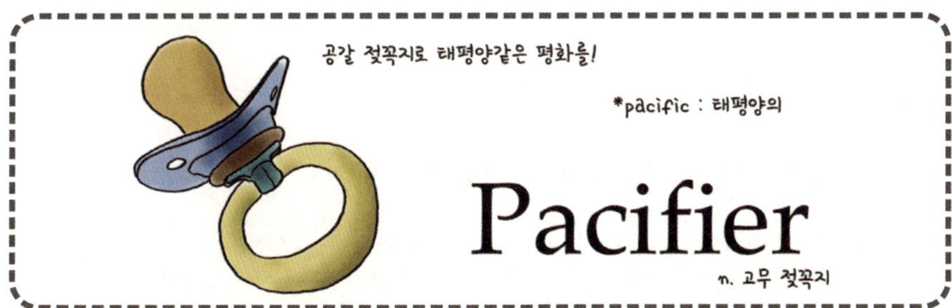

 **W**

Yordle Snap trap
W - 요들잡이 덫

| 케이틀린이 적 챔피언만 걸리는 요들잡이 덫을 설치. 함정에 걸린 챔피언은 모습이 드러나며 행동불가가 됨. 1.5초 동안 마법 피해.

□□□ **snap** [snæp 스냅] v. 탁 부러지다

□□□ **trap** [træp 트랩] n. 덫 ∞ Teemo 참고

★ snap trap은 용수철 압력 등을 이용한 mouse trap쥐덫 같은 장치를 말합니다. 압력을 받거나 거꾸로 해소되면 trap덫이 작동하는 것이죠.
snap은 '탁' 부러지는 것과 관련된 여러 가지 뜻이 있습니다. 예를 들어 나뭇가지 부러지기, 손목 스냅 주기, 상자 뚜껑 닫히기 등의 동작을 말합니다.
또한 요즘에는 자연스럽게 일상을 찍는 snap스냅사진이란 단어에서 자주 볼 수 있습니다. "Snap me~!"하면 "자 찍어봐~!"와 비슷한 뜻이 됩니다.

E 90 Caliber Net
E – 90구경 투망

케이틀린이 투망을 발사 대상의 이동 속도를 50% 늦추고 마법 피해. 케이틀린은 뒤로 밀려남.

□□□ **caliber** [kǽləbər **캘러버**] n. (총포의) 구경

caliber(구경)은 총포의 입구의 크기를 말한다

★ caliber는 포신의 구경(포의 구멍의 크기)을 의미합니다. 총알의 주조를 위한 'mold거푸집'를 뜻하는 아랍어인 qalib에서 나온 단어입니다. 그러다가 16세기에 gun barrel총신의 지름을 의미하는 '구경(口徑)'이라는 의미로 사용되기 시작하였습니다.
초기의 총이나 포는 총알이 포신구경보다 작았습니다. 그래서 총알을 쏘면 총신의 내벽에 총알이 여기저기 부딪혀서 발사되었습니다. 때문에 총알은 직선으로 날아가지 않고 진동을 하며 날아가 명중도가 많이 떨어졌습니다.
그러나 요즘은 총알의 diameter지름와 총신의 caliber구경가 거의 일치할 정도까지 제조기술이 발달하였습니다. 그래서 총포의 구경을 이야기하면 그 크기는 총알 혹은 대포알의 diameter지름를 의미하게 되었습니다. 38구경권총이라고 하면 0.38인치(9mm) 지름의 총알을 사용하는 권총을 말합니다.
별도로 구경장이라고 부르는 단위가 있는데 구경과 구경장을 곱해 포신의 길이를 알 수 있습니다. 예를 들어 우리나라 전차 K-2흑표의 주포는 120mm 55구경장으로 표기됩니다. 그렇다면 포의 구멍의 지름(구경)이 12cm이고 거기에 55를 곱하면 barrel포신의 길이가 6.6m라는 이야기입니다.

Ace in the Hole
R - 비장의 한 발

케이틀린이 1초간 공을 들인 사격을 하여 거리 안에 있는 적 챔피언에게 물리 피해. 적 챔피언이 조준 대상을 위해 총알을 대신 맞을 수도 있음.

□□□ **hole** [houl 호울] n 구덩이, 구멍

Ace in the hole은 '구멍속의 ace'일까?

★ ace in the hole은 **'숨겨놓은 마지막 비장의 카드'**라는 뜻입니다. 그런데 왜 hole을 쓰는지는 원어민도 잘 모르고 그냥 "구덩이에 카드가 몰래 숨겨진 것인가?" 정도로 알고 있습니다.

그러나 유래를 조사해본 바에 따르면 원래 카드게임에서 덮어져 있다가 맨 마지막으로 open하게 되는 카드를 'hole card'라고 불렀다고 합니다.

그런데 그 카드가 'ace ♠'면 게임에서 이기게 되는 것이죠. 그래서 hole이란 단어가 **'비장의 한 수'**라는 의미에 포함되게 된 것입니다. 직접적인 땅속의 hole구멍은 아닌 것이지요.

영화 Ace in the hole

미국인들은 ace in the hole을 말하면 반드시 같은 제목의 영화 [비장의 한 수]를 떠올립니다. 비록 1951년 작으로 오래된 작품이지만 언론의 사악한 면에 대해 이야기한 고전이기 때문입니다.

Kirk Douglas커크 더글러스가 주인공 기자로 나오는데 잘나가는 신문기자에서 해고되어 뉴멕시코의 작은 신문사에 근무하게 됩니다. 어느 날 방울뱀을 취재하던 도중 인디언의 무덤에 갇힌 광부를 보고 이것이야말로 자신을 다시 뉴욕으로 보내줄 scoop특종이라고 생각합니다. 그는 오히려 구조를 지연시키고 구경꾼을 유인하고

점점 볼거리를 만들어서 자신의 목적을 채우려합니다. 보안관과 광부의 아내도 그의 계획에 넘어가게 됩니다. 사람들도 흥미로운 과정에만 관심을 가집니다.

 언론이 본연의 임무를 하지 못하고 진실을 가리며 대중을 기만하고 흥미에 집중하는 모습과 그 취재대상의 인간성은 철저히 외면되는 모습, 그리고 거기에 놀아나는 대중들의 모습은 60년이 넘어선 지금도 바뀐 것이 없습니다. 사회현상의 본질을 그린 대단한 명작이라고 할 수 있습니다.
게다가 주인공인 커크 더글러스는 배우 Michael Douglas마이클 더글러스의 아버지인데 얼굴이 똑같으리만큼 많이 닮았으므로 영화를 보며 세월을 보는 재미도 있습니다.

Kirk Douglas. 1951
Ace in the hole

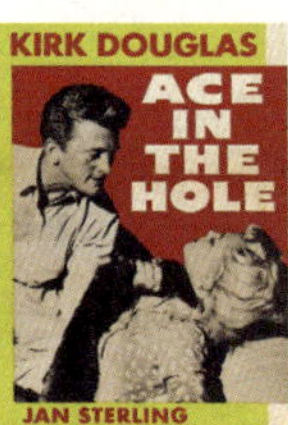

Caitlyn

★★★★★ sheriff - The sheriff demanded his underwear back from mischievous Indian boys.
그 보안관은 인디안 악동들에게 (그의) 속옷을 돌려달라고 요구했다.

★★★☆☆ deputy - His deputy put up signs saying 'No man can kill in this town'.
그의 부보안관은 '이 마을에서는 아무도 사람을 죽일 수 없다' 라는 표지판을 세웠다.

★★★★★ shepherd - A shepherd lead his followers to the E-sport Olympics.
안내원이 그를 따르는 사람들을 E-스포츠 올림픽으로 인도했다.

★☆☆☆☆ peacemaker - He acts as a peacemaker between two parties.
그는 양 당 사이에서 화해조정자 역할을 했다.

★★★☆☆ pacify - His anger of the loss was pacified by his manager's kind words.
매니저의 친절한 말로 패배에 대한 그의 분노는 잠잠해졌다.

★★★☆☆ pacifier - The infant was given a pacifier to quiet him down during the match.
(그 아기를) 시합 동안에 조용히 있게 하려고 아기에게 젖꼭지가 주어졌다.(입에 젖꼭지를 물렸다)

★★★☆☆ pacific - America won the War of the Pacific in WWII.
미국은 제2차 세계대전 중의 태평양전쟁에서 이겼다.

★★★☆☆ snap - I snapped my fingers and Heimerdinger appeared.
내가 손가락을 튕겨서 딱 소리를 내자 하이머딩거가 나타났다.

★☆☆☆☆ trap - The boss monster enticed me into a trap.
보스 괴물이 나를 함정으로 유인했다.

★★★☆☆ caliber - The caliber of his skill has improved since he started eating marshmallows.
그가 마시멜로를 먹기 시작한 이후로 그의 기술의 정도는 점점 향상되었다.

★☆☆☆☆ hole - The rabbit ran into its hole after we chased it.
그 토끼는 우리가 추적하자 (자기) 굴속으로 뛰어들어갔다.

SHERIFF

Cassiopeia.

카시오페아 - 독사의 포옹   the Serpent's Embrace

P Aspect of the Serpent   뱀의 상

Q Noxious Blast   맹독 폭발

W Miasma   독기의 늪

E Twin Fang   쌍독니

R Petrifying Gaze   석화의 응시

P ## Aspect of the Serpent
passive- 뱀의 상

카시오페아는 매 6초마다, 그리고 적 챔피언을 중독시키면 매초
뱀의 상의 중첩이 오름. 중첩은 최대 500번까지 쌓임.
중첩 100회 : 주문력 + 5%, 체력이 회복.
중첩 250회 : 주문력 + 10%, 재사용 대기시간 감소 25%
중첩 500회 : 주문력 + 30%

□□□ **aspect** [ǽspekt 애스팩트] n. 양상   ∞ Nidalee 참고

□□□ **serpent** [sɜ́:rpənt 서어펀트] n. 뱀

spect는 '보다 see(視)'

★ **aspect**는 양상의 뜻인데 사물이나 현상의 한 측면을 의미합니다. ad-(방향) + spect(보다)의
조합인 라틴어 aspectus에서 나온 단어입니다.
여기서 어근인 spect는 '보다'라는 뜻으로서 spectator구경꾼를 떠올리면 이해가 되는 어근입니다.
spect 어근에 여러 접두사가 붙어서 중요한 단어가 많이 만들어집니다.

expect [ɪkspékt 익스펙ㅌ] v. 기대하다   ex(밖으로) + spect(보다)
inspect [ɪnspékt 인스펙ㅌ] v. 조사하다   in(안으로)+ spect(보다)
prospect [prá:spekt 프라아스펙ㅌ] n. 가망, 전망   pro(앞으로)+ spect(보다)
suspect [səspékt 서스펙ㅌ] v. 의심하다 n. 용의자   sub(아래로)+ spect(보다)

그 외에 respect존경, perspect관점, retrospect회상 등도 spect 어근에서 나온 것들입니다.
respect는 다시(re) 되돌아볼 만큼 존경하다는 뜻이고 perspect는 사물을 뚫어지게(per=through)

바라보아서 생긴 관점을 의미합니다. 그리고 지난일을 되돌아(retro) 보는 retrospect는 회상을 뜻합니다. 또한 spectrum스펙트럼 단어나 굉장한 구경거리를 뜻하는 spectacle스펙타클 단어에서도 이 spect 어근이 사용됩니다.

serpent는 영웅들의 보스몹 뱀이다

□□□ **serpentine** [sɜ́ːrpəntiːn 서어펀티인] a. (뱀처럼) 구불구불한

★ serpent는 주로 큰 뱀을 말합니다. serpent는 이브를 유혹한 뱀이나 로마신화에서 영웅들에게 맞아 죽는 큰 바다뱀, 또는 아마존의 보아 뱀이나 큰 구렁이를 부를 때 사용합니다.
serpent는 [리니지]의 **'포이즌 서펜트의 망토'**라거나 [WOW]의 서펜트 몹들, [메이플스토리]의 서펜트드래곤 등 여러 온라인게임에서 큰 꼬리를 가진 뱀 모양의 몹에서 볼 수 있는 단어입니다.

serpent는 기다(creep, crawl) 뜻의 PIE어근 *serp-에서 나왔는데 영어에서 관련된 단어를 찾기는 힘듭니다.
다만 입술주변에 피곤할 때 하나 둘씩 물집이 잡혀 점점 기어가듯 넓어지는 herpes헤르페스 질환의 단어에 약간 변형된 발음으로 남아있습니다.

형용사형인 serpentine은 강이 뱀처럼 구불구불 흐르는 것을 묘사할 때 쓸 수 있습니다.
serpent를 기억할 때는 아담과 이브가 선악과로 자신을 속인 큰 뱀을 쫓아가며 **"서! 뻥튀**(뻥치고 튀는)야!"라고 외치는 장면을 떠올리면 재미있습니다.

Q **Noxious Blast**
Q - 맹독 폭발

카시오페아가 지정한 곳에 강력한 독을 풀어 3초 동안 마법 피해. 챔피언이 걸리면 카시오페아의 이동 속도가 3초 동안 상승.

□□□ **noxious** [nɑ́ːkʃəs **나악**셔스] a. 유독한　∞ Teemo 참고

Miasma
W - 독기의 늪

카시오페아가 7초 동안 독구름을 만들어 냄. 독구름을 지나는 적은 2초 동안 중독과 마법 피해, 둔화 효과가 발생. 계속 독구름에 노출되면 중독 시간이 초기화.

□□□ **miasma** [mɪǽzmə 미애즈머] n. 불쾌한 공기

★ miasma는 독기나 불쾌한 냄새, 기운 등을 의미합니다. 같은 철자의 라틴어인 miasma에서 나온 단어인데 그 기원상 얼룩이나 오염을 뜻하는 mole과 관련되어 있습니다.

mole [moʊl 모울] n. 점, 얼룩, 두더지

miasma불쾌한 공기를 기억하는 방법은 (전국의 '**미애**' 이름을 가진 사람에게는 미안하지만) 미애를 불쾌한 냄새가 나는 친구로 가정하고 "크..냄새 누구지?" "**미애지 머..**"의 대화를 이용하면 됩니다.

Miasma theory(불쾌한 공기이론)의 최후

Miasma theory란 '**불쾌한 공기**'가 전염병의 원인이라는 이론입니다. 그리스 시대로부터 전해져 내려오는 이론이었는데 19세기 중반까지도 원시생물이 발견되기 전까지는 의사들은 이 Miasma 설을 믿고 있었습니다. 주로 전염병이 생기는 곳은 가난하고 위생이 불결한 곳이 많았으므로 나쁜 공기나 나쁜 날씨, 가난 등이 병을 전파시킨다고 여겼던 것입니다.

그러다가 1854년 영국 런던에 치명적인 콜레라가 대유행을 하게 됩니다. 환자들은 설사를 죽죽 계속하다가 검푸르게(dead-blue) 몸이 변해가며 죽어갔습니다. 모두 Miasma를 콜레라의 원인으로 생각할 때 John Snow란 의사는 콜레라가 발생한 집들을 지도에 위치표시를 하기 시작했습니다. 바로 예방의학계의 전설인 유명한 John Snow의 [콜레라 지도]였습니다. John은 도시의 콜레라 환자들이 한 상수도 펌프를 사용하는 집들에서 발생했다는 것을 발견했고 그 수원(水源)은 오물처리장과 맞붙어있다는 것도 알아냈습니다. 똥의 병균이 상수도에 스며들어 병을 일으켰음이 밝혀진 것입니다.
이후 Miasma 설은 모두 폐기되었고 공중위생은 선진국의 가장 중요한 도시설계의 기본이 되었습니다.

Twin Fang
E – 쌍독니

카시오페아가 적에게 마법 피해. 중독된 적에게 사용할 경우 쌍독니 스킬의 재사용 대기시간이 시전하는 순간부터 0.5초가 됨. 쌍독니로 유닛을 처치하면 시전에 쓰인 마나에 총 마나의 1.5%를 더하여 되돌려 받음.

□□□ **fang** [fæŋ ㅎ팽] n. (뱀이나 개의) 송곳니

fang은 팽! 무는 이빨이다

★ fang은 독사의 독이빨이나 개의 긴 송곳니(canine tooth)를 의미합니다. 멧돼지나 코끼리처럼 엄니가 길게 나오면 tusk라고 부릅니다. 이 tusk는 어원상 tooth에서 나온 단어입니다.

tusk [tʌsk 터스ㅋ] n. (코끼리의) 엄니
canine [kéɪnɑɪn 케이나인] a. 개과의 n.송곳니

* canine은 '개과의'라는 뜻입니다. 어원은 '개의(of the dog)'를 뜻하는 라틴어 caninus에서 나왔습니다. 또한 이 라틴어의 기원이 되는 개를 뜻하는 PIE어근 *kwon-은 재미있게도 개 짖는 소리인 "컹! 컹!", [컹]과 비슷합니다. canine개과의을 외울 때는 그냥 발음 그대로 '**개나인**'이라고 9마리의 개가 있다고 생각하면 됩니다.

이제 이빨에 대해 좀 더 알아보겠습니다.

어금니	molar tooth = cheek tooth
앞니	frontal tooth
사랑니	wisdom tooth
덧니	snaggle tooth
영구치	permanant tooth *milk tooth 유치
틀니	false teeth = denture
충치	cavity
잇몸	gums
치열교정기	brace

molar [móʊlə(r) **모울**러] n. 어금니
incisor [ɪnsáɪzə(r) 인**사이**저] n. 앞니
← incise [ɪnsáɪz 인**사이**즈] v. 새기다
→ incision [ɪnsíӡn 인**시**젼] n. 절개

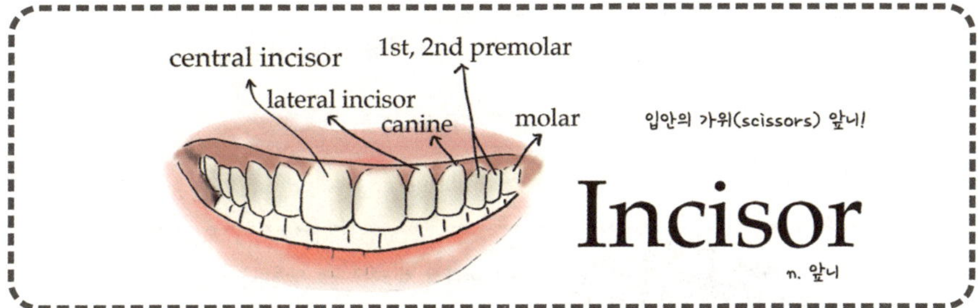

* incisor는 음식을 자르는 기능을 가진 앞니를 뜻합니다. '**자르다(cut)**'는 뜻의 동사 incise에서 나온 단어입니다.
동사 incise는 in(into안으로) + cise(cide=cut자르다)의 조합이고 어근인 cise는 precise정밀한, circumcise
포경수술하다 등에서 볼 수 있습니다. 또 incise는 대상을 완전히 통째로 자르지 않고 중간쯤 가르는 것에 해당되므로
'**새기다(engrave)**'의 뜻으로도 사용됩니다.
어근 cise의 기본형인 -cide 어원은 suicide자살, bactericide살균제 등의 단어에서 자주 보는 형태입니다.
incisor앞니를 기억할 때는 앞니가 '**입 안의 가위(scissors)**' 역할을 하는 점을 이용해 시저의 발음을 이용하면 됩니다.

* incision은 incise의 명사형이고 절개라는 뜻입니다. 절개는 surgeon외과의사이 환자의 배를 칼로 가르는 모습을
떠올리면 됩니다.
별도로 절개를 한 후에 안에서 무언가 덩어리를 잘라서 밖으로 들어낼 때는 excision절제라는 단어를 사용합니다.
절개와 절제는 같은 칼질이지만 '**안으로 들어가기 위한 칼질(incision)**'과 '**밖으로 내보내기 위한 칼질(excision)**'의
엄격한 구분이 있는 것입니다.

* molar는 '**어금니**'를 뜻하는 단어인데 음식을 잘게 가는 기능을 합니다.
당연히 어원도 곡식을 가는 방앗간이나 제분소를 뜻하는 mill에서 나왔습니다.
이 molar라는 단어를 모르는 사람은 우리나라에는 거의 없습니다. 친구들에게 "너 어금니가 영어로 뭔지 알아?"라고
물으면 대부분 "**몰라!**"라고 정답을 말해버리기 때문입니다.

R **Petrifying Gaze** | 카시오페아가 정면에 있는 모든 적에게 마법 피해. 카시오페아를 향하고 있는
R - 석화의 응시 　　　　　　 적은 2초 동안 기절. 카시오페아를 등진 적은 이동 속도가 60% 감소.

□□□ **petrify** [pétrɪfaɪ **페**트리파이] v. 겁에 질리게 만들다

□□□ **gaze** [geɪz 게이즈] v. 응시하다

petro는 '돌 석(石)'

★ **petrify**는 '**겁에 질리게 만들다**'라는 뜻입니다. 라틴어 petra-바위에서 나온 단어입니다.
petro-(돌石) + -fy(化하다)의 조합이니 '**겁에 질려서 돌처럼 꼼짝 못 하게 하다**'는 뜻이 되겠습니다.
어근인 petro-(石)가 들어간 단어는 석유(石油)를 뜻하는 petroleum, 휘발유인 petrol 등이 있습니다.
petro가 들어간 단어들은 그대로 한문 돌 석(石)자로 번역해서 기억하면 됩니다.

petroleum [pətróuliəm 퍼**트로**울리엄] n. 석유(石油)
petrol [pétrəl 페트럴] n. 휘발유

기본적으로 petrify석화는 그리스 신화의 영웅 Perseus페르세우스가 처치한 Medusa메두사를 떠올리게 하는 동사입니다.
메두사는 머리카락이 올올이 모두 뱀으로 되어있어서 그 무시무시한 모습을 한 번 보면 모두 petrify 석화가 되어버렸습니다. 원래 메두사는 머리채가 대단히 아름다운 여인이었는데 Athena아테나 여신과 미를 겨루다가 아테나에게 저주를 받아 머리카락이 뱀으로 된 것입니다.
나중 메두사의 뱀머리는 페르세우스에게 잘려서 아테나 여신의 방패에 붙여지게 됩니다. 그게 바로 무적의 Aegis이지스 방패입니다.

또한 어근인 petro-바위하면 이름 자체가 '**바위**'란 뜻인 베드로를 이야기해야 합니다. 베드로는 우리 조상들의 이름이었던 '**돌쇠**'를 떠올리게 하죠. 베드로는 실제로 그 이름처럼 우직하고 부지런하기도 했습니다. 예수님의 으뜸가는 제자 Petro베드로는 원래 이름이 Simon시몬이었습니다.

어느 날 예수님이 수업 시간에 12제자들에게 "내가 누구냐?"란 질문을 던집니다.
Simon이 대답을 너무너무 잘하자 예수님은 "너는 이제 이름이 Petro바위다. 너 위에 내가 교회를 세우겠다."라고 하십니다. 대답 잘한 학생을 편애한 것이죠.
그 후 Simon은 예수님이 지어주신 이름 Petro베드로를 사용합니다.

이후 Petro베드로란 이름은 미국에서는 Peter피터, 프랑스에서는 Pierre피에르, 러시아에서는 Peter 표트르, 독일은 Peter뻬테르 등으로 불리는 전세계적 이름이 됩니다.
지금은 촌스럽다고 생각해서 Peter 이름을 발견하기 힘듭니다.

★ **gaze**는 뚫어지게 가만히 응시하는 것입니다. 대상의 한 지점을 향해 보는 것이므로 다른 '**보다**' 뜻의 동사처럼 전치사 at과 함께 사용됩니다.

to gaze at	눈을 가늘게 뜨고 뚫어지게 응시하다
to look at	바라보다
to stare at	빤히 쳐다보다
to gape at	입을 벌리고 멍하니 쳐다보다
to peep at, to peek at	엿보다
to glimpse at	흘낏 바라보다
to frown at	분노로 노려보다
to scowl at	얼굴을 찌푸리고 노려보다

* **gaze** at은 응시하다는 뜻인데 눈금 **gauge**게이지를 눈을 가늘게 뜨고 읽으려는 모습을 떠올리면 됩니다.

* **stare** at은 빤히 계속 쳐다보는 것으로서 **strong**에서 나온 단어입니다. 강하게 보는 거죠.

* **gape** at은 입을 벌리고 보는 것입니다. gape는 **gap**간격을 생각하면 이해하기 편한 단어입니다.

* **peep**과 **peek**은 의태어입니다. 단어 자체가 'ee' 눈을 가늘게 뜨고 엿보는 형상과 정확하게 일치합니다.

* **glimpse** at은 흘낏 보는 것인데 **glance**흘낏보다와 비슷한 뜻과 철자입니다.

* **frown**은 얼굴을 찡그리는 것을 말하는데 **brow**눈썹의 발음을 세게해서(b-f) 찡그리는 것을 생각하면 됩니다.

* **scowl**도 얼굴을 찡그리는 것을 말하는데 **frown**의 발음을 생각해서 같이 기억해야 합니다.

Cassiopeia

★★★☆☆ aspect - I could only understand a small aspect of the formula.
난 그 공식의 일부분만 겨우 이해할 수 있었다.

★★★★★ serpent - A giant serpent rose from the sea and swallowed our boat.
거대한 뱀이 바다에서 나와서 우리 배를 집어삼켰다.

★★☆☆☆ expect - Elsa expected the unexpected. 엘사는 뜻밖의 것을 기대했다.

★★★☆☆ inspect - They closely inspected the crime scene. 그들은 범죄현장을 자세히 조사했다.

★★★☆☆ prospect - prospect of the future glory of America 미국의 미래의 영광에 대한 전망

★★☆☆☆ suspect - What should you do if you suspect your partner is having an affair?
네 상대가 바람을 피우고 있다고 의심되면 너는 무엇을 해야 하겠니?

★★★★★ serpentine - a serpentine coast-line 뱀처럼 구불구불한 해안선

★★★☆☆ noxious - Her fart made me noxious.
그녀의 방귀는 나를 (독가스처럼) 질식시켰다.

★★★★★ miasma - Miasmas rising from earth were thought to cause malaria.
땅에서 올라온 나쁜 공기(기운)이 말라리아를 일으킨다고 생각되었다.

★★★★★ mole - He found a blue mole on his neck, but the doctor said it was from a permanent marker.
그의 목에서 파란 반점을 발견했지만 의사는 그것이 유성 펜 자국이라고 말했다.

★★★★★ fang - A vampire's fangs pierced her white skin.
뱀파이어의 송곳 이빨이 그녀의 하얀 피부를 뚫었다.

★★★★★ tusk - An angry elephant used its tusks to kill the hunter who killed his father.
화가 난 코끼리 한 마리가 엄니를 이용해 자신의 아버지를 죽인 사냥꾼을 죽였다.

★★★☆☆ canine - canine psychologist 개 심리학자

★★★☆☆ molar - His molar was rotted from a life-time drinking of soda.
그의 어금니는 평생 탄산음료를 마신 것 때문에 썩었다(충치가 생겼다).

★★★☆☆ incisor - A great white shark bit our fishing boat leaving behind only a pair of incisors.
거대한 백상어가 우리 낚싯배를 물었지만 앞니 한 쌍만을 남겼다.

★★★☆☆ incise - Tony's injured leg was incised by the surgeon to allow him to walk to pick up his trophy.
토니의 부상당한 다리는 그가 걸어서 (그의)새 트로피를 집어들 수 있게 하도록 외과의사에 의해 절개되었다.

★★★☆☆ incision - The surgeon removed her breast mass with a large incision.
그 외과의사는 그녀의 유방 종괴를 큰 절개로 제거하였다.

★★★☆☆ petrify - I was petrified of that popplng sound at night.
나는 밤에 들려온 '뻥' 하는 소리에 돌처럼 굳었다.

★★★☆☆ gaze - He gazed at me for a long time. 그는 나를 오랫동안 바라보았다.

★★★☆☆ petroleum - petroleum refining process 석유 정제 과정

★★★☆☆ petrol - The werewolf is coming, so quickly fill the car up with petrol.
늑대인간이 오고 있다. 빨리 차에 기름을 채워라.

Cho'Gath, the Terror of the Void

초가스 - 공허의 공포

- **P** Carnivore 육식
- **Q** Rupture 파열
- **W** Feral Scream 흉포한 울부짖음
- **E** Vorpal Spikes 승리의 포효
- **R** Feast 포식

P **Carnivore** ┃ 초가스가 타 유닛을 처치할 때마다 체력과 마나를 회복.
passive- 육식

□□□ **carnivore** [kάːrnɪvɔ́ː(r) 카아니보어] n. 육식동물

carnival(사육제)는 '고기여 이제 그만'이란 뜻

★ carnivore는 육식동물이라는 뜻입니다.
carni(flesh고기) + -vore(devour게걸스럽게 먹다)의 조합인 라틴어 carnivorare에서 나왔습니다.
앞쪽 어근 carni와 뒤쪽 어근 -vore로 나누어서 관련 단어를 보겠습니다.

먼저, carnivore의 앞쪽 어근인 carni는 우리가 먹는 고기를 의미합니다. 단어 carnival카니발에 그 뜻이 잘 남아있습니다. 여기서 carnival사육제이란 "고기여 이제 그만"의 뜻인데 한문으로는 사육제 (謝肉祭) 즉, '고기를 먹지 않겠다고 사양하는 절기'란 뜻입니다.

carnival [káːrnɪvl 카아니블] n. 축제

그다음, carnivore의 뒤쪽 어근인 들어있는 -vore는 **'게걸스럽게 먹다'**라는 뜻입니다.
이 -vore가 남아있는 단어로는 devour, voracious가 있습니다. 두 단어 모두 허겁지겁 게걸스럽게
먹어치우는 모습을 나타냅니다. 그 외 - vore 어근은 herb허브를 먹는 herbivore초식동물와 omni
모든 것을 먹는 omnivore잡식동물에서도 볼 수 있습니다.

devour [dɪváʊə(r) 디**바우**어] v. 게걸스럽게 먹다　　∞ Katarina 참고
voracious [vəréɪʃəs 버**레이**셔스] a. 게걸스러운　　∞ Katarina 참고
herbivore [ɜ́ːrbɪvɔː(r) **어어**비보어] n. 초식동물　　herb(풀)+ vore(먹다)
omnivore [áːmnɪvɔː(r) **아암**니보어] n. 잡식동물　　omni(모든) + vore(먹다)

* devour는 de(down) + -vore(devour게걸스럽게 먹다)의 조합으로서 접시의 바닥이 드러날 때까지 허겁지겁 먹는
모습을 연상시키는 단어입니다.
독서를 좋아해서 책을 닥치는 대로 읽어치우는 사람을 표현할 때도 devour를 사용합니다. 따라서 devour books
라고 하면 **'미친 듯이 책을 읽다'**라는 뜻이 됩니다.
devour를 외울 때는 한글 발음을 이용해 **'(접시를) 다 비워 먹어치우다'**를 연상하면 도움이 됩니다.

기독교의 절기(기념일)

그리스도교에는 Lent사순절라고 하여 부활절 40일전 예수님이 광야에서 단식하고 기도한 날을 기념하는
절기가 있습니다. 예수님은 고생했는데 우리만 먹고 마실 수 없다고 고기를 40일간 먹지 않게 된 것입니다.
여기서 순(旬)이란 10일(日)을 말합니다. 그 고난의 기간이 40일(4旬)간이므로 사순절(四旬節)이라 부르게 된
것입니다. 육식을 주로 하는 서양인에게는 사순절만큼의 고역이 없습니다. 이 고역의 기간을 버티기 위해서는
그 전에 실컷 고기를 먹어둬야 합니다.

따라서 축제인 carnival사육제을 즐기는 때는 바로 사순절 직전이 됩니다. carnival사육제은 매년 2월 중하순쯤
열리게 됩니다. 이 사육제는 이교도들의 festival축제을 받아들여 로마 기독교 초기에 기독교 절기와 융합을 한
행사로 보입니다.

영어를 배운다는 것은 영어 사용민족의 종교와 문화를 이해하는 것이므로 그들의 종교관련 절기를 아는 것도
중요합니다. 기독의 절기는 순서가 사순절(Lent)-고난주간(Passion week)-부활절(Easter)-승천절(Ascen-
siontide)-성령강림절(Whitsun)로 이어지는 중요한 기간이 있고 그 외에 추수감사절(Thanksgiving day)과
성탄절(Christmas)이 있습니다.

Rupture
Q – 파열

| 땅을 파열시켜 대상 지역에 있던 적들을 1초 동안 공중에 띄우고 마법 피해를 주고 이동 속도를 1.5초 동안 60% 낮춤.

□□□ **rupture** [rʌ́ptʃə(r) 럽쳐] n. 파열

rupt는 펑! 터지는 것이다

★ **rupture**는 단단한 물질이 터지는 '**파열**'이라는 뜻이고 어근인 rupt는 break터지다라는 뜻입니다. 이 rupt(터지다) 어근은 재빠르게 잡아채는 동작을 의미하는 PIE어근인 *reup-에서 나온 것입니다. rip찢다이나 rob도둑질하다, rapid빠른 모두 이 PIE어근에서 나온 단어들입니다.

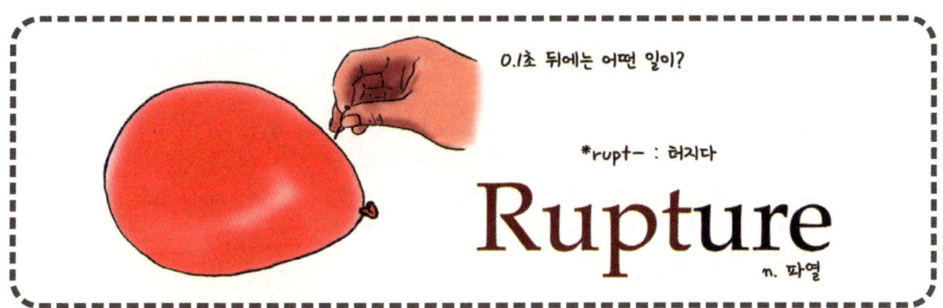

rupture는 organs장기나 우유팩이나 수도관처럼 안에 무언가 들어있는 물건이 '**펑!**' 터지는 것을 표현합니다. 특히 교통사고가 나면 간이나 비장, 신장 같은 고형 장기는 강한 충격에 의해서 rupture 파열가 되기 쉽습니다.
또한 국가나 인간관계에 불화가 생겨 파열음이 날 때에도 이 rupture란 표현을 쓸 수 있습니다.
참고로 만일 물체에 '**뻥**'하고 조그만 구멍을 낸다면 우리가 '**빵꾸**'라는 단어로 알고 있는 puncture 를 쓰는 것이 좋습니다.

rupture이외에 rupt(터지다) 어근이 사용된 단어들을 보겠습니다. 이 단어들은 기억하기 편하라는 듯이 a-b-c-d-e 순서로 시작되므로 알파벳을 떠올리며 외우는 것이 좋습니다.

abrupt [əbrʌ́pt 어브럽ㅌ] a. 갑작스러운   ab(off탈락) + rupt(터지다)
bankrupt [bǽŋkrʌpt 뱅크럽ㅌ] n. 파산   bank(은행) + rupt(터지다)
corrupt [kərʌ́pt 커럽ㅌ] a. 타락한   com(강조) + rupt(터지다)   ∞ Varus 참고
disrupt [dɪsrʌ́pt 디비스럽ㅌ] v. 방해하다   dis(apart떨어져서) + rupt(터지다)
erupt [ɪrʌ́pt 이럽ㅌ] v. 분출하다   e(ex밖으로) + rupt(터지다)
interrupt [ɪntərʌ́pt 인터럽ㅌ] v. 방해하다   inter(사이의) + rupt(터지다)

Feral Scream
W - 흉포한 울부짖음

□□□ **feral** [férəl ㅎ**페럴**] a. 야생의, 흉포한   ∞ Malphite, Lulu 참고
□□□ **scream** [skrɪːm 스크림] v. 비명을 지르다

feral은 '피가 날' 흉포함을 가진 단어

★ feral은 '**야생의, 흉포한**'이라는 뜻이고 '**wild**야생의'라는 뜻의 라틴어 ferus에서 나온 단어입니다.
ferocity흉포함, fierce사나운도 feral과 같은 어원에서 나온 단어입니다.
feral을 기억할 때는 발음을 이용해 '**피**가 **날** 흉포함'이라고 기억하면 됩니다.

또한 feral은 비슷한 '**흉포하고 잔학하다**'라는 뜻의 단어들과 함께 외우는 것이 좋습니다.

brutal [brúːtl **브루**우틀] a. 잔인한 ← brutality   ∞ Malphite 참고
atrocious [ətróuʃəs 어트**로우**셔ㅅ] a. 끔찍한 ← atrocity
ferocious [fəróuʃəs ㅎ퍼**로우**셔ㅅ] a. 흉포한 ← ferocity   ∞ Malphite 참고
heinous [héɪnəs **헤이**너ㅅ] a. 악랄한 ← heinousness
cruel [krúːəl **크루**우얼] a. 잔혹한 ← cruelty

이렇게 한꺼번에 우르르 모르는 단어들이 나올 때는 일단 발음의 연상으로 외우는 것이 좋습니다.
그 다음에 어원이나 용례를 통해 반복해서 떠올려야 합니다.
위 단어들을 억지로라도 이미지와 발음을 만들어본다면 다음과 같습니다.

brutal(브루투스 너마저!) → atrocious(아트로(예술적으로) 쑤셨어) → ferocious(피로 씻었어)
→ 이젠 heinous(애인도 없어) → cruel(크루루루얼..(피끓는 소리) 잔혹해..)

* atrocious는 '흉포한'이라는 뜻입니다. 어근은 불(fire)과 관련돼 있습니다. 라틴어 atrox에서 나온 단어인데 PIE 어근에서 분해를 해보면 *ater-(fire) + *okw-(see)의 조합으로서 불을 보듯이 위협적이란 뜻입니다.

atrocious를 기억할 때는 챔피언 Aatrox아트록스가 이 어근과 비슷하므로 '흉포한' 아트록스의 이미지를 단어에 입히면 기억하기 좋습니다. 그래도 atrocious의 뜻이 안 떠오르면 조폭들이 '아트로(예술적으로) 쑤셨어..'라는 말을 하는 영화장면을 떠올리며 좀 잔인하게 외우는 방법이 있습니다.

* heinous는 '악랄하다, 극악무도하다'라는 뜻인데 어원상 hate증오와 연관되어 있습니다. hate의 발음을 이용해서 기억하거나 편하게 '애인 없어..잔혹해.'로 솔로의 고통을 상기하며 암기해도 됩니다.

* cruel은 '잔혹하다'라는 뜻으로 가장 자주 사용되는 단어입니다. 라틴어 crudelis에서 나온 단어인데 어원상 crude 와 관련되어 있습니다.

여기서 crude는 '대충의, 대강의' 뜻인데 raw날것이라는 뜻이 있어서 굽지 않고 생으로 동물을 잡아먹는 것에서 뜻이 기원하였습니다. crude는 가공하지 않은 석유(원유)인 crude oil을 표현할 때 자주 볼 수 있는 단어입니다.

cruel을 기억할 때는 crude에서 뜻을 유추하거나 잔혹하게 칼을 맞은 후에 내는 피끓는 소리 '크루우우얼..'을 이용하면 됩니다.

뭉크의 명화 [Scream]에서는 scream(비명) 소리가 들린다

★ scream은 '비명을 지르다'라는 뜻입니다.

챔피언 Cho'Gath초가스는 별명이 ⟨The terror of Void⟩입니다. '공허의 공포'라는 뜻이고 비명을 질러 상대편을 침묵시키는 W스킬을 사용합니다. 이러한 초가스의 별명이 잘 어울리는 그림은 화가 뭉크의 [The scream절규]인 듯합니다. 게이머의 마음으로 뭉크의 그림을 자세히 보면 그림 속에서 terror공포에 질려 비명을 지르는 대머리의 남자는 W스킬을 쓰는 초가스처럼 보이기도 합니다.

terror [térə(r) 테러] n. 테러, 공포 → terrify 겁먹게 하다 　∞ Fiddlesticks 참고
　　　　　　　　　　　　　　　　 → terrible 끔찍한

void [vɔɪd 보이드] a. 공허한 　∞ Kassadin 참고

비명소리가 들리는 뭉크의 [The Scream절규]

　노르웨이 표현주의 화가 뭉크의 작품 [The scream절규]는 전 세계에서 패러디가 가장 많이 되는 그림일 것입니다. 유령 같은 모습의 사람이 소리를 지르고 있으나 저 앞의 두 사람은 아무 반응이 없습니다. 혼자만의 외로운 절규입니다.

　이 그림이 유명한 이유는 사선으로 눈을 불편하게 만드는 구도나 붉은 구름, 춤추는 듯한 강과 들의 선 등이 관객에게 강렬하게 다가가기 때문일 겁니다. 누가 "그림을 보고 소리를 들을 수 있니?"라고 물어보면 '뭉크의 절규'를 보여주면 될 것입니다.

　이 작품은 유화가 아닌 파스텔로 그린 그림임에도 2012년 1억1992억 달러에 소더비 경매(Sotheby's auction)에서 낙찰되었습니다. 우리 돈으로 당시 1354억 원이었습니다. 인류의 아이콘이라 할 수 있는 명화니 그 정도의 가치는 있다고 여겨집니다.

Vorpal Spikes
E – 승리의 포효

초가스가 가시를 발사하여 일직선 상 적들에게 마법 피해를 입힘.
가시들은 초가스의 몸집에 비례하여 커짐.

□□□ vorpal [vɔ́ː(r)pəl **보**어펄] a. 날카로운　∞ Shen 참고

□□□ **spike** [spaɪk 스파이크] n. 대못, 뾰쪽한 것　∞ Khazix 참고

★ vorpal은 '**날카로운**'이라는 뜻의 형용사인데 원래는 Lewis Carroll이란 시인이 poem시에서 창작한 단어입니다. 작가가 시적 자유를 발휘한 단어입니다. RPG게임에서 칼의 이름으로나 사용할 뿐 일상대화에선 볼 수가 없는 단어입니다. (암기금지 : 절대 외우지 마세요.)

★ spike는 대못이나 신발바닥의 못을 뜻하기도 하고 배구에서 상대코트에 공을 내려치는 동작 등을 의미하기도 합니다.

Feast
R – 포식

적 챔피언, 미니언에게 고정 피해. 초가스가 포식으로 미니언이나 몬스터를 처치했을 경우 쿨타임이 50% 감소하고 마나의 절반을 돌려받음. 대상을 포식 스킬로 처치할 경우 초가스가 최대 체력증가. 이 효과는 최대 6번까지 중첩. 초가스가 사망할 경우 절반의 중첩 효과 상실.

□□□ **feast** [fɪːst ㅎ피스트] n. 연회

★ feast는 '**연회, 잔치**'를 뜻합니다. feast는 festival축제와 어원이 같습니다.
feast는 기억할 때 **festival**을 떠올리면 공짜로 외워지는 단어입니다.

참고로 같은 연회이지만 좀 더 '**공식적인 연회**'를 말하려면 banquet뱅큇 단어를 사용합니다. feast 는 축제처럼 좀 더 신나는 잔치를 의미하고 banquet은 기다란 테이블에 수십 명이 일렬로 앉아서 벌이는 만찬을 생각하면 되겠습니다.

festival [féstɪvl ㅎ페스티블] n. 축제
banquet [bǽŋkwɪt 뱅큇] n. (공식) 만찬

* banquet은 '**공식 만찬**'을 뜻하는데 같은 철자의 프랑스어 banquet에서 나온 단어입니다. 원래는 어원상 bench + -et(작은)의 조합으로서 '**작은 bench벤치에서 소소하게 간식을 먹다**'라는 뜻이었습니다.
그러다가 나중 '**거대한 만찬**'으로 의미가 바뀌어졌습니다. 거나한 테이블의 만찬 대접을 작은 bench에서 먹는 소소한 간식으로 주인장들이 농담을 하다보니 뜻이 바뀐 것입니다. "우리 조그만 벤치에서 빵이나 잠깐 먹죠?"라고 했지만 가보니 30명이 앉는 벤치였던 것입니다.
banquet을 기억할 때는 이런 긴 **bench**에 쭈욱 앉아서 먹는 서양의 연회를 떠올리면 됩니다.

Cho'Gath

★★★☆☆ carnivore - I was surprised that some carnivores eat bugs.
나는 어떤 육식동물들이 벌레를 먹는 것에 놀랐다.

★★☆☆☆ carnival - annual winter carnival 연례 겨울 축제

★★★☆☆ devour - He devoured his lunch at school in 9.4 seconds.
그는 학교에서 그의 점심을 9.4초 만에 게걸스레 먹어치웠다.

★★★☆☆ voracious - a voracious collector of stained glass
스테인드글라스의 열렬한(게걸스러운) 수집가

★★★☆☆ herbivore - a newly discovered herbivore 새롭게 발견된 초식동물

★★★☆☆ omnivore - a creature who is built as an omnivore 잡식동물로 창조된 생물

★★☆☆☆ vegetarian - a strict vegetarian 엄격한 채식주의자

★★★☆☆ rupture - The rupture of pipes is caused by cold weather.
파이프의 파열은 추운 날씨 때문에 발생했다.

★★★☆☆ abrupt - The game abruptly ended after my mom pulled out the internet cable.
그 게임은 우리 엄마가 인터넷 케이블을 뽑아내자 갑작스럽게 끝이 났다.

★★★☆☆ bankrupt - Central bank goes bankrupt. 중앙은행이 파산한다.

★★★☆☆ corrupt - Why do individuals become corrupt? 왜 사람들은 부패하게 되나?

★★★☆☆ disrupt - people who disrupt the meetings 회의를 방해하는 사람들

★★★☆☆ erupt - The heat of Earth's core caused volcanoes to erupt. 지구 중심의 열이 화산을 폭발하게 했다.

★★★☆☆ interrupt - The buzzer interrupted her thoughts.
종료를 알리는 종(버저) 소리가 그녀의 생각을 방해했다.

★★★☆☆ feral - a feral cat 들고양이

★★☆☆☆ scream - While playing games for 10 hours straight, my mom entered with an axe, and I screamed for help.
10시간 동안 내리 게임을 하자 엄마가 도끼를 들고 들어왔고 난 살려달라고 비명을 질렀다.

★★★☆☆ brutal - It was brutal for me that the principal and my mom were talking about me yet again.
교장선생님과 엄마가 나에 대해서 또 다시 이야기하는 것은 잔인했다.

★★★☆☆ atrocious - This green gas would affect them to commit an atrocious crime.
이 초록색 기체는 그들이 극악무도한 범죄를 저지르게 영향을 미칠 것이다.

★★★☆☆ ferocious - Maggie and the Ferocious Beast is a Canadian animated TV series.
'매기와 흉포한 아수(한국어 번역 : 매기와 환상의 나라로)'는 캐나다의 TV 애니메이션 시리즈이다.

★★★★☆ heinous - a battery of heinous crimes 악랄한 범죄를 저지른 두 사람

★★☆☆☆ cruel - Her brother was cruel to animals. 그녀의 남동생은 동물을 학대했다.

★☆☆☆☆ terror - People fled in terror. 사람들이 공포에 휩싸여 도망갔다.

★★★☆☆ void - I feel like I'm in a 1950s' TV show because this room is void of all color.
이 방은 아무 색도 없이 공허해서 난 1950년대의 TV쇼에 있는 느낌이다.

★☆☆☆☆ spike - A spike in air pollution is harming our bodies.
공기오염의 급격한 증가는 우리 신체에 해를 끼치고 있다.

★★★☆☆ feast - a wedding feast 결혼 피로연

★☆☆☆☆ festival - traditional Korean festivals 전통적인 한국의 축제들

Corki, the Daring Bombardier

코르키 - 대담한 폭격수

- **P** Hextech Shrapnel Shells — 마법공학 유산탄 짓밟기
- **Q** Phosphorus Bomb — 인광탄
- **W** Valkyrie — 발키리
- **E** Gatling Gun — 개틀링 건
- **R** Missle Barrage — 미사일 폭격

P Hextech Shrapnel Shells
passive - 마법공학 유산탄 짓밟기

| 코르키의 기본 공격은 미니언, 몬스터, 챔피언에 대해 10%의 추가적인 고정 피해

□□□ **shrapnel** [ʃræpnəl **슈래**프널] n. (포탄의) 파편

□□□ **shell** [ʃel 셸] n. (조개나 포탄) 껍데기 ∞ Rammus 참고

★ **Hextech**는 LOL에서 만든 단어인데 hexa-(six) + technology기술이란 단어의 합성어로 보입니다. Hextech가 무엇인지는 여전히 LOL 게이머들 사이에서 의견이 분분합니다. Hextech는 마법공학류(mgaic에 의해 연료를 공급받는 공학)로 보이며 증기공학류(steam증기으로 동력원을 삼는)와는 구별되는 개념으로 보입니다.
LOL에서는 챔피언 Jayce제이스도 이 기술을 사용하고 〈Hextech Blade마법공학총검〉이나 〈Hextech Revolver마법공학 리볼버〉같은 아이템들은 게임속 상점에서 인기리에 구매되고 있습니다.

technology [teknáːlədʒɪ 테크**나알**러지] n. 기술

Shrapnel은 포탄을 발명한 사람이름

★ **shrapnel**은 포탄의 파편입니다. 유리나 금속이 부서져 생긴 파편 조각은 shard나 fragment라고 부릅니다.

★ **shell**은 '**껍데기**'라는 뜻입니다. 보통 조개껍데기를 말하지만 여기 shrapnel shells은 유산탄을 말합니다.

유산탄은 인마살상용으로 쓰였던 탄이며 individual bullets자탄이 가득 들어 있어서 표적 상공에서 터지면 목표지역에 넓게 살포되는 포탄입니다. 유산탄은 포탄의 속도에 의해 살상력을 가지게 되고 방어력이 약한 인마(人馬)들에게 큰 피해를 입히게 됩니다. 그러나 근거리 직접사격용이었던 이 shrapnel shells유산탄은 장거리 간접사격을 하게 되는 제2차 세계대전 이후에는 거의 사라지게 됩니다.

shrapnel이란 이름은 이 포탄을 개발한 19세기 영국의 포병장교인 Henry Shrapnel을 따서 지은 것입니다. 조선시대 임진왜란 때도 조선군이 사용하던 총통에는 '조란환'이라는 산탄을 이용한 살상 방식이 있었습니다.

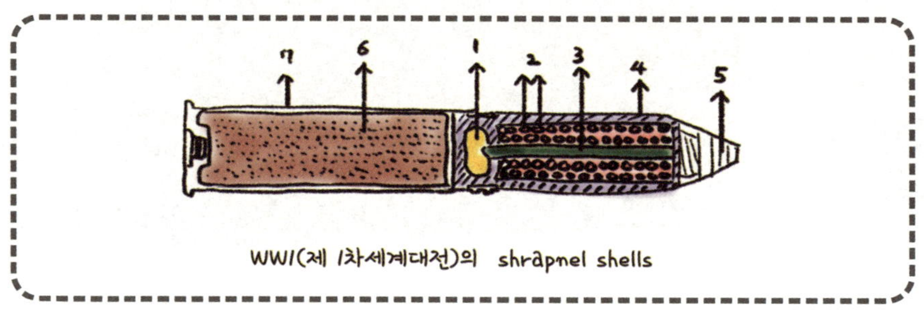

WWI(제 1차세계대전)의 shrapnel shells

1. busting charge 장약   2. bullets 탄환   3. ignition tube 점화관   4. steel shell wall 강철 외피
5. time fuse 시한 신관   6. shell propellant 포탄추진 작약   7. case 작약 외피

Phosphorus Bomb
Q - 인광탄

코르키가 대상 지역에 섬광탄을 터뜨려 적들에게 마법 피해 해당 지점을 6초간 밝힘.

□□□ **phosphorus** [fáːsfərəs ㅎ**파**아스퍼러스] n. 인(燐)
□□□ **bomb** [bɑːm 바암] n. 폭탄

phosphorus(인)은 도깨비 빛을 운반하는 자

★ phosphorus는 원자번호 15번인 원소 'P(인)'를 말합니다. 원소 인은 동물의 뼈나 이빨, 오줌에 함유되어 있습니다. 밤에 공동묘지에 도깨비불이 나타나면 phosphorus인의 성분에 의한 것이라고 생각하면 됩니다.

인은 인화성이 커서 공기와 접촉하면 자연발화하여 초록빛의 인광을 내면서 마늘 냄새가 납니다. 어원인 그리스어 phos는 빛(light)을 뜻하고 phoros는 운반자(to carry)를 뜻합니다. 즉 그리스어 phosphoros란 '**빛을 가져오는 자**'를 의미합니다.

이 어원대로 phosphorus는 원래 아침을 예고하는 '**morning star**샛별(화성)'를 의미했습니다.

새벽 하늘의 반짝이는 샛별이 마치 아침을 끌고 오는 것처럼 보였기 때문입니다. 그러다 근대 이후에 반짝이며 타오르는 원소 'P(인)'를 부르는 단어가 되었습니다.

오랫동안 몇몇 과학자들만이 phosphorus인 제조법을 알고 비밀을 공유하지 않았습니다. 그러다가 18세기 영국의 chemist화학자 로버트 보일이 인 제조 recipe레시피를 책으로 출판하게 되고 이후 인은 공장에서 널리 생산되는 친숙한 화학물이 됩니다.
그리고 마침내 1777년 라부아지에에 의해 phosphorus인는 원소로서 인식되게 됩니다.

bombard는 비난을 포탄처럼 퍼붓는 것

★ bomb는 '폭탄'을 의미합니다. 폭탄을 퍼붓는 챔피언 코르키의 별명이 〈the Daring Bombardier(대담한 폭격수)〉입니다. bombardier는 bombard폭격에 사람을 나타내는 -er이 붙어 '폭격수'의 뜻으로 쓰이는 단어입니다.

daring [dériŋ 데링] a. 대담한
bombard [bɑːmbáːrd 바암바아드] v. 폭격을 퍼붓다

* daring은 '대담한'이라는 뜻이고 동사 dare는 '~할 용기가 있다'라는 뜻입니다.
dare는 실제로는 '감히..!'라는 뜻으로 일상대화에서 많이 쓰입니다. 치솟는 분노에 부르르 손을 떨며 "Dare you네가 감히!!!"라고 하는 장면은 미드에서 자주 볼 수 있습니다.
daring을 기억할 때는 한글 발음에 '대'가 들어가므로 대담한 'daring(大링)'으로 이해하면 단어의 이미지를 만들기 편합니다.

> You broke the promise? How did you dare?
> 니가 약속을 깨? 감히 어떻게 그럴 수 있지?
>
> I didn't dare look at my father.
> 나는 감히 아빠를 쳐다볼 수 없었다.

* bombard는 원래 중세시대에 돌을 적의 성벽에 발사하는 공성포 또는 투석기(catapult)를 의미했습니다. 무기가 발달한 지금은 '폭격을 퍼붓다'는 뜻이 되었고 일상에서는 '비난을 퍼붓다'라는 뜻으로 사용됩니다.
bombard는 bomb폭탄를 알면 외우기 편한 단어입니다.

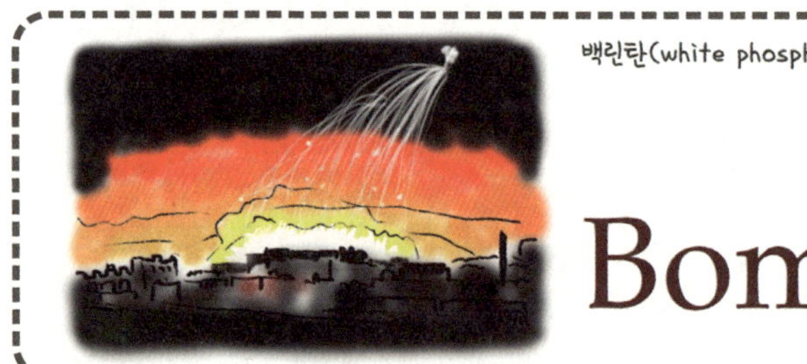

Valkyrie
W – 발키리

코르키가 대상 지점으로 빠르게 날아가 폭격. 코르키가 지나온 길은 2.5초 동안 불탐.
그 위에 있는 적들은 매 0.5초마다 마법 피해.

□□□ **valkyrie** [vǽlkɪrɪ 뱰키리] n. 발키리

스타크래프트의 valkyrie는 Valhalla(발할라)의 인도자

★ valkyrie는 [스타크래프트] 테란 종족의 유닛인 그 '**발키리**'가 맞습니다. 발키리는 고대 Norse mythology북유럽신화에서 Odin오딘의 명을 따르는 반신녀(半神女)입니다.
전투에서 용감한 전사자가 생기면 전사들의 천국인 Valhalla발할라로 그를 데려오는 일을 합니다.
이 saga전설을 믿는 스칸디나비아 지역의 늙은 전사들은 전투에서 제일 앞장서서 싸우다가 장렬하게 전사하는 것이 평생의 소망이었습니다.
그러다 너무 잘 싸워서 적을 다 때려잡아버리면 "헛..또 안 죽었다.. 언제 발할라 가냐..이러다가 집에서 죽는 것 아니냐.."고 투덜거렸습니다.

mythology [mɪθɑ́ːlədʒɪ 미**싸알**러지] n. 신화
saga [sɑ́ːgə **사아**거] n. (북유럽) 영웅전설

* **mythology**는 '신화'를 말합니다. mythic legends(신화적인 전설)에 대한 이야기를 말합니다.
myth(신화) + -ology(지식, 학문)의 조합으로 된 그리스어 mythologia에서 나온 단어입니다.
mythology는 같은 뜻의 단어 '**myth**신화'를 알면 쉽게 기억할 수 있지만 혹시 생각이 나지 않으면 '**my solo로 지낸**' 남중-남고-공대생의 신화같은 모태솔로 이야기를 꾸며보면 됩니다.

* **saga**는 북유럽의 '**영웅전설**'을 뜻합니다. 말하다(say)는 뜻의 고(古) 영어 sagu에서 나온 단어입니다. [로스트 사가], [가면라이더 사가], [익시온 사가] 등 온라인게임의 제목으로 무척 자주 쓰이는 단어입니다.
saga는 수세대에 걸친 연대기적 영웅들의 이야기를 다루는 특징이 있습니다. 대표적인 saga 작품으로는 [니벨룽의 노래], [베오울프] 등이 있습니다.
영웅전설인 saga와 구별하여 일반적인 전설은 legend를 사용하고 설화는 folk tale로 번역됩니다.

온라인게임은 북유럽신화 기반

[WOW]를 비롯한 온라인게임으로부터 판타지 소설 〈반지의 제왕〉에 이르기까지 이러한 북유럽 신화에 나오는 지명과 영웅들의 이름은 널리 쓰이고 있습니다. 아스가르드, 라그나로크, 프레이야, 김리, 헤임달, 요툰하임 등 게임 좀 해봤다는 분에게 익숙한 단어들이 모두 북유럽신화에서 나온 것입니다.

Asgard아스가르드 : 아스 신족(神族)의 나라
Ragnarok라그나로크 : 노르드의 말세신화
Freyja프레이야 : 풍요의 여신
Gimli김리 : 라그나로크 이후의 신들의 궁전. 소설 [반지의 제왕]에서는 중간계의 드워프 이름
Heimdall헤임달 : 전령과 문지기의 신. 하얀 신. 걀라르호른을 가지고 있음
Jotunheimr요툰하임 : 거인과 요툰들의 본거지

E

Gatling Gun
E - 개틀링 건

코르키가 바라보고 있는 방향으로 기관총을 빠르게 발사. 매 초 물리피해 방어력 감소. 방어력 감소 효과는 2초 동안 지속되고 중첩. 코르키는 기관총을 쏘는 동안 일반 공격과 스킬 사용가능. 4초 동안 지속.

□□□ **gatling** [gǽtlɪŋ 개틀링] n. 개틀링 기관총

기관총의 아버지 Gatling

★ Gatling 기관총은 1862년 Richard Jordan Gatling개틀링이 발명했습니다.
총신이 여러 개 달려있어서 크랭크를 돌리면 연속으로 탄환이 발사되는 총이었고 혼자서 다수를 죽일 수 있는 인류 최초의 기관총이었습니다. 개틀링은 이 기관총에 자기 이름을 붙였습니다.
초기의 기관총은 고장이 잘나고 쉽게 뜨거워져서 중요한 전투의 순간에 말썽을 피우기도 했습니다.
그러나 이후 개량을 거듭하며 [스페인-미국전쟁]에서 본격적으로 사용되었고 대량살상무기로 자리를 잡아갔습니다.

LOL의 재미있는 무기들

개틀링 건처럼 LOL에서는 온갖 무기가 나오는데 그 중에서 제작자의 아이디어가 번뜩이는 것들이 있습니다. 특히 Basic item하위아이템중 하나인 〈B.F. Sword〉는 다들 B.F가 무엇의 약자인지 궁금해합니다.

다들 쉬쉬하지만 B.F대검은 게임 [Doom]에서 나온 〈B.F.G 9000〉 즉 〈Big Fucking Gun 9000〉을 본 따서 만든 것입니다. 그러나 어디 함부로 신성한 게임에서 F**k word를 쉽게 쓰겠습니까. 그래서 Rioters들은 B.F 가 'Big Friend' 라고도 주장한다고 합니다.
(Rioters 는 LOL 게임의 제작회사인 Riot games의 회사직원들이 자기들을 일컫는 말입니다.)

riot [ráɪət **라**이엇] n. 폭동, 아주 재미있는 일

Missile Barrage
R - 미사일 폭격

코르키가 지정 방향으로 미사일을 쏘아 처음으로 맞는 적과 주위의 적에게 마법 피해. 미사일은 저장이 된 상태에서만 사용할 수 있음. 최대 7발까지 저장.

☐☐☐ **missile** [mísl **미**슬] n. 미사일

☐☐☐ **barrage** [bərá:3 **버라**아쥐] n. 탄막 (일제엄호사격)

Corki

★★★★★ shrapnel - Shrapnel strayed out from the suitcase bomb.
서류가방 폭탄 속에서 파편이 빠져나왔다.

★☆☆☆☆ shell - Put in another shell, a second wave of soldiers is coming.
다른 포탄을 집어넣어라. 두 번 째 병사들의 파도가 밀려오고 있다.

★☆☆☆☆ technology - advances in medical technology 의료 기술의 진보들

★★★★★ phosphorus - This element is chemically similar to phosphorus. 이 원소는 인(P)과 화학적으로 유사하다.

★☆☆☆☆ bomb - a time bomb 시한폭탄

★★★☆☆ daring - Tunneling under the guard's lookout tower was a daring escape.
경비병이 지키는 망루 아래에서 굴을 뚫는 것은 대담한 탈출이었다.

★★★☆☆ bombard - Reporters bombarded with questions.
기자들이 질문공세를 퍼부었다.

★★★★★ Valkyrie - Tell him that young readers want the legend of Valkyrie.
그에게 젊은 독자들은 발키리 전설을 원한다고 전해라.

★★★☆☆ mythology - Mythology is the principal source of information that game designers use.
신화는 게임 디자이너들이 사용하는 정보의 중요한 원천이다.

★★★☆☆ saga - The saga in the prisoner camp continued until the end of the war.
전쟁이 끝날 때까지 그 포로수용소의 무용담은 계속되었다.

★★★★★ Gatling - The British set up their Gatling gun on the hillside to destroy the Zulu warriors.
영국군은 줄루전사들을 무너뜨리기 위해 산비탈 쪽에 개틀링건을 설치하였다.

★★★☆☆ riot - The city is rioting after their water was turned off by the city water officials.
그 도시는 수도국 공무원들에 의해 급수가 중단된 뒤 폭동이 일어나고 있다.

★☆☆☆☆ missile - cruise missile 순항 미사일

★★★★★ barrage - The headquarter decided to launch an artillery barrage.
본부는 포병대 탄막을 발사하기로 결정했다.

Darius, the Hand of Noxus

다리우스 - 녹서스의 실력자

P	Hemorrhage	출혈
Q	Decimate	학살
W	Crippling strike	마비의 일격
E	Apprehend	포획
R	Noxian Guillotine	녹서스의 단두대

P 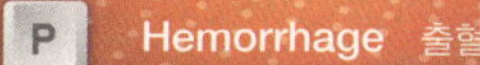

Hemorrhage
passive- 출혈

다리우스의 공격은 적들의 대동맥을 가격하여 출혈을 유도 물리 피해. 최대 5번까지 중첩. 녹서스의 단두대로 킬을 올리거나 적에게 과다출혈 중첩을 최대로 쌓을 때마다 5초간 피의 분노 효과가 발동. 피의 분노 상태에선 공격력이 증가하며 기본 공격이나 학살 스킬의 도끼날에 맞은 대상에 과다출혈 중첩이 최대로 적용.

□□□ **hemorrhage** [hémərɪdʒ 헤머리지] n. 출혈

hemo-는 '피 혈(血)'

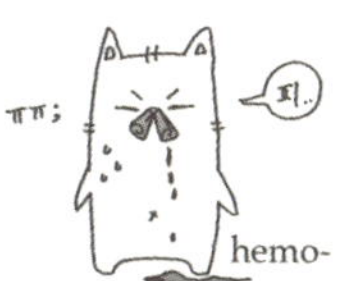

★ **hemorrhage**는 출혈이란 뜻의 의학용어입니다. 이는 hemo-(blood피) + -rrhage(과다유출)의 조합입니다. hemorrhage처럼 hemo-(피) 어근이 들어간 단어로는 hemoglobin(혈색소), hemophilia(혈우병), hemostasis(지혈) 등이 있습니다.
이 단어들은 거의 학술용어에 해당되므로 기억할 필요는 없지만 사용된 어원들은 각각 한 번 살펴볼 만합니다.

hemoglobin [hiːməglóubɪn 히이머**글로우**빈] n. 헤모글로빈, 혈색소
hemophilia [hiːməfílɪə 히이머ㅎ**필리**어] n. 혈우병
hemostasis [hiːməstéɪsɪs 히이머**스테이**시스] n. 지혈

* **hemoglobin**은 헤모글로빈입니다. hemo-는 피를 말하고 globin은 우리 몸의 중요한 단백질 중 하나를 말합니다. heme 4개가 4개의 단백질 chain에 각각 붙어서 이루어진 것이 hemoglobin 한 덩어리입니다.
heme은 각각 철 분자 하나를 함유하고 있습니다. 이 철 분자 하나 당 산소 1분자가 결합해 우리 몸 곳곳으로 산소를 운반하게 됩니다.

즉 [4 Heme + 4 chain = 1 hemoglobin]의 구성입니다. 그리고 한 개의 RBC(Red Blood Cell적혈구)는 이러한 hemoglobin을 약 300만개정도 함유하고 있습니다.

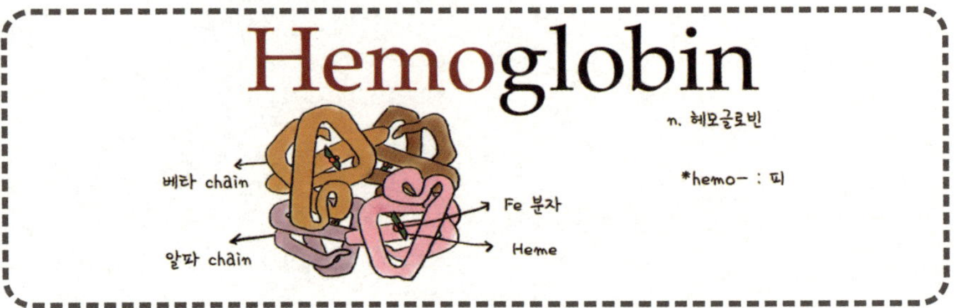

* **hemophilia**는 혈우병을 말합니다. 역시 앞 쪽 어근인 hemo-는 피를 뜻합니다. 그리고 -philia는 '**사랑**'이라는 뜻입니다. hemo-(피) + -philia(사랑)의 조합으로서 혈우병은 피를 사랑한다기보다는 '**피가 잘 나는 경향**'을 뜻하는 질환입니다.
일반적으로 -philia는 우리가 자주 볼 수 있는 '**~을 (비정상적으로) 사랑하는 병**'의 뜻의 단어들을 만듭니다.
정상인이 성인 이성(異姓)을 성적 대상으로 삼는데 비해 -philia는 무언가를 병적으로, 특히 성적(性的)으로 좋아하는 것입니다.
때문에 -philia는 정신과질환의 명칭에서 자주 볼 수 있는데 예를 들면 pedophilia소아성애자, necrophilia시체성애자, zoophilia동물성애자가 있습니다. 즉 각각 소아나 시체, 동물을 통해서 성적인 만족을 얻는 질환을 말합니다.

-philia(사랑)	~을 잘하는 경향	hemophilia, hydrophilia친수성
	~을 (비정상적으로) 사랑하는 병	pedophilia, necrophilia, zoophilia

* **hemostasis**는 출혈를 멈추게 하는 '**지혈**'을 뜻합니다. 여기에서 -stasis는 말 그대로 '**정체**'를 말합니다.
따라서 hemostasis는 출혈이 피브린이나 혈소판 등의 응집으로 멈추는 현상을 말합니다.
이 -stasis는 상태(state)를 뜻하는 라틴어 status에서 기원했고 station정거장, statue조각상 등의 단어에서 볼 수 있는 어원입니다.

Q Decimate
Q- 학살

주위 원형 범위의 적 모두에게 물리 피해. 도끼 자루 부분에 적중할 경우 50%의 감소된 피해를 입으며 과다출혈 중첩이 적용되지 않음. 도끼날 부분에 적중한 적 챔피언 한 명당 다리우스가 잃은 체력의 15%(최대 30%)를 회복.

□□□ **decimate** [désɪmeɪt 데시메이트] v. 대량으로 죽이다   ∞ Sion 참고

decimate는 deci(열) 명중 한 명을 죽이는 대량살상

★ decimate는 '**대량으로 죽이다**'라는 의미입니다. 이는 로마군대의 형벌 종류에서 기원했습니다. 로마시대의 decimate는 반란을 일으키거나 전쟁에서 도주한 부대에게 내리는 단체 형벌로서 병사 10명중에 1명을 제비뽑기로 고른 다음 죽이는 잔인한 형벌이었습니다.
여기서 deci-는 '**10**'을 나타내는 단어이고 영어에는 decimal십진법의에 그 어근이 남아있습니다.

decimal [désɪml 데시믈] a. 십진법의 n. 소수

decimate는 현대에 와서 '**10명 중에 1명을 죽이다**'는 뜻은 없어지고 '**대량으로 죽이다**'의 의미로 바뀌었고 거의 devastation대파괴과 비슷한 의미가 되었습니다.

devastation [devəstéɪʃn 데버스**테이**션] n. 황폐화, 대대적인 파괴   ∞ Sion 참고

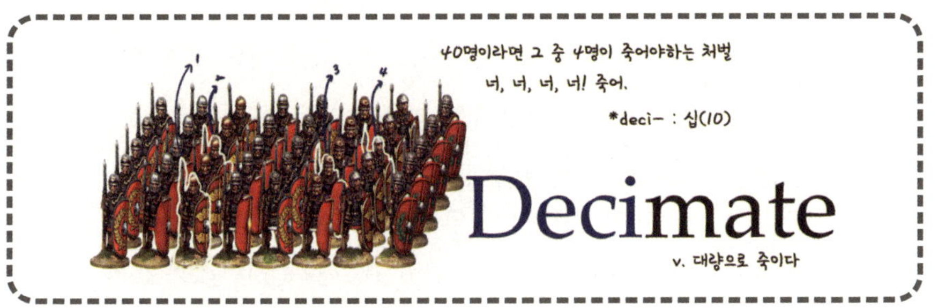

Crippling strike
| 다음 번 기본 공격이 추가 물리 피해와 1초 동안 대상의 이동 속도를 감소시킴.
W- 마비의 일격

□□□ **crippling** [kríplɪŋ **크리**플링] a. 심하게 부상한, 치명적인   ∞ Lee sin 참고

 **crippling은 땅바닥을 creep기게 만드는 충격을 주는 것**

★ crippling은 '**심하게 부상한, 치명적인**'이라는 뜻입니다. '**불구로 만들다**'라는 뜻의 동사 cripple 에서 나온 말입니다.
crippling은 creep기다의 어원에서 출발한 단어이며 '**기어갈 정도의 불구로 만든 손상을 입힌**' 장면을 떠올리게 하는 형용사입니다.

또한 cripple은 사람뿐만 아니라 국가 기관이나 조직, 사물의 기능 등이 심각하게 손상을 입어 제 할 일을 못 할 때에도 적용이 가능합니다.
cripple은 장애인을 나타내는 단어이지만 cripple로 장애인을 지칭하면 때로 욕이 될 수 있으므로 주의해서 사용해야 합니다.

Apprehend
E- 포획

(패시브) : 다리우스가 도끼날을 날카롭게 세워 방어구 관통력을 증가시킴.
(액티브) : 다리우스가 도끼의 갈고리로 근처의 적들을 휘감아 자신 앞으로 끌어당김.
당겨온 적은 이동속도가 1초간 90% 감소.

□□□ **apprehend** [æprɪhénd 애프리**핸**ㄷ] v. 체포하다, 염려하다, 이해하다

 **apprehend는 체포하고 염려하고 이해한다**

★ apprehend는 영어를 배울 때 분통을 터트리게 만드는 단어입니다. 무려 '**체포하다, 염려하다, 이해하다**'라는 3가지나 완전히 다른 뜻이 있으니까요.
그러나 동사의 '**붙잡는**' 대상을 잘 바꿔보면 3가지의 뜻이 마음에 와 닿습니다.
apprehend는 라틴어인 apprehendere에서 나온 단어인데 ad(to향하여) + prehendere(seize 붙잡다)의 조합으로서 원래 '**법의 이름으로 붙잡다, 체포하다**'의 뜻이었습니다.
거기에 '**마음을 붙잡다**'는 은유로 '**염려하다**'의 뜻이 되고, '**의미를 붙잡다**'는 은유로 '**이해하다**'의 뜻이 생겼습니다.
곰곰이 단어의 의미를 생각하다보면 apprehend 하나로 소설이 나올 정도가 됩니다. 예를 봅시다.

〈빵을 훔친 가냘픈 소녀를 apprehend체포하고 보니 apprehend염려스러울 정도로 말라있고 배가 고파 도둑질을 했다고 생각하니 apprehend이해가 되었다..〉

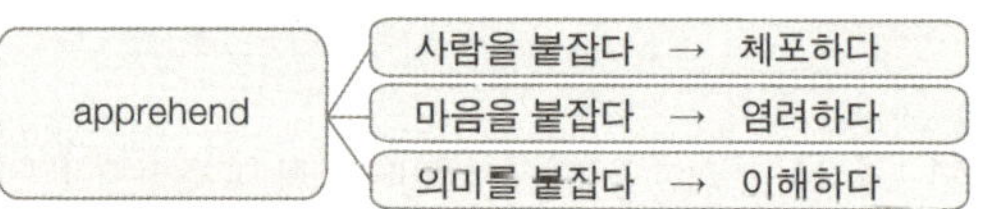

apprehend	사람을 붙잡다 → 체포하다
	마음을 붙잡다 → 염려하다
	의미를 붙잡다 → 이해하다

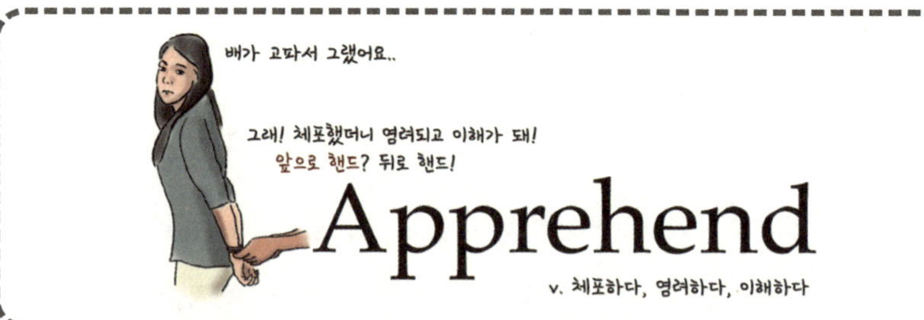

apprehend가 품사 변화를 하게 되면 형용사형에서는 '**염려**'라는 뜻으로만 사용되고 명사형에서는 이해의 뜻은 사라지고 '**체포, 염려**'의 뜻으로 사용됩니다.

apprehensive [æprɪhénsɪv 애프리**핸**시ㅂ] a. 염려되는, 걱정되는

apprehension [æprɪhénʃn 애프리**핸**션] n. 체포, 염려

그리고 apprehend를 암기할 때는 '**앞으로 hand**'로 기억해서 범인이 수갑을 차며 체포되는 모습을 기억하면 되겠습니다.

Noxian Guillotine
R- 녹서스의 단두대

다리우스가 적 챔피언에게 뛰어올라 치명적 타격을 가해 고정 피해. 대상에 중첩된 출혈 효과 하나당 피해량이 20% 증가.
녹서스의 단두대로 대상을 처치시 20초 동안 다리우스가 녹서스의 단두대를 재시전할 수 있음. 또한 챔피언 이외의 모든 유닛이 공포에 걸림.

□□□ **guillotine** [gílətɪːn 길러티인] n. 단두대

guillotine은 인도주의자 기요틴 박사의 작품

★ **guillotine**기요틴은 목을 참수하는(decapitation) 무시무시한 처형대이지만 처음에 만들어진 이유는 처형대(scaffold)에 올라갈 죄수들에게 고통 없이 죽음을 주고자 하는 목적이었습니다. 그 전까지는 사형수를 Breaking wheel바퀴에 매달아 뼈를 부러트려 죽이는 고통스럽고도 오래가는 처형법이 사용됐습니다.
이에 프랑스 혁명 때의 의사인 Dr. Joseph-Ignace Guillotin기요틴박사는 고통을 최소화할 수 있는 처형방법을 고민했습니다.
마침내 그는 기요틴과 관계된 진보된(progressive) 제안 6가지를 국회 앞에서 내놓습니다.

1. 같은 종류의 죄를 지은 사람은 직위와 사회적 신분에 관계없이 평등하게 처벌할 것
2. 사형에 해당하는 죄라면 고통 없게 기요틴을 사용해 머리를 자르는 자비를 베풀 것
3. 범죄자의 가족에게 죄를 전가하거나 차별하지 말 것
..
6. 처형된 시체를 가족에게 돌려줄 것

decapitation [dɪkæpɪtéɪʃən 디캐피**테이**션] n. 참수
scaffold [skǽfould **스캐**포울ㄷ] n. 비계, 처형대

* decapitation은 '**참수**'라는 뜻입니다. de(off) + caput(head) + -ation(명사형어미)의 조합입니다. caput(머리)를 de(분리)한다는 것이지요.
captain대위이나 capital수도(首都)를 생각하면 라틴어 caput(머리)의 어근이 쉽게 이해됩니다.

* scaffold는 '**교수대, 비계**'를 뜻합니다. 예전에 공개 처형을 할 때에는 대중들이 잘 볼 수 있도록 높은 계단위에 단을 만들고 목을 자르거나 했기 때문에 비계(飛階)란 뜻에서 교수대의 뜻이 따라왔습니다.
우리말에도 '**교수형에 처해지다**'를 약간 부드럽게 상황을 표현한 '**사형대로 보내지다**'라는 말이 있듯이 영어에도 'sent to scaffold(비계로 보내지다)'라고 쓰면 'be hanged(목 매달려지다)'보다는 덜 폭력적인 표현이 됩니다.
원래 비계란 공사장에서 임시로 높은 단을 만들어 작업을 하는 지지대를 말했습니다. 요즘에는 교수대에서 행하는 공개처형이 거의 사라졌으므로 현대적 의미의 scaffold는 거의 공사장의 비계나 건물외곽의 비상계단을 부르는 단어가 되었습니다.
scaffold를 암기할 때는 건물 밖에 접혀있는(fold) escape탈출용 접이식 사다리를 생각하면 외우기가 편합니다. 즉 어원과 관계없이 escape fold의 발음으로 기억하면 되겠습니다.

참수 사형의 효율성

프랑스 왕인 루이 16세, 왕비인 마리 앙투아네트를 포함해 공포정치를 시행하여 수많은 사람의 목을 분리한 로베스피에르도 결국은 Guillotine단두대에서 be decapitated 즉, 목이 잘립니다. 일설에는 단두대를 발명한 기요틴 박사도 Guillotine에서 목이 잘렸다는 이야기가 있습니다. 머리를 참수하여 사형하는 기요틴은 1939년까지도 프랑스에서 사용되었다고 하니 그 무시무시한 능력 자체는 계속 인정되었던 듯합니다.

단두대에 의한 사형을 당하면 물리적으로는 머리가 잘리면서 급속 허혈에 의해 300 밀리초 만에 의식을 잃고 사망한다고 여겨집니다. 그 후에도 반사신경 반응과 근육경련은 수 분 동안 지속됩니다. 최근의 사형은 독극물 주사에 의한 사형, 전기의자에 의한 사형 등 고통이 없을 방법을 계속 찾고 있으며 미국 네바다 주에서는 가장 인도적인 사형 방법이라는 독가스 사형을 시행한다고 합니다. 잔인함을 제외한다면 그 확실성과 기요틴 박사가 주장한 인도주의적(!)인 면에 있어서는 기요틴을 따라갈 사형방법이 없을 것으로 보입니다.

Darius

★★★★★ hemorrhage - a massive hemorrhage of the liver 간의 대량 출혈

★★★★☆ decimate - The researcher said new hunting law can decimate the fox population.
그 연구원은 새로운 사냥에 관한 법이 여우를 대량학살할 수 있다고 말했다.

★★★☆☆ decimal - I forgot to put in a decimal point, so the teacher marked it wrong.
나는 소수점을 찍는 것을 깜빡했고, 그래서 선생님은 그것을 틀렸다고 채점(표시)했다.

★★★☆☆ devastation - The floods caused widespread devastation.
그 홍수는 광범위한 파괴를 불러왔다.

★★★☆☆ crippling - My kill/death ratio was crippling for our team.
나의 킬/데쓰 비율은 우리 팀에게 심각한 부담이 되었다.

★★★☆☆ apprehend - The soldier apprehended a monster trying to escape the testing room.
그 병사는 그 실험실을 벗어나려고 시도하면서 한 괴물을 붙잡았다.

★★★☆☆ apprehensive - I was apprehensive about swimming in the sea with great white sharks.
나는 커다란 백상어가 있는 바다에서 수영하는 것이 염려되었다.

★★★☆☆ apprehension - the look of apprehension on my mother's face
우리 엄마 얼굴의 염려하는 표정

★★★★★ guillotine - The guillotine must have been horrifying to watch in action.
단두대는 그동안 (사람들이) 작동하는 모습을 보고 겁먹게 해왔을 것이다.

★★★☆☆ decapitation - IS killed victims by decapitation.
IS는 참수로 희생자들을 죽였다.

★★★★★ scaffold - The construction supervisor hoped the scaffold holds, while the workers are fixing the castle of dragons.
그 공사감독관은 일꾼들이 용의 성을 수리하는 동안 비계가 유지되기를 기대했다.

Diana, Scorn of the Moon

다이애나 - 차가운 달의 분노

P   **Moonsilver Blade**   서늘한 달빛검

Q   **Crescent Strike**   초승달 검기

W   **Pale Cascade**   은빛 가호

E   **Moonfall**   달빛 낙하

R   **Lunar Rush**   월광 쇄도

P   **Moonsilver Blade**
passive - 서늘한 달빛검

다이애나가 20%의 추가 공격 속도를 얻음.
3번째 공격을 할 때마다 인근 적에게 추가 마법 피해.

 ### scorn(경멸)은 horn(뿔)을 잘라버리는 것이다

달빛검을 휘두르는 달의 여신 Diana는 로마신화에서 처녀성과 수렵의 여신이며 그리스신화에서는 Artemis아르테미스에 해당합니다.
다이애나의 별명인 Scorn of the Moon에서 scorn은 '**경멸하다**'라는 뜻입니다.

> **scorn** [skɔːrn 스코언] v. 경멸하다

scorn은 원래 고(古) 프랑스어의 escorner라는 단어에서 영어로 전해진 것입니다.
더 위로는 라틴어의 excornare라고 ex(without)+ horn(뿔)의 조합인 단어로 기원을 추적할 수 있습니다.
이는 영예와 자존심의 상징인 뿔이나 장식을 떼어냄으로서 경멸과 멸시를 하다는 뜻이 되겠습니다.
scorn을 기억할 때는 단어 속에서 horn뿔을 뽑아내거나 그냥 뾰족한 cone고깔을 떼어냈다고(ex-) 유추하면 되겠습니다.

scorn과 같이 '**경멸하다**'라는 뜻의 단어로는 contempt, despise, look down on, disdain 등이 있습니다.

contempt [kántempt 컨템프ㅌ] n. 경멸　∞ Zed 참고
despise [dɪspáɪz 디스파이즈] v. 경멸하다
disdain [dɪsdéɪn 디스데인] n. 무시

* contempt는 '경멸'이라는 뜻입니다. 라틴어인 con(강조의 com) + temnere(scorn경멸하다)에서 나온 것입니다. 영어에 -tempt로 끝나는 단어는 contempt와 attempt시도하다, tempt유혹하다 밖에 없습니다. 그러나 contempt는 기원이 명확하지 않고 tempt유혹하다와 관련도 없어서 외우기가 쉽지 않습니다.
contempt를 외울 때는 그냥 '불량배들이 함께(con) 유혹하니(tempt) 경멸한다'로 어원을 무시하고 외우는 것이 좋겠습니다.

* despise는 '경멸하다'라는 뜻입니다. 같은 '경멸하다'는 뜻의 라틴어 despicere에서 나온 단어입니다.
de(down)+ spice(=scope보다)의 조합으로서 '아래로 보다(look down on)'의 의미에서 '경멸하다'는 뜻이 나오게 되었습니다.
despise를 외울 때는 상황극을 이용하여 기억해보면 좋습니다. 초코파이계의 황제 오리온 초코파이가 다른 '파이들을 디스시키는 것(디스 파이스)'으로 장면이 만들어집니다.

* disdain은 '무시하다'라는 뜻입니다. dis(반대) + dain(가치 있게 대하다)의 조합입니다. 가치 있게 대하지 않는다는 뜻이니 역시 경멸한다는 뜻이 되겠습니다. dain은 프랑스어 deignier에서 나온 말로서 품위, 위엄을 뜻하는 dignity 와 관련 있는 단어입니다.
disdain을 외울 때는 한글발음인 '디스된'을 이용하면 의미가 통합니다. 바로 위의 despise경멸하다에서 오리온 초코파이에게 무시당하고 '디스된' 그 파이들입니다. 여기서 '디스'되었나는 것은 요즘 인터넷에서 자주 사용되는 것으로서 상대를 깎아내린다는 disrespect에서 기원한 단어입니다.
미국에서도 '경멸하다'라는 의미로 dis는 일상용어에서 사용됩니다.

Crescent Strike
Q - 초승달 검기

달 에너지를 휘어지게 발사하여 마법 피해.
이 스킬에 피해를 입은 적들은 3초간 시야를 공유하는 달빛의 효과를 받음.

□□□ **strike** [straɪk 스트라이ㅋ] v. 세게 치다 (strike-struck-stricken)

Pale Cascade
W - 은빛 가호

다이애나가 3개의 구체를 몸주변에 만들어 적에게 접촉하거나 5초가 지나면 폭발하여
마법피해. 또한 다이애나는 구체들이 다 터질 때까지 방어막을 가짐.
이 방어막은 3개의 구체가 폭발하면 동일한 수치만큼 추가됨.

□□□ **cascade** [kǽskeɪd 캐스케이드] n. 작은 폭포

cascade
bouquet

★ cascade는 작은 폭포뿐 아니라 화려하게 떨어지는 폭죽, 아름답게 매달린 신부의
bouquet부케, 풍성한 머리카락 등을 표현할 때도 자주 사용됩니다.
cascade는 '**fall떨어지다**'뜻의 PIE어근 *kad-와 관계되어 있습니다. 이 *kad-어근은 event경우나
사건을 뜻하는 case와 연관된 단어입니다. case사건도 어떤 일이 자기 머리나 발등에 '**떨어진다**'는
개념이고 cascade폭포도 물이 '**떨어지는**' 모습입니다.
cascade를 기억할 때는 FPS게임 [Counter-Strike카스]에서 폭포 뒤에 숨어서 저격을 한다는
설정을 하고 '**폭포 카스 개이득**' 으로 외우면 됩니다.

Moonfall
E- 달빛 낙하

다이애나가 인근 주변의 모든 적을 끌어오며 2초동안 느려지게 함.

Lunar Rush
R - 월광 쇄도

다이애나가 복수의 화신이 되어 적에게 순간 이동과 마법 피해 월광 쇄도는 달빛 효과를 받고 있는 적에게 사용했을 경우 재사용 대기 시간이 없음.

□□□ **lunar** [lúːnə(r) **루우너**] a. 달의

lunar(달)의 기운은 우리를 lunatic(미치광이)으로 만든다

★ lunar는 명사 앞에서 '**달의**'라는 뜻으로 쓰입니다. 그 사용하는 예는 lunar eclipse월식, lunar calendar음력 등 달에 관계된 것이면 무궁무진하게 쓸 수 있습니다. '**태양의**'라는 뜻으로는 solar를 사용합니다.

재미있게도 lunatic하면 '**미치광이**'를 뜻합니다. 같은 '**미치광이**'라는 뜻의 라틴어 lunaticus에서 나온 것입니다. 로마인들은 epilepsy간질나 여러 madness정신병을 주로 달의 영향을 받은 현상으로 여겼습니다.

아리스토텔레스는 비정상적으로 밝아진 보름달이 밤잠을 방해해서 bipolar disorder조울증(조증과 울증을 반복하는 질환)같은 정신질환을 일으킨다고 비교적 논리적으로 설명했습니다.

굳이 늑대인간의 전설을 믿지 않더라도 휘황한 달을 보면 싱숭생숭해지는 마음이 드는 것은 지금도 사실입니다. 여자 친구와 함께 있다면 남자들은 자기 마음속의 늑대를 발견하게 되죠.

현대에 와서 lunatic루나틱은 이제 욕이나 경멸의 뉘앙스로 사용됩니다.

lunatic [lúːnətɪk **루우너틱**] n. 미치광이　　∞ Singed 참고
epilepsy [épɪlepsi 에필렙시] n. 간질 (= seizure)
bipolar [baɪpóulər 바이**포울**러] a. 조울증의

* epilepsy는 간질을 말하는데 다른 말로 seizure시저,간질라고 합니다.
epilepsy간질는 그리스어 epi(upon위로) + lepsis(seizure간질)의 조합인데 여기서 lepsis의 어원은 그리스어 동사 leps로 '**붙잡다**'는 뜻입니다. 병명에 -lepsy가 들어가면 '**발작**'이라는 의미가 생기는 단어가 됩니다.

seizure시저,간질도 철자에서 보이듯이 'seize시즈,붙잡다'에서 나온 것입니다. 즉 epilepsy와 seizure 둘 모두가 간질의 발작증세의 특징인 사지를 경련하거나 주먹을 '붙잡는' 모습을 보고 나온 것입니다.
epilepsy와 seizure는 같은 '간질'이라는 뜻이지만 epilepsy는 주로 학문적인 용도로 사용되고 seizure는 일상용어로 사용됩니다.
seizure시저,간질를 기억할 때는 발음대로 로마의 '시저(Caesar)가 간질환자'였다고 우리 마음대로 생각하면 됩니다. 참고로 동사 seize시즈,붙잡다의 동작 이미지는 테란의 '시즈(siege공성)탱크'가 발바닥을 쫙 펼친 후에 땅을 붙잡으며 공성모드로 전환하는 모습을 떠올리면 편합니다.

* bipolar는 '양극성의, 조울증의'라는 뜻입니다. bi(두개의) + polar(극의)의 조합입니다.
즉 arctic북극의, antarctic남극의처럼 두 개의 극이 있다는 이야기입니다. 조울증이란 기분이 엄청 좋다가 얼마 후 다시 우울해지는, 양 극단을 반복하는 병입니다.
bipolar에서 polar는 axis축을 뜻하는 pole막대기에서 나온 단어입니다. 축구할 때 막대기로 임시로 골문을 표시하려 세우는 '뽈대'가 바로 'pole대'입니다. polar bear북극곰에서 보듯이 polar는 상당히 친숙한 단어입니다.

조울증은 내 이야기 같은데? 내가 조울증?

 bipolar disorder(조울증)는 한글로는 어려운 질환명이지만 영어로는 그냥 양극(兩極)을 오가는 병이란 쉬운 뜻입니다. 양극성장애라고도 합니다.
정신과에서 조울증은 엄청나게 기분이 up업돼 있는 mania조증와 침울하게 가라앉아 있는 depression울증이 주기적으로 교대하는 질환으로 정의합니다.

 조증 상태(mania)가 되면 야심찬 계획을 세우면서 자신만만하고 행복감에 도취됩니다. 밝은 옷과 화려한 장신구로 자신을 나타내며 쉽게 흥분을 합니다. 또한 평소보다 말이 많아지고 잠을 안자도 충분하다고 스스로 생각합니다.
 반대로 울증 상태(depression)가 되면 비관적이 되고 걱정이 많아지고 절망감에 빠지다가 나중엔 친구들이 자신을 놀린다고 망상을 가지게 됩니다. 공부를 해도 이해가 안 되고 무슨 일에도 흥미가 생기지 않습니다. 몸이 피곤하고 소화도 안 되고 식욕도 떨어집니다. 재미있게도 우리나라 학생들은 시험이 끝나면 조증 상태와 비슷해지고 시험 전날이 되면 다시 울증 상태와 비슷해집니다.

Diana

★★★☆☆ **scorn** - My brother was scorned for not being a team player.
내 형은 팀플레이를 하지 못했다고 경멸당했다.

★★★☆☆ **contempt** - Jenny stared at me with total contempt.
제니는 완전히 경멸하며 나를 응시했다.

★★★☆☆ **despise** - The vice principal despised my teacher's new hair, so she put a bag over her head.
교감 선생님이 우리 선생님의 새로운 헤어스타일을 무시해서 그녀는 가방을 머리위에 올려놓았다.

★★★☆☆ **disdain** - New manager treated the workers with disdain.
새로운 매니저는 노동자들을 멸시했다.

★☆☆☆☆ **strike** - Your striking comment even made my puppy cry.
너의 놀라운 평가는 심지어 내 강아지도 울게 만들었다.

★★★☆☆ **cascade** - The rain water cascaded from the roof and into my soup. How pathetic is that?
빗물이 지붕에서 폭포처럼 떨어져 내 수프로 들어갔다. 정말 비참하지?

★★★☆☆ **lunar** - lunar new year 구정(舊正)

★★★☆☆ **lunatic** - Your lunatic idea to put the minister's car on the roof will never work.
장관의 차를 지붕위에 올려놓겠다는 너의 미친 아이디어는 절대 안 될 거야.

★★★☆☆ **epilepsy** - inherited epilepsy from her father
그녀의 아빠에게 물려받은 간질

★★★★★ **bipolar** - the best way to prevent bipolar disorder
조울증을 막기 위한 가장 좋은 방법

Dr. Mundo, the Madman of Zaun

문도 박사 - 자운의 광인

P	Adrenaline Rush	아드레날린 분출
Q	Infected Cleaver	오염된 대형식칼
W	Burning Agony	타오르는 고통
E	Masochism	피학증
R	Sadism	가학증

P **Adrenaline Rush**
passive - 아드레날린 분출

문도 박사의 체력이 1초마다 최대 체력의 0.3%씩 회복.

□□□ **adrenalin(e)** [ədrénəlɪn 어**드레**널린] n. 아드레날린

adrenalin은 renal(신장의) ad-(부속)인 부신의 호르몬

★ adrenalin은 부신수질의 hormone호르몬입니다.
아드레날린은 교감신경 전달물질로서 사람이 흥분하거나 공포, 분노에 빠지게 되면 분비됩니다.
위급한 상황에서 갑자기 무서운 힘이 발휘되서 목숨을 건졌다면 다 이 아드레날린 덕분입니다.
여기서 adrenal이란 ad(accessory 부속의) + renal(콩팥의)의 조합으로서 콩팥 위에 있는 '**부신의**'라는
뜻의 형용사입니다. adrenalin은 adrenal에 화학물질을 표시하는 접미사 -ine이 붙은 것입니다.

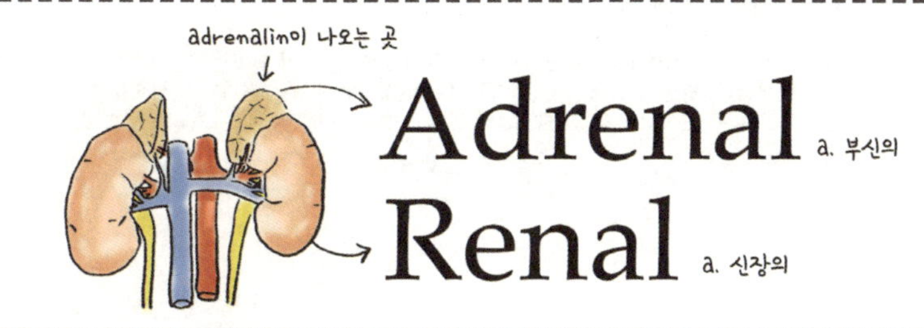

이 adrenalin은 다른 말로 epinephrine에피네프린이라 불립니다.
군대나 병원에서는 이 성분을 주사약으로 만들어서 혈압이 급속하게 떨어지는 shock쇼크 상태나 cardiac arrest심정지 상태에서 응급으로 사용합니다.
영화에서 전투 중 과다출혈로 쓰러진 병사에게 의무병이 입으로 꼭지를 물어 뜯어내고 바늘을 다친 병사의 허벅지에 푹 찔러 넣는 장면을 많이 보셨을 겁니다.
그 약이 epinephrine입니다. 천당문의 입구에서 다시 지구로 데려오는 주사약입니다. 챔피언 Dr. Mondo문도 박사가 쓰는 〈Adrenaline Rush〉 스킬도 그 '허벅지 콕' 주사의 아이콘입니다.

콩팥이라는 좋은 한글이 있지만 우리가 어려운 '신장(腎臟)'이라는 용어를 사용하듯이 영어에서도 kidney콩팥라는 단어가 있지만 renal신장의 단어를 좀 더 유식하게 보이고자 할 때 사용합니다.
adrenal부신까지는 몰라도 renal은 기억할 만합니다.

kidney [kídnɪ **키**드니] n. 콩팥, 신장
renal [ríːnl **리**이늘] a. 신장의

부신은 뭐하는 친구인가?

 사람의 신장(콩팥) 위에는 'adrenal gland부신(副腎)'라는 조직이 모자처럼 붙어 있습니다. 마치 부사장님이 사장님 위에 고개를 얹고 있는 모양입니다. 크기는 겨우 5cm에 불과하지만 이 '부신'은 '신' 못지않게 중요한 organ장기입니다. 바로 부신호르몬을 분비하기 때문입니다.

 이 중요한 부신을 반으로 잘라보면 cortex피질층와 medulla수질층가 보이는데 두 층은 각각 생성하는 호르몬이 다릅니다. 즉 겉과 안쪽 살에서 각각 다른 물질을 분비하는 것입니다.
부신피질(겉)에서 생성되는 호르몬이 cortical hormone입니다. 스테로이드죠. 그리고 부신수질(안쪽살)에서 생성되는 호르몬이 adrenaline(아드레날린)입니다.

 이 호르몬들은 우리 몸의 균형을 유지하는데 꼭 필요한 것들입니다. 기계가 매끄럽게 잘 돌아가게 하는 기름과 같다고 생각하면 됩니다. 만일 스트레스 등에 의해서 부신호르몬이 부족해지면 만성피로에 시달리게 됩니다. 특히 아침에 극도로 피곤해지고 거꾸로 밤이 되면 눈이 초롱초롱 쌩쌩해지는 특징이 있습니다.

Infected Cleaver
Q - 오염된 대형식칼

문도 박사가 식칼을 던져 적이 보유한 체력의 일부 수치를 마법 피해로 입히고 2초 동안 적의 속도를 40% 늦춤. 칼이 적에게 적중되면 소모한 체력의 절반을, 오염된 대형 식칼로 유닛을 처치하면 소모한 체력을 100% 회복.

□□□ **infected** [ɪnféktɪd 인ㅎ**펙**티드] a. 감염된

□□□ **cleaver** [klíːvə(r) **클**리이버] n. 큰 식칼

 **infect(감염시키다)는 in(안으로) 뭔가 만들어진 것**

★ **infect**는 in(안으로) + fect(make, do)의 조합으로서 '**감염시키다**'라는 뜻입니다. 여기서 사용된 fect(만들다, 되게 하다) 어근을 사용한 단어가 영어에 많이 있습니다.

affect [əfékt 어ㅎ**펙**ㅌ] v. 영향을 미치다　　ad(to향하여) + fect(make, do)
defect [dɪːfékt 디ㅎ**펙**ㅌ] n. 결함　v. (국가, 정당 등을) 버리다
　　　　　　　　　　　　　　　de(down아래로) + fect(make, do)
effect [ɪfékt 이ㅎ**펙**ㅌ] n. 효과　　ex(밖으로) + fect(make, do)
perfect [pɜ́ːrfɪkt 퍼어ㅎ**픽**ㅌ] a. 완벽한　　per(completely완벽하게) + fect(make, do)

참고로 infect가 균에 '**감염시키다**'라는 뜻인데 비해, 뭔가 더러운 것으로 '**오염시키다**'는 표현에는 contaminate를 사용합니다. 즉 infect는 '**생물체를 감염시키는 것**'이고 contaminate는 '**무생물을 (때로는 생물을) 오염시키다**'라는 뜻입니다.
따라서 굳이 문도박사의 Q스킬을 더 정확하게 번역해본다면 cleaver식칼는 무생물이고 infection 감염이 될 수 있는 대상이 아니므로 〈오염된 대형식칼〉이라는 스킬은 〈Infected Cleaver〉보다는 〈Contaminated Cleaver〉가 과학 원칙에 더 적절하겠습니다.

contaminate [kəntǽmɪneɪt 컨**태**미네이ㅌ] v. 오염시키다　　∞ Twitch 참고

* **contaminate**는 '**오염시키다**'라는 뜻의 라틴어 contamen에서 나온 단어인데 con(함께) + *tag-(touch만지다)의 조합입니다.
contaminate를 외울 때는 더러운 때가 많은 사람들이 목욕탕에서 '**함께(con) 때를 미**'는 것으로 오염시키는 장면을 떠올리면 편합니다.

cleaver(식칼)로 고기를 cleave하다

★ **cleaver**는 고기 등을 자르는 큰 식칼을 말합니다. the butcher's정육점에 가면 이 무시무시한 cleaver를 볼 수 있습니다.
cleave가 동사로 쓰이면 **'쪼개다'**는 뜻이고 장작을 도끼로 쩍!하고 나누는 모습을 떠올리면 됩니다.
cleave는 또한 **'달라붙다'**라는 뜻이 있어서 **'쪼개다'**와는 반대되는 동작을 나타내기도 합니다.
이때는 clay진흙와 관련된 별도의 어근에서 나온 뜻입니다.

cleave [klɪːv 클리이브] v. 쪼개다, 달라붙다

| **cleave** | v. 쪼개다 | PIE어근 *gleubh- (cut자르다) | 관련어 : glyph(상형문자) |
| | v. 달라붙다 | PIE어근 *gloi- (stick달라붙다) | 관련어 : clay(진흙) |

칼로 무엇인가를 자르는 방법은 cut(보통)자르다, chop잘게 썰다, slice얇게 자르다, trim(끝을) 다듬다, slash(크게) 베다, dice(깍두기모양으로) 썰다 등 다양한 종류가 있습니다.

chop [tʃɑːp 챠압] v. 잘게 썰다　∞ Renockton 참고
trim [trɪm 트림] v. 다듬다
dice [dɑɪs 다이스] n. 주사위　v. 깍둑썰기를 하다

cleaver가 폼 나게 쓰이는 영화

cleaver를 가장 폼 나게 사용한 영화는 Leonardo Dicaprio레오나르도 디카프리오 주연 [Gangs of New York 갱스 오브 뉴욕(2002)]일 것입니다. 디카프리오가 자신의 아버지를 죽인 두목 **'The Butcher도살자 Bill'** (Daniel Day-Lewis분)에게 복수하는 스토리입니다. 영화에서 루이스는 화려하게 cleaver식칼를 사용하는 인상적이고 잔인한, 그러나 마냥 미워할 수만은 없는 villain악당 역할을 잘 연기했습니다.

1840년대의 뉴욕은 아메리칸 드림을 위해 끊임없이 사람들이 이민을 오고 동시에 fraud사기, gambling도박, prostitution매춘, murder살인 등의 범죄가 끊이지 않는 약육강식이 슬럼가에 넘쳐났습니다.
그곳에서 벌어지는 터주 대감 갱과 아일랜드 이주민 갱 간의 대결이 볼만합니다. 미국 역사의 한 단면을 볼 수 있는 영화입니다.

Burning Agony
W - 타오르는 고통

| 문도 박사가 주변 적에게 마법 피해를 입히고 문도 박사에게 걸린 방해 효과의 지속 시간을 감소시킴.

□□□ **agony** [ǽgəni 애거니] n. (극도의) 고통

agony는 고통이 아~고민이야!

★ **agony**는 '**극도의 고통**'을 의미합니다. 그리스어인 agonia(시합에서 이기려고 분투하는 것)라는 단어에서 유래했습니다. 동사는 agonize이고 '**고뇌하다**'라는 뜻입니다.

　　agonize [ǽgənɑiz 애거나이즈] v. 고뇌하다

agony는 가벼운 고민은 아니고 온 정신과 육체를 사로잡는 극심한 고통을 말합니다.
비슷한 정도의 정신적 고통을 의미하는 단어라면 anguish 정도가 있겠습니다.

　　anguish [ǽŋgwiʃ 앵귀시] n. (극심한) 고뇌

가끔 어떤 영어단어는 모든 방법을 써도 외워지지 않아 agony에 빠지게 할 때가 있습니다. 다행히 agony는 단어에 '**go=고(苦)**'발음이 들어있어서 연상으로 쉽게 외울 수 있습니다. "아! 고민이야" → "**아!고(미)니야**"→ agony의 발음을 기억하면 됩니다.
동시에 유의어 anguish고뇌를 외울 때도 '**앵~앵~거리는 귀찮은 모기 때문에 잠을 못자는 극심한 고뇌**'를 생각하면 되겠습니다.

Masochism

E - 피학증

□□□ **masochism** [mǽsəkɪzəm 매저키즘] n. 피학대 성욕도착증

masochism은 매를 맞으며 쾌감을 느끼는 정신질환

★ **masochism**은 피학대 성욕도착증을 말합니다.
masochism에서 Masoch마조흐는 오스트리아 소설가의 이름입니다. 마조흐가 쓴 소설의 한 인물은
전형적인 피학증을 가지고 있는 사람, 즉 masochist매저키스트로 묘사되어 있습니다.
이후 독일 정신의학자 Ebbing에빙이 피학증의 질환에 마조흐의 이름을 붙인 것입니다.

masochism마조히즘은 타인에게서 물리적이나 정신적 고통을 받으면서 오히려 성적 만족을 느끼는
정신질환의 한 종류입니다. "제발 저를 때려주세요! 매 줘! 매 줘!"라고 하며 매를 맞거나 심한 욕을
들을 때 쾌감을 느끼는 것입니다.
masochism을 기억할 때도 '매 줘!'라는 발음을 기억하면 편합니다. 거꾸로 sadism사디즘은 타인을
괴롭히며 성적만족을 얻습니다. 둘 모두 변태성욕의 일종이지만 일상 인간관계에서도 어느 정도의
경향은 발견할 수 있어서 자주 사용되는 단어입니다.

Sadism

R - 가학증

□□□ **sadism** [séɪdɪzəm 세이디즘] n. 가학증

sadism은 싸대기를 때리며 나를 sad(슬프게) 만드는 나쁜 사람

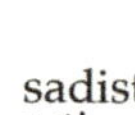

★ **sadism**은 가학증을 뜻합니다.
sadism의 Sade사드는 프랑스의 소설가 Marquis de Sade의 이름입니다.
사드의 작품들은 충격적인 변태 성욕과 다양한 인간상을 그리고 있습니다.
'청소년 유해간행물'인 [소돔의 120일]이 그의 대표적 작품인데 독자의 속을 느글느글 불편하게 만들고
오글거리는 인간의 본성을 직시하게 만드는 소설입니다.
나중 성숙한 정신을 갖추었을 때 꼭 읽어보시길 권합니다. 마조히즘처럼 새디즘도 독일 정신의학자
Ebbing에빙이 가학증 명칭에 이 소설가 Sade의 이름을 붙여서 불멸의 질환명이 되었습니다.
sadist사디스트는 주변 사람을 괴롭히면서 쾌락을 얻기 때문에 내가 masochist매저키스트가 아니라면
정말 같이 있기 힘든 사람입니다. 성적인 성향 외에도 일반적인 사회생활에서 남에게 고통을 많이 주는
사람을 사디스트 성향이 있다고 말하기도 합니다.

Dr. Mundo

★★★★★ adrenalin(e) - The finish line was in sight, and a rush of adrenaline kicked in.
결승선이 눈에 들어왔고, 아드레날린의 격렬한 분비가 효과를 내기 시작했다.

★★★★★ kidney - His kidney has been transplanted from a monkey.
그의 신장은 원숭이에게서 (장기) 이식받았다.

★★★★★ renal - His renal failure was stopped by the first surgeon in Korea.
그의 신부전(질환)은 한국의 최고의 외과의사에 의해 멈췄다.

★★★☆☆ infected - The zombie infected his family, and he was left with a decision.
좀비가 그의 가족을 감염시켰고 그는 마음을 정하는 일만 남게 되었다.

★★★☆☆ cleaver - She began to chop at the monster's tongue with gentle strokes of cleaver.
그녀는 괴물의 혀를 큰 식칼(중식도)로 부드럽게 두드리며 잘게 썰었다.

★★★☆☆ affect - factors that affect history 역사에 영향을 미친 요소들

★★★☆☆ defect - Tired of eating humans, the zombie defected to our side.
인간을 먹는 것에 싫증나서 그 좀비는 우리 쪽에 합류했다.

★☆☆☆☆ effect - side effects 부작용

★☆☆☆☆ perfect - Our team was perfect after 10 games.
(10-0) 우리 팀은 게임 열 판을 계속 이겼다.

★★★☆☆ contaminate - The land was contaminated by 1 billion fire ants that ate a toxic substance.
그 땅은 독성물질을 먹은 불개미 10억 마리로 오염되었다.

★★★☆☆ cleave - The ranger cleaved the tree in two with an axe. 그 레인저는 도끼로 나무를 둘로 쪼갰다.

★★☆☆☆ chop - He was chopped down to size by the competition. 그는 그 경쟁으로 콧대가 꺾였다.

★★★☆☆ trim - Just a trim please, the party is tonight. 그냥 다듬어만 주세요. 파티가 오늘밤이거든요.

★★★☆☆ dice - Dice the strawberries, and put them on the victory cake.
딸기를 깍두기 모양으로 썰어서 그 우승 케이크 위에 올려놓아라.

★★★☆☆ agony - She fell asleep in an agony. 그녀는 고통 속에서 잠이 들었다.

★★★★☆ agonize - I agonized over the decision to join a team or play solo.
나는 팀에 들어갈지 아니면 솔로로 게임할 지 결정을 두고 (괴로이) 고민하였다.

★★★★☆ anguish - The veteran war journalist lived in anguish every day.
그 베테랑 전쟁기자는 날마다 고통에 빠져 살았다.

★★★★★ masochism - a tendency towards masochism 피학증 경향

★★★☆☆ sadism - The government tried to control AI robot's sadism tendencies at the secret base.
정부는 비밀기지에서 인공지능 로봇의 가학적인 경향을 제어하려 시도했다.

Draven, the Glorious Executioner
드레이븐 - 화려한 처형자

P   **League of Draven**   드레이븐의 리그

Q   **Spinning Axe**   회전 도끼

W   **Blood Rush**   광기의 피

E   **Stand aside**   비켜서라

R   **Whirling Death**   죽음의 소용돌이

P   **League of Draven**
passive - 드레이븐의 리그

드레이븐이 회전 도끼를 잡거나 미니언 또는 몬스터를 처치, 포탑을 파괴할 때마다 팬들의 환호 중첩. 적 챔피언을 처치하면 50골드를 추가로 획득.

□□□ **league** [liːg 리이그] n. 리그

league는 ligament(인대)처럼 묶여있는 조합들

★ league는 구성원이 모인 그룹인 '**리그**'라는 뜻입니다. 원래 '**묶다(bind)**'라는 뜻의 라틴어 legare 에서 나온 단어입니다.
league는 원래 나라끼리 동맹을 맺어서 묶였을 때를 말하는 것이었으나 현대에는 정치적으로 정당끼리 모이거나 같은 게임을 하는 팀들이 모였을 때를 말하는 단어가 되었습니다.
축구의 영국의 프리미어리그나 메이저리그 등에서 볼 수 있는 단어입니다.

league의 어원인 라틴어 legare는 '**인대**'를 뜻하는 ligament나 '**의무를 지우다**'라는 뜻의 oblige에서 볼 수 있고 뭔가를 묶는(bind) 개념을 가지게 합니다.
즉, ligament인대는 뼈와 뼈를 이어주는(bind) 역할을 하는 몸속의 섬유 조직을 말하고, oblige는 ob(to 향하여) + legare(bind묶다)의 조합이어서 어떤 의무에 매여있는(bind) 모습을 표현합니다. oblige는 가진자의 숭고한 의무를 나타내는 '**노블리스 오블리제(noblesse oblige)**'라는 프랑스어에서 자주 볼 수 있는 단어입니다.

ligament [lígəmənt 리거먼ㅌ] n. 인대
oblige [əbláidʒ 어블라이지] v. 의무를 지우다

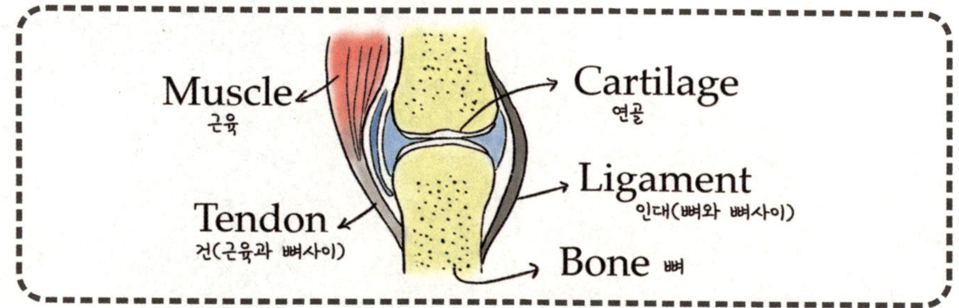

league의 수준이 국가 수준의 연합을 뜻했을 경우 비슷한 단어로는 coalition, alliance, federation이 있습니다.

coalition [koʊəlíʃn 코우얼**리**션] n. 연정, 연립정부
alliance [əláɪəns 얼**라**이언스] n. 동맹
federation [fédəreɪʃn ㅎ**페**더레이션] n. 연방국가

* coalition은 연립정부라는 뜻입니다. '**응집하다**'는 뜻인 coalesce에서 나온 단어입니다.
이는 co(함께) + alescere(grow up자라다)의 조합의 라틴어인 coalescere에서 나온 단어입니다. 먼저 연립정부가 성립되고 난후 '**함께 발전하는**' 모습을 어원이 표현하고 있습니다.
어근인 alescere는 adolescent성인이나 그 과거분사형에서 나온 adult어른에서 모습을 볼 수 있습니다.
coalition을 암기할 때는 재미있게 한글 발음을 이용하여 '**코흘리**개들의 **연립정부**'를 생각하면 됩니다.

* **alliance**는 동맹을 뜻합니다. 동맹국을 말하는 ally에서 나온 단어이고 온라인게임 [WOW]나 [히오스] 등에서 나오는 대사 "얼라이언스를 위하여!"로 익숙할 것입니다.
alliance를 외울 때는 '**얼라들의 동맹**'을 생각하면 됩니다.

* **federation**은 연방국가를 말합니다. faith믿음과 같은 어원에서 나온 단어입니다.
연방국가란 이렇게 합의와 믿음에 의한 연합(union)을 뜻하는데 federation 단어의 발음의 느낌으로는 feather깃털를 연상시킵니다.
federation을 외울 때는 이렇게 국가끼리의 연합을 feather깃털를 떠올리며 '**유유상종**'으로 단어의 이미지를 만들면 됩니다.

Same feathers flock together. 같은 깃털을 가진 새는 같이 모인다. (유유상종)

 **Spinning Axe**

Q - 회전 도끼

드레이븐의 다음 공격이 추가 물리 피해. 드레이븐의 도끼가 대상에게 맞고 튕겨 나가 공중으로 높이 뜸. 공중에 뜬 도끼를 드레이븐 이 잡으면 자동으로 회전 도끼를 다시 사용가능. 드레이븐은 한 번에 도끼 두 개를 사용 가능.

□□□ **spinning** [spíniŋ **스피**닝] n .방적, 회전   ∞ Tryndamere 참고

□□□ **axe** [æks 액스] n. 도끼

 **Pickaxe는 마인크래프트의 곡괭이**

★ axe는 도끼입니다. [Minecraft마인크래프트]를 했던 게이머는 그냥 axe보다는 pickaxe가 더 눈에 익을 것입니다. 콕 찍는(pick) 도끼라는 뜻의 pickaxe곡괭이는 pointed end뾰쪽한 끝과 blunted end둔한 끝을 함께 가진 경우도 있고 양쪽 다 pointed end뾰쪽한 끝를 가진 것이 있습니다.

pickaxe [píkæks **픽**액스] n. 곡괭이

[Minecraft마인크래프트]에서 pickaxe곡괭이를 하나 들고 자신만의 세상을 만들어 나가는 유저들은 자유도 높은 세상을 경험하게 됩니다. 여기서 [마인크래프트]는 mine(광석을 캐다) + craft(작업)의 조합입니다. 화려하지 않아도 유저의 imagination상상력을 자극하는 명작게임입니다.

 **Blood Rush**

W- 광기의 피

드레이븐의 이동 속도가 1.5초 동안 증가하며 공격 속도가 3초 동안 증가. 추가 이동 속도 증가분은 시간이 지날수록 급격하게 감소. 드레이븐이 공중에 뜬 회전 도끼를 잡으면 광기의 피 재사용 대기시간이 초기화.

□□□ **rush** [rʌʃ 러쉬] n. 서두르다   ∞ Rek' Sai 참고

execute은 목을 자르라는 명령을 집행하는 것

★ 처형으로 〈광기의 피〉를 흩날리는 챔피언 드레이븐의 별명은 〈the Glorious Executioner화려한 처형자〉입니다. 여기서는 execute에 대해서 보겠습니다.

> **execute** [éksɪkjuːt 엑시큐우트] v. 처형하다, 집행하다　　∞ Lucian 참고
> → **execution** [eksɪkjúːʃn 엑시큐우션] n. 처형, 집행
> → **executive** [ɪgzékjətɪv 이그제큐어티브] n. (조직의) 간부　a. 실행의, 집행의

여기서 execution은 처형을 말하는데 보통 참수형(decapitation)을 뜻합니다.
execute는 '**처형하다**'라는 이미지의 강렬함 때문에 '**집행하다**'라는 뜻을 잘 생각하지 않게 되는데 동사의 어원은 원래 '**집행하다**'가 기본입니다.
즉 동사 어원인 라틴어 excutare는 ex(out) + sequi(follow)의 조합으로서 판사가 선언한 판결을 밖으로 나가서 '**실행하다**'라는 것이었습니다.
그리고 그 대부분의 실행은 목을 자르는 참수형이었습니다. 그래서 동사에서 명사형이 두 가지가 발달했는데 처형의 뜻은 execution, 집행자의 뜻(간부)은 executive가 되었습니다.

| execute | v. 처형하다 | → execution n. 처형 |
| | v. 집행하다 | → executive n. (조직의) 간부 |

이 집행의 뜻은 기업의 회장님을 뜻하는 CEO(최고경영자)의 단어에서 볼 수 있습니다. CEO는 Chief Executive Officer의 준말로서 회사 일의 '**집행**'을 하는 대표라는 뜻입니다.
물론 회사의 대량해고 때는 회장님이 직원의 목을 자를 수도 있으니 재미삼아 어원대로 '**최고처형자**'라고 부를 수도 있겠습니다.
execute에 사용된 라틴어 sequi(follow) 어근은 sequel속편, consequence결과 등의 단어나 prosecute 기소하다, persecute박해하다 등의 단어에서도 볼 수 있습니다.　　∞ Lucian, Gangplank, Galio 참고

execute를 기억할 때는 프랑스 혁명 때 무시무시하게 '**도끼로(axe) 귀여운(cute) 왕자를 처형하는**' 모습을 떠올리면 됩니다.

Stand aside
E- 비켜서라

드레이븐이 도끼를 던져 물리 피해를 입히고 도끼에 맞은 적들을 옆으로 밀어냄.
타격을 받은 대상은 2초 동안 이동 속도가 감소.

□□□ **aside** [əsáɪd 어**사**이드] ad. 한쪽으로, 비켜서

Whirling Death
R – 죽음의 소용돌이

드레이븐이 두 개의 거대한 도끼를 던져 맞은 적 각각에게 물리 피해. 죽음의
소용돌이는 적 챔피언을 하나 맞힌 다음 서서히 방향을 바꿔 드레이븐에게 돌아옴.
유닛 하나를 관통할 때마다 피해량이 줄어들고 되돌아올 때는 피해량이 최대로
회복.

□□□ **whirl** [w3ːrl 워얼] v. 빙글빙글 돌다 n. 선회

whirl은 빙글빙글 도는 물레의 wheel에서 나온 단어

★ whirl은 소용돌이처럼 무언가가 빙빙 도는 것을 말합니다. 원래는 물레의 wheel바퀴가 빙빙 도는
것을 말했습니다.
인류가 spinning wheel물레를 발명하고 나서부터는 의식주 중 의(衣)의 어려움이 크게 해소되었고
회전운동에 대한 과학적인 이해가 높아졌습니다.

지금은 비록 보기 힘들어진 물레지만 관련된 부품이나 회전운동에서 나온 단어들은 많이 사용되고
있습니다. 특히 물레로 막대기에 실을 감아가다 보면 만들어지는 spindle방추의 모습에서 단어들이
여럿 나왔습니다.

예를 들면 실을 감으면서 빙빙 도는 모습에서 나온 '**돌다**' 뜻의 spin에서는 spindle방추이 나왔고 그
외에 spinoff, spinner, spinster, spider도 뜻이 이어졌습니다. 또한 '**실을 길게 잡아당기다**'라는
뜻에서 span이란 단어가 나왔습니다. ∞ Tryndamere 참고

spin	spindle n. 방추	spin에 '도구'를 나타내는 접미사 -le가 붙은 것 ex) handle
	spinoff n. 다른 이야기	'spin + off' 돌다가 떨어져 나가는 것, ex) 기업분할이나 영화의 spinoff(다른 이야기)
	spinner n. 방적공	-er 스핀을 돌리는 사람
	spinster n. 노처녀	시집가지 않고 물레만 돌리는 -ster여성
	spider n. 거미	
	span n. 폭	실을 잡고 양팔을 벌려서 늘인 실의 폭

참고로 물레와 관련하여 spindle을 뜻하는 라틴어 fuse에서는 fuse퓨즈, fuselage동체 등의 단어가 나왔습니다.

fuse(spindle) → fuse : 퓨즈 (옛날 화약통이 spindle 모양으로 생겨서 나온 단어)
　　　　　　 → fuselage : 동체 (방추형으로 생긴 비행기의 모습에서 유래)

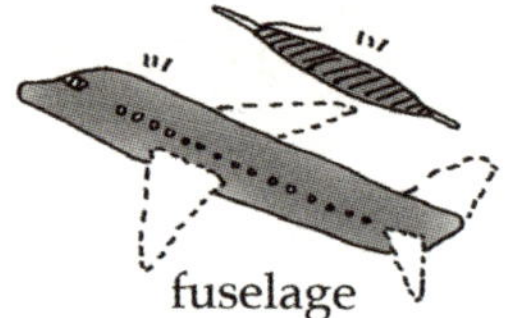

Draven

★☆☆☆☆ **league** - She's out of my league. 그녀는 내 능력 밖이다.

★★★★☆ **ligament** - He pulled a ligament running away from a giant robot.
그는 거대한 로봇에게서 달아나면서 인대가 늘어났다.

★★★☆☆ **oblige** - Rich people are not obliged to give their money to the poor.
부자는 가난한 사람에게 자신의 돈을 줘야 하는 의무는 없다.

★★★☆☆ **coalition** - The coalition decided to join the fight against the aliens who landed upon their shores.
그 연립정부는 그들의 해안에 상륙한 외계인에 대항한 전투에 참여하기로 결정하였다.

★★★☆☆ **alliance** - a founding member of the alliance 그 동맹의 창립멤버

★★★☆☆ **federation** - the American Federation of Labor 미국노동총동맹(AFL)

★★★☆☆ **spinning** - The poor dancer in red shoes was spinning for 10 hours without stopping.
빨간 구두를 신은 그 불쌍한 무용수는 멈추지 않고 10시간동안 빙글빙글 돌고 있었다.

★☆☆☆☆ **axe** - He dropped an axe into the pond intentionally.
그는 의도적으로 연못에 도끼를 빠뜨렸다.

★★★☆☆ **pickaxe** - He used a pickaxe in his search for gold near the abandoned mine.
그는 폐광 근처에서 황금을 찾는 데에 곡괭이를 사용했다.

★☆☆☆☆ **rush** - The new champ of the world rushed to give his teammate a high five.
그 새로운 세계챔피언은 (그의) 팀 동료와 하이파이브를 하려고 달려갔다.

★★★☆☆ **execute** - The will must be properly executed and witnessed according to law.
유언은 법에 따라서 적절하게 집행되고 증언되어야 한다.

★★★☆☆ **execution** - The soldier failed in the execution of his duty.
그 병사는 자신의 의무를 행하는데 실패했다.

★★★☆☆ **executive** - executive branch 행정부

★★★☆☆ **aside** - She put her teddy bear aside, and picked up a nuclear bomb.
그녀는 그녀의 곰돌이 인형을 옆에 내려놓고 핵폭탄을 집어 들었다.

★★★☆☆ **whirl** - Old people want to avoid a social whirl.
나이 먹은 사람들은 사회적 혼란을 피하기 원한다.

Ekko.
The Boy Who Shattered the Time
에코 - 시간을 달리는 소년

P	Z-Drive Resonance	Z-드라이브 공진
Q	Timewinder	시간의 톱니바퀴
W	Parallel Convergence	평행 시간 교차
E	Phase Dive	시간 도약
R	Chronobreak	시공간 붕괴

P ## Z-Drive Resonance
passive - Z-드라이브 공진

에코가 적에게 스킬 또는 기본공격을 가하면 스택이 쌓임. 같은 대상에 대한 매 세 번째 기본 공격 및 스킬 공격마다 추가 데미지와 함께 적을 2초 동안 40% 이속을 늦춤. (같은 대상에게는 3초에 한 번)

□□□ **resonance** [rézənəns 레저넌스] n. 울림, 공명, 공진　∞ Orianna 참고

resonance(공진)은 re(다시) sona(소리)가 나는 것

★ resonance는 공진(共振)이라는 뜻입니다.
resonance는 라틴어인 resonare에서 나온 단어로서 re(다시) + sonare(sound)의 조합입니다. 즉 소리가 반복되어 echo메아리치는 것을 나타내는 어원입니다.

공진현상의 가장 좋은 예는 말굽 쇠 실험에서 볼 수 있습니다. U자형의 말굽쇠 두 개를 일렬로 세운 뒤에 한 말굽에 타격을 주어 진동을 일으키면 약간 떨어져있는 말굽도 같은 진동을 하게 됩니다. 고유의 진동수를 가진 두 물체가 공기를 매질로 하여 같은 반응을 보이는 것입니다.

이러한 resonance공진는 주로 physics물리학에서 쓰는 과학용어여서 일상 대화에서 자주 쓰이지는 않습니다.
그러나 단어 안의 sono-는 '소리'를 나타내는 어근이고 어군탐지기 sonar소나 등의 단어에서 많이 볼 수 있는 것이어서 중요합니다.

이 공진이라는 단어는 '**반응이 차차 amplify증폭되는 것**'이므로 어떤 사건이나 현상이 발생한 후 사회적으로 거기에서 생긴 감정과 파문이 점점 크게 전파되는 모습의 묘사에도 쓸 수 있습니다.

비슷하게 '**어떤 문제가 사회적 반향(反響)을 일으켰다**'의 표현이라면 resound도 적절합니다.
resonance공진의 어원 자체가 echo메아리의 뜻인 resound반향에서 나왔으므로 공진과 반향은 한 형제라고 할 수 있겠습니다.

resound [rɪzáʊnd 리**자운**ㄷ] v. (소리가) 울려 퍼지다　∞ Lee Sin 참고

> The topic of the destruction of Palmyra temples has a new resonance now.
> 팔미라에서 일어난 신전파괴는 이제 새로운 공명을 일으켰다.

또한 종합병원에서 신체내부 이미지를 얻기 위한 기계인 MRI에도 resonance 단어가 들어갑니다. 이 때의 MRI는 '**Magnetic Resonance Imaging**'의 약자인데 고주파에 의해 신체의 수소원자핵에 공명을 일으켜서 조직의 진동수에 따라 구별되는 이미지를 만들게 됩니다.

공진으로 다리를 무너뜨리는 병사들의 행군

　모든 물체는 고유의 frequency진동수를 가지고 있습니다. 만일 그 진동수와 같은 frequency진동수의 힘이 추가로 가해지면 amplitude진폭이 커지며 에너지가 증가되는 현상을 발생하는데 이를 공진이라고 부릅니다. 공진을 한문으로 풀어보면 소리나 에너지의 진동이 '**함께(共) 울려서(振) 겹친다**'의 뜻입니다.

　이러한 공진의 예는 병사들이 무너뜨린 다리가 되겠습니다. 행군하는 병사들이 다리를 건널 때 발맞추어 걷게 되면 특유의 '**쿵쿵**'하는 규칙적인 oscillation진동이 발생하게 됩니다. 그런데 우연히도 발걸음의 진동수가 다리의 고유진동수와 일치하게 되면 거대한 다리가 점점 더 크게 진동하다가 결국 무너지는 일이 발생합니다. 실제로 1860년 4월 15일 프랑스의 Angers Bridge앵거다리가 이렇게 붕괴돼서 병사들 478명 중 229명이 사망한 사고가 있었습니다.

frequency [frí:kwənsɪ ㅎ**프리퀀**시] n. 빈도, 진동수　∞ Xerath 참고
amplitude [ǽmplɪtuːd 엠**플리튜**으드] n. 진폭　∞ Xerath 참고
oscillation [ɑ:sɪléɪʃn 아아실**레이**션] n. 진동　∞ Xerath 참고

Timewinder
Q – 시간의 톱니바퀴

에코가 장치를 던져 관통하는 적들에게 마법 피해. 장치는 처음 맞힌 챔피언에게서 펼쳐져 둔화 역장을 만들며 안에 있는 모두를 느리게 만듦. 그리고 잠시 후 에코에게 돌아오면서 경로 상에 있는 모든 대상에게 마법 피해.

시간을 shatter(산산조각내서) scatter(흩뿌리기)

★ nickname닉네임 〈The boy who shattered the time시간을 달리는 소년〉의 챔피언 에코는 Q 스킬로 역장을 만듭니다.
여기서 shatter는 '산산조각 내다'의 뜻이고 어원학자들은 단어 scatter흩뿌리다가 변형되어 생성된 것으로 생각하고 있습니다.
에코는 시간을 산산조각 낸 다음에 그 진행속도를 맘대로 조종하는 챔피언인 셈입니다. 이를 위해 에코는 Q스킬 〈Timewinder〉를 사용합니다. 태엽식 시계에 밥을 주는 장치나 필름식 사진기에서 필름을 감는 장치를 winder라고 하는데 에코는 시간자체를 wind해버리는 스킬을 가지고 있는 셈입니다.
〈Timewinder〉는 LOL에서 만든 단어이고 일상에서 그 기계는 아직 발명되지 않았습니다.

shatter [ʃǽtə(r) **슈애터**] v. 산산조각 내다　　∞ Syndra 참고
scatter [skǽtə(r) **스캐터**] v. 흩뿌리다

Parallel Convergence
W – 평행 시간 교차

(기본 지속) : 에코의 기본 공격이 체력이 30% 미만인 적에게 추가 마법 피해.
(액티브) : 3초간 지연된 후 에코가 대상 위치에 잠깐 유지되는 시간의 구체를 만들어 여기에 들어오는 적의 속도를 40% 둔화. 에코가 이 구체 안에 들어가면 구체가 폭발하며 2초 동안 피해를 흡수하는 보호막이 생김. 구체안에 있는 적들은 2.25초 동안 기절

□□□ **parallel** [pǽrəlel **패럴렐**] a. 평행한　　∞ Graves 참고
□□□ **convergence** [kənvə́rdʒəns(ɪ) **컨버젼스**] n. 한 점으로 수렴함, 집합점　　∞ Ashe 참고

parallel은 para(옆에) allos(누군가) 서있는 것

★ parallel은 '평행한'이라는 뜻인데 para(beside옆의)+ allos(other다른)의 조합인 그리스어에서 나왔습니다. 즉 'beside one another바로 옆에 있는'의 의미입니다. ∞ Nocturn 참고

para는 처음에 '옆에 있다'라는 뜻에서 시작하였지만 이후 '옆에 있지만(비슷하지만) 가짜다'라는 뜻이나 '더 위에 있다, 초월했다'라는 뜻까지 생겼습니다.
para가 들어간 단어들은 이러한 3가지 뜻(옆, 가짜, 위) 중 어디에서 기원한 것인지 추측하는 재미가 있습니다.

para-	옆에 있다	parallel평행한, parasite기생충
	옆에 있지만 가짜다	paradox패러독스, paranoia편집증
	위에 있다, 초월했다	paramount최고의, paradise, parachute낙하산, parasol양산

parallel에 관하여 아마도 요즘에 영화에서 자주 주제가 되는 Parallel universe theory평행우주이론을 들어보셨을 겁니다.
'우리 우주와 똑같은 우주가 어딘가에 존재할 것'이라는 이 이론은 4가지 레벨로 정리되고 있습니다. 제법 어려운 이론이지만 간략히 보고 사용된 단어를 보겠습니다.

1레벨. 우리 눈에 보이는 우주가 끝나는 지점에 존재하는 우주
    Bigbang빅뱅 이후로 우주가 infinitely무한히 크게 팽창하고 있다고 가정해보면 원자의 숫자는 정해져 있는데 원자를 이용한 반복과 경우의 수는 한계가 있다는 사실이 문제가 됩니다.
    즉 경우의 수가 결국 **'무한'**보다 작다면 결국은 무한에 가까운 어디엔가 나와 같은 우주는 반드시 존재하게 된다는 이론이 성립합니다.

2레벨. 다른 physical constants물리상수를 가진 우주
    Chaotic inflation theory혼돈팽창이론에서 나온 개념인데 구운 빵에 생긴 여기저기의 bubble거품처럼 우주에도 여기저기 완성되거나 완성되지 못한 우주가 존재한다는 이론입니다. 우리 우주는 그중의 한 bubble거품에 불과할 뿐입니다. 이때 다른 우주는 각각 다른 물리상수가 적용됩니다. 우리 우주에 암흑에너지가 불균형한 이유가 간단히 설명되는 이론입니다.

3레벨. quantum theory양자역학의 해석에 따른 다중우주
    빛은 particle입자이면서 wave파동의 성질을 가지고 있음이 밝혀졌는데 파동은 끊임없는 이동의

현상이지 뭔가가 고정되는 현상이 아닙니다. 철학적으로 이는 입자가 두 곳에 동시에 있을 수도 있다는 이야기입니다. 동시에 두 곳에 존재하는 무언가가 있을 수도 있음을 완전히 부정할 수 없다면 평행우주도 쉽게 부정하기가 힘들어집니다.

4레벨. 무한한 우주 중에 수학적으로 매번 '**해석**'이 달라지며 존재하는 우주
  : 우주는 컴퓨터 시뮬레이션과 같으며 무한한 다른 곳에 수학적 계산이 묘사할 수 있는 우주가 어딘가에 실재한다는 이론입니다.

quantum [kwɑ́ːntəm **콰안**텀] n. 양자
constant [kɑ́ːnstənt **카안**스턴트] a. 끊임없는 n. 상수   con(함께) + stare(stand서있다)
inflation [ɪnfléɪʃn 인플**레이**션] n. 팽창, 인플레이션   in(안으로) + flare(blow불다)

이제 쉬운 관객은 없다 Interstellar

　요즘 영화계에서는 관객들의 물리학적 지식이 높아져서 '**타임머신과 우주여행류**' 영화는 엄정한 과학이론적 비평을 통과해야합니다. 영화 [Interstellar인터스텔라(2014)]에서도 제작자들은 우주에 대한 해석의 이론적 근거에 엄청난 노력을 들였습니다.
　[Interstellar]는 theoretical physicist이론 물리학자 Kip Steven Thorn킵 손이 실제 영화에 공동제작자로 참여하였고 astrophysicist천체물리학자들이 이론자문에 동참하여 만들어진 영화입니다. 그런 노력의 결과로 영화관객들에게 감동과 함께 웜 홀, 블랙홀, 상대성이론과 시간여행, 평행우주이론 등 여러 과학지식을 동시에 보여줄 수 있었습니다. 이는 엉터리 이론을 그냥 그대로 받아들이는 동심 가득한 관객이 점점 사라지고 있어서 생기는 현상일 것입니다.

interstellar [ɪntərstélə(r) 인터**스텔**라] a. 항성간의

Phase Dive
E – 시간 도약

에코가 지정한 방향으로 짧은 거리를 도약. 다음 번 공격은 추가 마법 피해를 입히고 대상 쪽으로 순간이동.

□□□ **phase** [feɪz ㅎ페이즈] n. 단계, 상

보스는 phase마다 스킬이 다르다

★ phase는 단계를 말합니다. 온라인 게임에서는 보스의 피가 일정 수준이 되면 스킬이 바뀌어서 게이머가 대응을 다르게 해야 하는 경우가 많습니다. 온라인게임 [WOW]가 대표적입니다. 예를 들면 보스가 1phase에는 불장판을 까는 스킬을 쓰고 2phase는 쫄들을 소환하다가 보스의 피가 20%가 되는 3phase가 되면 광분하고 돌진하는 식입니다.

[WOW], [Diablo] 게이머의 특징

1. 등교나 출근길에서도 보도 블럭이나 시멘트 색이 동그랗게 빨간색이면 절대 올라가지 않는다.
2. 친구나 애인과 말다툼할 때는 최후의 순간까지 '쿨 타임'을 계산해서 필살기(충격적인 말)를 아낀다.
3. 느낌표(!)가 있으면 가까이 다가가고 노란 물음표(?)가 있으면 행복해한다.
4. 뒤로 갈수록 시험 문제가 어려워져도 보스 '딸피' 페이즈라고 여기고 결코 멘붕하지 않는다.

R **Chronobreak**
R - 시공간 붕괴

에코가 무적 상태로 대상으로 지정할 수 없게 되며 4초 전으로 순간이동. 에코는 이 4초 동안 입었던 피해의 20% + 일부만큼 치유되며 착지하는 위치 근처(피해반경 375)의 모든 적에게 마법 피해.

chrono는 시간의 신 크로노스에서 나온 단어

★ chrono-는 '때'를 나타내는 단어입니다. 챔피언 에코의 R스킬인 [Chronobreak시공간붕괴]는 LOL 제작자가 시간과 공간이 붕괴된다는 의미로 조합한 단어입니다. chrono-는 그리스 신화의 시간의 신인 크로노스khronos에서 나온 단어입니다. chrono-가 어근으로 실제 사용되는 단어를 보면 chronology, chronicle, chronic, synchronize 등이 있습니다.

chronology [krənáːləd3ɪ 크러**나알**러지] n. 연대표
→ **chronicle** kráːnɪkl **크라아니클**] n. 연대기
chronic [kráːnɪk **크라아닉**] a. (병이) 만성의 ⇔ **acute** a. 급성의
synchronize [síŋkrənaɪz **싱**크러나이즈] v. 동시에 발생하다

* **chronology**란 연대표를 뜻합니다. 역사적 사건을 발생한 순서대로, 즉 chronological시간순서대로하게 기록한 것을 말합니다. chronology연대표를 책으로 편찬한 게 chronicle연대기입니다. 온라인게임의 스토리라인은 대부분 장대한

chronicle연대기로 짜집니다. 이 단어는 〈턴파 크로니클〉, 〈리니지 크로니클〉 등 스토리가 점점 장대해지는 출시가 오래된 게임에서 자주 볼 수 있습니다.

* chronic은 '만성의'라는 뜻입니다. 주로 질병이 만성적으로 서서히 발생할 때 사용하는 단어입니다.
예를 들어 한번 진단되면 평생 치료받아야하는 hypertension고혈압이나 diabetes당뇨 같은 병의 성격이 그렇습니다.
반대로 병이 어제와 오늘이 다를 정도로 급격하게 발생할 때는 acute급성의 단어를 사용합니다.
이때의 acute는 '날카롭다'는 뜻의 PIE어근인 *ak-에서 나온 단어로서 acrid매캐한 같은 단어에서 그 자취를 볼 수 있습니다.

* synchronize는 동시에 발생하다는 뜻입니다. syn(함께) + chrono(시간) + -ize(동사화접미사)의 조합으로서 두 가지 사건을 동시로 맞추다는 뜻입니다.
흔히 올림픽이 열릴 때 〈synchronized swimming싱크로나이즈드 쉬밍〉이란 종목에서 그 단어를 볼 수 있습니다. 예쁜 누나들 2명 이상이 코에 빨래집게(?)를 집고 똑같은 동작을 물속에서 연출하는 종목입니다.

시간의 신 크로노스($X\rho\acute{o}\nu o\varsigma$)와 제우스의 아버지 크로노스($K\rho\acute{o}\nu o\varsigma$)

그리스 신화의 시간의 신인 크로노스($X\rho\acute{o}\nu o\varsigma$)는 태초신들 중의 하나인네 단어 자체가 그리스어로 시간이란 뜻입니다. 바로 시간(chrono-)의 어원이 된 신입니다. 이 크로노스($X\rho\acute{o}\nu o\varsigma$)는 우리가 자주 들어서 알고 있는 제우스의 아버지인 티탄족 크로노스($K\rho\acute{o}\nu o\varsigma$)와는 다른 신입니다. 이 두 신은 족보를 따지면 삼촌과 조카의 관계입니다.

두 신이 한글로 번역되며 동명이인(동명이신)이 되어버린 이유는 그리스어 알파벳 X(chi카이) 발음이 한글에 없어서입니다. 독일어 /ch/처럼 'ㅋㅎ'로 발음되는 이 X(chi카이)는 한글에서는 그냥 'ㅋ'로 표기됩니다. 사실 제대로 발음하면 삼촌은 시간의 신 [크(흐)로노스]이고 조카는 제우스의 아버지 [크로노스]입니다.

그리스 신화의 세대를 구분해보면 할아버지, 아들, 손자의 3세대로 나누어 볼 수 있습니다. 먼저 할아버지격인 1세대 태초신은 가이아(대지), 가이아가 낳은 우라노스(하늘), 우레아(산), 폰토스(바다), 타르타로스(지하세계), 크로노스($X\rho\acute{o}\nu o\varsigma$ 시간) 등 의인화된 자연을 나타내는 신들을 말합니다.
그 다음이 아들격인 2세대 신인데 가이아가 우라노스와 결혼해 낳은 12명의 Titan티탄과 세 명의 Cyclops 키클로프스(눈 하나인 거인), 세 명의 헤카톤케이레스(50개의 머리와 100개의 팔을 가진 거인)입니다. 이 티탄 중의 하나가 아버지 우라노스의 성기를 잘라버리고 권력을 차지한 크로노스($K\rho\acute{o}\nu o\varsigma$)입니다.
그리고 손자격인 3세대 신들은 크로노스($K\rho\acute{o}\nu o\varsigma$)의 자식인 제우스, 포세이돈, 헤라, 하데스 등입니다.

Ekko

★★★☆☆ resonance - The resonance from my phone in the bat cave could be felt and heard.
내 핸드폰에서 나오는 공명은 박쥐 동굴에서 느낄 수도 있었고 들을 수도 있었다.

★★★☆☆ resound - The cheers resounded through the school.
환호 소리가 학교에 울려 퍼졌다.

★★★☆☆ frequency - His invention can absorb different frequencies of sound.
그의 발명품은 서로 다른 음파를 흡수할 수 있다.

★★★☆☆ amplitude - the amplitude of beta rhythms (뇌의) 베타 리듬의 진폭

★★★☆☆ oscillation - the oscillations of pendulum 추의 진동

★★★★★ shatter - I shattered another League of Legends record.
나는 LOL의 기록을 또 하나 깼다.

★★★☆☆ scatter - A peasant scattered orange seeds on the ground hoping seedlings would grow.
한 농부가 묘목이 자라기를 바라며 오렌지 씨앗을 땅에 뿌렸다.

★★★☆☆ parallel - parallel universe theory 평행우주론

★★★☆☆ convergence - the convergence of media 미디어(대중매체)의 통합

★★★★★ quantum - randomness in quantum physics 양자물리학에서의 임의성

★★★☆☆ constant - Why is my brother constantly right? 왜 내 형이 항상 옳아?

★★★☆☆ inflation - I should buy this game now because inflation is high.
물가상승률이 높기 때문에 나는 이 게임을 지금 사야해.

★★★☆☆ interstellar - Our interstellar mission that has consumed most of our time and money
is the last hope of humanity.
우리의 시간과 자금 대부분을 사용해온 우리의 성간(星間)임무는 인류의 마지막 희망이다.

★★★☆☆ converge - We are going to converge at a central square.
우리는 중앙광장에서 모일 것이다.

★★★☆☆ phase - Phase one is complete, move on to phase two.
첫 번째 단계가 완료되었다. 두 번째 단계로 이동해라.

★★★☆☆ chronology - a chronology of Chosun Dynasty 조선왕조 연대표

★★★☆☆ chronic - Sounds crazy, I have a chronic shortage of game time.
이상하게 들리겠지만, 나는 게임할 시간이 만성적으로 부족하다.

★★★☆☆ synchronize - watches to synchronize movements
동작들을 일치시키기 위한 시계들

Elise, the Spider Queen

엘리스 - 거미 여왕

P	Spider Queen 거미 여왕		
Q	Neurotoxin 신경독	Venomous Bite 독이빨	
W	Volatile Spiderling 위험한 새끼거미	Skittering Frenzy 광란의 질주	
E	Cocoon 고치	Rappel 줄타기	
R	Spider Form 거미형태	Human Form 인간형태	

P Spider Queen
passive - 거미 여왕

인간 형태로 적에게 마법을 시전할 때마다 새끼 거미가 준비됨. 엘리스가 거미로 변신할 때 새끼 거미들을 소환해 그녀의 곁에서 같이 싸우도록 함. 새끼 거미들은 궁극기의 레벨이 증가할 때마다 대미지와 최대 소환수가 늘어남.

Q Neurotoxin / Venomous Bite
Q - 신경독 / 독이빨

엘리스가 단일 적에게 마법대미지 + 적의 현재 체력의 4%에 해당하는 추가 마법 대미지를 줌.
엘리스가 단일 적에게 돌진해 마법대미지 + 적의 잃은 체력의 8%에 해당하는 추가 마법대미지를 줌.

□□□ **neurotoxin** [nʊroʊtɑ́ːksɪn 뉴로우**타악**신] n. 신경독

□□□ **venomous** [vénəməs **베**너머스] a. 독이 있는

neuro(신경)toxin(독)은 마비독소이다

★ neurotoxin은 신경독을 말합니다. 신경독은 신경세포의 Na^+ -pump(나트륨펌프)에 작용하여 전기신호를 방해하거나 synapse시냅스에서 neurotransmitter신경전달물질을 차단하거나 과도하게 만들어 기능을 떨어뜨립니다.
여기서 synapse시냅스란 신경세포간의 간극을 말합니다.

가벼운 신경독의 이상증세는 손끝이나 입가가 조금 마비되는 것입니다.
하지만 심한 경우에는 호흡근을 마비시킬 수 있어서 neurotoxin은 여러 독소(부식독, 실질독,
혈액독, 발암독 등) 중에서도 아주 무서운 독소라 하겠습니다.
복어독, 사린가스, botulinum보툴리눔 등이 이 신경독에 해당합니다.

neurotoxin은 neuro-(신경의) + toxin(독소)의 조합으로 된 단어입니다.
이와 연관된 단어를 몇 개 확인해보겠습니다.

neurology [nʊrάːləd3ɪ 뉴**라**알러지] n. 신경학
neurotransmitter [nʊ́routrænzmɪtə(r) **뉴**로우트랜즈미터] n. 신경전달물질
toxic [tάːksɪk **타악**식] a. 독성의　∞ Teemo 참고
detoxify [dɪːtάːksɪfɑɪ 디이**타악**시ㅎ파이] v. 해독하다 → de(off) + toxin(독소) + -fy(시키다)

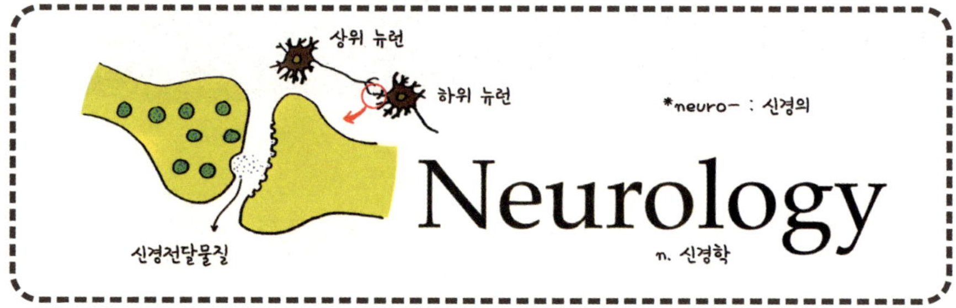

* **neurology**는 신경학을 말하는데 neuro-(신경의) + -logy(학문)의 조합이고 17세기에 만들어진 단어입니다.
neuro-어근은 PIE어근 *(s)neu-에서 나왔습니다. 이는 nerve신경의 어원이 되는 단어입니다. 해부학을 잘 모르던
중세까지는 이 *(s)neu- 어근은 힘줄이나 끈, 코드 등을 부르던 이름이었습니다.
나중 그 끈처럼 생긴 것이 신경(nerve)이었다는 사실이 밝혀졌고 이후 neuro-어근은 신경의 뜻으로 쓰이게 됩니다.

* **neurotransmitter**는 신경전달물질을 말합니다. 이는 앞쪽에 위치한 neuron뉴런에서 뒤쪽의 neuron뉴런으로
신호를 보낼 때 synapse시냅스를 통해 전달되는 물질을 뜻합니다.
단어에서 transmitter는 발신기나 전달자를 의미합니다. 이 transmitter는 다시 trans(across지나서) + mit(send
보내다) + -er(기구)의 조합으로 나눌 수 있습니다. 어근인 'mit'는 mission임무에서 나온 단어입니다.
이 mit(send)어근은 무척 자주 쓰이는 것입니다. admit인정하다, permit허락하다, emit내뿜다, submit제출하다, missile
미사일 등이 모두 뭔가를 내보내는 동작으로서 이 mit(send)어근을 사용한 단어들입니다.

transmit [trænsmít 트랜스**밋**] v. 전송하다

* **toxic**은 '독성의'라는 뜻입니다. toxic은 고맙게도 한글 발음이 '**독(毒)**'과 같아서 외우기가 좋습니다.

* **detoxify**는 '독을 해독하다'라는 뜻입니다. 이는 de(not) + toxic(독의) + -fy(化하다)의 조합입니다. detoxify의
반대말은 독에 빠져들게 하는 intoxicate취하게하다입니다.

intoxicate [ɪntάksɪkeɪt 인**탁**시케이트] v. (술, 마약, 독 등에) 취하게 하다

복어독(Globefish toxin)은 복어(blowfish)집 식당에서 맛을 볼 수 있는데 약간 중독성이 있습니다. 미량의 복어독으로 인해 입주변이 얼얼한 것을 오히려 즐기는 사람도 있습니다. 주로 복어의 내장에 독이 있어서 뛰어난 요리사는 살짝 내장의 독을 복어의 살에 묻힌다고 합니다. 하지만 제대로 훈련받은 요리사가 아니면 손님을 죽일 수도 있어서 가끔 복어독으로 죽은 사람들의 뉴스가 나오는 것을 볼 수 있습니다.

사린가스(Sarin gas)는 1995년 일본에서 옴진리교가 지하철에서 독가스를 살포하여 수천 명이 중독되고 12명이 죽은 사건으로 유명한 신경독입니다. 사린은 제2차 세계대전 중에 나찌가 개발한 화학가스로서 가스를 맡으면 수 분 내에 죽을 수 있습니다. 북한이 김정남을 암살할 때도 사용했던 독입니다.

보툴리눔(Botulinum)은 '보툴리눔 식중독'을 일으키는 독소인데 통조림이 발명된 뒤에야 인류에게 나타난 질병입니다. 통조림이나 소시지 등에서 자란 혐기성세균 보툴리누스균이 만드는 독소이기 때문입니다. 아주 강력한 독소라서 보툴리눔 1g이면 백만 명을 죽일 수 있을 정도입니다. 결국 통조림은 인류에게 음식물의 장기보관이라는 혜택을 주었지만 무서운 질병도 하나 가져다 준 셈입니다. 최근에 보툴리눔은 성형외과에서 보톡스(Botox)로 이용되어 얼굴의 주름을 펴는 약으로도 사용됩니다. '주름개선'이라는 통조림의 예상치 못한 또 다른 선물이라 하겠습니다.

원래 venom(독)과 love(사랑)은 한 자매였다

★ venomous는 '독이 있는'이란 뜻입니다. venom은 라틴어 venenum에서 나왔는데 이는 뱀이나 곤충 등이 가지고 있는 '동물의 독'을 말합니다.
그런데 venom의 어원을 더 거슬러 올라가보면 '사랑'이란 뜻의 PIE어근 *wen-에서 나온 것임을 알 수 있습니다. 사랑과 미의 여신 Venus비너스도 이 *wen-어근에서 나온 단어입니다.
즉 venom은 처음에는 love potion(사랑의 묘약)이란 뜻이었는데 시간이 지나면서 poison독약의 뜻만 남게 된 것입니다.
etymology어원의 역사마저 '사랑은 결국 독이 된다'고 말하고 있는 것 같습니다.
venom을 기억할 때는 한글 발음이 뱀과 비슷함을 이용해서 '뱀(이 독을) 놓음(놈)'으로 생각하고 venomous는 '뱀 (독이) 넘어왔어!'로 생각하면 됩니다.

venom [vénəm 베넘] n. 뱀 등의 독   ∞ Twitch 참고

Volatile Spiderling / Skittering Frenzy
W - 위험한 새끼거미/ 광란의 질주 | 엘리스가 새끼 거미를 적에게 보내고 적에게 닿거나 3초 후 터뜨려 광역마법 피해.
(패시브) : 새끼 거미들이 공격 속도 보너스.
(액티브) : 3초간 엘리스와 그 새끼 거미들의 공격 속도 증가.

□□□ **volatile** [vάːlətl 바알러틀] a. 변덕스러운, 휘발성의

□□□ **spiderling** [spáɪdə(r)lɪŋ 스파이더링] n. 새끼거미

□□□ **skitter** [skítə(r) 스키러] v. 잽싸게 달리다

□□□ **frenzy** [frénzɪ ㅎ프렌지] n. 광분　∞ Evelynn 참고

volatile(휘발성의) 가스를 발로 틀어보자

★ volatile은 '**휘발성의**' 또는 '**변덕스러운**'이라는 뜻입니다. '**날아가는(flying)**'의 뜻인 volant에서 나온 단어입니다. 휘발성이란 물질이 공기 중으로 증발해버리는 것을 말합니다.
알콜이나 휘발유, 벤젠이나 암모니아같은 화학물질을 생각하면 됩니다.
휘발성이란 liquid액체나 solid고체에서 gas기체로 성상이 스스로 변하는 것이므로 물질이 '**안정되지 못함**'을 의미했습니다. 이런 물리적인 성질을 말하던 volatile은 곧 사람의 성격이 '**변덕스럽다**'라는 뜻도 더해지게 되었습니다.
volatile을 암기할 때는 '**휘발성 가스밸브를 발로 틀었다**'라고 외우면 편합니다.

　　volant [vóulənt 보울런ㅌ] a. 나는(flying), 날 수 있는
　　nonvolatile [nánvalətl 난발러틀] a. 비휘발성의

-ling은 새끼를 말한다

★ spiderling은 새끼 거미를 나타내는데 spider 뒤에 '**작거나 중요하지 않은 것, 혹은 새끼**'를 나타내는 어미인 -ling이 붙어서 만들어진 단어입니다.
-ling이 붙은 다른 단어는 온라인 게임이나 fantasy판타지 소설에 자주 등장하는 드래곤의 새끼인 Dragon hatchling해츨링에서도 볼 수 있습니다. spiderling처럼 hatchling해츨링도 알을 까고 갓 '**부화하다**'는 hatch에 -ling이 붙은 것으로서 갓 부화한 새끼를 말합니다.

그 외에 dogling, pigling, catling 등도 모두 존재하는 단어들입니다. 물론 puppy강아지, piggy 새끼돼지, kitten새끼고양이 등 각자 새끼를 부르는 더 잘 쓰이는 단어가 있어서 자주 보기는 힘듭니다.

　　hatch [hætʃ 해치] v. 부화하다　n. 승강구, 해치

* hatch는 '**알을 부화하다**'는 뜻으로 사용되지만 명사로는 배나 비행기의 '**뚜껑처럼 열고 닫는 문**'을 말하기도 하는 단어입니다. hatch를 외울 때는 수탉이 암탉에게 말하는 모습을 연상하면 됩니다. "**내 알을 부화**시켜주면 **해치**진 않겠다.**"라고 수줍게 협박하는 이미지입니다.

★ skitter는 '**잽싸게 달려가다**'라는 의미입니다. 어원은 쏘다(shoot), 발사하다(launch)라는 뜻의 PIE어근인 *skeud-에서 나왔습니다.
shoot숏이나 shuttle셔틀과 같은 단어도 이 어원에서 나온 것들입니다.
skitter 단어의 연상되는 이미지로는 스키를 타고 눈 위를 휙 지나가는 skier스키어(스키 타는 사람)가 떠오릅니다. 날쌔게 말을 타고 지나가는 기마유목민족인 Scythian스키타이족도 떠오르고요.
그래서 외울 때는 그냥 어원과 관계없이 skitter는 '**ski 타는 사람이 잽싸게 지나가다**'로 기억하면 편합니다.

E Cocoon / Rappel
E - 고치 / 줄타기

엘리스가 거미줄을 발사해 대상을 기절시키며 시야를 확보하고, 은신을 감지. 적을 타겟으로 시전 시 그 적에게 모든 새끼 거미들과 함께 강하.

□□□ **cocoon** [kəkúːn 커쿠운] n. 고치
□□□ **rappel** [ræpél 래펠] n. 라펠

-oon은 어딘가 아주 편안한 장소

★ cocoon은 애벌레가 들어있는 '**고치**'를 말합니다. cocoon의 앞쪽 coc-는 그리스어 kokkos에서 나온 단어인데 이는 코코아나 코코넛처럼 '**씨앗**'을 의미하는 어근입니다.
그리고 cocoon의 뒤에 붙은 -oon은 라틴어 -onem에서 기원한 외래어 명사를 영어에 맞게 고친 어미입니다. 주로 움푹 패인 편안한 장소를 뜻하는 어미로 사용됩니다.
-oon은 lagoon석호이나 spittoon타구이라는 단어에서도 볼 수 있습니다.
여기서 lagoon석호이란 coral reef산호초에 의해서 호수처럼 변한 바다를 말하고 spittoon타구은 spit침을 뱉는 그릇을 말합니다.

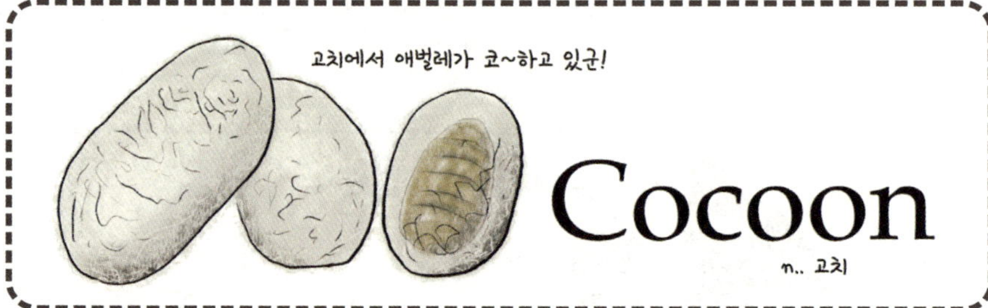

Cocoon
n.. 고치

★ rappel은 군대에 가서 유격훈련을 받거나 특공대나 들어가면 공짜로 타게 해주는 짜릿한 이중 자일을 이용한 하강방법을 말합니다.

Rappel
n. 라펠

rappel리펠은 맛줄을 이용하여 헬기에서 혹은 높은 곳에서 직접 적의 기지에 infiltration침투하는 공격방법을 말합니다. 그런데 원래 rappel라펠은 어원상 공격방법은 아니었고 군인들을 소환하면 재빨리 퇴각하는 모습과 연관되어 있었습니다. 우르르 도망쳐 내려오는 것이죠.
즉 rappel의 어근과 관련된 repeal이란 동사는 **'다시 소환하다, 폐지하다'**는 뜻이 있습니다.
여기에 사용된 어근 peal은 **'부르다(call)'**의 뜻으로서 우리가 시합 때 심판을 향하여 억울하다고 호소하는 appeal어필하다이라는 단어에서 볼 수 있습니다.

infiltration [ɪnfɪltréɪʃən 인ㅎ필트**레이**션] n. 침투, 잠입
repeal [rɪpíːl 리**피일**] v. (법률, 계약, 세금 등을) 폐지하다
appeal [əpíːl 어**피일**] v. 항소, 상고하다

* infiltration은 적진에 침투해 들어가는 것을 말합니다. in(안으로) + filter(필터) + -ation(명사형어미)의 조합인데 **'필터 안으로 들어가다'**는 뜻입니다. 여기서 필터는 적을 걸러내는 방어진일 수도 있고 화학이나 병리학에서는 물질이 침윤하지 못하게 막는 막(membrane)일 수도 있습니다.
infiltration을 기억할 때는 단어 안에서 **filter**필터를 찾아내어 뜻을 분해하면서 이해하면 편합니다.

* repeal은 **'계약이나 법률 등을 폐지하다'**라는 뜻입니다. re(다시) + peal(call부르다)의 조합이고 이미 작성되거나 반포된 법을 리콜하듯이 없애는 행위를 말합니다.
repeal과 비슷한 뜻의 단어로는 abolish폐지하다, invalidate무효화하다, revoke철회하다 등이 있습니다.

* **appeal**은 재판에서 **'항소, 상고하다'**라는 뜻이고 심판의 판정에 불만이 있을 때도 appeal어필을 사용합니다.
ap(ad향하여) + peal(call부르다)의 조합입니다.

Spider Form / Human Form
R - 거미형태/인간형태

(거미 형태) : 근접 공격 챔피언이 되고 스킬들이 변화.
현재 가진 새끼 거미 스택만큼 새끼 거미들을 소환.
엘리스와 새끼 거미는 일반 공격에 마법 피해가 추가.
거미 형태로 기본 공격을 할 때마다 엘리스의 체력이
조금씩 회복.
(인간 형태) : 원거리 공격 챔피언이 되고 스킬이 변화.
소환된 새끼 거미들은 모두 사라짐. 스킬을 명중시켜
새끼 거미 스택을 모을 수 있음.

Elise

★★★☆☆ neurotoxin - the neurotoxin produced by the algae 조류(藻類)에서 생산된 신경독

★★★☆☆ venomous - Hercules picked up a venomous snake thinking it was a toy.
헤라클레스는 독사를 장난감으로 생각하고 집어 들었다.

★★★☆☆ neurology - American Academy of Neurology 미국신경학회

★★★☆☆ neurotransmitter - a neurotransmitter released in our brain
우리 뇌에서 분비되는 신경전달물질

★★☆☆☆ toxic - The company had to clean up the toxic waste.
그 회사는 독성 폐기물을 깨끗이 처리해야 했다.

★★★☆☆ detoxify - An elf gave me a magic drink that helped me detoxify.
한 엘프가 내가 해독하는 것을 도와준 마법 음료를 내게 주었다.

★★★☆☆ transmit - The aliens transmitted their location, but it was a trap.
그 외계인들은 그들의 위치를 전송했으나 그것은 함정이었다.

★★★☆☆ intoxicate - He was intoxicated after a long night of drinking.
그는 밤새 술을 마시고 취했다.

★★★☆☆ venom - the venom to kill Cleopatra 클레오파트라를 죽일 독

★★★☆☆ volatile - By mixing what I had in my bag MacGyver made a volatile solution.
내 가방에 있던 것을 섞어서 맥가이버는 휘발성 용액을 만들었다.

★★★★★ skitter - Exotic birds were skittering through the air.
이국적인 새들이 하늘을 미끄러지듯 (잽싸게) 날아다녔다.

★★★☆☆ frenzy - The class was in a frenzy after the teacher played a horror movie for them.
선생님이 그들에게 공포영화를 틀어준 뒤에 교실은 열광상태였다.

★★★★★ volant - the speed of the volant insects 나는 곤충의 속도

★★★☆☆ nonvolatile - The chemist separated volatile components from nonvolatile compounds.
그 화학자는 휘발성 화합물에서 휘발성 성분을 분리했다.

★★★☆☆ hatch - Alice was surprised when a monkey hatched out of that black egg.
앨리스는 그 검은 알에서 원숭이가 부화되어서 나오자 깜짝 놀랐다.

★★★★★ cocoon - Strange as it may sound, my grandpa told me, I came out of a cocoon.
이상하게 들리겠지만, 우리 할아버지가 말해주셨는데, 나는 고치에서 나왔어.

★★★★★ rappel - Rescuers rappelled down a long steep cliff.
구조대원들이 길고 가파른 절벽을 라펠로 내려왔다.

★★★☆☆ infiltration - the improved water infiltration into the soil 향상된 물의 토양침투

★★★☆☆ repeal - We repealed the decision to allow amateurs on our team.
우리는 우리 팀에 아마추어들이 들어올 수 있도록 그 (못 들어오게 했던) 결정을 폐지했다.

★★★☆☆ appeal - I appealed to his sense of morality.
나는 그의 도덕성에 호소했다.

Evelynn, the Widowmaker

이블린 - 학살자

P	Shadow walk	그림자 걷기
Q	Hate Spike	증오의 가시
W	Dark Frenzy	어둠의 광기
E	Ravage	유린
R	Agony's Embrace	고통스런 포옹

Shadow walk
passive - 그림자 걷기

비 전투 중일 때 이블린은 은신 상태에 들어가고 부근에 있는 챔피언이나 은신 감지 기능에 의해서만 드러남.
은신 상태에서는 매 초당 잃은 마나의 2%가 회복.
주문을 시전할 때나 피해를 입을 때, 공격할 때 이블린의 모습이 드러남.

Hate Spike
Q - 증오의 가시

이블린이 가까이 있는 적에게 일직선 상 가시를 발사하여 경로 내에 모든 적에게 마법 피해.

□□□ **hate** [heɪt 헤이트] v. 증오하다

hate(증오)에도 단계가 있다 : dislike에서 abominate까지

★ hate는 '**증오하다**'라는 뜻이고 명사형은 hatred입니다. hatered증오는 hate에 '**상태**'를 뜻하는 아주 드문 명사화 접미사인 -red가 붙은 것입니다.
이 -red 접미사는 hundred일백나 kindred일가친척 같은 명사에서 볼 수 있습니다. 그 외에는 거의 찾아보기 힘든 접미사입니다.

    hatred [héɪtrɪd **헤이트리드**] n. 증오

'**싫어하다**'라는 말은 영어에 다양한 표현이 있는데 각각의 단어가 싫어하는 정도가 조금씩 다릅니다. 다음은 '**싫어하다**'라는 표현의 심리적인 intensity강도를 상황을 예로 들어 나열한 것입니다. 아래로 갈수록 싫어하는 정도가 더 강한 표현입니다.

dislike 싫어하다	: 진지하지 않게 "별로 좋아하지 않아." 정도의 어감
⟨ hatred 증오하다	: "난 비가 싫어." 정도의 반감
⟨ detest 아주 증오하다	: "이 정부의 정책을 혐오해." 정도의 격식 있는 증오
⟨ abhor 혐오하다	: "새 총리는 극혐이야" 정도
⟨ loathe 몹시 꺼리다	: 오랫동안 지속되는 일에 대한 혐오 "항상 코털을 만지는 선생님, 정말 혐오해."
⟨ abominate 증오하다	: 일상에서 잘 안 쓰이지만 최고의 혐오

detest [dɪtést 디**테**스트] v. 매우 싫어하다
abhor [əbhɔ́ː(r) 업**호**어] v. 혐오하다
loathe [loʊð 로우드] v. 아주 혐오하다　　∞ Alistar 참고
abominate [əbá:mɪneɪt 어**바아**미네이트] v. 극도로 혐오하다

* detest는 de(from멀리) + test(testimony증언)의 조합으로 '**맹세로서 욕을 하다**'의 의미입니다. 상대를 혐오해서 신의 이름을 들먹이며 저주하는 모습에서 나온 것으로 보입니다.
detest를 외울 때는 '**또 테스트**(시험)야..**매우 싫어!**'로 기억하면 됩니다.

* abhor는 ab(away멀리) + hor(horror떨다)의 조합으로 공포나 혐오로 인해 '**떨며 멀어지다**'는 뜻입니다. 호러 무비(horror movie)를 연상하며 떠올리면 이해가 쉬운 단어입니다.

* loathe는 아주 혐오하다의 뜻입니다. 형용사 loath꺼리는의 동사형입니다. 어근을 추적해보면 가다(go)는 뜻의 PIE 어근 *leit-에서 나온 load짐와 연관되어 있습니다. loathe는 '**자꾸 짐(load)을 지우므로 혐오한다**'고 이해하면 되는 단어입니다.

* abominate는 극도로 혐오하다는 뜻입니다. 이는 ab(away멀리) + omen(불길한 징조)의 조합으로서 '**불길한 사람에게서 멀리 떨어지다**'는 뜻입니다.
abominate를 외울 때는 단어 안에 들어있는 omen을 기억하는 것도 좋지만 그보다는 발음을 이용해서 '**어**.. vomit **구토**하게 만드는'으로 기억하면 이미지 생성에 더 도움이 됩니다.

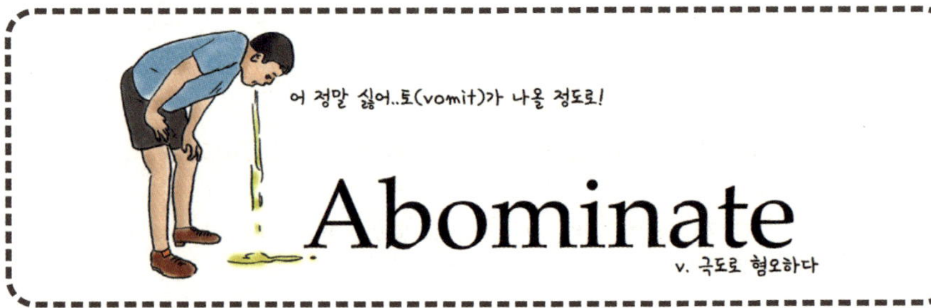

Dark Frenzy
W - 어둠의 광기

(기본 지속 효과) : 이블린의 스킬 공격이 적 챔피언에게 적중 시 이 스킬의 재사용 대기시간이 1초 줄어듦. 4회까지 중첩.
(사용 시) : 이블린에게 적용된 모든 둔화 효과가 제거되며 3초 동안 이동 속도가 증가됨. 챔피언을 처치하거나 어시스트를 올리면 어둠의 광기 스킬의 재사용 대기시간이 초기화됨.

□□□ **frenzy** [frénzɪ ㅎ**프렌**지] n. 광분   ∞ Elise 참고

frenzy는 '마음의 염증'을 뜻하는 frenetic에서 나온 단어

★ frenzy는 '광분, madness^{미침}'이라는 뜻입니다. '**정신없이 바쁘다**'라는 뜻의 frenetic에서 나온 단어입니다.

또한 frenetic은 그리스어 phrenitikos(phreno-마음의 + -itis염증)에서 나온 말입니다. 그러나 이 '**마음의 염증**'은 예쁘게 포장된 표현일 뿐이고 간단히 그냥 '**미쳤다**'라는 뜻입니다.

그리고 이 '**미쳤다**'라는 뜻에 나중 미친 사람의 산만하고 부산한 행동을 추가해 '**부산한**'이라는 뜻이 더해졌습니다.

frenzy를 외우기가 어려울 때는 주변의 미친 듯한 친구(friend)를 떠올린 다음 '**그 녀석은 frenzy미친 friend지**'로 이중 발음하여 연상하면 쉬워집니다.

frenetic [frənétɪk ㅎ프러**네**틱] a. 정신없이 바쁜, 부산한   ∞ Singed 참고

그럼 '**미쳤다**'라는 뜻을 가진 다른 표현들을 모아보겠습니다.

insane [ɪnséɪn 인**세**인] a. 미친
→ **insanity** [ɪnsǽnətɪ 인**새**너티] n. 정신이상   ∞ Singed 참고
go crazy → **craziness** [kréɪzɪnɪs 크**레**이지니스] n. 미침
out of one's mind 미친
madness [mǽdnəs **매**드너스] n. 미침, 광기

마음은 어디에 있을까?

예쁜 여자를 보면 가슴이 두근거리고 실연을 당하면 심장에 구멍이 난 느낌이 들었기 때문에 옛날 사람들은 당연히 마음은 심장 근처에 있다고 생각했습니다. 그리고 벌렁거리는 그 심장은 diaphragm^{횡경막}에 살포시 얹혀있습니다. 이 횡경막의 위치가 마침 심장의 바닥이 되므로 옛 사람들은 이곳을 바로 '**마음이 앉는 곳(seat of thoughts)**'으로 여기게 되었습니다. 그래서 '**횡경막**'을 나타내는 말 phreno-는 동시에 '**마음**'도 나타내는 어근이 되었습니다.

횡경막이 마음의 뜻으로 사용된 단어의 예를 들면 frenzy, frenetic, 그리고 정신분열증을 나타내는 schizo-phrenia 등이 있습니다. 정신분열증은 schizo(split분열) + phrenia(mind마음)의 조합입니다.

anatomy^{해부학}적으로 횡경막은 호흡을 주관하는 넓적한 노트북 크기의 근육판이고 abdomen^{복부}과 thorax^{흉강}를 나누는 경계선일 뿐입니다. 소고기로 따지면 안창살이고 돼지고기로는 갈매기살 부분입니다. 우리가 안창살을 먹는다고 소의 마음을 먹는 것은 아니겠지요?

Ravage
E - 유린

이블린이 대상을 두 번 가격하여 각각 물리 피해. 공격 후 3초 동안 공격 속도가 증가. 공격에는 명중 시 발생효과가 적용됨.

□□□ **ravage** [rǽvɪdʒ 래비지] v. 황폐하게 하다

ravage는 재빨리 훔쳐서 황폐화시키는 것

★ ravage는 주로 수동태로 쓰이며 타인에게 유린되고 파괴되어 **'황폐하게 되다'**라는 뜻입니다. 동사로는 ravish인데 이는 **'rape강간하다'**라는 뜻입니다. ravish는 원래 라틴어의 rapere에서 나온 단어인데 **'서둘러서 데리고 가다'**, **'잡아서 싣고 가다'**라는 의미였습니다. 즉 **'ravish하다'**는 것은 뭔가를(주로 여자를) 훔쳐가는 모습을 나타냈었습니다. 그러다가 나중에 flood홍수가 나서 모든 것을 황폐화시키며 싹쓸이 하는 것으로 의미가 변하게 됩니다.
ravage는 훔친 다음 재빨리 도망쳐야하므로 **'서두르다'**라는 개념도 있어서 rapid빠른와도 연관되어 있는 단어입니다.

ravish 잡아서 싣고 가다	**rapid** 빠르게 도망가다	**ravage** (그곳을) 황폐하게 하다

ravish [rǽvɪʃ 래비쉬] v. 강간하다 (=rape)
rapid [rǽpɪd 래피ㄷ] a. 빠른　∞ Tristana 참고

> The temple has been ravaged by the war and foreign intervention.
> 그 신전은 전쟁과 외국의 간섭으로 황폐화되었다.

로마의 약탈혼이 탄생시킨 명화

로마가 처음 건국될 때 초대 왕인 Romulus로물루스를 따라나선 남자들은 3천명이 넘었지만 여자는 아무도 없었다고 합니다. 그래서 로마인들은 초기에 주로 주변 부족의 여자들을 납치해서 결혼을 했습니다. 특히 로마 주변의 사비니 족과의 전쟁은 로마인의 약탈혼 전통을 잘 보여주고 있습니다. 로물루스가 사비니 족을 축제에 초대하여 술에 취하게 한 후 사비니 족 남자들을 공격하여 내쫓고 여자들을 다 rapere(빼앗아서 데리고 가다)해 버린 것입니다. 이 장면은 Nicholas Poussin푸생의 명화 [사비니 여인들의 납치]에서 볼 수 있습니다.

사비니 족이 다시 쳐들어왔지만 그 때는 이미 사비니족 여인들은 로마인의 아내가 되어버려서 누구의 편도 들 수 없었습니다. 결국 남편 혹은 오빠가 죽는 장면을 보지 않으려고 여인들은 전쟁의 중재를 하게 됩니다. 결국 로마인은 로마의 일곱 언덕 중 하나를 사비니 족에게 내주고 같이 살게 됩니다. 이 장면은 Jacques Louis David다비드의 명화 [사비니 여인들의 중재]라는 명작에서 볼 수 있습니다.

이처럼 약탈혼은 인류의 혼인사에서 자주 볼 수 있는 현상이지만 비문명화된 사회의 일반적인 결혼현상이라고

단정하기에는 문제가 있습니다. 약탈혼은 전쟁이나 통상적인 방법으로 처를 얻기 힘들 때만 나타나는 임시적인 수단으로 보입니다. 예전부터 사람들은 (논리적인 근거는 없는 주장이지만) 결혼의 풍습에 남아있는 몇 가지 전통은 약탈혼의 잔재를 암시하고 있다고 생각했습니다.

 예를 들면 결혼식 후 신랑을 때리거나 하는 행위, 신부를 문지방에 들어 올려놓는 것, 결혼식에 반지를 끼우는 것, 신부에게 가리개를 씌우는 것, 신랑이 신부를 장인 장모로부터 멀리 데리고 떠나는 밀월여행 등을 모두 신부를 약탈해서 생기는 사건의 재현으로 본 것입니다.

R Agony's Embrace
R - 고통스런 포용

이블린이 범위 내의 모든 적을 꿰뚫어 대상의 현재 체력의 일부에 해당하는 마법 피해. 2초 동안 이동 속도를 늦춤.
이블린은 적들의 고통을 흡수. 공격을 적중시킨 챔피언 당 일정량의 체력을 가진 보호막을 얻음. 보호막은 6초 동안 지속됨.

□□□ **embrace** [ɪmbréɪs 임**브레이스**] v. 포옹하다

embrace는 팔로 껴안는 것

★ embrace는 상대를 두 팔로 벌려 껴안는 '**hug**포옹하다'라는 뜻입니다.
em(안으로) + brace(arms팔)의 조합입니다. 어근에 사용된 brace는 처음에 그리스어에서는 arms팔을 뜻했으나 차차 지금의 팔찌나 죔쇠의 의미로 발전하였습니다.
embrace를 기억할 때 만일 brace팔찌의 현재 뜻을 이용해 '**팔찌로 껴안다**'라고 분석을 하면 그 의미가 이상하므로 어원을 추적하여 '**arms팔로 껴안다(em)**'는 것으로 이해해야 합니다.

또한 포옹을 하는 것은 상대편을 받아들이는 마음이므로 embrace에는 '**상대의 의견이나 제의를 수용하다**'라는 뜻도 있습니다.

Failing to embrace any emerging trend is a death sentence in the business world.
최신 트렌드를 받아들이는데 실패하는 것은 사업세계에서 사형선고와 같다.

Embrace

v. 포옹하다

Evelynn

★☆☆☆☆ hate - The boy hate another for no apparent reason.
그 소년은 뚜렷한 이유 없이 다른 사람을 미워한다.

★★★☆☆ hatred - war and hatred between China and Japan
중국과 일본 사이의 전쟁과 증오

★★★☆☆ detest - I detest that new champion, as I lost every time I used him.
나는 그 새 챔피언을 사용할 때마다 항상 지기 때문에 그것을 혐오한다.

★★★☆☆ abhor - The athlete abhor the fast food culture.
그 운동선수는 패스트푸드 문화를 혐오한다.

★★★☆☆ loathe - I loathe my new team because they never share their good strategy.
나는 내 새로운 팀이 자기네 좋은 전략을 절대 나누지 않기 때문에 (그들을) 매우 싫어한다.

★★★☆☆ abominate - I abominate the crime without abominating criminal.
나는 범죄자 혐오 없이 범인을 혐오한다.

★★★☆☆ frenzy - the fitness and diet frenzy
피트니스(체형을 만드는 운동)와 다이어트 열풍

★★★☆☆ frenetic - in the midst of a frenetic pace
정신없이 바쁘게 돌아가는 와중에

★★★☆☆ insane - If we couldn't laugh, we would all go insane.
우리가 웃을 수 없다면 우리는 모두 미칠 것이다.

★★★☆☆ insanity - a plea of insanity
정신이상 참작 탄원 (정신이상자는 죄를 저질러도 무죄판결을 받으므로)

★☆☆☆☆ craziness - all the craziness in politics 정치에서의 모든 미친 짓들

★☆☆☆☆ madness - madness sale 바겐세일(폭탄 세일)

★★★☆☆ ravage - In the night, our camp was ravaged by wolves.
밤에 우리 캠프는 늑대들에게 유린되었다.

★★☆☆☆ rapid - Her rapid response was wrong yet again.
그녀의 빠른 응답은 이번에도 또 다시 틀렸다.

★★★☆☆ embrace - She embraced me after tears ran down my cheeks when I lost 'the championship to monkey wearing fake clown hair'.
내가 '원숭이 광대 가발쓰기 결승전'에서 지고 눈물이 내 뺨 위로 흐르자 그녀는 나를 안아주었다.

Ezreal, the Prodigal Explorer

이즈리얼 - 방탕한 탐험가

P Rising Spell Force　짓밟기

Q Mystic Shot　신비한 화살

W Essence Flux　정수의 흐름

E Arcane Shift　비전 이동

R Trueshot Barrage　정조준 일격

□□□ **prodigal** [prάːdɪgl **프라아디글**] a. 방탕한, 낭비하는

□□□ **explorer** [ɪksplɔ́ːrə(r) 익스**플로어**러] n. 탐험가

 ### Prodigal(방탕한) 아들은 집나간 둘째 아들

★ 챔피언 Ezreal이즈리얼의 별명은 Prodigal Explorer방탕한 탐험가입니다.
여기서 '**방탕한**'을 뜻하는 prodigal은 라틴어인 prodigere에서 나온 단어인데 뜻은 '**(집) 밖으로 (돈을 가지고)나가다**'라는 뜻입니다.
즉 pro(앞으로) + agere(drive몰다)의 조합입니다. 이 말이 처음 쓰인 것은 라틴어 성경 누가복음 15장의 '**탕자 : 방탕한 아들(prodigal son)**' 이야기에서입니다.

어느 부자의 둘째 아들이 아버지에게 자기 몫의 재산을 달라고 한 뒤 집 밖으로 돈을 가지고 나가 먼 나라에서 prodigal방탕한하게 살며 흥청망청 돈을 다 써버린 뒤 거지가 되어서 돌아오게 됩니다.
우리가 몽둥이를 들며 욕을 할 것으로 예상하는 아버지는 반대로 송아지를 잡아 잔치를 벌이고 탕자에게 좋은 옷을 입힙니다.
기독교에서 이 둘째아들은 '**repent**회개한 **죄인**'을 나타내는 비유로 쓰입니다. 지금도 영어에서 '**the prodigal son**'하면 성경의 '**돌아온 탕자**'를 말합니다. 단어 하나에 성경의 이야기 하나가 함축되어 있는 셈입니다.

prodigal방탕한을 암기할 때는 피시방에서 유흥비로 방탕하게 돈을 다 써버리고 이제 '**pro**(앞으로) **아빠에게 맞아 디질**'로 외우면 재미있게 기억됩니다.

repent [rɪpént 리펜트] v. 회개하다, 후회하다　　∞ Ryze 참고

* repent는 '**회개하다, 후회하다**'라는 뜻인데 기독교에서 repentance회개는 무척 중요한 교리중의 하나로 쓰이는 단어입니다. 라틴어인 re(다시) + penitire(regret후회하다)의 조합에서 나왔고 이 penitire 어근은 penalty페널티나 pain고통 등의 단어에서 찾아볼 수 있습니다.
repent를 외울 때는 조금 변태 같지만 여고 앞에서 바바리맨 행위를 했던 사람의 후회를 기억하면 됩니다. '**후회하며 다시(re) 팬티를 올리는 것**'입니다.

explore(탐험하다)는 ex(밖으로) flow(흐르는) 것

★ explorer는 '**탐험하다**'라는 뜻의 동사인 explore에서 나온 단어입니다.
이 단어의 기원은 두 가지 설이 있습니다.

1. [밖으로 소리지르다 어원설]
explore를 라틴어인 explorare에서 온 것으로 보고 ex(밖으로) + plorare(cry울다)의 조합으로 생각했습니다. 사냥할 때 몰이꾼들이 소리를 지르면서 동물을 한 곳으로 몰아가며 새로운 지역을 밝히는(탐험하는) 모습을 어원으로 생각한 것입니다. 그래서 이 때의 어근 부분인 plore는 deplore 개탄하다와 관련이 있다고 여겼습니다. 여기서 deplore개탄하다는 애도하고 슬퍼하다라는 뜻입니다.

2. [밖으로 흐르다 어원설]
explore탐험하다의 plore가 '**밖으로 흐르는 길을 만들다**'라는 의미이고 ex(밖으로) + pluere(flow 흐르다)의 조합에서 기원한 것이라는 이론입니다. 무역로같은 새로운 길을 개척하는 것이지요.

explore [ɪksplɔ́ː(r) 익스**플로**어] v. 답사하다
deplore [dɪplɔ́ː(r) 디**플로**어] v 개탄하다

위의 explore에 관한 두 가지 어원설을 생각해볼 때 '**소리지르다**' 어원설보다는 '**밖으로 흐르다**'는
어원설이 더 수긍이 갑니다.

참고로 explore의 유의어로는 같은 '**탐험**'이라는 뜻의 expedition이 있습니다.
이는 동사 expedite촉진시키다에서 나온 단어인데 ex(밖으로) + ped(foot발)의 조합이고 '**밖으로
발을 내딛다**'라는 뜻입니다. 동사 expedite는 원래 족쇄에 갇혀있던 발이 자유롭게 되는 모습을
표현한 단어였는데 요즘엔 '**일을 촉진시키다**'라는 뜻으로 사용됩니다.

expedition [ekspədíʃn 엑스퍼**디**션] n. 탐험, 원정
← **expedite** [ékspədaɪt **엑**스퍼다이트] v. 촉진시키다, 더 신속히 처리하다

Rising Spell Force
passive - 짓밟기

이즈리얼이 스킬을 적중시키면 6초 동안 공격 속도가 10% 증가.
이 효과는 최대 5번 중첩.

□□□ **rise** [rɑɪz 라이즈] n. 증가 v. 오르다
□□□ **spell** [spél 스펠] n. 주문

Mystic Shot
Q - 신비한 화살

(액티브) : 이즈리얼이 에너지 화살을 직선으로 발사하여 처음 적중한 적에게 물리 피해.
신비한 화살이 명중할 경우 이즈리얼의 스킬 재사용 대기시간이 1초 감소.

□□□ **mystic** [místɪk 미스틱] n. 신비주의자

★ mystic은 '**신비주의자**'나 '**신비적인**'의 뜻으로서 같은 뜻의 라틴어인 mysticus에서 나왔습니다. mystic은 mystery에서 기원한 단어입니다.

미스테리와 관련해서 오파츠(Oopart : Out of place artifact)는 무척 흥미로운 이야기입니다. oopart오파츠는 아직 영어사전에 등록되지는 않은 단어이지만 음모론자들(conspiracy theorists) 사이에서 널리 퍼져있는 용어입니다. 오파츠란 고고학(archeology)적으로 그 자리에 있으면 안되는 물품들을 의미합니다.

오파츠의 예로는 사람의 구두 발자국에 깔려서 형성된 삼엽충의 화석이라든지(5억 년 전으로 타임머신을 타고 간 인류가 밟아서 만들었을까요?) 유명한 바그다드 배터리(페르시아 사산왕조시대에 건전지가 존재?), 텍사스 팔룩시강의 암반에 공룡의 발자국과 인간의 발자국이 동시에 있는 것 등이 있습니다.

> **artifact** [ɑ́ːrtɪfækt **아아티**ㅎ**팩ㅌ**] n. 인공물, 가공물
> **conspiracy** [kənspírəsɪ **컨스피**러시] n. 음모, 모의 ∞ Karma 참고
> **archeology** [ɑːrkɪɑ́ːləd3ɪ 아아키**아알**러지] n. 고고학

* artifact는 인공물을 말합니다. 자연적으로 생긴 것이 아닌 인간의 손을 탄 물건이라는 뜻입니다. art(skill) + factum(thing물건)의 라틴어 조합으로서 19세기에 만들어진 단어입니다. 여기서 라틴어 factum은 fact 의 어원입니다. 요즘 우리나라에서 뜨고 있는 'fact팩ㅌ'라는 단어는 '**사실, ~라는 점**'을 뜻합니다. 우리나라에서는 다들 말싸움에서 밀리면 '**팩트만 말하자고요!**'라고 외칩니다. 이 경우 현상이 진실을 숨기는 결과를 가져옵니다. artifact를 기억할 때는 이 '**팩트**'만 가지고 외워봅시다.

* conspiracy는 음모를 뜻하는데 챔피언 카르마의 '**호흡 5형제**'에서 또 다루게 됩니다. con(함께) + spire(숨쉬다)의 조합으로서 여럿이 은밀한 곳에 모여서 '**함께 숨 쉬며 음모를 꾸미는**' 모습에서 나온 단어입니다. conspiracy와 같은 뜻의 단어로 plot음모, scheme계획, intrigue모의 등이 있습니다. plot은 줄거리를 짜듯 이야기를 만들어 속이는 것이고 scheme은 스케치(sketch)와 어원이 관련이 있어 그림을 그리듯 음모를 만드는 것입니다. intrigue는 in(안으로) + trick(트릭)의 조합으로서 상대를 함정 안으로 끌어들이는 것으로 이해하면 됩니다.

* archeology는 고고학을 말합니다. 고대를 뜻하는 라틴어 접두사 archeo-에 학문을 뜻하는 접미사 -ology가 붙은 것입니다. 온라인게임 [아키에이지]에서 많이 들어본 접두사입니다.

Essence Flux
W - 정수의 흐름

(액티브) : 이즈리얼이 에너지 파를 발사하여 에너지 파를 지나는 모든 적 챔피언에게 마법 피해. 에너지 파의 영향을 받은 아군 챔피언은 공격 속도 증가.

□□□ **essence** [ésns 에슨스] n. 본질, 정수　∞ Ahri 참고

5번째인 quintessence가 가장 quintessential하다

★ essence는 물질의 정수를 뜻하는데 형용사형은 essential입니다.
being존재를 뜻하는 라틴어 essentia에서 나온 단어입니다.
정수라는 것은 '**모든 것의 본질**'이나 '**특별한 성질을 부여하는 요소**'라는
의미입니다.

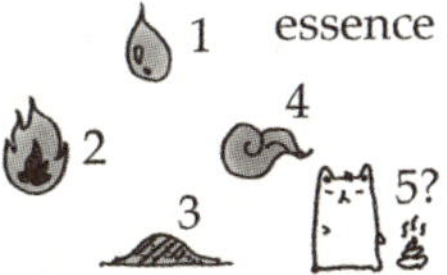

essential [ɪsénʃl 이**센**셜] a. 본질적인, 필수적인

서양철학에서 essence정수는 그리스 철학자 Empedocles엠페도클레스에 의해서 주장된 4원소설의
4가지를 의미했습니다. 4원소설은 세상의 모든 만물이 [water물, fire불, earth흙, air공기]의 4가지
재료로 이루어져있다는 이론입니다.

그 후 Aristotle아리스토텔레스는 이 땅에 존재하는 4원소 이외에 무언가 다른 종류의 물질이 천상의
영역에 또 하나가 존재한다고 보았습니다. 그는 '**언제나 움직이고 있는**' 원천적인 5번째 원소라는
개념을 [천체론] 책에서 정립하였고 후대인들은 그 물질에 Aether에테르란 이름을 붙였습니다. 그게
정확히 뭔지 알 수는 없지만 일단 이름을 붙여 놓은 것입니다.

Alchemist연금술사들과 Chemist화학자들은 그 후 2천 년간 다른 4가지 원소보다 더 본질적이라고
여겨지는 5번째 정수의 정체가 무엇인지 밝혀내려 노력했습니다.
그러다가 결국 18세기 돌턴의 원자설이 나오면서 5원소설은 폐기되게 됩니다. 그리고 5번째 원소를
찾기 위한 과학자들의 노력도 같이 없어졌습니다.

그러나 아직도 5번째 원소를 말하는 quintessence란 단어는 영어에 남아있습니다. quintessence
는 '**본질적인**'이라는 뜻인데 어원상으로 '**5번째 정수**'를 의미하고 quint(5) + essence(정수)의
조합으로 만들어졌습니다. 그러다가 나중 '**본질적인 것들 중에서도 가장 본질적인 것**'이라는 뜻으로
사용되는 단어가 되었습니다.

quintessential [kwɪntəsénʃəl 퀸터**센**셜] a. 정수의, 본질적인

영화 [제 5원소]

5원소설은 1997년 뤽 베송 감독의 [The Fifth Element제 5원소]라는 명작영화의 이론적 근거이기도 합니다.

2013년 remastering리마스터링 감독판으로 재개봉되기도 했었습니다. 브루스 윌리스와 그 유명한 붕대 패션의 밀라 요요비치, 그리고 치밀한 세계관과 스토리가 재미있었던 영화입니다. 2259년의 미래를 그린 감독의 20년 전 생각을 보는 재미도 있습니다.

1997년은 아직 브루스 윌리스의 머리카락이 많이 남아 있고 밀라 요요비치가 누구인지 우리나라 사람은 아직 잘 모르던 시기였습니다. 이 영화의 스토리는 4가지 원소를 하나로 받아들일 수 있는 가장 중요한 quintessence제 5원소의 비밀을 찾는다는 것입니다. 고대에서부터 내려온 미스테리를 벗기고 화려한 미래세계의 모습으로 액션을 보여주는 것인데 결국은 제 5원소는 물건이 아님이 밝혀집니다. 이 영화를 보면 서양인들의 세상의 존재방식에 대한 quintessential본질적인한 사고방식을 알 수 있습니다.

Arcane Shift
E - 비전 이동

(액티브) : 이즈리얼이 지정한 위치로 순간 이동. 가장 가까이 있는 적에게 유도 화살을 발사하 마법 피해.

□□□ **arcane** [ɑːrkéɪn 아아케인] a. 신비로운　∞ Kog' Maw 참고

□□□ **shift** [ʃɪft 쉬프ㅌ] v. 이동하다　∞ Azyr 참고

Trueshot Barrage
R - 정조준 일격

(액티브) : 이즈리얼이 1초 동안 정신 집중을 한 후 에너지 미사일 탄막을 발사하여 미사일에 맞는 각 유닛에게 마법 피해. 유닛에게 명중할 때마다 피해가 10%씩 감소하며 최대 30%까지 감소. 미사일은 지나가는 지역의 시야를 잠깐 확보.

□□□ **barrage** [bərɑ́ːʒ 버라아지] n. 일제엄호사격　∞ Blitzcrank 참고

Ezreal

★★★☆☆ **prodigal** - Prodigal habits die hard.
방탕한 습관은 쉽게 사라지지 않는다.

★★★☆☆ **repent** - The detective asked me to repent after I stole $30 dollars from her wallet.
그 형사는 내가 그녀의 지갑에서 30달러를 훔친 뒤에 나에게 반성하라고 요구했다.

★★☆☆☆ **explorer** - the early European navigators and explorers
초기의 유럽인 항해사들과 탐험가들

★★☆☆☆ **explore** - They explored the whole world in 100 days in a hot air balloon.
그들은 열기구를 타고 100일 동안 전 세계를 탐사하였다.

★★★☆☆ **deplore** - My teacher deplored the use of violence.
우리 선생님은 폭력의 사용을 개탄했다.

★★★☆☆ **expedition** - the courage to undertake an adventurous expedition
모험적인 탐험에 착수할 용기

★★★☆☆ **expedite** - Columbus expedited with the help of the veteran crew.
콜럼버스는 베테랑 선원의 도움으로 탐험을 했다.

★☆☆☆☆ **rise** - a wage rise of 5% 5%의 임금인상

★☆☆☆☆ **spell** - The witches' spell changed me into Aurelion Sol, so I can complete the mission
그 마녀들의 주문은 나를 아우렐리온 솔로 바꾸었고, 그래서 나는 임무를 완수할 수 있다.

★★★☆☆ **mystic** - Despite the heavy rain, her mystic power helped our exploration party find the refuge.
비가 많이 오는데도 불구하고 그녀의 신비한 힘은 우리 탐사대가 피난처를 찾도록 도와주었다.

★★★☆☆ **artifact** − an extraordinary collection of historical artifact
역사적 인공 유물의 특별한 수집물

★★★☆☆ **conspiracy** - the one who uncovered their conspiracies
그들의 음모를 밝힌 사람

★★★☆☆ **archeology** - uncertainties in archeology 고고학의 불확실성

★☆☆☆☆ **essence** - the true essence of human nature 인간 본성의 진짜 핵심

★★☆☆☆ **essential** - It is essential to wash your dragon with the magic solution before going to sleep.
잠자기 전에 너의 용을 마법용액으로 씻는 것은 필수적이다.

★★★★☆ **quintessential** - a quintessential English-style tea 전형적인 영국식 차

★★★★☆ **arcane** - an arcane and distant business
불가사의하고 접하기 어려운 사업

★★☆☆☆ **shift** - We shifted our plan to include you.
우리는 너를 포함시키려고 계획을 바꿨다.

★★★★★ **barrage** - a barrage of phone calls 빗발치는 전화 공세

Fiddlesticks,

피들스틱 - 종말의 전조
the Harbinger of Doom

P	Dread	두려움
Q	Terrify	공포
W	Drain	흡수
E	Dark Wind	어둠의 바람
R	Crowstorm	까마귀 폭풍

P **Dread**
passive - 두려움

| 적에게 마법 피해를 입히거나 공포를 시전하면 대상에게 2.5초동안 두려움 효과가 적용되어 마법 저항력이 10 감소.

☐☐☐ **dread** [dred 드레드] n. 공포 v. 몹시 무서워하다　∞ Hecarim 참고

Dreadnought(드레드노트)급 전함은 dread nothing의 뜻

★ dread는 '공포'라는 뜻입니다. 고(古) 영어인 adrædan에서 나왔으며 원래의 뜻은 '~에 대하여 충고하다'라는 것입니다.

즉, ad(against) + read(advise)의 조합이고 read읽다의 어원에 '**advise**충고하다'라는 뜻이 있어서 dread가 형성된 것입니다. 어떤 결과를 두려워해서 미리 충고를 해주는 것이지요.

dread공포를 기억할 때는 영어 수업시간에 앉은 차례대로 한 명씩 영어 본문을 읽으라고 시키는 상황에서 '**뒤를 read**(읽어야) 하는' 뒷줄의 영어 못하는 친구의 공포를 생각하면 됩니다.

만일 평소 영어를 너무 잘해 그런 dread공포를 경험한 적이 없다면 dread는 어원으로 외우기보다는 전쟁사에서 거함거포주의를 초래한 영국의 Dreadnought드레드노트급 전함의 이름으로 기억할 수 있습니다.

Dreadnought는 dread(fear) + nought(nothing)의 조합입니다.

'**아무것도 두려워하지 않는**' 무적의 battleship전함이죠.

전함은 이젠 항공모함에게 '**바다의 지배자**' 자리를 내어주었지만 거대한 포를 가진 전함은 여전히 남자들의 로망입니다.

dreadful [drédfl **드레드풀**] a. 끔찍한

dread공포와 비슷한 뜻의 단어는 fear, horror, terror, fright 등이 있습니다.

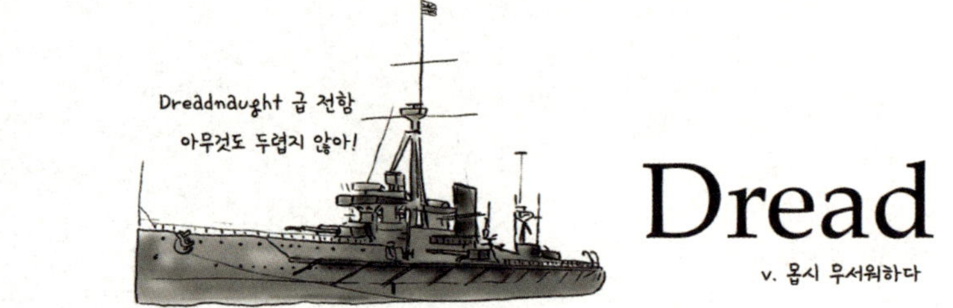

건조비가 dread(공포)인 드레드노트급 전함

영국이 HMS Dreadnought를 만든 것은 1905년 러일전쟁 직후였습니다. 그 전까지 전함에서 포탄을 발사하는 방식은 각 전함의 포수들이 각각 부포와 주포를 한 번 발사하고 탄착을 확인한 후 알아서 수정하는 식이었습니다. 그러나 영국은 salvo일제사격 후 사령탑에서 재계산하여 발사하는 방식이 명중률이 더 높은 것을 알아내고 부포를 폐지하고 12인치 쌍열포탑 5개(총10문)를 배치하여 salvo일제사격하는 전함을 건조합니다. 이는 한 척의 배로 2척의 전함의 효과를 내는 것이었습니다. 또한 신형 전함은 steam turbines증기터빈을 달아 속도도 빨라져서 세계는 대구경포를 장착할 수 있는 거대전함 건조경쟁의 세기로 돌입합니다.

이렇게 영국에서 배수량이 17,000톤이 넘어가고 속도는 21knot노트에 이르는 꿈의 전함 드레드노트급 전함이 나타나자 그 전의 모든 전함들은 '전(前)-드레드노트급'으로 불리며 구식이 되어버렸습니다. 여기에 자극을 받은 독일, 일본, 미국 등 the World powers열강들은 엄청난 돈을 들여가며 더 빠르고 더 큰 전함을 진수하기 위해 저마다 허리띠를 조르기 시작합니다.

드레드노트급 전함은 말 그대로 아무것도 두려워하지 않았지만 영국 국민은 나라의 재정이 휘청거릴 정도의 어마어마한 건조비가 dread공포였습니다.

Q

Terrify
Q - 공포

| 적을 공포에 질리게 하여 두려움을 적용시키고 일정시간 동안 피들스틱의 반대 방향으로 도망치게 함.

□□□ **terrify** [térɪfaɪ **테리파이**] v. 무섭게 하다　　∞ Nocturne 참고

terrify는 terror(테러)로 tremble(떨게 되는) 모습

★ terrify는 '**무섭게 하다, 겁주다**'라는 뜻입니다. terror공포와 연관된 단어로서 '**tremble**덜덜 떨다'
뜻의 PIE어근 *tres-에서 기원한 것입니다.
기본적으로 테러는 개인이나 단체가 폭력을 행사하여 사회적 공포를 일으키려는 행위입니다.
그러므로 그 대상이 꼭 정부나 군대일 필요가 없어서 무고한 불특정다수를 대상으로 하는 경우도
많습니다. 테러범이 공격하기 쉬운 관광객, 일반 시민과 같이 무력하지만 효과가 큰 대상을 '**soft
target**'이라고 부릅니다.
terror와 연관된 단어를 모아보겠습니다.

> **terror** [térə(r) **테**러] n. 테러, 공포   ∞ Cho' Gath 참고
> **terrible** [térəbl **테**러블] a. 끔찍한
> **terrific** [tərífɪk 터**리**픽] a. 멋진, 훌륭한
> **terrorism** [térərɪzəm **테**러리즘] n. 테러리즘

Drain
W - 흡수

매 초마다 적의 체력을 흡수하여 마법 피해를 주고 피들스틱은 흡수 스킬로 적에게 준 피해의 일정
비율만큼 체력을 회복. 5초 동안 지속됨.

□□□ **drain** [dreɪn 드레인] v. 물을 빼내다

drain는 물이 빠져나가 dry해지는 것

★ drain은 '**물을 빼내다**'라는 뜻입니다. 하수구로 물이 빠져나가는 것을
떠올리면 됩니다. 물이 빠져나간 모습을 나타내는 **drought**가뭄, **dry**마른와
어원이 같습니다.
drain의 어원은 원시 독일어인 *dreug-에서 나왔는데 물을 빼서 dry하게
만드는 모습을 뜻합니다. 명사는 drainage로서 배수(排水)란 뜻입니다.

> **drainage** [dréɪnɪdʒ **드레이**니지] n. 배수

물은 waterworks상수도를 통해서 가정으로 들어오게 되고 사용된 wastewater오수는 plumbing
배관을 통해 버려지게 됩니다.
집 외부의 rainwater빗물는 지붕에서 downpipe수직홈통를 통해 subdrain지하배수관으로 모이고
도로에서 차도 가장자리(curbside)에서 모인 빗물과 합쳐져 sewer하수관로 흘러가게 됩니다.
이렇게 물이 배수 시스템을 따라 흘러나가는 것을 drainage배수라고 합니다.

drain과 관련하여 brain drain두뇌유출은 많이 들어보셨을 겁니다. 두뇌유출이란 물이 흐르듯이
공부 잘하고 똑똑한 사람들이 잘사는 나라로 이민을 가버리는 것을 말합니다.

drain을 기억할 때는 dry의 어원을 생각하거나 '**뒤**로 **rain**(빗물)을 **빼내는**' 것을 생각하면 됩니다.

plumbing [plʌ́mɪŋ **플러**밍] n. 배관
sewer [súːə(r) **수우**어] n. 하수관
curbside [kɜ́ːrbsaɪd **커어**브사이드] n. 차도 가장자리

* plumbing은 '**배관**'이란 뜻입니다. 원래 plumb는 금속의 한 가지인 lead납를 의미하는 어근입니다. 납의 원소기호 Pb도 plumb 단어에서 나왔습니다.
그런데 예전에는 납으로 pipe관를 만들어 물을 공급하고 배수하였기 때문에 plumb는 곧 배관을 의미하는 단어의 어근이 되었습니다. plumb에 -ing가 붙어 명사형 '**plumbing(배관)**'이 되고 -er이 붙어 납을 다루는 사람을 뜻하는 '**plumber(배관공)**'이 된 것입니다.
또한 납은 상당히 무거워서 추에 매달아 낚시를 하거나 수직을 재는 도구로 사용하였으므로 plumb에서 '**헤아리다, 가라앉다, 수직의**' 등의 여러 의미가 파생되었습니다.
plumb를 기억할 때는 원소기호 Pb로 이미지를 만드는 것이 가장 좋습니다.

* sewer는 '**하수관**'과 '**재봉사**'라는 두 가지 뜻이 있는데 철자는 같지만 각각 어원과 발음이 다릅니다.
먼저 하수관일 때는 발음이 [수우어]이고 어원은 라틴어 exaquaria입니다. 이는 ex(밖으로) + aquaria(물의)의 조합입니다. 나중 프랑스어를 거치며 철사 몇 개가 빠지고 짧아져서 sewer하수관 부분만 남게 되었습니다.
그 뒤 일단 영어로 sewer가 온 뒤에는 자기들 마음대로 어근을 생각해서 나누고 ('**하수**' 뜻이 없는 동사 sew + -er로 분해) 다시 명사형 어미 -age를 붙여서 sewage하수란 단어가 탄생했습니다.

sewage [súːɪdʒ **수우**이지] n. 하수

그다음 재봉사일 때는 발음이 [소우어]이고 어원은 PIE어근 *syu-입니다. 이는 '**바느질하다**'는 뜻의 동사 sew소우의 기원인 어근입니다. 인류는 구석기시대에도 바느질을 해왔으므로 아주 역사가 긴 어근이라고 할 수 있습니다.
두 발음을 기억하는 방법은 하수관일 때는 발음 '**수(水)**'를 생각하고, 재봉사일 때는 '**바느질하다**'는 동사 'sew소우'를 그대로 사용하면 됩니다.

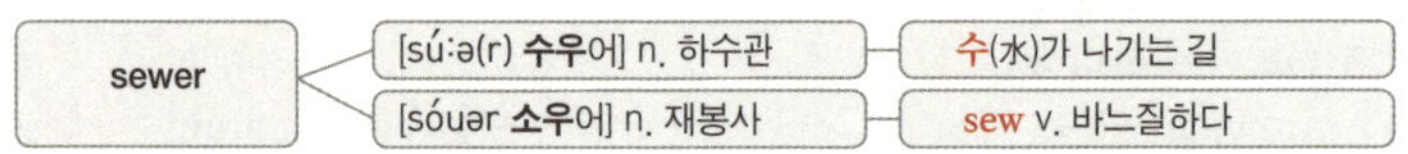

* curbside는 '**차도 가장자리**'를 말하고 curb + side의 조합입니다. curb는 도로 옆에 차도와 인도를 구분해주며 쭉 이어져있는 돌인 curbstone연석에서의 curb입니다. 그리고 여기에 옆길이라는 side가 붙어서 만들어진 것입니다.
curbside차도 가장자리는 비가 내리면 수채 구멍으로 빠져나가기 위해 물이 졸졸 흐르는 길이기도 합니다.

curbside 단어의 바탕이 되는 동사 curb는 '**억제하다**'라는 뜻으로도 자주 쓰이는 단어입니다. 말의 재갈로 물려진 가죽이 둥그렇게 구부러져(curve)있는 모습에서 curb의 단어가 나왔습니다.
즉, 재갈로 쓰인 가죽이 말을 제어하는 기능을 하므로 여기에서 curb의 '**억제하다**'라는 뜻이 나온 것입니다. 나중 이

curb는 도로에서 차가 인도로 올라오는 것을 억제하는 돌인 연석(curbside)이란 단어에 사용됩니다.
curb를 기억할 때는 어원을 떠올리며 **'차가 커브(curve)돌 때 커브(curb)를 조심해야해!'** 라고 생각하고
이 curb가 차량이 인도에 올라가는 것을 **억제하는** 모습을 생각하면 됩니다.

curb [kɜːrb 커어ㅂ] v. 억제하다

Dark Wind
W – 어둠의 바람 | 한 줄기의 바람이 적 대상을 타격 후 튕기며 근처 다른 적 유닛을 맞춤. 마법 피해를 입히며
매 타격 시마다 1.25초 동안 적을 침묵시킴. 최대 5번까지 튕김

피들스틱의 fiddle은 초조하게 만지작거리는 것

★ 〈어둠의 바람〉을 몰고 다니는 챔피언 Fiddlestick피들스틱에 대해서 보겠습니다.
피들스틱은 침묵과 공포의 CC기(Crowd Control군중제어)를 가지고 있습니다. 이 광역피해 스킬로
한타를 주도할 수 있으므로 상대편이 모인 곳으로 뛰어들어야 하는 챔피언입니다. 하지만 체력이
적어서 금방 녹아버릴 수 있으므로 타이밍을 잘 보고 뛰어드는 노련함이 필요합니다.

fiddlestick [fídlstɪk ㅎ**피**들스틱] n. 바이올린 활

여기서 Fiddlestick의 **fiddle**은 **'초조하게 만지작거리다'** 라는 뜻입니다. 바이올린 연주자가 활로
부지런히 위아래로 현악기를 연주하는 모습을 생각하면 됩니다.
또한 피들스틱의 별명 〈Harbinger of Doom멸망의 전조〉에서 쓰인 harbinger 단어도 기억할만한
단어입니다.

harbinger [hɑ́ːrbɪndʒə(r) **하아**빈져] n. 조짐, 전령

* **harbinger**는 전령이나 조짐을 뜻합니다. 어원은 **'휴식처, 숙박처를 찾으러 보낸 전령'** 을 뜻하는 중세영어 herben-
gar입니다. harbor항구(휴식처) + -er(찾는 사람)의 조합으로 보면 됩니다.

옛날 부대가 진군을 할 때는 전령이 먼저 뛰어가 여관을 잡거나 숙소를 맡아놓아야 했습니다. 여관주인의 입장에서는 전령이 온다는 이야기는 곧 사고를 일으키거나 평온을 깨트릴 대부대가 뒤따라서 온다는 이야기이니 '**전령 = 불길한 조짐**'일 수밖에 없습니다.
harbinger를 암기할 때도 이렇게 휴식처를 뜻하는 **harbor**항구와 뒤에 오는 군대의 휴식처를 찾는 전령 harbinger 를 연결해서 기억하면 됩니다.

Crowstorm
R - 까마귀 폭풍

피들스틱이 자기 주위에 살인 까마귀 떼를 불러내어 5초 동안 매 초마다 해당 지역에 있는 모든 적 유닛에게 마법 피해. 정신 집중에 1.5초가 소모되며 집중이 완료된 후 피들스틱은 지정한 위치로 순간 이동.

□□□ **crow** [kroʊ 크로우] n. 까마귀

□□□ **raven** [réɪvn 레이븐] n. 큰까마귀　∞ Swain 참고

★ craw와 raven은 우리나라에서는 둘 다 까마귀로 불리지만 약간 다른 녀석들입니다.
우리주변에서 흔히 보는 crow 외에 좀 더 북극권에 가까운 야생에서 사는 크기가 64cm에 이르는 raven큰까마귀이 따로 있습니다.

Fiddlestick

★★★☆☆ **dread** - an instinctive dread of snakes 뱀에 대한 본능적인 공포

★★★☆☆ **dreadful** - That was a dreadful comment to say about your mom at this moment.
이 순간에 너의 엄마에 대해서 이야기하다니 끔찍한 언급이었다.

★★★☆☆ **terrify** - Masked robbers used a fake gun to terrify a shop assistant.
복면강도들은 가게 보조원을 겁주려고 모조 총을 사용했다.

★☆☆☆☆ **terror** - reign of terror 공포정치

★☆☆☆☆ **terrible** - a terrible headache during period 생리기간의 끔찍한 두통

★★★☆☆ **terrific** - a terrific football player 대단한 축구선수

★★☆☆☆ **terrorism** - We should unite and find consensus against terrorism.
우리는 테러리즘에 대항하여 결집하고 합의점을 찾아야 합니다.

★★★☆☆ **drain** - Drain the water a little, and we can make a skating rink.
물을 약간만 빼라. 그러면 우리는 스케이트장을 만들 수 있다.

★★★☆☆ **drainage** - drainage channels for driveways 진입로의 배수 통로

★★★☆☆ **plumbing** - The plumbing in this hospital is all backed up.
이 병원의 배수관은 모두 꽉 (막혀) 넘쳤다.

★★★☆☆ **sewer** - The smell from the sewer rushed into the tournament hall.
하수구에서 나는 악취가 경기장으로 밀려들어왔다.

★★★☆☆ **curbside** - He sat curbside, waiting for his ride to the event.
그는 차도 가장자리에 앉아서 그 행사장으로 가는 차를 기다렸다.

★★★☆☆ **sewage** - The flood caused raw sewage to fill my classroom.
홍수는 미처리하수가 내 교실을 채우게 만들었다.

★★★☆☆ **curb** - Curb your enthusiasm for the match, it might not even happen.
그 시합에 대한 네 열정을 가라앉혀라. 그것은 치러지지 않을지도 모른다.

★★★★★ **fiddlestick** - Oh, fiddlesticks! I selected the wrong character.
오, 말도 안 돼! 나 캐릭터를 잘못 선택했어.

★★★★☆ **harbinger** - the harbingers of spring 봄의 전령

★☆☆☆☆ **crow** - about 3 miles as the crow flies
직선거리로 약 3마일 (까마귀가 두 지점 사이의 최단 직선거리로 날 수 있는 능력이 있다는 데에서 유래)

★★★☆☆ **raven** - My raven can change into a black monster when I need backup.
내 까마귀는 내가 도움이 필요할 때 검은 괴물로 변할 수 있다.

Fiora, the Grand Duelist

피오라 - 결투의 대가

- **P** — Duelist's Dance　치명적인 검무
- **Q** — Lunge　찌르기
- **W** — Riposte　응수
- **E** — Bladework　대가의 검술
- **R** — Grand Challenge　꺾을 수 없는 의지

P — Duelist's Dance
passive - 치명적인 검무

피오라가 주변 적 챔피언들의 급소를 찾아냄. 피오라가 급소를 가격한 후, 혹은 15초가 지나면 새로운 급소가 드러남. 피오라가 급소를 가격하면 대상에 고정 피해를 입히고 이동 속도가 상승했다가 1.75초에 걸쳐 정상으로 줄어들고 체력 회복.

□□□ **duel** [dúːəl 듀우얼] n. 결투자

'fight a duel?'은 '한 판 뜰까?'의 뜻

★ duelist는 'duel결투을 하는 사람'을 말하고 fight a duel하면 '결투를 하다'라는 뜻입니다. '누구를 두고 싸우다'라는 표현은 duel over를 사용합니다.

> I challenged to the bigger fighter to a duel over a lady, and he accepted it.
> 나는 한 여자를 두고 싸우려고 나보다 덩치가 큰 파이터에게 도전했고, 그가 받아들였다.

싸움의 종류는 이처럼 둘이 싸우는 duel결투 이외에도 fight, brawl, struggle, scuffle, tussle 등 여러 가지가 있는데 같은 싸움이지만 어감에는 조금씩 차이가 있습니다.

재미있게도 이러한 싸움에 관계된 단어들은 대부분 '-le'발음으로 끝난다는 공통점이 있습니다. 이는 단어들이 '동작의 반복'을 나타내는 어미 '-el'에서 기원해서 그런 것입니다. 그리고 이 '-el'로 끝나는 어미는 현대영어에서 '-le'의 철자로 사용됩니다. 보통 싸움은 한 방으로 끝나지 않고 반복적으로 타격이 오고가므로 이로 인해 생긴 공통점이라고 볼 수 있겠습니다.　∞ Aatrox W skill 참고
참고로 duel과 발음이 같은 dual은 '이중의'라는 뜻입니다.

fight	길거리 1:1 맞짱 뜨기
brawl	아저씨들이 술 마시고 웃통 벗고 큰소리로 술집에서 싸우는 모습
struggle	강도와 싸우며 몸부림치고 애쓰며 버둥거리기
scuffle	파파라치가 찍은 카메라를 내놓으라고 옥신각신하는 모습
tussle	축구선수들이 공을 차지하려고 몸싸움하기

brawl [brɔːl 브로얼] n. (공공장소에서의) 싸움
struggle [strʌ́gl **스트러**글] n. 분투
scuffle [skʌ́fl **스커**ㅎ플] n. 실랑이, 옥신각신
tussle [tʌ́sl **터**슬] n. 몸싸움

* brawl은 주로 사람들이 많이 모여 있는 공공장소에서의 싸움을 말합니다. 특히 술집에서 난장판으로 싸우는 이미지가 강한 단어입니다. 나귀가 시끄럽게 큰 소리로 울부짖는다는 뜻의 동사 bray에서 나온 단어입니다.
'고기를 굽다'는 뜻의 broil도 어원은 다르지만 **'시끄럽게 소동을 일으키며 싸우다'**는 뜻이 있고 발음도 비슷하여 연상하여 외울 만합니다.
게다가 **'맥주를 양조하다'**는 뜻의 brew도 brawl과 발음이 비슷하므로 맥주를 마시고 술집에서 큰소리로 싸우는 아저씨들의 모습을 연상하여 외울 수 있습니다.

* struggle은 아등바등하며 애쓰는 모습을 말합니다. **'나쁜 의지'**를 말하는 고대 노르웨이어인 strugr에 반복의 어미 -el이 붙은 것입니다.
되지도 않는 상대를 어떻게든 해보려고 버둥거리며 싸우는 이미지의 단어입니다. 그 struggle의 상대는 인간일 수도 있고 자신이 처한 상황일 수도 있습니다.
struggle을 외울 때는 발음대로 **'트력을 이빨로 끌고 가려고 차력사가 아등바등'**하는 모습을 생각하면 됩니다.

* scuffle은 물건을 놓고 옥신각신하는 모습을 말하는데 **'(발 뒷굽을 들고 걷지 않고) 발을 직직 끌다'**는 뜻의 동사 scuff에 반복의 어미 -el이 붙은 것입니다. 두 사람이 서로 어깨를 맞대며 밀치며(shove) 직직 끌리는 모습을 생각하면 됩니다.
scuffle을 기억할 때는 이미지로 **'S 커플이 사랑싸움을 하며 서로 어깨를 미는'** 모습을 연상하면 됩니다.

* tussle은 몸싸움을 말합니다. 공을 차지하려고 서로 밀치는 축구선수의 볼 다툼을 떠올리면 되는 단어입니다.
'머리를 헝클어뜨리다'라는 뜻의 동사 tousle과 연관되어 있습니다.
tussle을 기억할 때는 번식기의 수컷들이 **'텃세를'** 부리며 번식지를 차지하려고 다투는 모습을 떠올리면 됩니다.

미국의 마지막 duel(결투)

카우보이 결투의 나라인 미국은 총싸움 duel결투로 복수를 해결해왔습니다. 신사들은 자신이나 애인의 명예가 훼손되었다고 생각되면 지체없이 상대에게 장갑을 던져 결투를 신청했습니다. 그러다 차차 법에 의해 분쟁을 해결하는 것으로 바뀌어 1859년의 마지막 권총결투를 끝으로 더이상 개인적인 복수는 볼 수 없게 됩니다.

미국의 마지막 결투는 캘리포니아 상원의원인 Broderick브로데릭과 캘리포니아 대법원장 Terry테리 사이에 노예제도 논쟁을 하다 발생하게 되었습니다. 브로데릭이 동전던지기에 이겨서 태양을 등지는 장점을 얻었지만 총을 먼저 고르는 기회는 테리가 가지게 되었습니다. 결투 결과는 테리의 승리가 되었습니다.

당시에도 결투는 불법이었지만 어깨에 총알을 맞은 브로데릭이 3일 만에 죽게 됨으로서 미국사회에 큰 논란을 일으켰고 이후 결투금지법이 더욱 강화된 계기가 되었습니다.
이 권총결투 현장은 Lake Merced머시드 호수 근처에 있고 현재는 관광지가 되었습니다. 당시 결투 당사자들이 서로를 쐈던 자리에는 지금도 obelisk오벨리스크가 조그마하게 서있어서 당시의 결투자 간의 거리를 알려주고 있습니다.

Q Lunge
Q - 찌르기

피오라가 한 방향으로 돌진하며 근처 적 하나를 베어 물리 피해를 입히고 적중 시 효과를 적용함. 이 공격은 급소와 처치 범위 안의 대상들을 우선 가격함. 적에게 적중한 경우 찌르기의 재사용 대기시간이 60% 감소.

□□□ **lunge** [lʌndʒ 런지] v. (검 등을 들고) 돌진하다

lunge는 long(길게) 찌르기!

★ **lunge**는 원래 fencing펜싱 용어이고 칼로 찌르는 동작을 나타냅니다. 원래 long(길다)를 뜻하는 라틴어 longus에서 나온 말입니다.
프랑스어에서 여기에 a(방향의 to)가 붙어 **'길게 늘이다'**라는 뜻의 allonger로 쓰이다가 영어로 와서 lunge가 되었습니다.

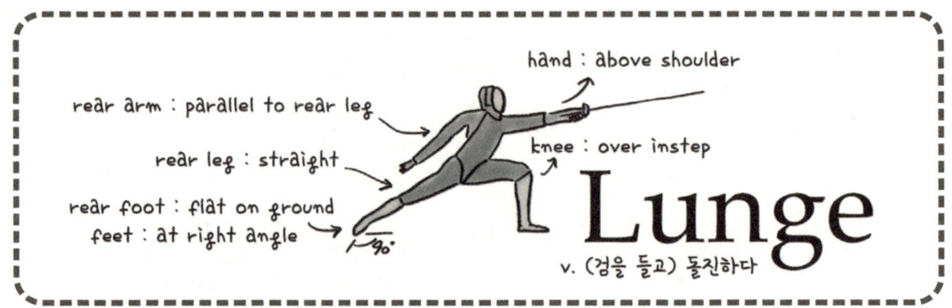

펜싱의 기본이 되는 lunge 동작을 설명해보면 찌르는 팔은 어깨 위로 살짝 올라가 있어야 하며 뒤의 팔은 뒷발과 평행이 되어야 합니다. 뒷발은 발을 쭉 뻗고 발바닥은 바닥에 대야 합니다. 발은 정면과 90도를 이루며 안정적이어야 합니다. 무릎은 바로 내딛는 스텝 위에 직각으로 위치해야 합니다.

Riposte
W – 응수

피오라가 다음 0.75초 동안 받는 모든 공격과 이동 불가 효과를 막아낸 다음 대상이 있는 방향으로 검을 휘두름.
이 가격은 적에게 마법 피해를 입히고 처음 맞은 적 챔피언의 이동과 공격 속도를 50%만큼 1.5초간 둔화시킴. 피오라가 이동 불가 효과를 막아낼 경우 응수로 둔화시키는 대신 기절시킴.

□□□ **riposte** [rɪpóʊst 리**포우**스ㅌ] n. 응수

★ **riposte** 역시 펜싱 용어로서 상대편의 lunge를 쳐낸 후에 재빠르게 찌르는 동작을 말합니다. 어원은 respond에서 나왔습니다.

respond [rɪspáːnd 리**스파안**드] v. 대답하다, 응답하다

Bladework
E - 대가의 검술

피오라는 다음 두 번의 공격에 대해 공격 속도가 50% 상승. 첫 번째 공격은 치명타가 될 수 없지만 대신 1초 동안 둔화를 적용. 두 번째 공격은 100% 치명타 피해.

Grand Challenge
R - 꺾을 수 없는 의지

피오라가 대상 챔피언의 급소 네 군데를 다 드러내 고정 피해. 피오라가 대상 근처에 있을 때는 치명적인 검무 이동 속도 효과.
피오라가 8초 안에 급소 네 군데를 모두 가격하거나 한 군데라도 피오라가 가격한 후 대상이 죽으면 피오라와 주변 아군 체력 5초 동안 회복.

□□□ **grand** [grænd 그랜드] a. 웅장한　　∞ Pantheon 참고

□□□ **challenge** [tʃǽlənd3 **첼**린지] n. 도전 v. 이의를 제기하다　　∞ Xin Zaho 참고

★ **grand**는 '**웅장한**'이란 뜻의 형용사인데 Grand Canyon그랜드 캐니언(대협곡)이나 grand piano나 grandfather와 같은 단어에서 볼 수 있습니다.

연관된 단어인 grandiose는 약간 쓸데없이 거창하기만 한 것을 표현하고 싶을 때 사용됩니다.
둘 다 어마어마하게 크다라는 뜻의 형용사이지만 grand가 긍정적인 의미인데 반해 grandiose는 부정적인 의미입니다.
grandiose는 프랑스어를 철자 그대로 영어에 받아들인 단어입니다. 프랑스어에서 grandiose는 아직도 긍정적인 '**웅장한**'이라는 뜻으로 남아있습니다. 단어가 물 건너와 뉘앙스가 바뀐 거죠.

　　grandiose [grǽndɪoʊs **그랜**디오우스] a. 너무 거창한
　　grandeur [grǽnd3ə(r) **그랜**져] n. 장엄함

아비야 TV 틀어라. arbitrary(제멋대로인)

★ **challenge**는 '**도전**'이라는 뜻이 있지만 동사로 '**이의를 제기하다**'라는 뜻으로도 쓰입니다.
프로야구 경기 도중에 심판에게 비디오판독을 challenge하거나 법원에 소송을 challenge하는 것 모두 이의를 제기하는 행위에 해당합니다.

여기서는 챔피언 피오라의 R스킬인 〈꺾일 수 없는 의지〉와 비슷한 뉘앙스의 '**자기 마음대로 하다, 임의대로 하다**'라는 뜻의 단어 arbitrary를 보겠습니다. arbitrary는 상대에게 challenge를 해도 전혀 아랑곳하지 않는 것을 말합니다.

　　arbitrary [ɑ́ːrbətrerɪ **아아**버트레리] a. (법칙, 결정이) 임의적인, 제멋대로인　　∞ Sion E 참고

* arbitrary자의적인는 뭔가를 결정을 할 때 정해진 원칙이나 법칙이 없이 제 맘대로 결정한다는 것을 뜻합니다.
어원상 **'결정권자'**를 뜻하는 라틴어 arbiter에서 나온 단어이고 ar(ad방향) + baetere(go가다) + ary(형용사형 어미)의 조합입니다. 재판 등을 결정하러 **'가는 사람'**을 말하는 단어인데 영어에서도 **'결정권자'**는 라틴어 철자 그대로 arbiter입니다.
옛날부터 권력이 있는 사람은 거의 자기 맘대로 뭐든 결정하므로 arbitrary자의적인의 어감에는 피지배층의 불만이 섞여있습니다.
arbitrary자의적인를 암기할 때는 **'아비'** 발음을 이용하여 권력을 쥔 할아버지가 마음대로 **"아비야 TV틀어라"**라고 말하는 상황을 기억하면 도움이 됩니다.

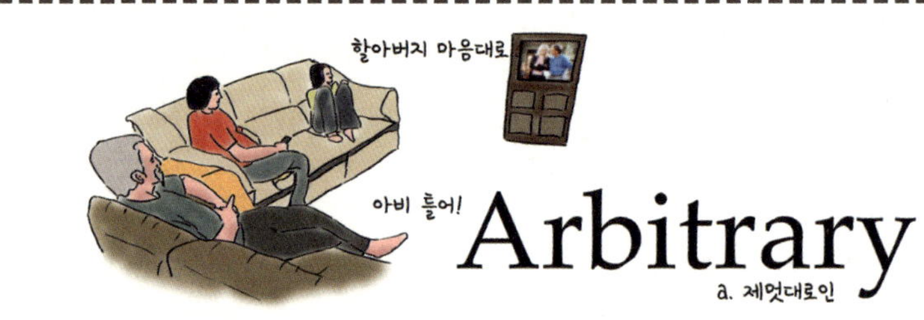

인류의 가장 먼 거리 challenge(도전)

인류가 수행한 가장 먼 거리의 도전은 1977년 NASA에서 태양계 밖을 탐사할 목적으로 발사한 Voyager보이저 1호의 여행이라고 할 수 있겠습니다. 지금 이 순간도 열심히 태양계 밖을 향해서 날아가고 있는 보이저 1호에는 60개국의 인사말과 사람의 심장소리, 파도소리, 도시의 소음 등이 녹음되어 있는 golden record금판가 들어있습니다. 외계인이 존재히여 보이서 1호를 수거했을 경우 언어가 다른 그들이 이해할 만한 우주 공통의 지식을 적어놓은 것입니다.

그런데 이게 좀 인류에게 위험합니다. 외계인이 보이저 1호에 녹음된 이 소리를 듣는다면 물과 대기(소리의 전파)를 가진 행성에 지능을 가진 생명체가 고도로 군집해서 살고 있다고 파악할 것입니다. 동시에 그 외계인이 적대적인 성향이라면 인간이 아직 과학기술이 발전하지 않고 순진하니 더 크기 전에 어서 가서 멸망시키고 싶어질 것입니다.

영국의 우주 물리학자인 Stephen Hawking스티븐 호킹은 우주의 발달된 문명과 인류가 만나면 인류는 멸절될 것이라고 말했습니다. 사실 아즈텍 문명이나 잉카 문명의 멸망에서 보듯이 발달된 문명의 잔인성은 승자의 당연한 권리처럼 보여지기까지 합니다. 보이저 1호는 친절하게 지구의 위치와 과학지식의 수준을 외계인에게 가르쳐주고 있습니다. 잘못하면 인류는 백인에게 친절했던 아메리카 인디언처럼 멸종해 갈 것입니다.

결과적으로 미국인들이 arbitrary제멋대로하게 인류의 운명을 결정지은 것이 아닐까요?

Fiora

★☆☆☆☆   duel - They dueled on a pirate ship until their captain called them back inside.
그들은 자기네 선장이 안으로 다시 들어오라고 할 때까지 해적선에서 대결을 벌였다.

★★★☆☆   brawl - The two competitors of the World Chess Championship brawled during the match.
세계 체스챔피언 결정전의 그 두 경쟁자는 시합 동안에 몸싸움을 하였다.

★★★☆☆   struggle - I struggled to fight off a vampire and a werewolf all at the same time.
나는 뱀파이어와 늑대인간을 모두 동시에 싸워서 물리치느라 고생했다.

★★★★★   scuffle - We scuffled over who will use Fiora.
우리는 누가 피오라를 사용할 것인지를 놓고 옥신각신했다.

★★★★★   tussle - The two fighters even tussled with the referee.
그 두 파이터는 심지어 심판과도 몸싸움을 했다.

★★★★★   lunge - He lunged towards me with his sword, but missed, and hit his mom instead.
그는 나를 향해 장검으로 길게 찔렀으나 빗나갔고, 대신 자기 엄마를 찌르게 되었다.

★★★☆☆   respond - He responded to the question with a hundred disgusting farts.
그는 그 질문에 백 번의 역겨운 방귀로 응대했다.

★☆☆☆☆   grand - Count Dracula built a grand castle for his pet werewolf.
드라큘라 백작은 자신의 애완용 늑대인간을 위해 웅장한 성을 지었다.

★★☆☆☆   challenge - I challenge you to a duel.
나는 너에게 결투를 신청한다.

★★★★☆   grandiose - The grandiose House of Targaryen even has a room for their dragon.
그 웅장한 타르가르옌 가문은 심지어 자기네 용을 위한 방이 있다.

★★★☆☆   grandeur - an impression of the grandeur of architecture 건축물의 웅장함에 대한 인상

★★★☆☆   arbitrary - an arbitrary decision 임의적인 결정

Fizz. the Tidal Trickster

피즈 – 대양의 말썽꾸러기

P	Nimble Fighter	영리한 사냥꾼
Q	Urchin Strike	성게-찌르기
W	Seastone Trident	심해석 삼지창
E	Playful 장난치기 **Trickster** 재간둥이
R	Chum the Waters	미끼 뿌리기

P — Nimble Fighter
passive – 영리한 사냥꾼

피즈는 재빠른 몸놀림 덕택에 유닛 충돌을 무시하며 기본 공격에 맞을 시 피해를 덜 입음.

☐☐☐ **nimble** [nímbl 님블] a. 날렵한

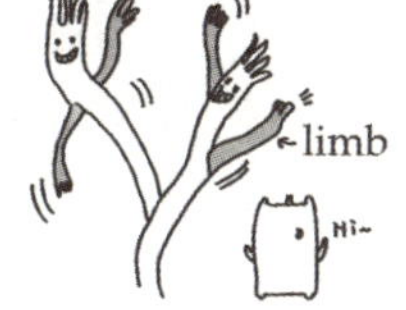

nimble(날렵한)은 limb(사지)가 휘리릭~ 휘리릭~

★ nimble은 발 빠르고 날렵하게 행동하는 모습을 말하고 팔다리의 '사지(四肢)'를 뜻하는 limb과 관계가 있습니다.
보통 네 발 달린 동물이 민첩하게 움직입니다.
nimble이 뜻하는 날렵함은 민첩이란 용어로 번역되어 온라인 게임에서 중요한 stat스탯 요소로 사용됩니다. 또한 게임에 따라 민첩의 영어 번역은 agility나 dexterity를 사용합니다.

nimble을 기억할 때는 표범처럼 4개의 다리(limb)로 재빨리 움직이는 민첩한 고렘에게 초보가 부탁하는 장면을 떠 올리면 됩니다. "**날렵한 님(nim), 제발 좀 천천히..가죠?**"

agile [ǽdʒl 애즐] a. 날렵한
→ **agility** [ədʒíləti 어질러티] n. 민첩　∞ Udyr 참고
dexterous [dékstrəs 덱스테러스] a. 손재주가 좋은
→ **dexterity** [dekstérəti 덱스테러티] n. 손재주　∞ Udyr 참고

Agility
n. 민첩

---

critical(크리티칼) 한 방을 선호하는 한국게이머

민첩 stat이 높으면 보통 회피도가 높아지거나 치명타가 높아집니다. 치명타를 뜻하는 critical은 게임을 하는 유저가 가장 선호하는 스탯이기도 합니다.

단어 critical은 일상에서 '비난하는'이라는 뜻으로 많이 쓰이지만 온라인게임에서는 '중대한', '결정적인'이란 뜻으로 사용되어 평소의 데미지보다(평타라고 하죠) 두 배 정도 더 들어가는 상황을 말합니다. 다 죽어가다가도 게임을 한 방에 뒤집어 버릴 수 있는 stat스탯이라고 하겠습니다.

critical strike effect크리티칼 효과는 hitting sounds타격사운드, 몹의 response반응와 더불어 시원한 손맛, 즉 타격감을 이루는 가장 중요한 요소입니다.

critic [krítɪk **크리틱**] n. 비평가
→ **criticize** [krítɪsɑɪz **크리티싸이즈**] n. 비판하다, 비평하다
→ **criticism** [krítɪsɪzəm **크리티씨점**] n. 비평

He had long been critical of the policy of the government.
그는 오랫동안 정부의 정책에 비판적이었다.

Q | **Urchin Strike** | 피즈가 목표를 향해 돌진하며 기본 공격 피해에 주문력 대비 추가의 마법 피해.
Q - 성게 찌르기 | 이 스킬은 명중 시 발생 효과가 적용.

□□□ **urchin** [ɜ́ːrtʃɪn **어어친**] n. 성게, 부랑아

urchin(성게)는 바다의 hedgehog(고슴도치)

★ urchin성게는 생긴 모양새가 고슴도치와 거의 같고 어원도 hedgehog고슴도치와 같습니다. 비록 단어모양은 urchin에서 어원인 hedgehog를 찾아보기 힘들지만 사실이 그렇습니다.
urchin을 외울 때는 '성게처럼 성격이 까칠한 여친'을 생각해보면 재미있게 기억됩니다

성게와 친한 바다 동물 몇 가지를 같이 확인해보겠습니다.

starfish 불가사리 (별 + 물고기)
sea cucumber 해삼 (바다 + 오이)
sea squirt 멍게 ← * **squirt** (찍)싸다
sea anemone [ənémənɪ 어**네**머니] 말미잘 (바다 + 아네모네)
squid, cuttlefish 오징어
coral 산호
abalone [æbəlóʊnɪ 애벌**로우**니] n. 전복

W

Seastone Trident
W - 심해석 삼지창

(기본 지속 효과) : 피즈의 공격이 적들을 상처 내서 잃은 체력의 일부만큼의
피해를 3초에 걸쳐 마법 피해로 줌. (미니언 상대로는 최대 300)
(액티브) : 5초간 피즈가 공격시 추가로 마법피해.

□□□ **trident** [tráɪdnt **트라이든**ᴛ] n. 삼지창(세 개의 이빨)   ∞ Vi 참고

trident(삼지창)는 3갈래의 이빨

★ **trident**는 보통 바다의 신 Poseidon포세이돈의 three-pronged spear세 갈래의 창를 말합니다.
그리스 신화에서의 바다의 신은 포세이돈이고 로마신화에서의 바다의 신은 Neptune넵튠입니다.
이 포세이돈은 발음을 잘 해줘야 하는데 [포세이돈]하면 외국인들은 못 알아듣고 고개를 갸우뚱
합니다. [포우**싸이**든]으로 accent악센트까지 같이 신경써줘야 합니다.

우리는 그리스신화나 로마신화의 신들을 라틴어발음으로 표기하고 배웠기에 우리가 아는 deities
신들를 배운 그대로 말하면 영어권 native speaker원어민는 많이 힘들어합니다.
마치 외국인이 한글 '**삼겹살**'을 '**삼기업사을**'로 발음하는 것과 같습니다. pronunciation발음이 다른
대표적인 신이나 지명의 이름을 더 보겠습니다.
발음을 주의 깊게 반복해보시기 바랍니다.

Poseidon [pousáɪdn 포우**싸이든**] n. (그리스신화) 바다의 신 포세이돈
Zeus [zúːs **주우스**] n. 제우스
Aphrodite [æfrədáɪtɪ 애ㅎ프러**다이리**] n. (미의 여신) 아프로디테
Athens [ǽθɪnz **애씬즈**] n. (그리스의 수도) 아테네
Athene [əθíːnɪ 어**씨이니**] n. (지혜의 여신) 아테네
Hermes [hə́ːrmɪːz **허어**미이ㅈ] n. (전령의 신) 헤르메스
Hades [héɪdɪːz **헤이**디이ㅈ] n. (망자의 나라) 하데스

포세이돈의 삼지창 trident는 tri-(3) + dent(tooth이빨)의 조합입니다.
tri-의 예로는 triangle트라이앵글, triathlon트라이애슬론(철인삼종경기), tripod삼각대 등이 있습니다.
그리고 dent가 들어간 단어는 dentist치과의사, dental clinic치과의원 등이 있습니다.

Playful / Trickster
E - 장난치기 / 재간둥이

피즈가 커서가 위치한 쪽으로 뛰어올라 삼지창 위에 섬. 이후 땅을 강하게
내리쳐 주변 적들에게 마법 피해와 맞은 적의 이동 속도를 2초간 감소시킴.
스킬을 다시 사용하면 커서가 있는 쪽으로 다시 뛰어오르며 마법 피해.

□□□ **trickster** [tríkstə(r) **트릭스터**] n. 사기꾼

★ trickster는 trick속임수을 사용하는 사기꾼을 말합니다.
챔피언 피즈는 별명이 〈Tidal Trickster〉인데 한국에선 대양의 말썽꾸러기로 번역이 되었습니다.
피즈는 포세이돈처럼 삼지창을 무기로 사용하여 조수를 변형시키고 속여서 공격하는 컨셉입니다.

여기서 tidal은 tide조수의 형용사형으로서 flow밀물과 ebb썰물이 반복하는 것을 말합니다.
('flow and ebb'를 외울 때는 발음대로 바닷물이 'full가득한과 없(다)'로 기억하면 됩니다.)

 tidal [táɪdl **타**이들] a. 조수(潮水)의 ∞ Nami 참고

주의할 점은 우리는 '**밀물과 썰물**'이라고 하지만 영어에서는 '**썰물과 밀물**'의 순서로 표현합니다.

Chum the Waters
R - 미끼 뿌리기

피즈가 대상 지역에 적 챔피언에게 들러붙을 수 있는 상대의 이동속도를 줄이는 마법 물고기를 풀어 놓음. 대상은 피즈의 피해량이 6초간 20% 증가. 물고기가 적 챔피언에게 붙지 않은 경우 위를 지나가는 적 챔피언에게 부착. 1.5초 후 땅에서 상어가 튀어나와 마법 피해와 쓰러뜨림. 나머지 적들을 옆으로 밀쳐냄. 피해를 받은 적들은 1.5초간 이동 속도 감소.

□□□ **chum** [tʃʌm 첨] n. 밑밥 v.밑밥을 뿌리다

첨에 chum(밑밥)부터 뿌리고 낚시하자

★ chum은 slang속어으로 '**친구**'를 뜻합니다. 또한 '**밑밥**'이라는 의미도 있습니다.
두 뜻의 어원은 각각 다릅니다. 먼저 친구의 뜻일 때는 방을 같이 쓰는 사이(roommate)라는 뜻에서 chamber방 어원에서 기원한 것입니다.
그리고 밑밥의 뜻일 때는 물고기의 음식을 뜻하는 스코틀랜드어인 chum의 단어가 그대로 전해진 것입니다.

밑밥이란 낚시를 하기전에 물고기를 모이게 하기 위해서 미리 물에 뿌려주는 미끼를 말합니다.
chum을 기억할 때는 낚시를 시작하기 전 '**첨 뿌려주는 밑밥**'이라고 외우면 편합니다.

챔피언 피즈는 평타가 좋으며 사거리도 길어서 미드라인에서 마법저항력을 높이며 키워나갈 수가 있습니다. 특히 피즈의 CC(Crowd Control군중제어)기인 이 밑밥스킬은 상대가 일단 걸리면 상어가 붙어서 따라다니며 느려지게 하고 피즈의 데미지를 증가시키게 됩니다. 상대의 원딜 챔피언에게는 재앙이 될 수 있는 강력한 스킬입니다.

Fizz

★★★★★ nimble - The nimble soldier avoided all the land mines, while running away from a tank.
그 날렵한 병사는 탱크에게서 도망가는 동안 모든 지뢰를 피했다.

★★★☆☆ agile - as agile as a monkey 원숭이만큼 날렵한

★★★☆☆ agility - reducing management costs and improving business agility
관리비용 절감과 비즈니스 민첩성의 향상

★★★☆☆ dexterous - a dexterous pianist 솜씨 좋은 피아니스트

★★★☆☆ dexterity - political dexterity 정치적인 수완

★★☆☆☆ critic - an authority as a critic 비평가로서의 권위

★★★☆☆ criticize - She criticized me for being late to my birthday party.
그녀는 내 생일파티에 내가 늦은 것에 대해 비난했다.

★★★☆☆ criticism - despite all the criticism 그 모든 비난에도 불구하고

★★★★★ urchin - A castaway caught a sea urchin in the sea and ate it raw on the beach.
한 조난자가 바다에서 성게를 잡아 해변에서 날것으로 먹었다.

★★★★☆ trident - When the sea king handed me his trident, the sea people knew who was the new king.
바다의 왕이 나에게 그의 삼지창을 건네주자 바다의 백성들은 누가 새로운 왕인지를 알게 되었다.

★★★☆☆ trickster - The trickster handed me the wrong bag hoping to steal mine.
그 사기꾼은 내 가방을 훔치기를 기대하면서 나에게 다른 가방을 넘겨주었다.

★★★☆☆ tidal - A tidal wave washed the town away leaving nothing.
해일이 아무것도 남기지 않고 마을을 쓸고 가버렸다.

★★★★☆ chum - He threw chum in the water to attract the sea beast.
그는 바다 야수를 꾀기 위해 물에 밑밥을 던졌다.

Galio, the Sentinel's sorrow
갈리오 - 파수꾼의 슬픔

- **P** Runic Skin 룬 피부
- **Q** Resolute Smite 단호한 일격
- **W** Bulwark 방벽
- **E** Righteous Gust 정의의 돌풍
- **R** Idol of Durand 듀란드의 석상

P **Runic Skin** | 갈리오의 총 마법 저항력 중 50%가 주문력으로 변환됨.
passive - 룬 피부

□□□ **runic** [rúːnɪk **루우닉**] a. 룬(rune)문자의

rune(룬)은 비밀스런 마법의 문자

★ rune은 룬문자를 말합니다. 룬문자는 1세기경부터 현재의 독일 지역에서 주로 사용된 문자인데 라틴 알파벳이 들어오면서 사라지기 시작했습니다. 게르만족이 점술에 사용한 부호로 추측되는 룬문자는 독일에서뿐만 아니라 영국의 앵글로-색슨족 지역, 그리고 북유럽의 스칸디나비아 반도에서 사용되었습니다. 룬문자는 쓰이는 나라와 시기에 따라 모양과 알파벳의 개수가 다릅니다. Rune 단어의 본래 의미는 '**비밀**'이라고 합니다.

Rok runestone (Sweden)

Runic
a. 룬 문자의

스웨덴의 유명한 Rök Rune-stone의 글자를 자세히 보면 ᛒ(f), ᚱ(r), ᚠ(a), ᛁ(i), ᚦ(θ) 등을 알아볼 수 있는데 이를 통해 룬문자가 알파벳이 있는 음소문자이며 모양이 그리스 알파벳의 영향을 받았다는 사실을 알 수 있습니다.
룬문자는 아직까지도 Sweden스웨덴 같은 북유럽에서는 decorative장식의 목적으로 사용되기도 합니다. 이 아름다운 룬문자의 모습은 신비로운 주술과 가장 어울려서 온라인게임에서도 자주 볼 수 있습니다.

decorative [dékəreɪtɪv 데커레이티브] a. 장식의 ← **decorate** [dékəreɪt 데커레이트] v. 장식하다

* **decorate**는 '**장식하다**'라는 뜻인데 '**적합하다**'라는 뜻의 PIE어근 *dek-에서 그 어원을 찾을 수 있습니다. 결국 무언가에 장식을 한다는 것은 본래의 성질과 어울려하려한다는 의미가 들어있다고 볼 수 있습니다.
단어 decent도 같은 *dek- 어원에서 나온 것인데 이는 '**제법이다**', '**꽤 괜찮다**'라는 뜻입니다.

decent [díːsnt 디이슨ㅌ] a. 제법인, 적절한

decorate장식하다를 외울 때는 '**대(大)코라서 장식이 필요하다**'라고 외우면 편합니다.

Resolute Smite
Q - 단호한 일격

갈리오가 눈에서 충격 에너지를 발사하여 목표 위치 근처에 있는 적에게 마법 피해를 입히고 이동 속도를 2.5초 동안 낮춤.

☐☐☐ **resolute** [rézəluːt 레절루우ㅌ] a. 확고한, 단호한
☐☐☐ **smite** [smaɪt 스마이트] v. 세게 치다

resolve(re다시 solve푸는)가 왜 resolute(확고한) 것일까?

★ **resolute**의 무언가에 영향을 받아도 절대 흔들리지 않는 '**확고한, 단호한**'이라는 뜻입니다. 원래 re(다시) + solve(loose느슨하게 하다, 풀다)의 조합에서 나왔습니다.
그런데 어원을 보면 느슨하게 푼 것이라는 이야기인데 왜 확고하고 단호하다는 뜻이 되었을까요?

거의 반대의 의미인 것 같아 이해가 어렵습니다.
이렇게 어근과 반대되는 개념이 생긴 이유는 그간 이어지는 뜻의 변화가 여러 번 생겨서입니다.
원래 어근이 되는 solve는 묶음을 풀고(untie) '느슨하게 하다(loose)'의 의미였습니다.
여기에 re(다시)가 붙어서 resolve는 '사물을 반복해서(re) 풀어 느슨하게(solve) 조각내고 진실에
다가가다'라는 의미가 되었고 결국 나중 '결론에 도달하여 확고해지다'라는 뜻이 되었습니다.
resolute단호한의 단어 안에 진실을 찾기 위해 논리적으로 접근하는 방법이 숨어있는 셈입니다.

| solve | – | 풀다 → | – | resolve진실에 다가가다 → | – | resolute결론이 되어 확고해지다 |

solve [sɑ:lv 사알브] v. 풀다 → **solution** [səlú:ʃn 설**루우**션] n. 해답　∞ Karma 참고
resolve [rɪzɑ́:lv 리**자알**브] v. 해결하다, 다짐하다, 의결하다
　→ **resolution** [rezəlú:ʃn 레절**루우**션] n. 결의안, 해결

한미연합사의 Key resolve 훈련

　군필이든 미필이든 우리나라 남자가 'resolve'라는 단어에서 자유로울 수 없는 이유는 한미연합 군사훈련인
[Key Resolve 훈련]이 있어서입니다. 매번 북한은 이 [Key Resolve키리졸브 훈련]의 중단을 요구하며 위기감을
증폭시키고 있기 때문입니다. 1994년까지는 [Team Spirit팀스피릿 훈련]을 해왔는데 북핵협상 때 북한요구로
중단되고 이의 대체로 시작된 한미연합 군사훈련이 [Key Resolve 훈련]입니다.

　[RSOI(Reception, Staging, Onward Movement and Integration of Forces) : 수용, 대기, 전방이동 및
통합연습]에서 2008년부터 [Key Resolve중요한 결의 훈련]으로 명칭이 정해졌습니다. 이런 훈련은 북한과의
전쟁이 시작되면 당분간 어떻게 방어하고 충원되는 미군을 어디로 실어 나르며 어떻게 반격할 것인가에 대한
연습입니다. 전쟁을 수행할 모든 미군이 현재 한국에 주둔하는 것이 아니므로 병력의 보충은 전쟁의 향방을
가를 중요한 요소입니다. 북한의 입장에서는 항공모함을 포함한 어마어마한 군대가 상륙장비와 공격장비를
갖추고 훈련을 하는데 그 대상이 자신들의 옆구리가 될까봐 긴장하는 것입니다.

Smite는 강타하다라는 뜻

★ smite는 '세게 치다, 강타하다'라는 의미로 사용되는데 사실 LOL의 스킬 이름에 이 단어가 쓰인
이유 때문에 영어에 더 자주 쓰이는 단어가 되었습니다.

또한 smite는 RPG게임인 [Smite스마이트]의 제목에 그대로 쓰이고 있습니다. 이 게임은 영웅들이
모두 신화 속 주인공이고 시작할 때 요금이 공짜여서 꾸준하게 북미에서 인기를 유지하고 있습니다.
3인칭시점 AOS게임이어서 요즘 인기 있는 [Heroes of the Storm(HOS)]과 이용자가 겹칩니다.

Digital 자료 통계 site사이트인 [Superdata슈퍼데이타]의 세계 월별 실게임 유저통계 그래프를 보면
꾸준하게 [Smite]가 인기를 끄는 것을 볼 수 있습니다. 스마이트는 3인칭 시점의 액션게임같은 조작
이지만 미니언을 클리어하고 유저들 간에 전투를 하는 방식은 LOL과 같습니다.

W Bulwark
W - 방벽

| 갈리오가 4초 동안 아군 챔피언에게 보호막을 걸어 아군의 방어력과 마법 저항력을 증가시킴.
유닛이 피해를 입을 때마다 갈리오의 체력이 회복.

□□□ **bulwark** [búlwɜːrk 불워어ㅋ] n. 방벽   ∞ Singed 참고

bulwark(방벽)이 오래되어 boulevard(대로)가 되다

★ **bulwark**는 '**방벽**'이라는 뜻인데 원래 배 갑판의 가장자리에 있는 방어목적 planking판자이나 woodwork목재작업을 말합니다.
bulwark은 bul-(구독일 어근 : 부풀어 오르다) + work(작업)의 조합입니다.

재미있는 점은 미국의 대로에 도로명으로 사용되는 Boulevard불러바드가 이 독일어 기원의 단어인 bulwark에서 나왔다는 점입니다.
bulwark은 독일에서 배의 방어용 판자를 칭할 때 쓰이다가 나중 rampart성벽의 방벽을 부를 때도 쓰이게 됩니다. 그러다가 방벽이 있던 성벽이 용도를 다하거나 파괴되면 도시를 둘러싼 넓은 산책로 역할을 하게 됩니다.
당시 시골의 좁은 길보다는 성벽위의 길이 훨씬 넓고 포장이 잘 돼있어서 대로처럼 보였을 겁니다.

그 포장이 잘 된 넓은 길을 독일에서는 **'방벽(bulwark)이 있는 요새 위의 길'**로
부른 것이었는데 프랑스어로 도입과정에서 그 의미를 **'요새 위의 넓은 길'**로
오해를 하게 됩니다.
그 후 프랑스어에서 boulevard는 방벽이나 요새의 의미는 사라지고
'넓은 길(大路)'이라는 의미만 남게 되었습니다.
게다가 당시 -w-알파벳을 쓰지 않던 프랑스어는 중세독일어 bolwerc를 -v-로
바꾸어 boulevard로 발음하여 도입하였습니다. 그러다가 제1차 세계대전이 끝나고 프랑스에 파견
나갔던 미군들에 의해서 bloulevard는 프랑스어 철자 그대로 영어에 도입됩니다.

 boulevard [búləvɑːrd 불러바아드] n. 도시의 (특히 가로수가 늘어선) 대로

boulevard를 암기할 때는 아름다운 파리를 그리워하는 미군의 입장에서 "아! boulevard(**불러봐도**)
대답 없는 **가로수길 대로**여!"를 이미지로 사용하면 됩니다.

미국의 도로명

 미국의 대로에서 boulevard가 많이 쓰이는 것은 1929년 미국에 다차선의 넓은 외곽 고속도로를 건설할 때
폼나게 프랑스어를 붙여 사용하고자 boulevard라 명명하였기 때문입니다.

 우리나라도 이제 유럽처럼 도로명 주소가 도입되었는데 **'퇴계로'**, **'번영로'**처럼 **'로(路)'** 한 가지만 쓰입니다.
미국의 경우에도 도로명 주소를 사용하지만 그 도로의 크기, 목적에 따라 이름이 다양합니다.

 Avenue(Av.) : 도심의 거리 이름에 쓰이거나 숫자를 붙여 사용. ex) 11th Avenue(11번가)
 Bloulevard(Blvd.) : 도시 내의 큰 도로
 Drive(Dr.) : 산속의 도로 같은 외곽도로
 Expressway(Epwy.) : 비교적 넓고 고속도로
 Lane(Ln.) : 비교적 좁은 도로, 원래는 차선의 뜻
 Parkway(Pkwy.) : 공원로
 Road(Rd.) : 변두리나 시외에 주로 있는 도로
 Street(St.) : 도심의 거리이름에 쓰이거나 '1st Street', '2nd Street'처럼 쓰여 1번가, 2번가 식으로도 부름.

Righteous Gust
E - 정의의 돌풍

갈리오가 날개로 바람을 일으켜 해당 경로에 있는 모든 적에게 마법 피해.
아군은 바람이 지나간 길을 이동할 때 속도 증가.

□□□ **righteous** [ráɪtʃəs **라**이쳐ㅅ] a. 정의로운, 옳은　　∞ Kayle 참고
□□□ **gust** [ɡʌst 거스ㅌ] n. 돌풍

righteous는 (right + wise)오른쪽 방향으로 란 뜻

★ righteous는 '**정의로운**'이라는 뜻입니다. 얼핏 right(옳은)에 -eous(형용사형 어미)가 붙어서 형성된 단어로 착각할 수도 있습니다. 그러나 어원을 추적해보면 right(오른쪽) + -wise(방향이나 길을 나타내는 접미사)의 조합인 고대 영어 rightwise에서 변형되어 나온 것임을 알 수 있습니다. clockwise의 예를 보듯이 -wise는 '**~방향의**'라는 뜻으로 사용되는 접미사입니다.

> **clockwise** [klɑ́ːkwɑɪz **클라악**와이ㅈ] a. 시계방향으로
> ⇔ **counterclockwise** a. 시계 반대방향으로

그 외에 또 '**방향이나 방식**'을 나타내는 -wise가 붙은 단어를 보겠습니다.

> **likewise** a. 똑같이
> **lengthwise** a. 세로로 ⇔ **widthwise** a. 가로로
> **stepwise** a. 단계적으로

한편, wise가 '**똑똑한**'이라는 뜻의 접미사로 사용되면 '**~에 (약삭빠르게) 능통한 사람**'이라는 뜻이 됩니다.

> **streetwise** a. 세상물정에 밝은, 도시생활을 잘하는
> **weatherwise** a. 날씨를 잘 맞히는, 여론에 민감한

이렇게 righteous 단어는 '**오른쪽 방향**'을 나타내었다가 차차 '**옳은 방향이고 정의롭다**'는 의미가 되었으므로 방향의 의미에 선악의 개념이 들어간 것은 나중 일임을 알 수 있습니다.
결국 상대적으로 왼쪽 방향은 '**다른 방향**'이었다가 '**나쁜 방향**'이 되어버린 것입니다.
인류의 역사에서 왼손잡이는 언어학에서부터 벌써 불길하게 여겨지고 그릇된 것으로 취급되어서 일종의 persecution박해을 받았던 것입니다.

> **persecution** [pəːrsɪkjúːʃən 퍼어시**큐우**션] n. 박해
> ← **persecute** [pɜ́ːrsɪkjuːt **퍼어**시큐우ㅌ] v. 박해하다　　∞ Lucian 참고

* persecution은 주로 종교적으로 억압받는다는 '**박해**'라는 뜻입니다. '**밀고 나가다, 뒤쫓다**'라는 뜻의 pursue에서 나온 단어입니다. 이단자나 다른 종교인을 쫓아서 잡은 다음 재판정으로 밀고 가는 모습을 설명하는 단어입니다. persecution을 암기할 때는 다른 종교를 믿는다는 이유로 선배가 나를 '(엎드려) **뻗쳐 시켜** 박해하다'라고 기억하면 편합니다.

동서양 모두 왼쪽은 나쁘다고 한다

왼손잡이는 우뇌가 발달하게 되고 미술, 음악, 체육 등 몸으로 하는 일에 관계된 일을 잘하여 천재 중에는 왼손잡이가 많다고 합니다. 그런데 이런 장점을 가진 left-hander왼손잡이가 서러운 점은 '옳다'라는 한국어도 '오른쪽'이라는 단어에서 나왔고 'righteous옳다'라는 영어도 'right오른쪽'에서 기원하고 있다는 것입니다. 즉 동서양이 모두 오른쪽이 옳다고 하고 왼쪽은 나쁘다고 말합니다.

영화 [300]에서도 보듯이 전사들은 대열을 형성할 때 왼손에 방패를 들고 오른손에 창을 들고 있습니다. 이 대열의 중간에 왼손잡이가 끼어들게 되면 전투진형이 엉망이 되고 이것이 왼손잡이가 비난받는 극단적인 예가 되겠습니다.

이렇게 손해를 보고 사는 왼손잡이는 세계적으로는 약 10%, 우리나라는 약 5%의 인구를 차지한다고 합니다. 박해를 받아도 여전히 왼손잡이가 인구의 일정 비율을 차지하는 이유는 '변칙의 우세'를 이용하기 때문이라고 과학자들은 생각하고 있습니다. 지금도 권투선수, 검객, 야구선수는 왼손을 사용하면 변칙적이어서 게임에 유리합니다. 그러나 그 변칙의 비율이 인구의 일정이상을 넘으면 더 이상 변칙이 아니게 되고 다시 익숙해진 오른손잡이에 의해 왼손잡이는 줄어들게 되어 항상 인구의 5% 정도에서 왼손잡이를 볼 수 있는 것입니다.

★ gust는 돌풍을 말합니다. 돌풍이 나온 김에 바람의 종류에 대해서 모아보겠습니다.

breeze : a light wind 미풍
gale : a very strong wind 강풍
gust : a sudden strong wind 돌풍
headwind 역풍 ⇔ tailwind 순풍
mistral 북풍(남프랑스에서)
tornado = twister 토네이도
whirlwind 회오리바람

Idol of Durand
R - 듀란드의 석상

갈리오가 2초 동안 정신 집중을 하여 주변의 적을 도발. 정신 집중 동안에는 받는 피해가 50% 감소. 정신 집중이 끝나면 주변 적에게 마법 피해를 입히고 정신 집중 동안 받은 피해의 10%를 추가.

□□□ **idol** [áɪdl 아이들] n. 우상

idol(우상)은 물에 비친 허상에서 나온 말

★ idol은 진짜가 아닌 '**허수아비로서 세운 조각**'이라는 뜻의 우상(偶像)을 말합니다. idol우상은 현대에는 청소년들에게 숭배되는 연예인을 말하기도 합니다.
idol의 어원은 라틴 교회에서 사용하던 '**false**가짜 **신**'이라는 의미의 그리스어 eidolon물에 비친 허상이란 단어입니다. 차차 eidolon은 '**물질화된 조각이나 이미지**'를 말하게 되었습니다. 이 그리스어 eidolon은 철자 그대로 영어에 도입되어 '**유령, 환영**'의 뜻으로 사용되고 있는 단어입니다.

idol과 비슷하게 우상, 표상을 뜻하는 단어로 icon이 있습니다. icon도 그리스어인 '**eicon**이미지, **초상**'에서 나왔습니다. 서양사에서 icon은 기독교의 성인이나 성서의 장면을 그린 성화를 말합니다. 현대에는 컴퓨터에서 대표 이미지를 나타내는 단어로 쓰이고 있죠.
이런 icon이 들어간 단어로는 iconoclast, iconoclasm이 있습니다. 이때 iconoclast에 사용된 clast는 '**부수다**'라는 뜻의 어근입니다.

> **iconoclast** [aɪkáːnəklæst 아이카너클래스ㅌ] n. 우상파괴자. 인습타파주의자
> **iconoclasm** [aɪkánəklæzm 아이카너클래즘] n. 우상파괴, 인습타파 ∞ Brand 참고

아이돌에 열광하는 이유

진화심리학(evolutionary psychology)은 듣기 불편한 진실을 말하는 학문이라는 특징이 있습니다. 인간의 행동을 진화심리학의 기본원리인 생존과 유전자 전달이라는 개념으로 바라보면 도덕이나 사랑 같은 숭고한 개념은 천한 바닥으로 떨어지기 때문입니다.

네덜란드의 동물행동학자 Nikko Tinbergen틴버겐은 알을 품고 있는 어미 거위의 옆에 알처럼 색칠한 배구공을 가져다 놓는 실험을 했습니다. 유전적으로 우수해 보이는 배구공 알을 본 어미 거위는 자기가 품던 알을 버리고 색칠한 배구공을 쫓아갔습니다. 어리석어 보이지만 이는 진화가 이끌어 온 방향에 의해 나온 행동입니다. 이때의 배구공 알을 '**초정상 자극**'이라고 부릅니다. 인간도 이 초정상 자극, 즉 우수해 보이는 유전자로부터 자유로울 수가 없는데 남자는 포르노에, 여자는 로맨스 소설에, 청소년은 아이돌에 열광하게 됩니다.

현실에서는 보기 힘든 상상을 뛰어넘는 외모와 운동능력(춤실력), 말솜씨(지능) 등 우수한 유전자의 신호를 보여주는 아이돌은 현실보다 더한 열병을 앓게 합니다. 일종의 '**초정상 자극**'으로 볼 수 있지만 본능적으로 느껴지는 선호도는 어찌할 수가 없는 것입니다. 여기에 사회적 관계형성을 습득해야 하고 모방과 숭배가 발달의 한 과정인 청소년기의 심리학을 생각하면 세계적인 아이돌 팬덤문화를 어느 정도 이해할 수 있습니다.

Galio

★★★★★ runic - a secret runic alphabet used by tradesmen in Sweden
스웨덴에서 상인들에 의해 사용된 비밀스러운 룬 문자

★★★☆☆ decorative - This patterns was used as a decorative feature on Korean furniture.
이 양식은 한국 가구에 장식성 특징으로 사용됐다.

★★☆☆☆ decorate - I decorated my room with awards I won.
나는 내가 받은 상으로 내 방을 장식했다.

★★★☆☆ decent - decent moral standard 훌륭한 도덕기준

★★★☆☆ resolute - resolute leadership 단호한 지도력

★★★★★ smite - He smote the lava with his sword creating the ultimate weapon.
그가 자신의 칼로 그 용암을 강하게 때리자 궁극의 무기가 되었다.

★☆☆☆☆ solve - I have a desire to solve a hard problem.
나는 어려운 문제를 풀고자 하는 욕구가 있다.

★★☆☆☆ solution - The publisher found a permanent solution to the storage of backup files.
그 출판사는 백업 파일을 저장하는데 영구적인 해결책을 발견했다.

★★★☆☆ resolution - My New Year's resolution is to play more League of Legends.
나의 새해 결심은 LOL을 좀 더 게임하는 것이다.

★★★★☆ bulwark - a bulwark against the breakdown of society
사회의 와해를 막는 방벽

★★★★☆ boulevard - Our tanks rolled through the boulevard, blowing up everything in sight.
우리 탱크들은 보이는 것은 모두 날려버리며 대로를 따라 굴러갔다.

★★★☆☆ righteous - righteous army 의병(義兵)

★★★☆☆ gust - a gust of rage 솟구치는 분노

★★★☆☆ clockwise - We completed the course clockwise.
우리는 시계방향으로 코스를 완수했다.

★★★☆☆ persecution - He and his wife suffered persecution in China due to his religious belief.
그와 그의 아내는 그의 종교적인 믿음 때문에 중국에서 박해를 받았다.

★★★☆☆ persecute - I was persecuted for my love of computer games by my family.
나는 컴퓨터 게임에 대한 사랑 때문에 가족에게 박해받았다.

★☆☆☆☆ idol - His tribe worshiped her as an idol.
그의 부족은 그녀를 우상으로 숭배했다.

Gangplank, the Saltwater Scourge

갱플랭크 - 바다의 무법자

- **P** Trial By Fire 불의 심판
- **Q** Parrrley 혀어어어업상
- **W** Remove Scurvy 괴혈병 치료
- **E** Powder Keg 화약통
- **R** Cannon Barrage 포탄 세례

P Trial By Fire
passive - 불의 심판

15초에 한 번씩 갱플랭크의 근접 공격이 대상을 불길로 휩싸 1.5초 동안 추가 고정 피해. 갱플랭크의 이동 속도를 2초 동안 증가. 이 효과는 혀어어어업상 스킬에는 적용되지 않음. 화약통을 파괴하면 이 효과가 즉시 활성화.

□□□ **trial** [tráɪəl **트라**이얼] n. 재판

 **trial은 재판을 일단 한 번 try해보는 것**

★ trial은 재판이나 공판을 말합니다. try시도하다에서 나온 말로 법정에서 두 그룹이 어떤 issue이슈에 대해 조사하고 검증한 다음에 결정하는 것을 말합니다.
trial재판은 사회에서 일어나는 여러 사건에 대한 갈등해결방법 중의 하나이므로 관련된 영어단어가 무척 많고 또 중요합니다.
재판과 법에 관한 단어가 들어간 글을 쭉 써보면서 관련된 단어를 보겠습니다.

재판의 과정

lawsuit소송을 걸면 court법원는 case사건가 되는지 따진 다음에 trial재판을 열게 됩니다.
civil suit민사소송는 lawyer변호사들끼리 싸우는 것이지만 criminal suit형사소송는 먼저 범죄자에 대한 prosecutor검사의 indictment기소가 필요합니다.
먼저 형사재판에서 detective형사들은 victim피해자을 확인하고 판사의 warrant영장에 따라서 the suspect용의자나 criminal범인을 arrest체포하게 됩니다. 판사는 the accused피고가 bail보석 석방된 상태에서 재판을 받을지 구속된 상태에서 재판을 받을지도 결정하게 됩니다.
캘리포니아 법원같은 경우 3심제인데 1심은 trial court, 2심은 court of appeal, 3심은 supreme court로 불립니다.

prosecutor [prάːsɪkjuːtə(r) **프라아**씨큐우터] n. 검사　　∞ Lucian 참고
indictment [ɪndάɪtmənt 인**다**잇먼ㅌ] n. 기소 = prosecution
detective [dɪtéktɪv 디**텍**티브] n. 형사　　∞ Orianna 참고
victim [víktɪm **빅**팀] n. 희생자　　∞ Rengar 참고
warrant [wɔ́ːrənt **워어**런ㅌ] n. 영장
suspect [səspékt 서**스펙**ㅌ] v. 의심하다 n. 용의자　　∞ Cassiopeia 참고
criminal [krímɪnl **크리**미늘] n. 범죄자
accused [əkjúːzd 어**큐우즈**ㄷ] n. (the ~) 피의자

* prosecute는 검사를 말합니다. pursue에서 나온 말로서 pursue는 '**추구하다, 밀고 나가다**'라는 뜻입니다. 범인을 법정으로 밀고 나가는 사람이니 결국 검사는 지하철의 pushman(푸시맨)과 비슷한 직업인 셈입니다.
어원은 비록 pro(앞으로)와 관계가 없지만 의미는 범인을 판사 앞으로 미는 모습이므로 암기할 때는 '(**판사**) **앞으로** (**출두**)**시켜**'로 기억하면 편합니다.

* indictment는 '**기소**'라는 뜻입니다. in(into안으로) + dict(말하다) + ment(명사형 어미)의 조합으로서 '**(말이 아닌) 글로 써졌다**'는 뜻입니다. 이는 피고가 이름과 죄명이 글로 적혀져 법정에 불려나가야 하는 상태를 말합니다. 검사의 '**기소장**'을 생각하면 되겠습니다. 기억할 때도 "기소장 안에(in) 니 이름 **다**있어. **마**!"를 이용합시다.

* detective는 형사입니다. detect발견하다에서 나온 말로 detect는 de(off제거) + tect(cover가림)의 조합입니다. 즉 무언가 숨겨진 것을 노출시키고 증거를 발견한다는 뜻입니다.

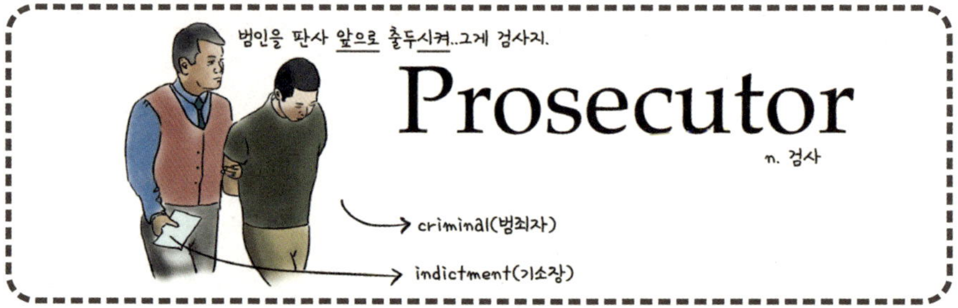

* victim은 피해자를 말합니다. 처음에 victim은 신에게 바치는 제물인 'scapegoat희생양'을 말하는 단어였는데 현대에 와서는 범죄나 사고의 희생양을 뜻하게 되었습니다.

* warrant는 영장을 말합니다. 처음에는 warning경고이나 grant허가를 의미하는 단어였다가 차차 14세기에는 비난이나 책임으로부터 방어할 목적의 문서를 말하게 되었고 현대에는 공적 명령을 전달하는 문서가 되었습니다. 이 문서가 법정에서 발부되면 구속영장이나 압수영장의 명령서가 되겠습니다.
외울 때는 단어의 의미를 분해해서 warning + grant '**너 잡아갈거야! 라고 경고하는 허가증**'으로 기억하면 됩니다.

* suspect는 용의자입니다. sus(up to향하여) + spect(보다)의 조합으로서 의심스러워서 비밀스럽게 관찰당하는 사람을 의미합니다. 용의자는 the suspect처럼 보통 the를 붙여 사용됩니다.

* criminal은 범인을 말합니다. crime범죄를 행하는 사람을 말하는데 단어의 기원에 대해 여러 해석이 있는데 가장 적절해 보이는 것은 cry + man입니다. '**울게 만드는 남자**'라는 뜻입니다.
단어의 발달상 criminal은 슬픔을 호소한다는 뜻인 plaintiff고소인와 범죄를 매개로 한 감정이 일맥상통합니다.
즉 criminal범인은 울게 만들고 plaintiff고소인은 울음을 호소하는 것이지요.　　∞ Garen plaintiff 참고

* accuse는 '**고소하다**'라는 뜻입니다. ad(to향하여) + cuse(case재판)의 조합입니다. "재판으로 가자! 법대로 해보자!"
라는 뜻의 표현이 단어에 숨어있습니다. the accused는 '**고소된 사람**'이니 피고인이 되겠습니다.
accuse를 외울 때는 "**어** (방귀) **껴써**? 너 고소야."라고 외치는 고소중독자를 떠올리면 재미있습니다.

Parrrley
Q - 허어어어업상

갱플랭크가 적 유닛에게 총을 발사하여 물리 피해. 혀어어어업상으로 최후의 일격을 가한 경우 추가 골드를 얻으며 사용한 마나의 50%를 돌려 받음. 또한, 추가로 획득하는 1골드 당 바다뱀 은화를 한 닢씩 획득하며 상점에서 포탄 세례를 업그레이드하는 데 활용 가능.

 □□□ **parley** [páːrlɪ 빠아알리] n. 협상 v. 협상하다

Parley는 '빨리' 협상하라는 뜻?

★ parley는 '**협상**'이라는 뜻인데 일상에서는 같은 뜻의 negotiation협상이라는
단어를 더 자주 볼 수 있습니다.
그래도 parley를 꼭 외워야 한다면 "**parley빨리 협상해 !**"로 외우고 넘어가고 싶습니다.

negotiation [nɪgouʃiéɪʃn 니고우시**에이**션] n. 협상

우리가 nego네고라고 짧게 부르는 negotiation은 어원이 business사업을 뜻하는 라틴어 nego-
tium에서 나왔습니다. 이는 neg(not) + otium(easy쉬운)의 조합이고 '**쉬운 것이 아니다, 장난이
아니다**'라는 뜻이 되겠습니다. 이런 장난이 아닌 행위는 '**쉬거나 노는 것**'이 아닌 바로 '**trade장사**'를
의미했습니다.

그리고 장사는 가격을 가지고 상대와 실랑이를 하는 행위이므로 나중에는 negotiation에 협상의
의미가 강하게 남게 된 것입니다.
negotiate협상하다를 암기할 때는 "**니것이야, 네것이야**"라고 서로 구분하며 협상하는 상인의 모습을
생각하면 됩니다.

LOL에서 갱플랭크의 Q스킬은 〈parrrley〉로 철자를 만들었는데 parley에 rrr을 붙인 이유는 영화 [Pirates of the Caribbean캐러비안의 해적]에서 Johnny Depp조니 뎁의 느릿느릿한 발음을 따왔기 때문으로 보입니다.
해적 조니 뎁이 천천히 발음을 하는 모습과 해적 갱플랭크의 이미지를 일치시킨 것이죠.
이는 우리나라에서 요즘 젊은이에게 기성세대가 강조하는 '**노오오오오오력**'과 같은 용법이라고 생각됩니다.

Remove Scurvy
W - 괴혈병 치료

갱플랭크가 귤을 많이 먹음.
갱플랭크에게 걸린 방해 효과가 해제되며 체력이 회복됨.

□□□ **remove** [rɪmúːv 리**무**으ㅂ] v. 치우다
□□□ **scurvy** [skɜ́ːrvɪ **스커**어비] n. 괴혈병

★ **remove**는 re(away) + move, 즉 '**멀리 옮기다**'라는 뜻입니다. 명사형은 removal입니다.

removal [rɪmúːvl 리**무**으블] n. 제거

선원들의 scourge(재앙)는 scurvy(괴혈병)

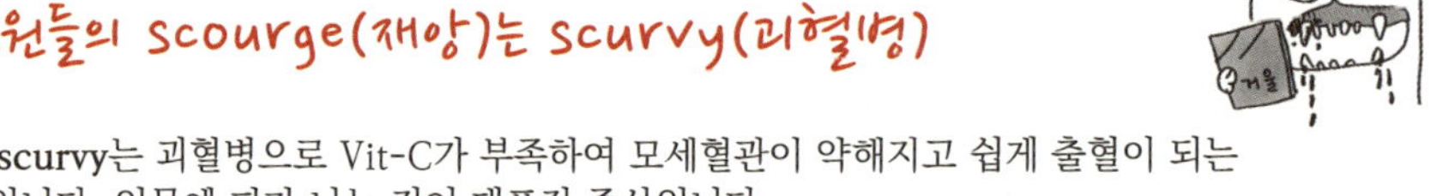

★ scurvy는 괴혈병으로 Vit-C가 부족하여 모세혈관이 약해지고 쉽게 출혈이 되는 병입니다. 잇몸에 피가 나는 것이 대표적 증상입니다.
괴혈병은 15세기 대항해시대 이전에는 거의 알려지지 않았습니다. 오랜 항해가 일반화되고 그 배의 선원들이 별 이유없이 잇몸에서 피를 흘리다 죽어나간 후 관심을 받게 된 병입니다.

스코틀랜드 해군 군의관이었던 James Lind제임스 린드는 선원에 비해 선장은 이 병에 잘 안 걸린다는 사실을 알아내고 식단의 차이를 연구하여 오렌지, 레몬 등의 과일을 치료법으로 발견하였습니다. 그 후 선원들의 괴혈병은 사라지게 되었고 현대에는 장의 흡수장애질환이 있는 경우가 아니면 보기 힘든 병이 되었습니다.

선원들에게 scurvy괴혈병가 재앙이라면 챔피언 갱플랭크는 다른 챔피언에 대한 scourge스커지라고 할 수 있습니다. 권총치명타에 화약통의 변수를 가지고 있기 때문이죠. 이 갱플랭크의 별명인 〈the saltwater scourge〉를 의역하면 '**소금바다의 재앙 덩어리**' 정도가 되겠습니다. 어디서 많이 들어본 것 같은 여기서의 '**스커지**'는 [스타크래프트]의 저그 종족의 그 scourge스커지가 맞습니다.

scourge [skɜːrdʒ 스커어지] n. 골칫거리, 재앙

 E

Powder Keg
E - 화약통

목표지점에 60초 동안 갱플랭크나 적이 공격할 수 있는 화약통을 설치. 갱플랭크가 화약통을 파괴하면 폭발 범위 내의 적을 둔화시키고 화약통을 파괴한 공격력만큼의 물리 피해. 폭발 범위가 겹치는 다른 화약통이 있다면 연쇄 폭발을 일으키지만 피해는 중첩되지 않음. 적이 화약통을 부수면 폭발하지 않고 약간의 골드를 줌. 기본적으로 갱플랭크는 2개의 화약통을 들고 다닐 수 있으며 궁극기 레벨이 올라갈수록 최대 5개까지 증가.

□□□ **keg** [keg 케ㄱ] n. 맥주통

★ powder keg는 화약통을 말하는데 여기서의 powder분말는 gunpowder화약분말를 말합니다. 또한 powder keg는 그 자체로 idiom관용구이 되어 일촉즉발의 상황을 뜻하는 말이 되었습니다.

We are sitting on a powder keg. 우린 일촉즉발의 상황 하에 있습니다.

 R

Cannon Barrage
R - 포탄 세례

갱플랭크가 배에 신호를 보내 지정한 지역에 포탄 세례. 한 번의 웨이브는 적에게 마법 피해를 입히고 포탄 세례를 맞은 적은 0.5초 동안 이동 속도가 30% 만큼 감소.

□□□ **cannon** [kǽnən 캐넌] n. 대포
□□□ **barrage** [bərάː3 버라아지] n. 일제엄호사격 ∞ Blitzcrank참고

Gangflank

★★☆☆☆ trial - The bomber's trial starts today.
그 폭파범에 대한 재판은 오늘 시작한다.

★★★☆☆ prosecutor - The prosecutor hopes for an easy victory.
그 검사는 쉬운 승리를 기대한다.

★★★☆☆ indictment - indictment for murder 살인혐의 기소

★★☆☆☆ detective - The detective found 300 fingers in the basement of that serial killer.
형사는 그 연쇄살인범의 지하실에서 손가락 300개를 발견했다.

★★☆☆☆ victim - a victim of violent crime 폭력적인 범죄의 희생자

★★★☆☆ warrant - The detective received a warrant to search the haunted house.
그 형사는 그 귀신들린 집을 수색할 수 있는 영장을 받았다.

★★☆☆☆ suspect - We need to identify two key suspects.
우리는 주요 용의자 두 명의 신원을 확인해야 한다.

★★☆☆☆ criminal - This is a room to reform a criminal.
이 방은 범죄자를 교화하기 위한 것이다.

★★★☆☆ accused - The police accused him of stealing clown shoes.
경찰은 광대 신발을 훔친 혐의로 그를 기소했다.

★★★★☆ parley - Jericho was sent to parley with the rebels.
제리코는 반란군과의 협상을 위해 보내졌다.

★★★☆☆ negotiation - We are negotiating the price of my art work.
우리는 내 미술 작품의 가격을 협상중이다.

★★☆☆☆ remove - Nora sat down to remove her make-up.
노라는 화장을 지우기 위해 앉았다.

★★★★★ scurvy - the curative effects on scurvy victims
괴혈병 희생자(환자)에게 주는 치료 효과

★★★☆☆ removal - the removal of all legal barriers 모든 법적 장애물의 제거

★★★☆☆ scourge - the scourge of mass unemployment 대량 실업의 재앙

★★★★★ keg - The party for the new members started when the keg arrived.
맥주통이 도착하자 새로운 멤버들을 위한 파티가 시작되었다.

★★☆☆☆ cannon - a water cannon 물대포(살수포)

★★★★★ barrage - a barrage of criticism 비난 폭주

Garen, the Might of Demacia

가렌 - 데마시아의 힘

P	Perseverance	인내심
Q	Decisive Strike	결정타
W	Courage	용기
E	Judgement	심판
R	Demacian Justice	데마시아의 정의

P **Perseverance**
passive - 인내심

> 가렌이 9초 동안 피해를 입거나 적의 스킬 공격에 맞지 않으면 5초 당 최대 체력의 2%씩 회복. 미니언으로부터 입는 피해는 인내심에 영향을 주지 않으며 11레벨 이상부터는 에픽 몬스터 외의 몬스터의 피해에도 영향을 받지 않음.

□□□ **perseverance** [pɜːrsəvírəns 퍼어서**비**런스] n. 인내　　∞ Sona 참고

Persevere는 severe(가혹한) 것을 참는 것

★ perseverance의 동사형은 persevere입니다. 라틴어 per(very) + severus(strict)의 조합입니다. 어근이 되는 라틴어 severus는 영어로는 severe이고 **'극심한, 가혹한'**이라는 뜻의 형용사입니다.

    persevere [pɜːrsəvír 퍼어서**비**어] v. 인내하며 굴하지 않다
    severe [sɪvír 시**비**어] a. 극심한, 가혹한

persevere의 조합은 행동이 **'매우 엄격하다(strict)'**라는 뜻에서 **'인내하며 굴하지 않다'**라는 의미가 되어 그 엄격함의 대상이 마음을 향하게 되었습니다.
perseverance인내를 외울 때는 단어에서 severe를 찾아내 per(through통하여) + severe가혹한의 조합으로 보고 **'가혹함을 통과하는 인내'**라는 뜻으로 기억해도 됩니다.

persevere처럼 인내를 의미하는 다른 단어로는 patience, endurance가 있습니다.

    patience [péɪʃns 페**이**션ㅅ] n. 참을성
    endurance [ɪndúrəns 인**듀**런ㅅ] n. 인내　　∞ Warwick 참고

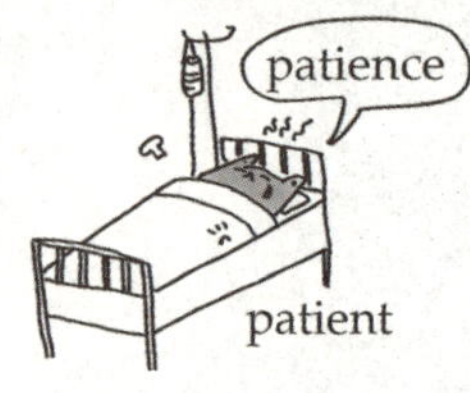

* patience는 고통을 참는 인내를 뜻합니다. 이 patience에서 patient환자 단어가 나왔습니다. 실제로도 환자는 인내심을 가지고 질병을 버텨야 하는 사람입니다.
요즘이야 painkillers진통제나 anesthetics마취제가 개발되어서 좀 고통을 덜 수 있지만 예전에는 **'환자=고통을 인내하는 사람'**이 공식이었을 것입니다.

* endurance는 인내를 뜻합니다. en(in) + dure(hard) + -ance(명사형 어미)의 조합으로 '**단단하게 오래 유지함**'을 뜻합니다. 여기서 dure는 단단하게 유지하다는 뜻의 라틴어 durare에서 나온 모습입니다.
이 어근 durare가 들어간 다른 단어를 보면 durable, duration, during 등이 있습니다. durable은 오래가는 능력인 내구성이 있다는 뜻이고 duration은 지속되는 기간을 말하고 during은 '**~하는 동안**'의 뜻입니다.
'**백만 하나!, 백만 둘!**'을 외치며 pushup팔굽혀펴기 운동을 하는 핑크래빗이 나오는 [Duracell 건전지] 광고를 본 적이 있을 것입니다. 건전지 회사의 이름으로서 오래 간다는 뜻의 **dura**는 정말 적절한 작명입니다.
endurance를 기억할 때는 **Dura**cell 회사의 광고처럼 팔굽혀펴기를 하며 단어를 외치면 잘 외워집니다.

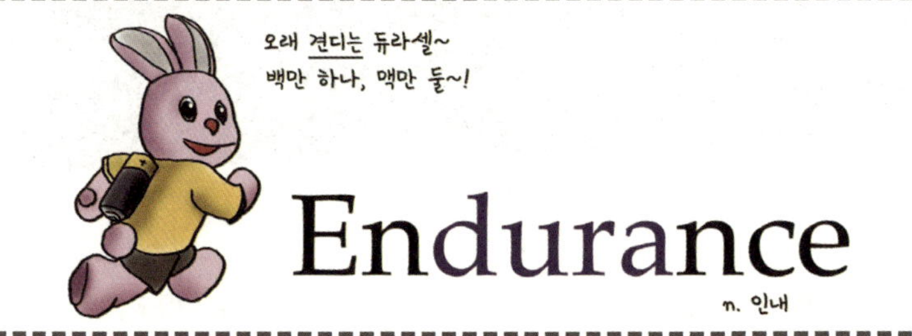

Decisive Strike
Q - 결정타

가렌에게 적용된 모든 둔화 효과가 풀리며 이동 속도가 30%만큼 상승.
4.5초 안에 하는 다음 기본 공격은 물리 피해와 침묵 유발.

□□□ decisive [dɪsáɪsɪv 디**사**이시ㅂ] a. 결정적인, 결단력이 있는

decide(결정했으니) dicisive(바꿀 수 없어진) decision(결정)

★ decisive는 '**결단력이 있다**'라는 뜻이고 decide(결정하다)의 형용사형입니다. 명사는 decision 입니다. 동사 decide는 de(off) + cide(killer)의 조합입니다.
decide는 '**잘라버렸다(cut off)**'라는 뜻에서 '**분쟁을 해결하거나 문제를 제거해버렸다**'라는 뜻이 되고 그 후 '**결정하다**'라는 의미로 차근차근 발전하였습니다.

de + cide : (분쟁의 싹을) 잘라버리다 → 문제를 해결하다 → 결정하다

decision [dɪsíʒn 디**시**젼] n. 결정

decisive는 'decisive결정적인 victory승리'의 관용구처럼 '일이 결정적이어서 되돌릴 수 없다'라는 뜻으로 사용되기도 하고 '사람이 매우 결단력이 있다'처럼 능력을 나타내는 의미로도 사용됩니다. decisive가 기억할 때는 'de(off) + 사이로 가는 길'의 조합으로 이해하면 편합니다. 양 갈래의 길 사이로 피해가는 방법은 없고(de) 꼭 결정을 지어야하는 상황인 것이죠.

참고로 -cide는 killer의 뜻으로서 여러 단어에 사용됩니다.　∞ Aatrox, Vladimir 참고

suicide [súːɪsaɪd **수우**이사이드] n. 자살　　sui(self) + cide(killer)
pesticide [péstɪsaɪd **페스**티사이드] n. 살충제　　pest(해충) + cide(killer)　　∞ Velkoz 참고
aborticide [əbɔːtɪsáɪd 어보어티**사이**드] n. 낙태　　abort(유산시키다) + cide(killer)
insecticide [ɪnséktɪsaɪd 인**쎅**티사이드] n. 살충제　　insect(곤충) + cide(killer)
herbicide [ɔ́ːrbɪsaɪd **어어**비사이드] n. 제초제　　herb(풀) + cide(killer)

Courage
W – 용기

| (기본 지속 효과) : 적 유닛을 처치할 때마다 방어력과 마법 저항력이 0.2씩 증가.
| (시전 시) : 가렌이 자신을 방어하는 보호막을 치고 적에게 받는 피해를 30% 감소시킴.

☐☐☐ **courage** [kɔ́ːrɪdʒ **커어**리지] n. 용기　　∞ Graves 참고

courage(용기)는 heart(심장)에서 나온 것

★ courage는 '용기'를 뜻합니다. 어원을 파고들어가 보면 heart심장을 뜻하는 PIE어근 *kerd-에서 나온 것을 알 수 있습니다. /k/가 /h/발음으로 바뀌었지만 모음은 비슷합니다. 우리의 선조들은 두근거리고 불안하게 하는 심장에 용기가 있다고 생각한 것입니다.
courage는 쉬운 단어이니 바탕으로 삼아 관련어를 확장시켜 보겠습니다.

encourage [ɪnkɔ́ːrɪdʒ 인**커어**리지] v. 용기를 북돋우다　　en(make) + courage
courageous [kəréɪdʒəs 커**레이**지어ㅅ] a. 용감한
discourage [dɪskɔ́ːrɪdʒ 디스**커어**리지] v. 용기를 꺾다, 말리다　　dis(away) + courage

Judgement
E - 심판

가렌이 3초 동안 검을 들고 빠르게 회전하여 근처 적에게 계속 물리 피해. 가렌은 회전하는 동안 유닛 충돌을 무시. 심판으로 치명타가 발동하여 추가적인 피해 가능. 심판을 취소했을 경우 남은 지속 시간만큼 심판의 재사용 대기시간 감소.

□□□ judgement [dʒʌdʒmənt 져즈먼ㅌ] n. 판단, 심판, 판결

judge(판사)는 judgement(판결)로 말한다

★ judgement판결이 나왔으므로 판결의 과정과 단어들을 모아보겠습니다.
앞의 챔피언 Gangplank에서 trial재판의 과정을 보았는데 재판이 끝나게 되면 판사는 선고를 해야 하고 그 판결에 따라 피고의 운명은 갈라지게 됩니다.

판결의 과정

이제 마지막으로 court법정에서 judge판사는 jury배심원들의 verdict평결을 따라서 유무죄를 precedent판례에 따라 sentence선고하게 됩니다.
그 결과로 guilty유죄가 확정된 the accused피고인는 판사의 judgment판결에 따라 the convict죄수가 됩니다.
죄수들은 이후 prison감옥에 가거나 probation보호관찰을 당합니다.
형사재판에서 innocent무죄가 된 피고인은 acquittal무죄방면됩니다.
민사재판에서 피고는 감옥에 가지는 않습니다. 하지만 win a suit승소하게 된 plaintiff원고는 돈이나 재산, 권리 등을 회복하게 되고 defendant피고는 돈을 많이 잃게 됩니다.

---

verdict [vɜ́ːrdɪkt 버어딕ㅌ] n. 평결
convict [kənvíkt 컨빅ㅌ] v. 유죄를 선고하다   ∞ Thresh 참고
probation [proʊbéɪʃn 프로우베이션] n. 보호관찰
acquittal [əkwítl 어퀴들] n. 무죄선고   ∞ Thresh 참고
plaintiff [pléɪntɪf 플레인티프] n. 고소인 = accuser, suer
defendant [dɪféndənt 디ㅎ펜던ㅌ] n. 피고   ∞ Vi 참고
precedent [présɪdənt 프레시던ㅌ] a. 선행의 n. 판례

* verdict는 배심원이 결정하는 평결을 말합니다. 평결에 의해 유죄와 무죄가 결정되는 것입니다. ver(true진실) + dict(말하다)에서 나온 단어입니다. 여기서 ver는 very에도 사용되는 어근으로서 '매우, 진짜로'라는 뜻입니다. verdict 단어 그대로 '**배**심원이 진실을 말하는(dict) 평결을 하다'라고 기억하면 됩니다.

* convict는 판사가 '유죄선고를 하다'라는 뜻입니다. 따라서 the convict라고 하면 '유죄를 선고받은 사람 = 죄수'가 됩니다. 여기서 convict는 con(강조) + vict(victory이기다)의 조합입니다. convince납득시키다의 라틴어 과거분사형이 convict입니다. 즉 재판에서 "넌 죄가 있다"고 '**납득된, 정복이 된**' 죄수라는 뜻입니다.
convict를 기억할 때는 판사가 피고에게 "**껌 뱉어.** 이제 유죄선고 할거야."라고 말하는 발음을 떠올려보세요.

* probation은 '**보호관찰**'이라는 뜻입니다. 우리나라의 기소유예와 비슷한 개념입니다. 보호관찰이 선고되면 직접 감방에 집어넣지는 않지만 보호관찰 기관동안 교정당국의 감시를 받게 되고 죄를 다시 지으면 이미 약속된 형벌을 받게 되는 것입니다. 그러므로 prove증명하다에서 나온 단어인 probation은 자기 자신을 착한 행동으로 증명해야하는 뜻이라고 할 수 있겠습니다.

probation을 암기할 때는 prove에서 뜻을 유추하거나, 보호관찰관이 "너에 대한 나의 믿음을 **앞으로(pro) 배신**하면 다시 감옥으로 보낼 거야!"라고 죄수에게 말하는 발음으로 기억하면 됩니다.

* acquittal은 '**무죄선고**'라는 뜻입니다. ad(to방향) + quit(clear깨끗한)의 합으로서 재판에 의해 '**죄가 없이 깨끗한**' 쪽으로 밝혀졌다는 뜻입니다.

참고로 여기서 쓰인 quit은 원래의 뜻인 '**(전쟁이나 빚이 없이) 깨끗하다**'의 의미가 사용된 것입니다. 요즘에 quit은 '**(빚을 다 갚아버려서) 중단하다, 그만두다**'는 뜻으로 쓰입니다.

acquittal무죄선고은 단어 속에서 quit을 찾아내어 기억해야하는 단어입니다.

* plaintiff는 고소인을 뜻합니다. plaint에서 나온 단어인데 plaint는 '**슬픔, 비통**'의 뜻입니다. plaint의 형용사형인 plaintive애처로운에서 plaintiff고소인라는 법률용어가 된 것입니다.

범인에게 당해서 애처롭게 울부짖으며 고소를 하는 고소인을 생각하면 되겠습니다.

plaint는 complain불평하다, complaint불평에서도 어근으로 사용되는 단어입니다.

plaintiff는 pain의 발음을 이용해서 '**고통(pain)을 깊게(deep) 당한 고소인(plaintiff)**'으로 기억해도 됩니다.

* defendant는 고소를 당한 피고를 말합니다. defend방어하다, 혹은 '**옹호(변호)하다**'에서 나온 단어입니다. 검사의 날카로운 기소로부터 자기 자신을 방어해야 하는 사람을 말합니다.

* precedent는 판례를 뜻합니다. precede앞서 가다에서 나온 말로 pre(앞) + cede(go가다)의 조합입니다. 앞에 이미 같은 죄목으로 결판이 난 재판을 판례라고 부릅니다. 법의 적용은 일관성이 중요하므로 판례는 판결에 있어서 무척 중요한 참고 기준이 됩니다.

이 cede 어근은 라틴어 cedere에서 나온 'go가다' 뜻의 어근인데 무척 많은 단어의 기원이 되는 중요 어근입니다.

cede = ceed = cess 모두 같은 의미의 어근변화이므로 함께 기억해야합니다.

대표적으로 antecedent선조, succeed성공하다, access접근 등이 있습니다.

Demacian Justice
R - 데마시아의 정의

(기본 지속 효과) : 가장 최근에 아군 챔피언을 처치한 적 챔피언을 악당으로 지목.
악당에게는 가렌의 기본 공격과 심판이 최대 체력의 1%만큼의 고정 피해.
(사용 효과) : 마법 피해를 입히고 적이 잃은 체력에 비례한 피해를 추가로 입힘.

□□□ **justice** [dʒʌ́stɪs 져스티ㅅ] n. 공정성

justice(정의)의 독수리 오형제

★ justice정의를 수행하는 챔피언 Garen가렌은
⟨the Might of Demacia데마시아의 힘⟩라고 별명이 만들어졌습니다.
여기서 might는 힘이나 권력, 세력을 말합니다.

    mighty [máɪtɪ 마이티] a. 강력한
    almighty [ɔːlmáɪtɪ 어얼마이티] a. 전능한   ∞ Jax 참고

justice정의 단어는 판결에 관계된 ju-로 시작하는 다섯 명사들과 함께 알아야 좋습니다.
이 5 단어들을 정의의 독수리 5형제라고 생각하고 공간을 확장해가며 이미지를 만들면 기억하기
편합니다. 마침 이 단어들은 철자의 개수도 서서히 늘어나서 외우기 딱 좋습니다.

    jury [dʒúrɪ 쥬리] n. 배심원단
    judge [dʒʌdʒ 져어지] n. 판사
    judgement [dʒʌ́dʒmənt 져즈먼트] n. 판단, 심판, 판결   ∞ Garen E skill 참고
    jurisdiction [dʒurɪsdíkʃn 져리스딕션] n. 관할권, 사법권

jury	judge	justice	judgement	jurisdiction
배심원의 도움으로	판사가	정의의	판결을 내려서	사법권을 유지하였다.

Garen

★★★☆☆ perseverance - Students lack perseverance. 학생들은 인내심이 부족하다.

★★★☆☆ persevere - The archer persevered in spite of injuries. 그 궁수는 부상에도 불구하고 인내했다.

★★★☆☆ severe - He has a severe headache because he played online games for ten hours straight.
그는 열 시간동안 계속해서 온라인게임을 했기 때문에 심한 두통이 생겼다.

★★★☆☆ patience - You need patience to succeed in this world. 이 세계에서 성공하려면 너는 인내가 필요하다.

★★★☆☆ endurance - He ran across Asia without stopping to win an endurance contest.
그는 인내력 대회에서 이기기 위해 멈추지 않고 아시아를 가로질러 달렸다.

★★★☆☆ decisive - Most rich people are decisive. 대부분의 부자들은 결단력이 있다.

★★☆☆☆ decision - I can make a decision on my own. 난 내 스스로 결정할 수 있다.

★★★☆☆ suicide - The suicide rate is high with teenagers, so rest and relaxation is key for them.
십대에서 자살률이 높다. 그래서 그들에게는 휴식과 이완이 중요하다.

★★★☆☆ pesticide - Pesticide was even sprayed in the gamer's apartment because of all the cockroaches.
모든 바퀴벌레들 때문에 심지어 게이머의 아파트에도 살충제가 뿌려졌다.

★★★★☆ aborticide - Aborticide is outlawed in many countries. 낙태는 여러 나라에서 불법이다.

★★★☆☆ insecticide - The walking trees were damaged by insecticide, so they couldn't join the battle.
그 걸어 다니는 나무들은 살충제에 손상을 입어서 전투에 참여할 수가 없었다.

★★★☆☆ herbicide - Herbicide caused the death of billions of bees in the area.
제초제가 그 지역의 벌 수십억 마리의 죽음을 유발시켰다.

★☆☆☆☆ courage - all courage to face the ordeal 고난을 마주할 모든 용기

★★☆☆☆ encourage - I encourage her to come to the E-Sport Olympics. 나는 그녀에게 E-스포츠 올림픽에 오라고 격려했다.

★★★☆☆ courageous - a courageous step forward 용감한 전진

★★★☆☆ discourage - Jessica was extremely discouraged after being fired. 제시카는 해고된 뒤에 극도로 낙심했다.

★★☆☆☆ judgement - a error of judgement 판단 착오

★★★☆☆ verdict - I disagree with the verdict that his mom doesn't have to pay for smashing his computer.
나는 그의 엄마가 그의 컴퓨터를 박살낸 것에 대해 대가를 지불할 필요가 없다는 평결에 동의하지 않는다.

★★★☆☆ convict - The convict tried to run, but the police caught him.
죄수가 도망가려 했지만 그 경찰이 그를 붙잡았다.

★★★★☆ probation - He was placed on probation for two years. 그는 2년간 보호관찰 하에 놓여졌다.

★★★☆☆ acquittal - The jury voted for acquittal. 배심원단은 무죄를 선고했다.

★★★☆☆ plaintiff - The judge ruled in favor of the plaintiff. 판사는 원고에게 유리한 판결을 내렸다.

★★★☆☆ defendant - The defendant has been waiting for a week for the verdict. 그 피고인은 일주일 동안 평결을 기다려왔다.

★★★☆☆ precedent - no precedent in history 역사에 전례가 없는

★☆☆☆☆ justice - on the side of justice 정의의 편에서

★★★☆☆ mighty - a mighty change 일대변화

★★★☆☆ almighty - Almighty God 전능한 하나님

★★★☆☆ jury - the right to trial by jury 배심원을 통해 재판을 받을 권리

★★★☆☆ judge - the cleanest judge 가장 청렴한 판사

★★☆☆☆ judgement - an impartial judgement 공정한 판결

★★★☆☆ jurisdiction - These zombie police caught a human in their jurisdiction.
이 좀비 경찰들은 그들의 관할구역에서 인간을 체포했다.

Gnar. the Missing Link

나르 - 잃어버린 고리

P   Rage Gene   분노 유전자

Q   Boomerang Throw   부메랑 던지기   **Boulder Toss**   덩이 던지기

W   Hyper   슝슝   Wallop   쾅쾅

E   Hop   폴짝   Crunch   우지끈

R   Gnar!   나르

P   **Rage Gene** | 나르는 전투에 참여할 때와 공격할 때 분노가 생성됨. 분노가 최고치에 도달하면 다음번
passive - 분노 유전자 | 스킬을 사용할 때 변신하여 15초 동안 사용하는 스킬과 능력치가 바뀜.

□□□ **rage** [reɪdʒ 레이쥐] n. 분노

□□□ **gene** [dʒɪːn 지인] n. 유전자

rage는 rabies(광견병)에 걸린 미친 분노인가?

★ rage는 분노를 뜻합니다. '미쳤다'라는 뜻의 라틴어 rabies에서 나온 단어입니다. 지금도 라틴어 rabies는 영어에서 광견병을 뜻하는 rabies로 철자 그대로 사용되고 있습니다.
광견병은 **'미친개에게 물려서 전파되는 병'**인데 다른 말로 공수병(恐水病)이라고 부릅니다. 공수병은 **'물을 무서워하는 병'**이라는 뜻입니다. 이렇게 어원상 rage분노는 공수병과 연관되서 미친 듯이 짖는 개를 떠올리게 하는 단어입니다.
또한 rage가 들어간 단어로는 enrage, outrage가 있습니다.
enrage는 rage 앞에 en(make)이 붙어서 **'격분하게 만들다'**라는 뜻이 되는 동사입니다.
outrage는 rage 앞에 out(beyond)이 붙어서 **'분노보다 더 심한 격분'**을 표현합니다.

    enrage [ɪnréɪdʒ 인**레**이지] v. 격분하게 만들다

    outrage [ɑ́utreɪdʒ **아웃**레이지] n. 격분

    outrageous [ɑutréɪdʒəs 아웃**레**이지어ㅅ] a. 너무나 충격적인

한국인의 rage분노를 참지 못하고 outrage격분하는 hot-tempered욱하는 성격는 유명합니다. 매번 미국에서 총기 사고가 날 때마다 한국에 총기소지의 자유가 없는 점이 너무 감사합니다.

미친개의 공수병

광견병은 영어로는 rabies이고 다른 말로 hydrophobia공수병라고도 합니다.

rabies = 광견병 = hydrophobia = 공수병

광견병 rabies는 madness(미침)를 뜻하는 같은 철자의 라틴어 rabies에서 나온
단어이고 hydrophobia는 hydro(water물) + phobia(fear두려워하다)의 라틴어 조합입니다.

그런데 왜 공수병에 걸리면 개나 사람이나 모두 물을 무서워하게 될까요? 이는 공수병에 걸려 물을 마실 때나
침을 삼킬 때, 심지어 물을 머리속에 생각만 해도 인두와 후두의 근육이 강력하게 수축해서 엄청난 통증을
유발하기 때문입니다. 공수병 바이러스는 주로 salivary gland침샘에서 증식하여 붓고 아프게 만듭니다. 이는
미친개가 침을 질질 흘리는 이유가 되고 또한 미친개가 사람을 물었을 때 침을 통해 바이러스가 잔뜩 전해지는
이유가 됩니다.

광견병이 재미있는 점은 그 바이러스의 현명한 생활사 때문입니다. 즉, 침샘에서 증식하기 때문에 다른 대상을
물었을 때 침을 통해서 대량으로 잘 전파되게 하고 또 그 개가 여기저기 물고 다니게 하려고 피감염체의 습성을
신경감염을 통하여 aggressive공격적하게 바꾸는 특징을 보이는 것입니다. 똑똑한 바이러스죠.
미친 늑대인간에게 물리면 물린 사람도 늑대인간이 되는 전설의 motive모티브도 이 광견병의 전파 모습에서
가져온 것으로 보입니다.

rabies [réɪbɪːz 레이비이즈] n. 광견병
hydrophobia [haɪdrəfóubɪə 하이드러ㅎ포우비어] n. 공수병, 광견병

Boomerang Throw/Boulder Toss

Q - 부메랑 던지기/돌덩이 던지기

(미니 나르) : 나르가 부메랑을 던져 처음 맞는 적에게 물리 피해를 입히고 2초간
둔화시킴. 부메랑은 되돌아오며 맞은 적들은 50%의 피해. 부메랑을 잡을 경우
재사용 대기시간이 45% 감소.
(메가 나르) : 거대한 돌덩이를 던져 처음 적중하는 적과 근처의 모든 적에게 물리
피해. 2초간 둔화시킴. 떨어진 바위를 집었다면 재사용 대기시간이 60% 감소.

□□□ **boomerang** [búːməræŋ **부우**머랭] n. 부메랑

□□□ **boulder** [bóʊldə(r) **보울**더] n. (반질반질한) 바위

★ boulder는 파도나 바람에 의해 반질반질해진 둥근 바위를 말합니다. 광물학에서는 모든 rock
암석 중 boulder를 '**10인치(256mm)보다 큰 바위**'로 분류하고 있습니다.
그렇지만 우리가 일일이 바위의 크기를 재고 다니며 이름을 부를 수는 없습니다.
대충 [디아블로II] 게임 중에 필드에서 솥뚜껑 크기의 바위를 들춰보며 아이템을 찾던 것을 생각하면
됩니다. 그 바위가 바로 boulder입니다.
그럼 흔하게 사용되는 돌의 종류를 알아보겠습니다.

granite [grǽnɪt **그래**니ㅌ] n. 화강암　　∞ Malphite 참고
pebble [pébl **페**블] n. 조약돌　　∞ Varus 참고
marble [máːrbl **마아**블] n. 대리석　　∞ Malphite 참고
limestone [láɪmstoʊn **라임**스토운] n. 석회석
gravel [grǽvl **그래**블] n. (철로나 길에 까는) 자갈

Hyper/Wallop
W - 슝슝/쾅쾅

(미니 나르) 지속 효과 : 같은 대상에게 3번 기본 공격/스킬을 맞출 때마다 추가 마법
피해. 나르의 이동속도가 30% 증가. 미니 나르로 돌아갈 때 슝슝의 이동 속도 증가.
(메가 나르) : 1.25초 동안 구역 안의 적들을 기절시키고 물리피해.

□□□ **hyper** [háɪpə(r) **하이**퍼] a. 흥분한

□□□ **wallop** [wάːləp **와알**럽] n. 강타

hyper는 과다, hypo는 과소

★ hyper는 그 자체로 '**사람의 기분이 흥분하거나 들떠있다**'라는 뜻의 형용사로 사용됩니다.
또한 접두사인 hyper-로도 사용되어 정상보다 과도한 상태를 나타내는 단어에서 볼 수 있습니다.
반대로 접두사 hypo-는 정상보다 가라앉아있는 상태를 나타내는 접두사입니다.

hypertension 고혈압 ⇔ **hypotension** 저혈압
hyperactive 과잉활동의 ⇔ **hypoactive** 과소활동의
hyperthermia 고체온 ⇔ **hypothermia** 저체온

hyper-는 over를 뜻하는 PIE어근 *uper에서 나온 단어입니다.
hypo-는 under를 뜻하는 PIE어근 *upo에서 나온 단어입니다.

wallop은 '타다닥 타다닥'에서 '퍼버벅 퍼버벅(강타)'이 된 것

★ wallop은 hard blow쎈 한방를 날리는 강펀치를 말합니다. wallop는 원래 '말이 잘 달리다'라는 뜻의 well(잘) + leap(뛰다)의 조합에서 나온 것입니다.
말이 잘 달리면 들을 수 있는 경쾌한 '타다닥 타다닥' 소리는 '퍼버벅 퍼퍼벅!'처럼 뭔가를 두드리는 타격음과 비슷합니다.
그래서 '잘 달리다'는 어원의 wallop이 강타의 의미로 바뀐 것입니다.
LOL의 챔피언 나르의 W스킬 〈Wallop〉은 한국에선 '쾅쾅'의 타격음 의성어로 표현했는데 본래의 뜻인 '강타'를 연상시키므로 적당한 번역이라고 생각됩니다.

wallop의 'run well(잘 달리다)'라는 뜻은 아직도 같은 어근에서 출발한 gallop에 남아있습니다. gallop은 말이 '따그닥 따그닥' 전 속력으로 질주하다라는 뜻입니다. 단어 gallop은 현대자동차의 SUV인 갤로퍼(Galloper)에 사용되고 있어서 익숙할 것입니다. 갤로퍼는 gallop에 행위자 -er을 붙인 단어입니다.

gallop [gǽləp 갤럽] v. (말이) 전 속력으로 달리다

참고로 '여론조사'를 뜻하는 갤럽(gallup)은 미국의 상업적 여론조사의 창시자인 George Horace Gallup의 이름을 딴 것입니다. gallop과 발음은 비슷하지만 뜻은 전혀 다릅니다.

Hop/Crunch
E - 폴짝/우지끈

(미니 나르) : 지정한 위치로 도약하여 3초 동안 공격 속도 증가. 만약 나르가 유닛에게 착지하면 튕겨서 더 멀리 이동하며 착지한 대상이 적 유닛이라면 물리 피해.
(메가 나르) : 지정한 위치로 도약하여 착지한 근처의 모든 적에게 피해.

□□□ **hop** [hɑːp 하ㅍ] v. 한 발로 깡충깡충 뛰다

□□□ **crunch** [krʌntʃ 크런치] n. 뽀드득, 으드득 (뼈가 부서질 때 나는 소리 같은) 의성어

crunch는 으드득 소리 나는 과자

★ crunch는 으드득 소리가 나는 것을 말합니다.
예를 들어 두터운 눈을 밟을 때나(뽀드득) 물건이 부서질 때(우지끈), 단단한 음식을 씹어 먹을 때(아작아작) crunch 소리가 납니다.
[롯데 크런키바]를 으드득 하나 씹으면 머리가 기억을 못해도 이빨이 crunch 단어를 기억할 것입니다.

물론 의성어는 우리나라 말이 영어보다 훨씬 풍부하고 표현성이 좋지만 영어에도 공감이 가는 여러 의성어가 있습니다.
자주 사용되고, 때론 명사나 동사로 쓰여서 특정 의미까지 가지고 있는 의성어를 알아보겠습니다.

beep 삐삐 → beep n. 삐(경적소리)
burp 꺼억 → burp [bɜːrp 버어ㅍ] n. 트림
bump, clonk, thud, thump 쿵! → bump n. 둔덕, 혹   thump v. 세게 치다
flap 찰싹, 펄럭 → flap n. 덮개
hiccup 딸꾹 → hiccups n. 딸꾹질
hop 깡충깡충 → hop v. 깡충깡충 뛰다
pop 펑! → pop v. 불쑥 나타나다
sizzle 지글지글 → sizzle v. 지글지글 소리를 내다
smack 쪽! → smack v. 찰싹 소리 나게 치다

splash 첨벙첨벙 → splash v. 물을 끼얹다
snap 딱 → snap v. 딱하고 부러지다
hush 쉿 → hush v. (명령문으로) 쉿 조용히 해!

Gnar!
R - 나르!

(미니 나르) 지속 효과 : 슝슝의 이동 속도 보너스가 증가. 부메랑을 되받았을 때의 부메랑 던지기 스킬 재사용 대기시간 감소율이 늘어남.
(메가 나르) : 지정된 방향으로 근처의 모든 적들을 밀쳐내어 물리 피해. 수초 동안 45%의 둔화효과 발생시킴. 벽에 맞은 적들은 피해를 입고 느려지는 대신 기절함.

Gnar

★★☆☆☆   rage - an uncontrollable rage 주체할 수 없는 분노

★★★☆☆   gene - the inheritance of an abnormal gene 비정상 유전자의 유전

★★★☆☆   enrage - The boy became enraged after his mom beat him in LOL.
그 소년은 엄마가 LOL에서 자신을 이기자 격분했다.

★★★☆☆   outrage - Her idea have sparked public outrage.
그녀의 아이디어는 대중적 분노를 촉발해왔다.

★★★☆☆   outrageous - It was outrageous to think Gnar could kill the most champions.
(챔피언) 나르가 대부분의 챔피언을 죽일 수 있다고 생각하는 것은 터무니없었다.

★★★★★   rabies - An angry rabies-infected dog, looking for a revenge, bit me.
광견병에 감염된 화난 개가 복수하려고 나를 물었다.

★★★★☆   hydrophobia - After watching a shark attack, his hydrophobia has gotten worse.
상어의 공격을 목격한 후, 그의 공수병(물을 무서워하는 병)은 악화되었다.

★☆☆☆☆   boomerang - The boomerang came back and chopped off his fingers.
그 부메랑이 되돌아와 그의 손가락들을 잘라버렸다.

★★★☆☆   boulder - The boulder had to be moved to build a new PC room.
새로운 PC방을 짓기 위해서 그 큰 바위는 옮겨져야 한다.

★★★☆☆   granite - the huge granite columns 거대한 화강암 기둥들

★★★☆☆   pebble - You're not the only pebble on the beach.
너는 많은 사람 중의 하나일 뿐이다.(속담 : 너만 특별한 사람이 아니다)

★★★☆☆   marble - mock marble 인조 대리석

★★★☆☆   limestone - limestone strata 석회암층

★★★☆☆   gravel - Charlie's party van slid off the gravel road and landed in a Lego factory.
찰리의 파티 밴(차량)은 자갈길을 미끄러져 나와 레고 공장에 도착했다.

★★★☆☆   hyper - After eating a lollipop the villain became hyper.
막대사탕을 먹은 뒤 그 악당은 기분이 들떴다.

★★★★★   wallop - Our team got a real wallop today.
우리 팀은 오늘 강타를 얻어맞았다(참패하다).

★★★★☆   gallop - Gragas charged at a full gallop.
그라가스가 최고 속도로 돌격했다.

★★★★☆   hop - Hop in! 차에 타!

★★★★☆   crunch - The crunchy snacks that I found on the sidewalk, surprisingly tasted yummy.
내가 보도에서 발견한 그 바삭거리는 과자는 놀랄 만큼 맛있었다.

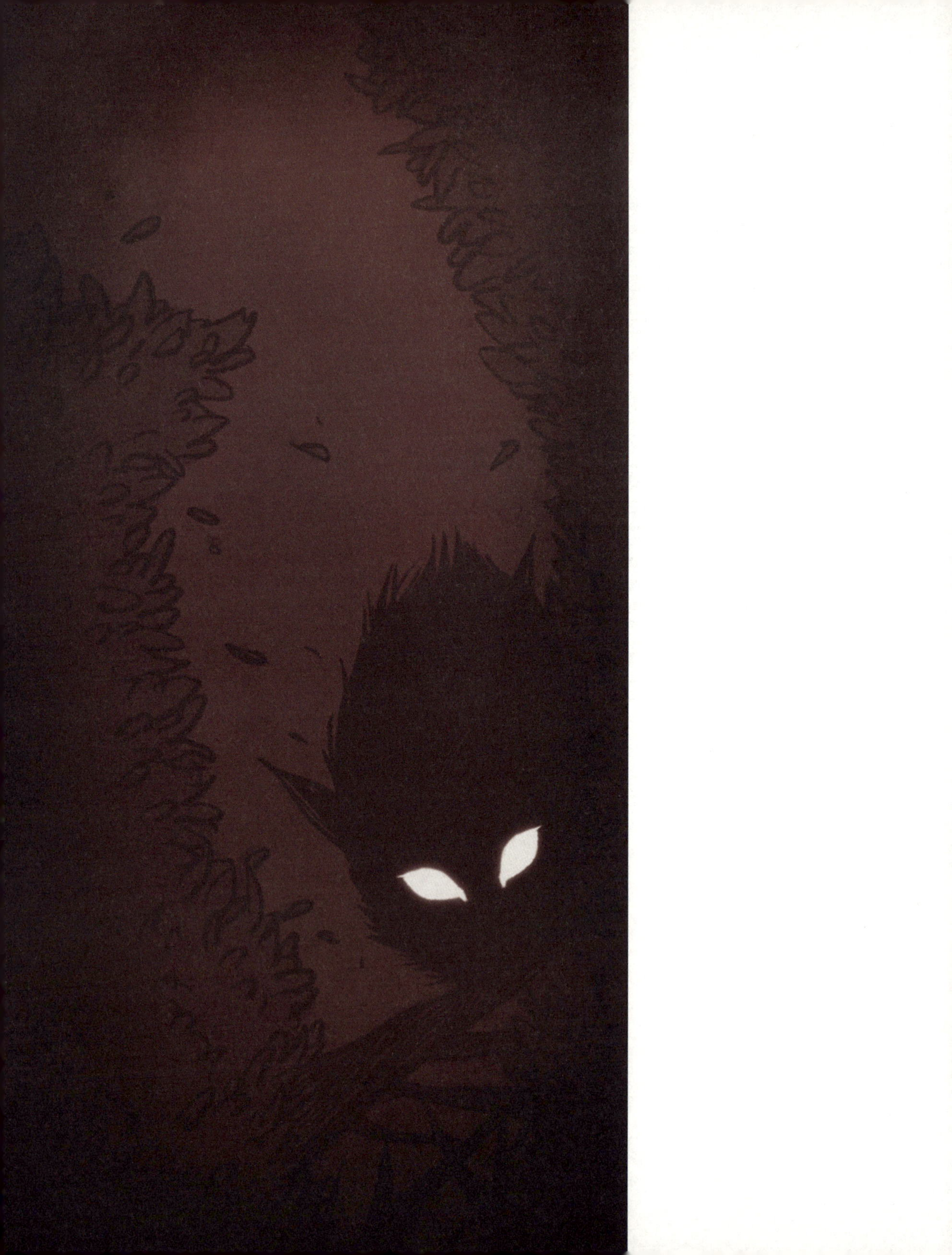

Gragas, the Rabble Rouser

그라가스 - 술취한 난동꾼

P	Happy Hour	서비스시간
Q	Barrel Roll	술통 굴리기
W	Drunken Rage	박치기
E	Body Slam	몸통 박치기
R	Explosive Cask	술통 폭발

P Happy Hour
passive - 서비스시간

그라가스가 스킬을 사용할 때마다 체력을 회복. 8초에 한 번씩만 발동.

Q Barrel Roll
Q - 술통 굴리기

그라가스가 술통을 지정한 위치로 던져 직접 폭발시키거나 4초 뒤 자동으로 폭발해 해당 지역 안의 적들에게 마법 피해를 입히고 1.3초 동안 이동 속도 늦춤.
피해량과 둔화 비율은 술통이 오래 남아 있을수록 증가하여 2초 후 최대 150%까지 증가.

 barrel [bǽrəl 배럴] n. (대형) 통

  barrel은 bar(막대기)를 쇠로 덧댄 술통

★ barrel은 나무나 쇠로 만든 커다란 통을 말하는데 막대기를 뜻하는 bar에서 나온 단어입니다. bar막대기를 옆으로 나란히 이어붙이고 쇠로 틀을 둥그렇게 씌운 포도주통을 생각하면 됩니다.

챔피언 그라가스의 Q Skill인 〈Barrel Roll술통 굴리기〉이라는 단어는 항공술 용어이기도 합니다. Barrel roll은 1927년 항공기 사이의 전투가 시작되면서 기체조종술의 하나로 명명된 것입니다. 이러한 기체조종술은 영어로 aeronautics항공술라고 부릅니다.

전투기가 서로 물고 물리는 dogfight공중전를 할 때 각자의 전투기는 급속도로 deceleration감속을 하거나 acceleration가속을 하여 유리한 위치를 먼저 점유하려 노력하게 됩니다.
그러다 전투기가 수평으로 날아가다 속도를 줄이기 위해 angle of attack받음각을 높게 하여 상승한 다음 상대편 전투기가 속도를 못 줄이고 그대로 지나치게 만드는 기술도 쓰게 됩니다. 이때 다시 nosedive급강하하여 증속하면 기체는 파도가 치듯이 높아졌다 낮아졌다 하는 것이죠.

이동축을 수평으로 놓고 보았을 때 전투기 이동이 마치 언덕에서 barrel술통을 굴렸을 때 통통 뛰는 듯한 모습이어서 이 Aerial Combat Maneuvering(ACM)공중전투기동 이름에 barrel roll을 사용한 것입니다. 이 barrel roll 기동을 이용하면 적 전투기의 꼬리를 잡고 기총을 쏠 수 있게 됩니다. 그러나 우리의 술꾼 챔피언 그라가스는 항공술과는 무관하게 그냥 술집에서 싸우며 〈Barrel Roll〉 의 뜻 그대로 술통을 바닥에 굴립니다.

aeronautics [erənɔ́ːtɪks 에러**너어**틱ㅅ] n. 항공학   aero(공중의) + naut(승무원) + ics(학문)
acceleration [əkseləréɪʃn 억셀러**레이**션] n. 가속   ∞ Jayce 참고
deceleration [dɪːseləréɪʃən 디이셀러**레이**션] n. 감속   ∞ Jayce 참고
dogfight [dɔ́ːgfaɪt **도어**그ㅎ파이ㅌ] n. (전투기의) 공중전
nosedive 급강하 = **plummet** [plʌ́mɪt **플러**미ㅌ] v. 급강하하다   ∞ Irelia 참고

* plummet은 '(비행기나 새 같은 비행체가) 급강하하다'라는 뜻인데 납을 나타내는 plumb에서 나온 단어입니다. 납처럼 무거운 물체를 던졌을 때 빠르게 떨어지는 모습을 표현한 것입니다.   ∞ Fiddlesticks 참고

Barrel roll 기동에 대한 공식 F-15 핸드북 설명
(The Official F-15 Strike Eagle Handbook)

다음은 Barrel roll 기동에 대한 설명입니다. 볼펜을 조종간이라고 생각하고 움켜잡은 다음 양 무릎 사이에 놓고 차근차근 따라서 해보면 마치 F-15를 타고 dogfight공중전을 하는 기분을 느낄 수 있습니다.

1. Flying straight and level, pull back on the stick to achieve a 30-degree climb (third indicator line). As soon as a 30-degree climb is reached, apply full right (or left) stick, still holding the stick back (at the 4:30 position). Hold this position.
수평으로 직선비행을 하다가 stick을 뒤로 잡아당겨서 30도 (조종선의 3번째 선)까지 뒤로 잡아당긴다.
30도에 도착하자마자 완전히 조종간을 오른쪽으로(혹은 왼쪽으로) 확 꺾는다. 여전히 스틱을 뒤로 당긴 상태를 유지한다.

2. The plane should climb and roll inverted.
기체는 상승하고 뒤집어져 굴러야 한다.

3. You'll dive and roll out level.
그리고 기체는 곤두박질친 다음 수평레벨에서 굴러서 빠져나갈 것이다.

4. Stop the roll with your nose and wings level. Some forward stick toward the end of the roll may be necessary to bring the nose down.
기수와 날개의 level을 맞추며 roll을 멈춰라. 전방으로 약간 스틱을 밀며 기수를 숙이는 것이 roll의 마지막 과정에 필요하다.

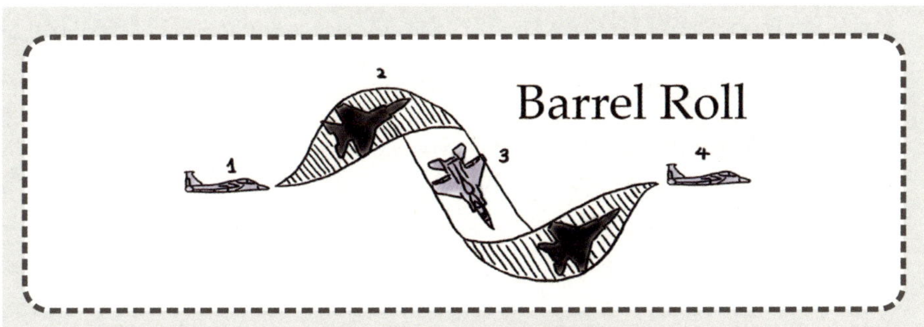

Drunken Rage

W - 박치기

그라가스가 술통에 든 술을 마시고 2.5초 동안 받는 피해량이 감소. 그라가스는 5초 이내의 다음 기본 공격으로 추가 마법 피해.

□□□ **drunken** [drʌ́nkən 드렁큰] a. 취한

drunken(술취한)의 반대말은 sober(정신이 말짱한)

★ drunken은 '술이 취한' 또는 '술고래인'이라는 뜻입니다. 그리고 반대말은 sober입니다. 재미있는 점은 우리나라도 꽤 술을 많이 마시는 나라이긴 하지만 '술 취하지 않은'이란 말을 표현할 형용사가 한 단어로는 없다는 것입니다.
그런데 영어는 sober라고 딱 맞는 단어가 존재하는 것이죠. 이처럼 두 언어 간(間)에 서로 대응어가 없다는 것은 문화적으로 많은 것을 생각하게 만듭니다.

관련 언어의 종류는 그 언어를 사용하는 민족의 문화와 관계가 많습니다. 예를 들면 해양 국가였던 그리스 아테네는 해군전술과 해양생활에 관한 단어가 아주 많았습니다.
지중해를 제패했던 아테네는 삼단노선을 너무나 사랑하여 '노를 밀어 낼 때 나는 소리 = pitylos'와 '끌어당길 때 나는 소리 = rhothios'까지도 각각 단어가 있을 정도입니다.
아랍어에는 낙타에 관한 단어가 6000여 개나 된다고 합니다. 뉴질랜드 마오리 족은 똥을 가리키는 단어가 35개라고 합니다. 이처럼 관심이 있는 사물은 관련 있는 많은 단어들을 필요에 따라 만들게 합니다.

그러므로 우리나라에 '술 취하지 않은'을 표현할 단어가 없다는 것은 신기한 일이라 할 수 있습니다.
이는 '지금 이 순간 나는 술이 깨어있다'라는 것을 말 할 필요가 없었다고 재미있게 상상을 할 수도 있습니다.
영어라면 "No, I'm sober."로 간단히 끝나는 말을 우리나라에서는 "아니오, 저는 술이 취하지 않고 정신이 말짱합니다." 라고 길게 말해야합니다.

따라서 언어학적으로 우리 민족은 술 깨는 것이 중요하지 않은 민족이었을 수도 있습니다.

sober [sóubə(r) **소우버**] a. 술 취하지 않은, 제정신의

* sober는 '**술 안취함**' 뿐 만 아니라 정신이 말짱한 상태를 설명할 때 자주 사용되는 단어입니다.
sober는 원래 어원상 se(without없는) + ebrius(drunk취한)의 조합으로서 '**술 취하지 않았다**'라는 뜻의 라틴어
sobrius에서 나온 단어입니다.
sober를 암기할 때는 경찰이 음주운전 단속을 할 때 운전자에게 줄 위에 '**서봐**'라고 하며 정신이 말짱한지 검사하는
것을 생각하면 됩니다.

참고로 챔피언 그라가스의 별명 〈the Rabble Rouser〉는 '**술 취한 난동꾼**'으로 번역되었지만 원래
rabble rouser는 '**대중 선동가**'라는 뜻이 따로 있습니다.
이 rouser는 다들 잠이 들거나 조용하게 있는데 혼자 깨어서 떠드는 사람을 말합니다.
rouse는 '**깨우다**'는 뜻인데 자주 보기는 힘든 단어입니다. 하지만 앞에 a-가 붙은 arouse, arousal
은 자주 쓰이는 단어입니다.

rouse [rɑʊz 라우즈] v. 깨우다
arouse [əráʊz 어**라우**즈] v. (느낌을) 불러일으키다
arousal [əráʊzəl 어**라우**절] n. 각성, 환기

E	**Body Slam**	그라가스가 앞으로 돌진하여 첫 번째 적 유닛에게 충돌. 부딪히는 적과 그 주변 적에게 마법

Body Slam
E – 몸통 박치기

그라가스가 앞으로 돌진하여 첫 번째 적 유닛에게 충돌. 부딪히는 적과 그 주변 적에게 마법
피해를 입히고 뒤로 밀어내며 1초 동안 기절시킴.
그라가스가 유닛과 충돌하면 몸통 박치기의 재사용 대기시간이 3초 단축됨.

□□□ **slam** [slæm 슬램] v. 쾅 닫다, 세게 밀다

★ **slam**은 slam dunk에서처럼 세게 쾅 부딪히는 소리나 동작을 말합니다.
당연히 [슬램덩크] 만화를 떠올려서 기억하면 되겠습니다.

 **Explosive Cask**

R - 술통 폭발

그라가스가 술통을 던져서 해당 지역의 모든 적들에게 마법 피해를 입히며 이들을 중앙에서 바깥으로 밀어냄.

☐☐☐ **explosive** [ɪksplóʊsɪv 익스**플로우**시ㅂ] a. 폭발성의　∞ Tristana 참고

☐☐☐ **cask** [kæsk 캐스ㅋ] n. 술통　∞ Twitch 참고

 **explosive(폭발성의) 안에는 박수소리가 들어있다**

★ explosive는 '**폭발성의**'라는 뜻이고 동사형은 explode폭발하다입니다.

explode [ɪksplóʊd 익스**플로우**ㄷ] v. 폭발하다
explosion [ɪksplóʊʒn 익스**플로우**즌] n. 폭발

explode는 라틴어인 ex(밖으로) + plaudere(박수치다)에서 나온 말입니다. 그리스 시대부터 로마 시대에 이르기까지 연극은 중요한 문화생활 중 하나였는데 관객들의 반응이 대단했습니다.
연극배우가 영 제대로 연기를 하지 못하면 "우~~"하는 함성이나 발을 굴러 야유를 했고 심지어 clap박수을 시끄럽게 쳐서 쫓아내기까지 했습니다.
explode는 이처럼 **박수가** 시끄럽게 **터지면서** 연극배우를 밖으로 쫓아내는 모습에서 '**폭발하다**'는 뜻이 발전하게 되었습니다.
만일 폭발이 외부로 향하지 않고 내부에 갇혀서 터진 것이라면 ex-대신에 im-(in안으로)을 붙여서 implode가 됩니다.

implode [ɪmplóʊd 임**플로우**ㄷ] v. 내파하다, 붕괴하다

explode의 어근이 되는 라틴어 plaudere는 '**박수**'와 관계된 뜻의 영어 plaudit갈채이나 applaud박수를 치다 등에서도 볼 수 있습니다.

그럼 박수와 관련된 단어들을 보겠습니다.

applaud [əplɔ́ːd 어**플로어**ㄷ] v. 박수를 치다
plausible [plɔ́ːzəbl **플로어**저블] a. 이치에 맞는, 그럴듯한　∞ Nunu 참고
implausible [ɪmplɔ́ːzəbl 임**플로어**저블] a. 믿기 어려운　∞ Nunu 참고
plausibility [plɔ́ːzəbɪləti **플로어**저빌러티] n. 타당성, 개연성

* applaud는 '**박수를 치다**'라는 뜻입니다. ad(to향하여) + plaudit(갈채)의 조합으로서 박수를 받을 만한 대상을 향하여(ad-) 갈채를 보내는 것입니다.
어근에 해당하는 plaudits갈채는 보기 힘든 단어이지만 applaud는 자주 쓰이는 중요한 단어입니다.
applaud를 외울 때는 발음 그대로 '**각하 앞으로 더** 크게 **박수!!**'로 기억하면 됩니다.

Applaud

v. 박수를 치다

* plausible은 plaudit(갈채) + -ible(~할 수 있는)의 조합으로서 '박수를 받을만한' → '이치에 맞는, 그럴듯한'의 뜻으로 발전하였습니다.

* plausibility는 '타당성'이라는 뜻입니다. plausible의 명사형으로서 과학이나 논리학에서 제시된 이론이 feasible 실현가능한지 혹은 논리에 맞는지 따져보는 단어로서 자주 볼 수 있습니다.
plausibility 단어를 외울 때는 '어려운 문제가 타당성 있게 '풀어져브렸지!' 의 문장으로 생각하면 됩니다. 해법이 타당성이 있으니 당연히 박수를 받을만하고 이에 '박수'의 어원과 관련을 유추할 수 있습니다.

★ cask는 술통을 말하는데 드럼통인 barrel배럴과 모양이 거의 비슷합니다. cask는 좀 더 작은 barrel이라고 생각하는 사람들도 있습니다.

cask와 barrel은 원어민들도 별 구별 없이 사용하지만 실제로는 재료와 용도에 차이가 있습니다. 즉 barrel 안에는 여러 가지를 담을 수 있고 나무, 쇠, 플라스틱으로 모두 만들 수 있지만 cask는 오직 술만을 담고 나무로만 만들어진 통입니다.

참고로 barrel은 석유를 담는 드럼통 단위로서 사용되어 국제유가를 설명할 때 '배럴당 얼마다'라는 식으로 많이 쓰입니다.

1 Barrel = Crude oil 42 U.S. gallons (원유 42갤런)

Cask

n. 술통

Gragas

★★★☆☆ barrel - The price for a barrel of oil has reached a record high.
배럴당 유가가 최고치를 경신했습니다.

★★★★★ aeronautics - The US aeronautics industry 미국 항공 산업

★★★☆☆ acceleration - It is fun to feel the acceleration of the roller coasters.
롤러코스터의 가속을 느끼는 것은 재미있다.

★★★☆☆ deceleration - The deceleration caused my hat to fall off.
감속은 내 모자를 떨어져나가게 만들었다.

★★★☆☆ dogfight - a political dogfight 정치적 이전투구

★★★☆☆ plummet - While on a helicopter ride my smart phone plummeted in the sea.
헬리콥터를 타고 있는 동안 내 핸드폰이 바다로 곤두박질했다.

★★☆☆☆ drunken - The public officer was arrested for drunken driving.
그 공무원은 음주운전으로 체포됐다.

★★★☆☆ sober - The homeless man has been sober for ten years.
그 노숙자는 십년 동안 (술 취하지 않고) 정신이 말짱했다.

★★★☆☆ rouse - The zombies were roused by the sound of men.
좀비들이 사람들 소리에 의해 깨어났다.

★★★☆☆ arouse - The dead were aroused by the witch's spell, which caused panic in the streets.
죽은 사람들이 마녀의 주문에 의해 깨어났고, 그것은 거리에 대혼란을 일으켰다.

★★★☆☆ arousal - Arousal occurred when she watched him play his best match of the night.
그가 그날 저녁의 최고의 경기를 하는 것을 보자 그녀에게는 흥분이 일었다.

★☆☆☆☆ slam- While ice skating, he was tripped and slammed into the boards.
스케이트를 타는 동안 그는 발이 걸렸고 판자에 쾅 부딪혔다.

★★★☆☆ explosive - the explosive substance 폭발성 물질

★★★☆☆ explode - The fireworks factory exploded in the dead of night.
그 불꽃놀이 공장은 모두가 잠든 한밤중에 폭발했다.

★★☆☆☆ explosion - a huge gas explosion 거대한 가스 폭발

★★★☆☆ implode - the force of an imploding star 폭발하는 별의 힘

★★★☆☆ applaud - The audience applauded at his speech. 청중은 그의 연설에 박수를 쳤다.

★★★☆☆ plausible - He tells a plausible story. 그는 그럴듯한 말을 한다.

★★★☆☆ implausible - an implausible theory 믿기 어려운 이론

★★★☆☆ plausibility - What people want is plausibility, not realism.
사람들이 원하는 것은 개연성이지 사실(주의)이 아니다.

Graves, the Outlaw

그레이브즈, 무법자

P True Grit 진정한 용기

Q Buckshot 산탄 사격

W Smoke Screen 연막탄

E Quickdraw 빨리 뽑기

R Collateral Damage 무고한 희생자

P **True Grit**
passive - 진정한 용기

그레이브즈가 전투에 참여하고 있을 때는 매 1초마다 추가 방어력과 마법 저항력이 늘어남. 그레이브즈가 3초 안에 피해를 입히거나 받으면 전투 중으로 간주됨.

□□□ **grit** [gɪɪt 그릿] n. 모래, 용기

grit은 모래를 씹듯이 이를 악무는 용기

★ **grit**은 모래처럼 작은 돌들을 말하지만 그보다는 굳센 마음, 용기를 뜻하는 경우가 더 많습니다. 그래서 grit one's teeth는 **'이를 악물다'**라는 뜻의 숙어가 됩니다.
의미의 발전 순서를 보겠습니다.

grit	모래소리를 내다(뿌드득)
	→ 이를 악문 소리를 내다(빠드득)
	→ 굳세게 마음을 갖다

grit은 기본적인 courage나 determination처럼 용기나 굳은 결심을 나타내는 다른 단어와 바꿔 쓸 수 있습니다. 또한 신체에서 유래한 guts나 backbone도 담력이나 굳셈을 뜻하는 표현입니다.

courage [kɜ́ːrɪdʒ 커어리지] n. 용기　∞ Garen 참고
determination [dɪtɜ̀ːrmɪnéɪʃn 디터어미네이션] n. 투지
guts [gʌts 것 씨] n. 소화관, 배짱
backbone [bǽkboʊn 백보운] n. 등뼈, 근성

＊ determination은 단념하지 않고 끝까지 싸우는 투지를 말하는데 de(off) + terminus(end끝) + ation(명사형 어미)의 조합입니다. 끝까지 가서 경계를 확인하고 오는 모습을 나타내는 어원입니다.
동사인 determine은 '단단히 결심하다'라는 뜻입니다.
determination을 기억할 때는 단어에서 terminator터미네이터를 찾아내서 투지 가득한 [터미네이티]의 이미지를 만들면 됩니다.
참고로 determination을 분해해서 기억하려할 때 잘못해서 de에서 끊지 않고 deter에서 끊어버리면 반대의 뜻이 되어버리므로 조심해야 합니다. deter는 '단념시키다'라는 뜻이기 때문입니다. 이때의 deter의 어원은 de(away) + terrere(놀란)의 라틴어 조합으로서 '놀라서 그만두다'라는 것입니다. 단호하게 de-에서 끊으세요(terminate)!

deter [dɪtɜ́ː(r) 디**터어**] v. 단념시키다

＊ gut은 소화관(bowel)을 뜻하는 단어이지만 복수로 쓰인 guts는 배짱이나 투지라는 의미로 비격식적으로 자주 사용됩니다. 우리말에도 '배와 배짱'은 의미가 연결돼있으니 튀어나온 배를 용기로 보는 것은 동서양이 같아 보입니다.

Buckshot
Q - 산탄 사격

| 원뿔 형태의 범위에 세 발의 탄환을 발사하여 궤적 상의 모든 적들에게 물리 피해. 여러 발의 탄환에 맞은 적들은 추가 탄환 당 50%의 피해.

□□□ **buckshot** [bʌ́kʃɑːt 벅샤아트] n. 산탄

The buck stops here(책임은 여기서 멈춘다)

★ buckshot은 buck수사슴처럼 큰 동물을 사냥할 때 쓰이는 shotgun산탄총의 산탄을 말합니다. 물론 buckshot은 대인살상용으로도 사용됩니다.
산탄총의 탄환의 크기는 다양한데 shot산탄환의 크기가 작을수록 pellets탄환이 더 많이 들어가고 범위는 넓어지며 killing power살상력는 떨어집니다.

deer사슴는 buck수사슴과 doe암사슴가 있고 수사슴은 stag이라고도 불립니다.
사슴사냥이 중세부터 인기 스포츠였던 영어권답게 buck에 관계된 단어는 뜻이 다양합니다.

1. dollar (slang속어) : buck은 slang으로 dollar를 뜻합니다.
   '10 bucks(10달러)'에서처럼 buck은 화폐의 단위로 쓰이기도 하고 big bucks에서처럼 큰 돈을
   의미하기도 합니다.

2. 총각 (slang속어) : buck수사슴은 남성을 의미하기도 합니다.
   참고로 stag수사슴은 sting찌르다의 어원에서 나온 단어입니다. 뾰쪽하고 찌르는 수컷의 특징을
   나타내는 단어로서 뿔을 가진 수사슴의 의미에서 당당한 남성 혹은 총각의 의미로 이어졌습니다.

3. 책임 : 이 말은 미국 33대 대통령 Truman트루먼의 책상에 있는 표현에서 유명해졌습니다.
   〈The buck stops here. 모든 책임은 여기에서 멈춘다.〉라는 멋진 말인데요. 옛부터 politician
   정치인들은 책임을 shift전가하고 evade회피하다하는 것이 특징인데 트루먼은 뭔가 다르군요.

원래 트루먼의 저 표어는 19세기 포커판의 은어였습니다. dealer딜러가 자신 앞에 카드패를 놓고
dealing을 할 때 딜러 앞의 카드패를 buck라고 불렀고 자신이 dealing하기 싫으면 남에게 buck을
넘기게 됩니다.
여기서 '카드를 넘긴다'가 '책임을 넘긴다'가 되어 나중 'buck=responsibility책임'를 뜻하는 연결이
생겼습니다.

responsibility [rɪspɑːnsəbílətɪ 리스파안서빌러티] n. 책임

* responsibility는 respond응답하다에서 나온 단어입니다. respond는 re(back) + spondere(pledge맹세)의 조합인 라틴어 respondere에서 나왔습니다. 즉 맹세로서 응답하여 책임을 지게 되는 과정을 보여주는 어원입니다.
어근이 되는 라틴어 spondere는 '맹세, 서약, 약속'의 뜻이고 이 신뢰의 행위는 sponsor스폰서나 spouse배우자의 단어에서 찾아 볼 수 있습니다.
조금 더럽기는 하지만 responsibility는 "니 빤쓰 빌렸지. 책임져!"로 외울 수도 있습니다.

Smoke Screen
W - 연막탄

| 마법 피해를 가하고 해당 위치에 4초 동안 지속되는 연기 구름을 만들어 냄. 구름 속의 적들은 이동속도가 감소하고 시야 범위 감소.

★ smoke screen은 연기로 적 앞의 시야를 차단하는 '연막' 자체를 말합니다. LOL의 번역처럼 연막탄이라고 하려면 smoke bomb이나 smoke shell이 정확하겠습니다.

Quickdraw
E - 빨리 뽑기

| 전방으로 질주해 4초 동안 공격 속도가 증가. 기본 공격으로 적을 명중시킬 때마다 빨리 뽑기 스킬의 재사용 대기 시간이 1초씩 감소.

□□□ **draw** [drɔː 드로어] v. 그리다, 끌다, 비기다 n. 추첨, 무승부 ∞ Tristana 참고

draw(비꼈으니) withdraw(철수하자)

★ draw는 여기서는 챔피언 The Outlaw무법자 Graves그레이브즈가 총을 휙 빨리 뽑을 때의 '뽑다'는 의미로 사용되었습니다. draw에 들어있는 '그리다, 뽑다, 끌다, 커튼을 치다, 제비를 뽑다' 등 여러 가지 뜻은 모두 '뭔가를 끄는 동작'에서 유추된 것들입니다.

이 여러 가지 뜻 중에서 '**비기다, 무승부**'의 뜻은 '**끌다**'와는 의미가 연결이 잘 안 되는데 withdraw 철수란 단어를 생각하면 이해가 쉽습니다.
즉 승부가 나지 않아 다음을 기약하고 짐을 싸서 **끄는** 표현에서 withdraw가 쓰였고 이것이 draw 로 짧아진 것입니다.

> Korea and France drew 2-2.
> 한국과 프랑스는 2:2로 비겼다.

withdraw [wɪðdrɔ́ 위드**드로**어] v. 철수하다   ∞ Tristana 참고
withdrawal [wɪðdrɔ́ːəl 위드**드로**어얼] n. 철수

Collateral Damage
R - 무고한 희생자

| 폭발성 탄환을 발사하여 맞는 첫 챔피언에게 물리 피해. 탄환은 챔피언을 맞히거나 사거리의 끝까지 날아간 다음에 폭발해 원뿔 형태로 물리 피해.

□□□ **collateral** [kəlǽtərəl 컬래터럴] a. 평행한, 부수적인
□□□ **damage** [dǽmɪdʒ 대미지] n. 손상   ∞ Thresh 참고

collateral은 lateral(외측에) 함께 서있기

★ collateral은 '**나란히 서있는**' 모습을 말합니다. com(함께) + lateral(옆의)의 조합입니다.
평행으로 위치한다는 뜻이므로 parallel과 같은 의미입니다.

parallel [pǽrəlel 패럴렐] a. 평행한   ∞ Ekko 참고

collateral은 '**평행한**'이라는 뜻에서 차차 '**부수적인**', '**무고한**'이라는 의미도 생겼습니다.
대상이 side by side나란히로 있게 되면 하나는 딸려온 것처럼 보이므로 '**부수적인**'이라는 뜻이 나온 것입니다.
또한 우리나라 속담의 '**모진 놈 옆에 있다가 벼락 맞는다**'라는 말처럼 그냥 옆에 서있었을 뿐인데 오해받았다라는 것에서 '**무고한**'이라는 뜻도 나왔습니다.

collateral의 기본이 되는 단어인 lateral은 '**외측 또는 측면**'이라는 뜻으로서 위치를 나타낼 때 무척 많이 사용되는 단어입니다. lateral은 중심축을 기준으로 먼 쪽(외측)을 지칭할 때 쓰입니다. 반대로 중심축에 가까운 쪽(내측)을 호칭할 때는 medial을 사용합니다.

의학에서 이런 위치관계를 설명하는 모든 단어들은 좌우상하의 기준이 내가 아니고 상대방입니다.
예를 들어 오른쪽 팔(Rt. arm)이라고 한다면 나의 오른팔이 아니라 대상의 오른팔이 되는 것이죠.
이 기준을 차칫 망각하면 가끔 수술실에서 오른팔을 자르기로 한 환자가 왼팔을 자르고 나오는 일이 생기기도 합니다.

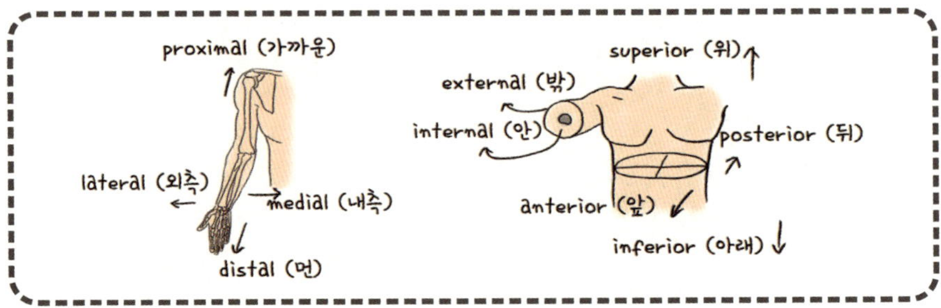

lateral은 '**측면의**'라는 뜻입니다. 중심축을 기준으로 그 외측 방향을 의미하고 medial내측의의 반대 방향입니다.

lateral [lǽtərəl **래**터럴] a. 측면의, 외측의

damn(제기랄)하며 damage(손상)을 주고 condemn(비난하다)

★ **damage**는 '**손상**'이라는 뜻입니다. injury를 뜻하는 damn에서 나온 단어입니다.
이 damn제기랄이 어근으로 들어간 단어로는 damage손상 외에도 condemn비난하다이 있습니다.
죄를 지은 부족민의 주위로 빙 둘러 모여서 damn이라고 욕을 하고
돌을 던져 신체를 damage시키며 condemn하는 모습을 연상하면
같은 어근의 세 단어 damn-damage-condemn을 한꺼번에 기억할
수 있습니다.

damn [dæm 댐] n. 제기랄
condemn [kəndém 컨뎀] v. 비난하다   com(함께) + damn(damage)
　　　　→ 규탄하다, 선고를 내리다   ∞ Thresh 참고

* damn은 '**제기랄**'이라는 욕입니다. 모르는 외국인에게 이 단어를 함부로 쓰면 주먹을 부르게 됩니다.
damn은 damage손상, injury상처, blame비난을 뜻하는 라틴어 damnum에서 나온 단어입니다. 라틴어에서 damn은 처음에는 지옥의 벌로서 손상을 받는다는 뜻이었는데 나중 '**제기랄**', '**젠장**' 같은 욕이 된 것입니다. 따라서 제대로 영어 욕인 "Damn!"을 번역한다면 "지옥에나 가버릴!"이 영어 어원과 가장 일치하는 우리말 욕이 되겠습니다. 고운 말을 씁시다.

Graves

★★★☆☆ grit - Guillaume's team was down by 30 kills, and they showed grit by killing 30 champions in a row.
기욤의 팀은 30킬을 당하며 쓰러졌고, (이후) 그들은 연속으로 30 챔피언을 킬하는 기개를 보여주었다.

★☆☆☆☆ courage - great acts of courage 용기 있는 훌륭한 행동

★★☆☆☆ determination - the right to self-determination 자결권(스스로 결정할 권리)

★★★☆☆ guts - Joon-ha has the guts to fight a K-1 fighter, even if the results were miserable.
준하는 K-1 파이터와 싸우는 배짱을 가졌다. 비록 결과는 비참했지만.

★★★☆☆ backbone - My younger brother has no backbone. 내 남동생은 기개가 없다.

★★★☆☆ deter - They think that the death penalty deters people from committing murder.
그들은 사형제도가 사람들로 하여금 살인을 저지르는 것을 단념시킨다고 생각한다.

★★★★☆ buckshot - the shotgun loaded with buckshot 산탄이 장전된 샷 건

★★☆☆☆ responsibility - You take responsibility for your own health.
너의 건강은 너의 책임이다.

★☆☆☆☆ draw - After playing a chess game for 3 hours, they agreed to a draw.
체스게임 한 판을 3시간동안 한 뒤에 그들은 비기는 것으로 동의했다.

★★★☆☆ withdraw - Rolland withdrew himself from the tournament after breaking his leg.
롤랑은 다리가 부러진 후 그 토너먼트에서 물러났다.

★★★☆☆ withdrawal - the withdrawal of legal aid for the poor
가난한 사람들에 대한 법적 지원의 철회

★★★☆☆ collateral - Experts say that the collateral damage from this bombing was very high.
전문가들은 이번 폭격의 부수적인 손상이 매우 심했다고 말한다.

★★★☆☆ lateral - The police officer made a lateral movement for his approach.
경찰은 접근을 위해서 측면으로 움직였다.

★☆☆☆☆ damage - There are several ways to minimize collateral damage.
부수적인 피해를 최소화할 방법이 몇 가지 있다.

★★★☆☆ parallel - a parallel parking between two cars 두 차들 사이에 평행주차

★★★☆☆ damn - I do not care a damn. 알게 뭐야.

★★★☆☆ condemn - A student was condemned for hacking into the evaluation database.
한 학생이 평가 데이터베이스에 해킹한 것 때문에 비난을 받았다.

Hecarim. the Shadow of War

헤카림 – 전쟁의 전조

- **P**   Warpath   출정
- **Q**   Rampage   회오리 베기
- **W**   Spirit of Dread   공포의 망령
- **E**   Devastating Charge   파멸의 돌격
- **R**   Onslaught of Shadow   꺾을 수 없는 의지

P **Warpath** | 헤카림은 다른 유닛을 통과 가능, 추가 이동 속도의 15% 만큼 공격력이 상승.
passive - 출정

□□□ **warpath** [wɔ́:rpæθ 워어패쓰] n. 출정의 길

★ warpath는 백인이 쓴 북아메리카 인디언에 관한 소개의 글에서 처음 나온 단어로서 '**전쟁을 하러 나가는 길**'을 말합니다.
warpath처럼 군대의 출정을 의미하는 다른 숙어로는 go to the war, go into battle이란 표현도 있습니다. 하지만 어감상 인디언의 말 warpath가 좀 더 비장감이 있어 보입니다.

또한 전쟁과 관련 없이 일상에서도 warpath가 쓰이는데 숙어로 be on the warpath라고 하면 '**화가 나서 싸우려고 하는**'이라는 뜻입니다. 씩씩거리면서 한 대 치려고 걸어가는 모습을 떠올리게 합니다.
이 경우에는 angry나 upset의 의미로 해석하면 됩니다.
또한 화가 나서 씩씩거리는 모습은 fume이나 '**huff and puff**'로 표현이 가능합니다.

> **fume** [fjuːm ㅎ퓨움] v. 화가 나서 씩씩대다, 연기를 내다
> **huff** [hʌf 허ㅎㅍ] v. 화가 나서 씩씩대다
> **puff** [pʌf 퍼ㅎㅍ] v. (담배연기나) 김을 내뿜다

* fume은 '**화가 나서 씩씩대다**'는 뜻입니다. 연기(smoke)를 뜻하는 라틴어 fumus에서 나온 단어입니다. 화가 끓어 머리 꼭대기에서 연기가 나는 듯한 모습의 단어입니다.
향수를 뜻하는 perfume에도 이 fume이 들어갑니다. perfume은 per(through) + fume(smoke연기)의 조합으로 분무된 연기를 통해 전달되는 향기라는 뜻입니다.
fume을 기억할 때는 '**연기**처럼 퍼지는 향수(per**fume**)'에서 fume을 유추해내면 됩니다.

* huff는 '**화가 나서 씩씩대다**'는 뜻이고 '**huff and puff(씩씩대며)**'의 숙어로 같이 묶여서 자주 사용됩니다. huff는 의성어이므로 발음을 해보면 화가 나서 씩씩거리는 '**헢헢헢**' 소리를 만들 수 있습니다.
huffer는 본드를 흡입하는 사람을 말하고 huffy는 '**화가 난**'이라는 뜻입니다.

* puff는 '**담배연기나 김을 내뿜다**'라는 뜻입니다.
puff는 의성어이므로 발음을 해보면 담배연기를 뽁뽁 내뿜는 '**펍펍펍**' 소리를 만들 수 있습니다.
puffer는 복어(blowfish)의 다른 이름이기도 하고 아이들은 기차를 puffer라고 부르기도 합니다. puffy는 '**볼록하게 부어있는**'이라는 뜻입니다.

warpath(출정의 길)에 나선 수 부족

아메리카 인디언 수(Sioux) 부족은 백인들에게 계속해서 땅을 뺏기다가 1876년 전쟁을 결심하게 됩니다. 역사학자 들은 인디언들이 마지막 여름을 근사하게 보내고 멸망하기로 결심한 것 같았다고 전합니다. 인디언 주술사인 '**시팅불(Sitting Bull)**'은 warpath(출정의 길)에 나서기 전에 환영을 보기 위해 sun dance를 엽니다.
시팅불은 양쪽 팔에서 살점을 50군데씩 도려내고 18시간을 춤을 추다가 마침내 환영을 보게 됩니다. 말을 탄 병사들이 머리를 숙이고 부족의 야영지로 공격을 해온나는 환영이었고 인디언들은 전투의 승리에 대한 예언 이라고 해석합니다. 결국 며칠 후에 수 부족은 커티스 장군의 제 7 기병대를 유인해 커티스 장군과 261명의 병사들을 죽이는 유명한 [리틀빅혼 전투]를 벌이게 됩니다.
이 [리틀빅혼 전투]는 미국 개척사에서 백인의 겪은 가장 큰 패배였고 인디언의 마지막 대규모 저항이었습니다. 이후 인디언들은 보복을 당하며 쭉 멸망의 길로 걸어가게 됩니다.

Q **Rampage**
Q - 회오리 베기

헤카림이 주변 적들을 베어 물리 피해. 회오리 베기로 적에게 피해를 입히면 회오리 베기 효과를 얻어 짧은 시간 동안 회오리 베기의 재사용 대기 시간이 1초 감소.

□□□ **rampage** [ræmpeɪdʒ 램페이지] n. 광란

rampage(광란)는 ramp(올라타서) 난리치기

★ rampage는 미쳐서 날뛴다는 '**광란**'의 뜻입니다. rampage는 ramp경사로에서 나온 단어입니다.
고속도로에 차가 진입하기 위해서 '**오르는**' 길을 ramp경사로(傾斜路)라고 부릅니다.

ramp [ræmp 램프] n. 경사로 v. 올라타다, 뒷발로 일어서다

ramp는 원래 '**오르다**'는 뜻인데 특히 사자 같은 큰 동물이 뒷발로 서서 먹이에 mount올라타다하는
모습을 나타냈습니다. 이 올라타는 사자들의 무리지은 난폭한 모습에서 rampage의 '**광란**'의 뜻이
나왔습니다.
일반적으로 광란이 만연하면 사람들은 차에 올라타고 건물과 전봇대에 올라타면서 괴성을 지르죠.
이러한 rampage는 상황에 따라 무리지은 '**습격**'이나 '**난동**'으로 번역을 할 수 있습니다.

ramp 오르다 →	ramp (사자가) 등에 올라타다(mount) →	rampage 광란

rampage의 형용사형인 rampant도 아주 자주 쓰이는 단어입니다. 그런데 rampant를 그냥 흔한
해석인 '**만연하는**'으로 외우려하면 머릿속에 잘 안 들어옵니다. 주어를 포함해서 '**(광란이 걷잡을 수
없이) 만연하는**'처럼 기억해야 단어의 이미지가 선명하게 잡힙니다.
또한 rampant는 주어나 상황에 따라 해석할 때 그 의미가 살짝 바뀌게 됩니다. 즉 crime범죄이라면
'**횡행**'하다고 해야 할 것이고 corruption부패이라면 '**만연**'하다고 해야 하며 epidemic전염병이라면
'**창궐**'하다라고 적절하게 해석해야 합니다.

rampant [ræmpənt 램펀ㅌ] a. (광란이) 만연하는　∞ Zyra 참고

그리고 rampant에도 여전히 ramp오르다의 뜻이 있으므로 관용어인 'a lion rampant'는 '뒷발로 일어선 사자'를 말하게 됩니다. 이런 사자는 용맹을 상징하기 위해 여러 coat of arms왕가나 귀족의 문장에 단골로 등장합니다.

그냥 rampant를 '만연하는'으로 쉽게 외워서는 도저히 뜻을 알 수가 없는 a lion rampant이지만 올라타는 동작을 ramp에서 유추하면 그 숨은 뜻에 고개가 끄덕여집니다.

corruption [kərʌ́pʃn 커럽션] n. 부패, 타락　　∞ Cho' Gath, Varus 참고
epidemic [epɪdémɪk 에피데믹] n. 유행병　　∞ Yorick 참고

W　**Spirit of Dread**
W - 공포의 망령

┃ 헤카림이 공포의 망령으로 주변을 4초간 둘러싸 범위 내의 적들에게 초당 마법 피해. 또한 범위 내의 적이 피해를 입으면 그 피해량의 20%만큼 헤카림의 체력을 회복. 미니언으로부터는 회복할 수 있는 회복량에 제한이 있음.

□□□ **dread** [dred 드레드] n. 공포　　∞ Fiddlesticks 참고

E　**Devastating Charge**
E - 파멸의 돌격

┃ 헤카림의 이동 속도가 잠시 증가. 다음 공격으로 대상을 뒤로 밀며 스킬을 사용한 다음 이동한 거리에 비례하여 추가 물리 피해.

□□□ **devastating** [dévəsteɪtɪŋ 데버스테이팅] a. 대대적으로 파괴하는　　∞ Evelynn 참고
□□□ **charge** [tʃɑːrdʒ 챠아지] n. 돌격　　∞ Tristana 참고

devastate는 de(완전히) vast(광대한) 땅으로 만들어버리는 것

★ **devastating**은 de-(completely완전히) + vastus(waste낭비하다, 망치다)의 라틴어의 조합으로 한 지역이나 장소를 철저하게 파괴하는 것을 의미합니다.
vast광대한의 뜻도 waste낭비하다에서 나왔으므로 devastate를 단어 그대로 나눠 'de- + vast광대한 + -ate'로 이해해도 별 차이가 없겠습니다.
911테러 사건 때처럼 건물을 'de무너뜨려서 vast광대한 들판이 되게 만들어(-ate) 버렸다'고 이미지를 만드는 것이죠.

    devastate [dévəsteɪt 데버스테이트] v. 황폐화시키다
    devastation [devəstéɪʃn 데버스**테이**션] n. 황폐화, 대대적인 파괴   ∞ Darius 참고

Onslaught of Shadow
R - 꺾을 수 없는 의지

| 헤카림이 유령 기수들을 소환하여 전방으로 돌격해 일직선 상에 마법 피해. 돌격 후 헤카림이 충격파 발사. 충격파에 맞은 적은 1초간 공포.

□□□ **onslaught** [ɑ́:nslɔ:t 아안슬러어ㅌ] n. 맹공격   ∞ Sion 참고

slayer

★ **onslaught**는 on + slaught(도살)의 조합입니다.
on은 계속의 의미가 있으므로 onslaught는 사람을 'slay죽여 나가는 도상(途上)'을 뜻하였고 곧 맹습이나 맹공격을 의미하게 되었습니다.
여기서 slaughter는 도살자라는 뜻이고 '**때리다(strike)**'라는 뜻의 PIE어근인 *slak-에서 나온 단어입니다. PIE어근 *slak-은 살해자를 뜻하는 slayer의 어원이기도 합니다. 유명 판타지 소설인 [드래곤 슬레이어]의 제목으로 익숙한 어원입니다.

    slaughter [slɔ́:tə(r) **슬로어**러] n. 도살자 v. 도살하다   ∞ Aatrox 참고
    slayer [sléɪə(r) **슬레**이어] n. 살해자   ∞ Sion 참고

Hecarim

★★★★★ warpath - We were on the warpath looking to revenge the death of our commander.
우리는 대장의 죽음을 복수하기 위해 전장에 나가는 길이었다.

★★★☆☆ fume - fumes from the car mechanic's shop
자동차 수리 센터에서 나오는 연기

★★★☆☆ huff - He walked off in a huff without saying goodbye.
그는 작별인사도 하지 않고 씩씩대며 가버렸다.

★★★☆☆ puff - puff-puff 칙칙폭폭(기차 소리)

★★★☆☆ rampage - The patient went on a rampage and broke everything in the emergency room.
그 환자는 광분해서 응급실의 모든 것을 부쉈다.

★★★☆☆ ramp - entry ramp 고속도로 진입로

★★★☆☆ rampant - rampant corruption 만연한 부패

★★★☆☆ corruption - Some government officials were fired for corruption and replaced by robots.
몇몇 정부 공무원은 부패 때문에 해고되었고 로봇으로 대체되었다.

★★★☆☆ epidemic - a flu epidemic 독감 유행

★★★☆☆ dread - He dreads that he can only play games at his friend's house.
그는 그의 친구의 집에서만 게임을 할 수 있다는 것이 무섭다.

★★★☆☆ devastating - The return of the dinosaurs prompted by improper handling of specially crafted security device was devastating to the village.
특별하게 고안된 보안장치를 부적절하게 다루어 촉발된 공룡들의 귀환은 그 마을을 황폐화시켰다.

★★☆☆☆ charge - The police charged the picket line with attack dogs.
경찰이 공격용 개들로 피켓라인(시위대의 라인)을 공격했다.

★★★★☆ devastate - The death of her pet hamster devastated my family.
그녀의 애완용 햄스터의 죽음은 우리 가족을 비탄에 잠기게 했다.

★★★☆☆ devastation - sheer devastation in Caribbean 캐리비안의 전적인 황폐화

★★★☆☆ onslaught - the constant onslaught of ads on TV
끊임없는 텔레비전 광고 공세

★★★☆☆ slaughter - Due to global warming, millions of cows were slaughtered after the UN banned meat.
지구 온난화 때문에, UN이 육류를 금지한 후 소 수백만 마리기 도실당했나.

★★★☆☆ slayer - David, the slayer of Goliath
다윗, 골리앗을 죽인 자

Heimerdinger,
the Revered Inventor

하이머딩거 - 위대한 발명가

- **P**   Techmaturgical Repair Bots   마법기계공학 수리 로봇
- **Q**   H-28G Evolution Turret/H-28Q Apex Turret   진화형 포탑 H-28G/최첨단 포탑 H-28Q
- **W**   Hextech Micro-Rockets/Hextech Rocket Swarm   마법공학 초소형 로켓/마법공학 로켓 연사
- **E**   CH-2 Electron Storm Grenade/CH-3X Lightning Grenade   CH-2 전자폭풍 수류탄
- **R**   Upgrade!!!   업그레이드!!!

P   ## Techmaturgical Repair Bots
passive - 마법기계공학 수리 로봇 | 하이머딩거가 주변 아군 챔피언과 H-28G 진화형 포탑에 추가 체력 재생력을 부여.

□□□ **mature** [mətʃúr 머쳐] a. 성숙한

□□□ **repair** [rɪpér 리페어] v. 수리하다

 **ma(엄마)에서 나온 mature(성숙)**

★ 챔피언 Heimerdinger하이머딩거의 passive스킬인 Techmaturgical이란 단어는 LOL에서만 존재하는 단어입니다. 굳이 조합을 분석해보면 tech(기술) + mature(성숙한) + -gy(학문) + -ical (형용사형 어미)정도가 되겠습니다.
'기술로 성숙시키는(고치는) 공학'에 관한 LOL의 신조어 방식으로 보입니다. 그리고 bots은 robot 을 말하는 구어입니다.

여기서 mature는 성인이 되었음을 말하는 **'성숙한'**의 의미입니다. 과일이 탐스럽게 잘 익었을 때도, 포도주가 잘 숙성되었을 때도 mature를 사용합니다.
단어의 기원은 PIE어근인 *ma-에서 나왔는데 이는 **'good좋다'**의 뜻과 **'mother엄마'**의 기원이 되는 어근입니다.
성숙하여 먹기 좋은 과일, 성숙하여 아이를 출산하고 젖을 먹일 수 있는 엄마의 의미로 생각하면 되겠습니다.
mature는 우리말의 **"멋져!"**도 good을 의미하니 한글 발음대로 기억하면 편합니다.

mature의 명사형은 maturity성숙함이고 maturity date는 은행 대출의 만기일을 의미합니다. 또한 mature의 반대말인 immature는 미성숙을 의미합니다.

maturity [mətʃúrəti 머춰러티] n. 성숙함
immature [ɪmətʃúr 이머춰] a. 미성숙한, 미숙한

re(다시) pair(준비하는) rapair

★ repair는 '**수리하다**'라는 뜻인데 re-(다시) + pare(prepare준비하다)의 조합입니다. 어근이 되는 pare는 '**준비하다**'라는 뜻의 라틴어 parare에서 나온 것입니다. 하지만 현대 영어에서 pare 는 '**껍질을 깎다(trim)**'라는 뜻으로 쓰입니다. '**먹으려고 준비하다**'는 것이지만 뜻이 바뀐 셈입니다. 이 pare가 어근으로 사용되면 prepare준비하다, arrange정돈하다 등의 의미로 쓰입니다.
pare 어근과 관련된 단어는 어근의 모양이 pair로 바뀐 repair를 포함해서 여러 가지가 있습니다.

prepare [prɪpér 프리페어] v. 준비하다   pre(미리) + pare(준비하다)
compare [kəmpér 컴페어] v. 비교하다   com(미리) + pare (준비하다)
apparatus [æpərǽtəs 애퍼래터ㅅ] n. 기구   ap(to향하여) + pare(준비하다)
separate [séprət 세퍼럿] a. 분리된   se(apart떨어져서) + pare(준비하다)

* apparatus는 기구를 말하는 단어입니다. ap(to향하여) + pare(준비하다)의 조합으로서 무언가가 목적을 향하여 준비된 것을 의미합니다.
apparatus는 보통 여러 device고안의 집합체인 과학적 기구를 의미하는 경우가 많습니다. 예를 들면 원심분리기나 소음측정기 등이 이에 해당되겠습니다. 기구나 장비를 뜻하는 단어는 이 외에도 여러 가지가 있어서 구별을 요합니다. 예를 보고 이해하는 것이 좋습니다.

apparatus	기구, 장치, 과학적 도구	ex) centrifuge원심분리기, oven오븐
appliance	(가정용) 기기	ex) stove난로, refrigerator냉장고, washing machine세탁기
device	고안, 기계나 전기장치	ex) hard driver, semiconductor반도체
equipment	장비	ex) scuba diving equipments스쿠버 다이빙 장비
instrument	도구 (측정도구)	ex) barometer기압계, balance천칭
tool	도구 (기계적 작용)	ex) hammer망치, saw톱

apparatus기구를 외울 때는 119구조대가 출동하여 아이가 갇혀있는 공간을 기구로 열어서 구출하는 이미지를 생각하면 됩니다. '기구로 **애빼라!**'.

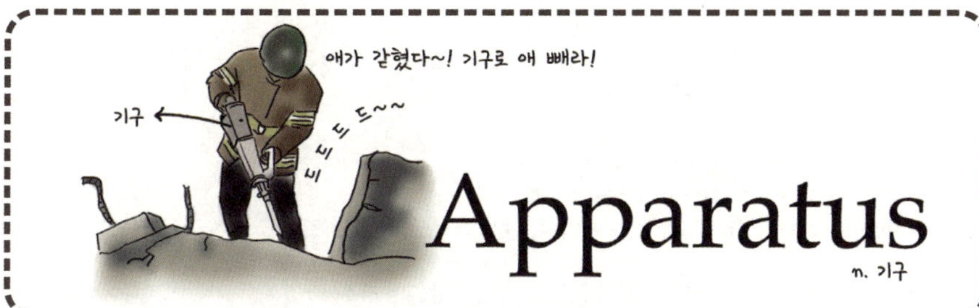

H-28G Evolution Turret/H-28Q Apex Turret

Q - 진화형 포탑 H-28G/최첨단 포탑 H-28Q

거리 내 목표 지점에 포탑 하나를 설치. 이 포탑은 하이머딩거의 공격 대상과 하이머딩거를 공격하는 적을 우선적으로 공격. (업그레이드) : 450 거리 내에 8초간 지속되는 강화된 포탑 설치.

□□□ **evolution** [ɪːvəlúːʃn 이벌**루우션**] n. 진화　　∞ Viktor 참고

□□□ **apex** [éɪpeks 에이**펙스**] n. 정점

□□□ **turret** [tɜ́ːrət **터어**럿] n. 회전 포탑

evolution(진화)은 볼볼 volve(굴러가다)다

★ evolution은 진화를 말하는데 동사 evolve발달하다에서 나온 단어입니다.
ex(밖으로) + volve(구르다) + -tion(명사형 어미)의 조합으로서 생명체가 여러 세대를 거쳐서 진화하며 발전해나가는 모습을 말합니다.

volve 어근은 구르다(roll)는 뜻의 라틴어 volvere의 변형입니다.
volve(구르다) 어근이 들어간 단어는 evolve 외에 involve수반하다, revolve회전하다, circumvolve
회전하다, devolve양도하다가 있습니다.
이 중 evolution진화은 revolution혁명과 철자가 /r/자 하나 차이밖에 없습니다. evolution진화도
생물의 발전을 위해 돌돌 굴러가고 revolution혁명도 사회체제의 발전을 위해 돌돌 굴러가므로 두
단어를 연관해서 기억하기 편합니다.

    revolution [revəlúːʃn 레벌**루우**션] n. 혁명   re(다시) + volve(구르다) + -tion(명사형 어미)
        ← **revolve** [rɪváːlv 리**바알**브] v. 회전하다
    involve [ɪnváːlv 인**바알**ㅂ] v. 수반하다, 개입하다   in(안으로) + volve(구르다)

* revolution은 혁명이라는 뜻입니다. 약실을 빙그르르 돌리는 권총 revolver리볼버를 생각하면 외우기 편합니다.
또한 모바일 MMORPG인 [리니지2 레볼루션]을 생각해도 되는 단어입니다.
특히 LOL의 용어에 basic item 중 'Hextech revolver마법공학 리볼버'가 있어서 더욱 익숙한 단어입니다.

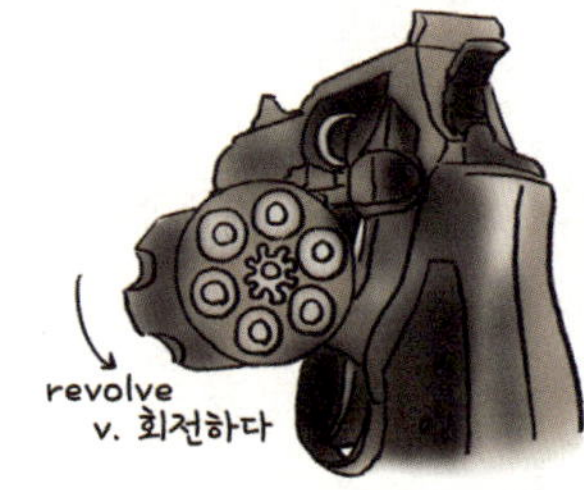

아빠가 이건 안 다치는 물건이래요 : 리볼버 권총

지금은 자동권총의 시대가 되었지만 리볼버 권총은 아직도 묵직한 trigger pressure(방아쇠압력)의 안전성과
loaded장전된 상태에서도 오래 보관할 수 있다는 장점 때문에 많이 사용되고 있습니다.
리볼버가 처음 나와 한 정이 6달러(6천원)할 때의 초창기 광고를 보면 absolutely safe(절대적으로 안전)에
Accidental discharge(우발적인 발사)가 impossible불가능하다고 적혀 있습니다.
아이의 옷에도 "Papa says it won't hurt us.(아빠가 이건 안 다치는 물건이래요.)" 라고 적혀있습니다.
왠지 저 여자아이에게 진 느낌이 듭니다. GG.

★ apex는 꼭대기, 정점을 말합니다. 특히 산(山) 정상을 의미할 경우에는 summit으로 바꿀 수 있습니다.

★ turret은 성의 꼭대기에 지은 '작은 탑'을 말합니다. tower의 어근에서 나온 말이고 나중에는 전함이나 탱크의 회전식포탑을 가리키는 용어가 되었습니다. [스타크래프트] 방어용 포탑 Turret터렛의 빙글빙글 돌아가는 모습을 생각하면 됩니다.

 Hextech Micro-Rockets/Hextech Rocket Swarm

W - 마법공학 초소형 로켓/마법공학 로켓 연사

로켓 다섯 발을 한 번에 발사하며 로켓은 커서 위치로 모였다 퍼져 나감. 각 로켓은 60의 마법 피해를 줌. 로켓에 두 발 이상 적중당한 적은 두 발 째부터 각 20%의 마법 피해만 입음.
(업그레이드) : 로켓이 네 번 연속 발사되며 한 번에 135의 마법 피해.

□□□ **swarm** [swɔːrm 스워엄] n. (곤충의) 떼 v. 무리지어 다니다

★ swarm은 곤충의 떼를 말합니다. swarm은 또한 군중들이 한 방향으로 우르르 몰려가는 모습을 표현할 때도 사용합니다.
swarm은 어원상으로 벌들이 떼로 모여서 내는 소리인 'swer~~~~스워~~~'에서 나왔다는 견해가 있습니다. 또한 '급하게 진로를 변경하다'의 뜻인 swerve 단어에서 나왔다는 의견도 있습니다. 개인적으로 둘 중에 swarm의 'swer~~~~스워~~~' 기원설이 훨씬 마음에 와 닿습니다.

참고로 swarming은 분봉을 의미합니다. 분봉은 양봉학에서 여왕벌을 따로 분가시켜 새로운 군집을 형성시키는 기술입니다. 그러면 꿀벌들이 우르르 몰려나가 새 여왕벌을 에워싸는 것이죠.

CH-2 Electron Storm Grenade/CH-3X Lightning Grenade

E - CH-2 전자폭풍 수류탄

적 유닛에 마법 피해를 입히고 이동 속도를 2초간 35% 줄이는 수류탄을 투척. 수류탄 범위의 한가운데 있는 적은 1.25초간 기절.
(업그레이드) : 총 3번의 폭발을 일으키는 팅기는 수류탄을 던져 적 유닛에 마법 피해와 이동 속도를 2초간 80% 둔화시킴. 수류탄 폭발 범위의 한가운데 있는 적은 1.25초간 기절.

□□□ **electron** [ɪléktrɑːn 일렉트라안] n. 전자

□□□ **grenade** [grənéɪd 그러**네이드**] n. 수류탄

□□□ **lightning** [láɪtnɪŋ **라이트닝**] n. 번개　∞ Kennen 참고

ion이온이 어미로 붙으면 입자들을 나타낸다

★ **electron**은 negative charge음전하를 띠고 nucleus원자핵 주위를 돌고 있는 '**전자**'를 말합니다. 전기를 뜻하는 electric에 물리학에서 이온이나 입자를 나타내는 어미로 사용되는 -ion이 붙어서 생긴 단어입니다.
참고로 양성자는 proton이고 전하를 띠지 않는 중성자는 neutron입니다.

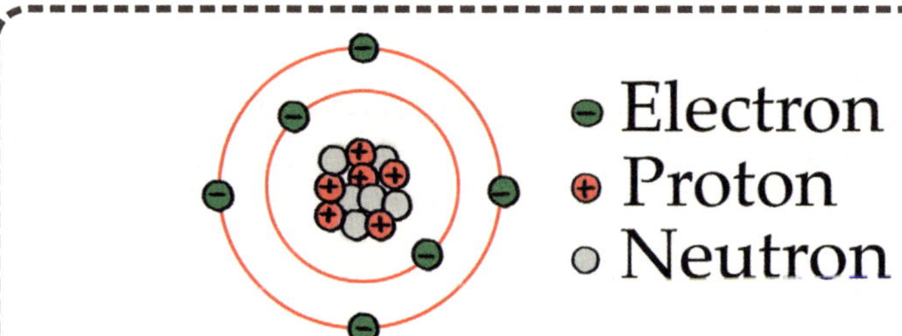

proton [próutɑːn **프로**우타안] n. 양성자, 양자
neutron [núːtrɑːn **뉴**우트라안] n. 중성자

* **proton**은 양성자를 말합니다. proto-는 first기원를 뜻하는 어근입니다. 처음에 양성자를 발견했을 때 모든 원자의 근원적인 물질이라 생각하여 이름붙인 것입니다. proto-는 protocol이나 prototype에서 볼 수 있는 어근입니다.

protocol [próutəkɔːl **프로우**터커얼] n. 의전, 계획서
prototype [próutətaɪp **프로우**터타입] n. 원형
Proto-Indo-European(PIE) 인도 게르만 공통 조어(祖語)

* **neutron**은 중성자를 말합니다. 중성자는 원자핵에 존재하며 양성자의 질량과 동일하지만 전하는 띠지 않는 물질입니다. neutro-는 neutral중립의을 뜻하는 어근입니다. neutro-는 neutral중립의이나 neutrality중립에서 볼 수 있는 어근입니다.

neutral [nú:trəl 뉴우트럴] a. 중립의
neutrality [nuːtrǽləti 뉴우트랠러티] n. 중립

★ grenade는 수류탄을 말하는데 석류를 뜻하는 프랑스어 pomegranate에서 나온 말입니다.
여기서 pome는 사과를 뜻하고 granate는 grain곡식을 말합니다. 수류탄의 모양새가 동그란 석류와
비슷해서 지어진 이름으로 보입니다.

pomegranate [pá:mɪgrǽnɪt 파아미그래닛] n. 석류

Upgrade!!!
R - 업그레이드!!!

하이머딩거의 다음 기본 스킬은 마나를 소모하지 않고 추가 효과가 적용됨. 한 번 더 사용하면
강화를 취소시킬 수 있음. 취소된 경우 3초 후에 다시 사용 가능.

□□□ upgrade [ʌpgréɪd 업그레이ㄷ] v. 개선하다

★ upgrade가 되면 기존의 스킬이 더 강력해지는 챔피언 Heimerdinger하이머딩거는 별명이 〈The
Revered Inventor위대한 발명가〉입니다.
revere는 '숭배하다'라는 뜻이고 inventor는 '발명가'라는 뜻입니다.
revere는 re(다시) + vereri(존경하다)의 조합의 라틴어인 revereri에서 나온 단어입니다. 존경해서
다시 한 번 쳐다보게 되는 모습을 나타냅니다.
그냥은 쉽게 떠오르지 않는 단어여서 '리비아를 통치했던 독재자 가다피를 숭배하다'라고 연상하면
편하겠습니다. 물론 리비아(Libya)의 발음만 빌리자는 것이죠.
revere숭배하다와 관계된 단어로는 기독교의 reverend목사란 단어가 있습니다.

revere [rɪvír 리비어] v. 숭배하다
reverend [révərənd 레버런드] n. (명사 앞에서만 사용) 목사

Heimerdinger

★★★☆☆ mature - He acted mature by not getting angry at his friend for using his magic carpet.
그는 친구가 자신의 마법양탄자를 사용한 것에 대해 화내지 않음으로 성숙하게 행동하였다.

★☆☆☆☆ repair - He finally succeeded in repairing his time traveling machine.
그는 마침내 자신의 시간여행 장치를 수리하는 데 성공했다.

★★★☆☆ maturity - Maturity can't be learned over night.
원숙함은 하룻밤에 배울 수 있는 것이 아니다.

★★★☆☆ immature - The immature boy put a cherry bomb in the toilet.
그 치기어린 소년은 화장실에 붉은색 딱총알(폭죽의 일종)을 넣었다.

★★☆☆☆ prepare - He is preparing for an final exam.
그는 기말고사를 준비하고 있다.

★★☆☆☆ compare - Licensed traders immediately compared the prices in different countries.
허가를 받은 무역상들이 즉시 여러 나라의 가격을 비교했다.

★★★☆☆ apparatus - If this apparatus works, it can solve world hunger.
만일 이 장치가 (제대로) 작동한다면 이것은 세계의 기아문제를 해결할 수 있을 것이야.

★★☆☆☆ separate - two separate issues 두 가지 분리된 사안

★★☆☆☆ evolution - The evolution of humans is ongoing. 인간의 진화는 진행 중이다.

★★★☆☆ apex - No one can deny the fact that he has reached the apex of his LOL abilities.
아무도 그가 자신의 LOL 게임 능력의 정점에 도달하였다는 사실을 부정할 수 없다.

★★★★★ turret - The turret placed on the mountainside caused lots of damage.
산비탈에 설치된 포탑은 많은 피해를 야기했다.

★★☆☆☆ revolution - an armed revolution against tyranny 독재에 대항한 무장혁명

★★★☆☆ revolve - The earth revolves around the sun. 지구는 태양 주위를 공전한다.

★★★☆☆ involve - accidents that did not involve a casualty 부상자가 발생하지 않은 사고들

★★★☆☆ swarm - A swarm of bees lost their sense of direction, and attacked the exploration party.
벌떼가 방향감각을 잃고 탐사대를 공격했다.

★★★☆☆ electron - the electron microscope 전자현미경

★★★★★ grenade - The soldier threw a grenade to save his captain.
그 병사는 대장을 구하기 위해 수류탄을 투척했다.

★☆☆☆☆ lightning - He was struck by lightning seven times. 그는 일곱 번 벼락에 맞았다.

★★★★☆ proton - proton decay 양성자 붕괴

★★★★☆ neutron - a neutron bomb 중성자 폭탄

★★★★☆ protocol - internet protocol 인터넷 통신규약

★★★☆☆ prototype - He made a working prototype of a laser engine.
그는 레이저엔진의 작동이 가능한 초기모델을 만들었다.

★★★☆☆ neutral - Swiss remained neutral in WWII.
스위스는 제 2차 세계대전에서 중립국으로 남았다.

★★★☆☆ neutrality - The president maintained strict political neutrality.
대통령은 엄정한 정치적 중립을 유지했다.

★☆☆☆☆ upgrade - This tents can upgrade their living conditions
이 텐트는 그들의 삶의 질을 향상시킬 수 있다.

★★★☆☆ revere - Malcom revered his father.
말콤은 자기 아버지를 존경했다.

★★★☆☆ reverend - a help from the Reverend Al Green
알 그린 목사님으로부터의 도움

Irelia, the Will of The Blades
이렐리아 - 칼날의 의지

P	Ionian Fervor	짓밟기
Q	Bladesurge	칼날 쇄도
W	Hiten Style	비천어검류
E	Equilibrium Strike	균형의 일격
R	Transcendent Blades	초월의 검

P **Ionian Fervor**
passive - 짓밟기

이렐리아의 주변에 적 챔피언이 많을수록 이렐리아를 대상으로 하는 방해 효과의 지속시간이 감소. (최대 3명)

□□□ **ionian** [aɪóunɪən 아이**오우**니언] a. 이오니아의

□□□ **fervor** [fə́ːrvər ㅎ**퍼어**버] n. 열정　∞ Kayle 참고

★ ionia란 원래 Turkey터키 Anatolia아나톨리아 지방의 서쪽 해안지방과 섬들을 말합니다. 에게 해를 사이에 두고 Greece그리스와 마주보고 있으며 애초에 그리스의 아테네 등의 이주민이 세운 식민지였습니다.
그러나 LOL에서는 게임스토리상 발로란 mainlan본토의 동쪽 해변에 있는 섬나라를 말합니다.

fervor(열정)은 fever(열)에서 나온 단어

★ fervor는 열정을 말하는데 fever열을 생각하면 외우기 쉽습니다. fever의 알파벳을 살짝 변형한 것이죠. 열과 열정, fever와 fervor. 거의 공짜 단어입니다.
열정을 나타내는 다른 단어들도 묶어서 열정적으로 알아봅시다.

passion [pǽʃn 패션] n. 열정
enthusiasm [ɪnθúːzɪæzəm 인**쑤우**지애즘] n. 열광
zeal [zɪːl 지일] n. 열의
eagerness [íːgərnɪs **이이**거니ㅅ] n. 열의, 열망

* enthusiasm은 열정이라는 뜻입니다. 조금 어려운 단어인데 en(in안으로) + theo(god신)가 들어간 것을 생각하면 되겠습니다. 신에 의해서 inspiration영감을 받거나 접신하여 고취된 것을 말합니다.
enthusiasm을 기억할 때는 어원과 발음을 이용하여 '열정은 신(神)이 안으로 쑤시고 들어가서 마음을 흔들어 놓은 것'으로 암기하면 됩니다.

enthusiasm에서 신(god)을 말하는 라틴어 theos는 모음이 /u/로 조금 바뀌어 있습니다. 그 외에 theo-어근이 사용되어 신과 관계된 단어들을 보겠습니다.

theology [θɪɑ́ːləd3ɪ 씨아알러지] n. 신학 ∞ Pantheon 참고
theocracy [θɪɑ́ːkrəsɪ 씨아아크러시] n. 신권정치 ∞ Pantheon 참고
pantheon [pǽnθɪɑːn 팬씨아안] n. 만신전(萬神殿), 판테온 ∞ Pantheon 참고
atheist [éɪθɪɪst 에이씨이스ㅌ] n. 무신론자 a(without) + theo(god신) + -ist(사람)

* zeal은 열의를 뜻하고 [스타크래프트]의 zealot질럿을 생각하면 됩니다. zealot질럿은 우리나라에서는 광전사로 번역되었습니다.

zealot [zélət 젤럿] n. 광신도 ∞ Akali 참고

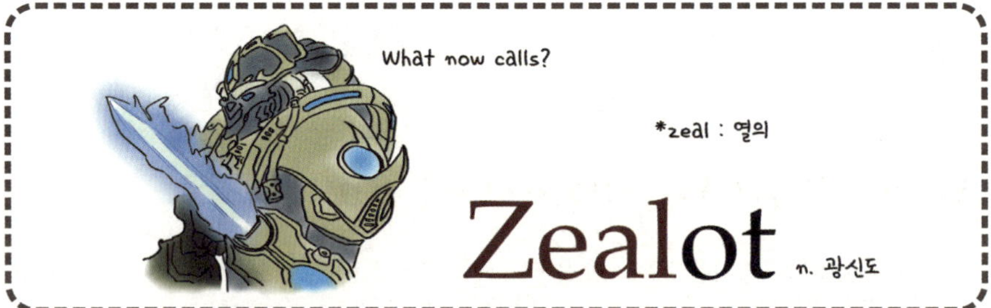

* eagerness는 열망을 말합니다. 라틴어 어원 acer(열정적인, 완고한, 뾰쪽한)에서 eager라는 단어가 나왔지만 철자가 바뀌어 알아보기가 힘이 듭니다.
eagerness를 기억할 때는 장난감을 고른 아이가 아빠에게 '이거 사주세요 ㅠㅠ;'라는 열망어린 눈빛을 보내는 것을 상상하며 외우는 것이 좋겠습니다.

Q **Bladesurge** | 돌진해 대상에게 물리 피해. 적을 죽이면 이 기술의 재사용 대기 시간이 초기화되며 마나 35를 돌려받음.
Q - 칼날 쇄도

□□□ **surge** [sɜ:rdʒ 서어지] v. 밀려들다, 급등하다　∞ Nami 참고

surge는 물이 기준을 넘어가서 넘치는 모습

★ surge는 사람들이 몰려오거나 분노나 흥분이 밀려들다라는 뜻입니다. 물가나 전압이 급증하는 경우에도 쓸 수 있습니다. 보통 홍수나 해일로 인해 제방을 넘어서 물이 넘치는 것을 표현할 때 가장 적절한 단어사용의 예가 됩니다.

surge는 sub(아래에서 위로) + regere(기준)의 라틴어 조합 surgere에서 나온 단어입니다. 기준을 넘어섰다는 뜻입니다.
여기서 surge의 어근이 되는 regere가 들어간 단어들은 기준이나 rule을 의미하는 단어여서 realm 왕국 외에도 regal제왕의, rail철도, reign통치, regime정권 등의 단어에서 볼 수 있습니다. 안타깝게도 surge에서는 regere의 원래의 어근 모습이 변하여 구별해 내기가 쉽지 않습니다.

surge 단어가 통째로 들어간 단어로는 insurgent반란군, resurgent소생하는가 있습니다. insurgent 반란군에서 in은 반대하다(against)는 뜻의 접두사로 쓰였습니다. 반란군은 반대해서 일어선(surge) 사람이죠.

　　insurgent [ɪnsɜ́:rdʒənt 인**서어**전ㅌ] n. 반란군　　in(against) + surge(rise)
　　resurgent [rɪsɜ́:rdʒənt 리**서어**전ㅌ] a. 소생하는, 다시 기승을 부리는　　re(again) + surge(rise)

surge 단어를 기억할 때는 추억의 만화 [드래곤볼]에서 분노한 손오공의 전투력이 급격하게 surge up(치솟는)하는 모습을 연상하면 됩니다. **"베지터! 거기 서~지?"**

surge 이외에도 무언가가 치솟거나 하락하는 급격한 변화를 나타내는 단어를 보면 오르는 것은 모두 s로 시작하고 내리는 것은 모두 p로 시작해서 구별이 쉽습니다.

급락	plunge, plummet
급등	soar, surge, skyrocket

soar [sɔː(r) 소어] v. 급증하다
skyrocket [skáɪrɑːkɪt **스카**이라아킷] v. 급등하다
plunge [plʌndʒ 플런쥐] v. 떨어져 내리다
plummet [plʌ́mɪt **플러**밋] v. 급락하다   ∞ Gragas 참고

* **soar**는 급증하다라는 뜻입니다. ex(out) + aura(air공기)의 조합으로서 '**공기 밖으로 날아가다**'라는 의미에서 치솟는 이미지의 '**급증하다**'라는 뜻이 나왔습니다. 여기서 어근이 되는 aura는 예쁜 연예인의 등 뒤에 비치는 후광을 말할 때 사용하는 그 '**오라**'입니다.

* **skyrocket**은 하늘로 로켓 폭죽을 쏘아 올리는 모습에서 '**급등하다**'라는 뜻이 나왔습니다.

* **plunge**는 plumb-(납) 덩어리가 물속으로 꼬르륵 가라앉는 모습에서 나온 '**급락하다**'라는 뜻의 단어입니다. (plumber : 배관공)   ∞ Fiddlesticks 참고

* **plummet**도 마찬가지로 plumb-(납)으로 만든 추가 줄에 매달려 있다가 떨어지는 모습에서 나온 '**급락하다**' 뜻의 단어입니다. plummet에서 -et 어미는 '**작다**'라는 뜻의 어미입니다. 즉 작은 납덩어리라는 뜻입니다.
이처럼 -et이나 -ette, -let으로 끝나는 단어들은 '**작다**'라는 뜻이 많습니다. cigarette담배, droplet물방울, diskette 디스켓, booklet소책자, piglet새끼돼지 등을 떠올리면 됩니다.

Hiten Style
W - 비천어검류

(패시브) : 기본 공격시 체력 회복 효과를 얻음.
(액티브) : 6초 동안 공격 시 고정 피해가 추가되고 패시브 회복량이 2배가 됨.

★ 〈Hiten Style히텐스타일〉처럼 LOL 스킬 중 몇 가지는 일본어 발음을 그대로 사용하고 있습니다. 여기서 hiten이란 하늘을 난다는 뜻의 '비천(飛天)'이라는 단어의 일본어 발음입니다.
챔피언 케넨의 스킬인 〈Thundering Shuriken천둥의 표창〉에서도 슈리켄(수리검)을 그냥 일본어 발음대로 쓰고 있습니다.

Equilibrium Strike
E - 균형의 일격

적을 균형의 힘으로 공격하여 마법 피해를 입히고 이동 속도를 감소시킴. 만약 대상의 체력 비율이 이렐리아의 체력 비율과 같거나 더 높다면 지속시간 동안 기절.

□□□ equilibrium [ɪːkwílɪbrɪəm 이이퀼리브리엄] n. 평형

equilibrium(평형) 속에서 equal과 libra를 찾아라

★ equilibrium은 equal(평등한) + libra(균형, 천칭자리)의 조합에서 나왔습니다. libra천칭자리와 어근이 같은 단어는 '평형'과 관계된 단어들인 level, balance 등이 있습니다.

equilibrium평형은 의학과 물리과학, 천체물리학 등에서 무척 중요한 개념입니다. 우리의 신체는 평형을 유지하는 것이 생명유지의 방법이고 심지어 목적이 될 정도로 중요합니다.
이를 'homeostasis항상성을 유지하다'라고 말하는데 끊임없이 변화하는 외부환경에 우리의 몸을 적응시키면서 살아가는 것을 뜻합니다. 예를 들면 더우면 땀을 흘리고 모공이 확장되며, 추우면 덜덜 떨며 모공이 수축되죠.

물체나 우주도 equilibrium을 유지시키기 위한 방향으로 이동하거나 작용한다고 봐야합니다.

homeostasis [hoʊmɪəstéɪsɪs 호우미어**스테이**시ㅅ] n. 항상성

* **homeostasis**는 항상성(恒常性)이라는 뜻입니다. 항상 같은 성질을 유지하려는 특성을 의미합니다.
20세기에 과학이 발달하면서 physiologist생리학자 Walter B. Cannon이 라틴어 어근을 뽑아서 만든 단어입니다.
homeostasis는 homeo(same같다) + stasis(standing still멈추어 서다)의 조합입니다. 참고로 여기서 homeo는
동성애자를 뜻하는 homosexual(약자로 homo) 단어에서도 볼 수 있습니다.
stasis는 멈춰있음을 말하는 '**정체**'라는 뜻이고 station정거장, static멈춘, stand서다 등의 단어에서 비슷한 어근을 볼
수 있습니다.

Transcendent Blades
R - 초월의 검

(액티브) : 이렐리아가 네 자루의 검을 소환하여 적을 향해 날려 보냄.
날려 보낸 검들은 직선으로 적을 뚫고 지나가며 물리 피해. 미니언에게
입힌 피해의 10%, 챔피언에게 입힌 피해의 25%만큼 이렐리아의 체력
이 회복.

□□□ **transcendent** [trænséndənt 트랜**샌던**ㅌ] a. 초월하는　∞ Syndra 참고

경계를 trans(지나서) scend(올라가는) transcendent

★ **transcendent**는 '**초월하는**'이라는 뜻입니다. trans(beyond지나서) + -scend(climb오르다)의
조합입니다. 이 때 대상은 시공(時空)을 초월할 수도 있고 명예나 권력을 초월할 수도 있습니다.
어근인 -scend는 원래 라틴어 scandere에서 나온 것으로 climb오르다의 뜻입니다.

transcendent에 사용된 -scend 어근은 또 escalator에스컬레이터, ascend오르다, descend내려오다
단어에서 볼 수 있습니다.
-scend 어근에 관계된 단어를 더 보겠습니다.

ascend [əsénd 어**센**ㄷ] v. 올라가다　∞ Shyvana 참고
descend [dɪsénd 디**센**ㄷ] v. 내려가다　∞ Shyvana 참고
　→ **descendant** [dɪséndənt 디**센**던ㅌ] n. 후손
transcend [trænsénd 트랜**샌**ㄷ] v. 초월하다

그 외에도 이탈리아어에서 나온 음악부호 crescendo점점 세게, decrescendo점점 약하게에도 -scend
어근이 사용됩니다.

Irelia

★★★☆☆ **fervor** - The news provoked intense patriotic fervor.
그 뉴스는 강렬한 애국적 열정을 불러일으켰다.

★★★☆☆ **passion** - a crime of passion 치정에 얽힌 범죄

★★★☆☆ **enthusiasm** - Enthusiasm over this new game 'Overwatch' led to many sleepless nights.
이 새로운 게임 '오버워치' 에 대한 열광은 많은 잠 못 이루는 밤으로 이어졌다.

★★★☆☆ **zeal** - a man burning with missionary zeal 선교 열정에 불타는 한 사람

★★★☆☆ **eagerness** - Caesar demonstrated ambition and eagerness.
시저는 야망과 열정을 드러냈다.

★★★☆☆ **theology** - Studying theology in university caused him to change his belief.
대학에서의 신학 공부가 그의 믿음에 변화를 일으켰다.

★★★☆☆ **theocracy** - Theocracy was banned throughout Turkey by Kemal.
케말에 의해 터키 전체에 신권정치가 금지되었다.

★★★☆☆ **pantheon** - Pantheon is a kind of temple dedicated to all the gods of Rome.
만신전은 로마의 모든 신에게 헌납된 신전의 일종이다.

★★★☆☆ **atheist** - An atheist once said "Two hands working can do more than a thousand clasped in prayer."
한 무신론자는 언젠가 "일하는 두 개의 손이 기도하느라 깍지 낀 손 수천 개보다 더 많은 것을 할 수 있다" 고 말했다.

★★★☆☆ **zealot** - an argument with religious zealots 종교적 광신자들과의 논쟁

★★★☆☆ **surge** - His popularity surged when he scored the winning goal in the Euro 2016 final.
그의 인기는 2016 유로대회 결승전에서 그가 결승골을 득점했을 때 치솟았다.

★★★☆☆ **insurgent** - The government stopped the insurgence by finding the ring leader.
정부는 주모자를 발견함으로써 반란을 중지시켰다.

★★★☆☆ **resurgent** - a resurgent memory 되살아난 기억

★★★☆☆ **soar** - It's magnificent to watch a rocket soar up into the sky.
로켓이 하늘로 치솟는 것을 보는 것은 장관이다.

★★★☆☆ **skyrocket** - Interest rates skyrocketed from 1929 to 1932.
1929년에서 1932년까지 이자율이 급등하였다.

★★★☆☆ **plunge** - He plunged into the pool to try to save a little puppy.
그는 작은 강아지를 구해보려고 수영장으로 뛰어들었다.

★★★★☆ **plummet** - The goat plummeted 30 feet onto rocks from a cliff.
염소는 절벽에서 30피트 아래의 바위로 추락했다.

★★★☆☆ **equilibrium** - the maintenance of social equilibrium 사회적 평등의 유지

★★★★★ **homeostasis** - This diet can help you to maintain cholesterol homeostasis.
이 식이요법은 네가 콜레스테롤 (수치의) 항상성을 유지할 수 있도록 도울 것이다.

★★★☆☆ **transcendent** - the transcendent experience 초월적 경험

★★★☆☆ **ascend** - The weather balloon used for tests ascended into space.
시험에 사용된 기상관측풍선은 우주로 올라갔다.

★★★☆☆ **descend** - The alien spaceship descended into our living room.
그 외계인의 우주선이 우리 거실로 내려왔다.

★★★☆☆ **descendant** - He was a direct descendant of the last emperor of planet L123O456L.
그는 혹성 L123O456L의 마지막 황제의 직계자손이었다.

★★★☆☆ **transcend** - Love transcends national boundaries.
사랑은 국경을 초월한다.

Janna, the Storm's Fury

잔나 - 폭풍의 분노

- **P** Tailwind　순풍
- **Q** Howling Gale　울부짖는 돌풍
- **W** Zephyr　서풍
- **E** Eye of The Storm　폭풍의 눈
- **R** Monsoon　계절풍

P Tailwind
passive - 순풍

❙ 1250 범위 이내의 잔나에게 다가오는 아군 챔피언의 이동 속도가 8% 증가.

□□□ **tailwind** [téɪlwɪnd 테일윈드] n. 순풍

tailwind는 비행기 꼬리 쪽에서 부는 바람

★ tailwind는 꼬리 쪽에서 부는 바람을 말합니다. tailwind는 항공기 운항과 관련해서 자주 볼 수 있는 단어입니다. 항공기의 비행시간에 특히 많은 영향을 주는 바람으로는 jet stream제트기류가 있습니다. 제트기류는 지구의 자전 방향으로 부는 강한 westerlies편서풍을 말하는데 비행 방향에 따라 tailwind나 headwind를 일으킵니다.

> **the rotation of the Earth** 지구 자전
> **the revolution of the Earth** 지구 공전

제트기류는 troposphere대류권 상부의 좁은 영역에 집중 되어 있는데 바람이 부는 고도가 9~13km 정도 되므로 비행기의 운항 altitude고도와 같습니다.
이 제트기류는 바람의 세기가 300km/hr인 경우도 있어서 tailwind순풍일 때는 비행시간 단축에 도움이 됩니다. 예를 들어 우리나라에서 영국에 갈 때는 비행시간이 12시간이지만 올 때는 10시간 50분이면 됩니다.
headwind역풍일 때는 jet stream제트기류를 피해서 운항을 하는 것이 좋습니다. 미국에 갈 때는 캄차카항로를 타서 제트기류를 이용하고 돌아올 때는 북극항로를 이용하는 식입니다.

stream [strɪːm 스트리임] n. 액체나 기체의 흐름, 기류, 개울
westerlies [wéstərlɪs 웨스털리ㅅ] n. 편서풍
troposphere [tróupəsfɪr 트로우퍼스ㅎ피어] n. 대류권   ∞ Kassadin 참고
altitude [ǽltɪtuːd 앨티튜으드] n. 고도

* **stream**은 개울이나 시내를 말하는 단어입니다. '**흐르다**' 뜻의 PIE어근인 *sreu-에서 기원한 단어입니다. rhythm 리듬도 같은 어원에서 나온 것입니다.
흐르는 것을 묘사하므로 stream은 차차 액체나 기류, 정보의 흐름 등을 의미하게 되었습니다.
stream은 요즘에는 '스트리밍 서비스'를 통해 동영상을 많이 보는 관계로 아주 익숙한 단어입니다. 스트리밍 서비스란 다운로드 서비스와 달리 1~2초로 조각난 짧은 컨텐츠를 실시간으로 계속 내려받아 기다리지 않고 동영상을 볼 수 있는 기술을 말합니다. 마치 개울물이 졸졸졸 연못으로 흘러들어오는 것처럼 보이는 기술입니다.

* **troposphere**는 tropo(trope바꾸다=turn) + sphere(구)의 조합입니다. 기류가 흐르는 곳이라는 뜻의 '**대류권**'을 말합니다. trope가 들어가는 단어는 '**열대지방의**'라는 뜻의 tropical을 들 수 있습니다.

* **altitude**는 고도의 뜻인데 '**높다**'라는 뜻의 라틴어 altus에서 나온 단어입니다. 늙었다는 뜻의 old도 이 altus에서 기원하였습니다.
altitude를 기억할 때는 엄마에게 비행기 고도를 물어보는 아이의 발음을 생각하면 됩니다.
"**엄마, 비행기 얼마나 (땅에서) 띠어 떠떠?**"

참고로 altitude의 -tude는 추상명사를 만드는 어미입니다. -tude로 끝나는 추상명사를 몇 가지만 보겠습니다.

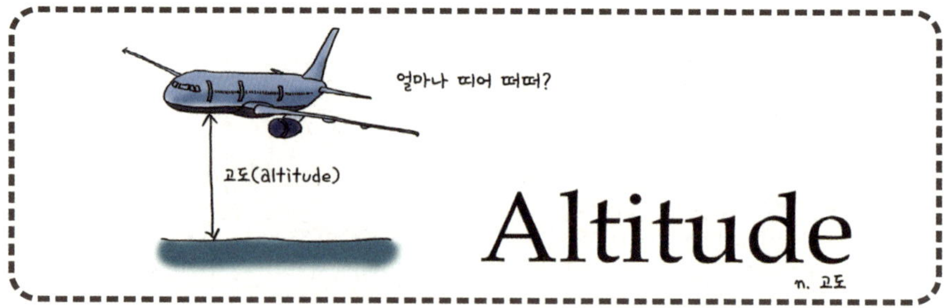

attitude n. 자세, 태도	aptitude에서 나온 단어 　＊암기 : 에티켓으로 연상
aptitude n. 소질	apt(적절한, 잘하는)
magnitude n. 규모	magnus(거대한)
gratitude n. 고마움	grace(은혜)
latitude n. 위도	latus(넓은) 　＊연관 : dilate(넓히다), relate(관련시키다)
longitude n. 경도	long(긴)
multitude n. 다수	multi(많은)
solitude n. 고독	sole(외로운)

Q Howling Gale
Q - 울부짖는 돌풍

(액티브) : 잔나가 기압과 온도를 국지적으로 변경하여 시간이 지나면 점점 커지는 작은 폭풍을 생성. 스킬을 다시 사용하면 폭풍을 날려 보낼 수 있음. 폭풍은 스킬을 사용한 방향으로 날아가며 중간에 있는 적들에게 피해를 입히고 공중으로 띄워 올림.

□□□ **howling** [háʊlɪŋ 하울링] a. 울부짖는

□□□ **gale** [geɪl 게일] n. 돌풍　　∞ Galio 참고

howl은 늑대의 소리 '아울~~~~'

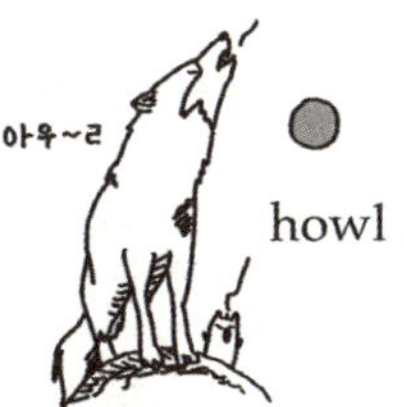

★ howling은 개나 늑대가 울부짖거나 바람이 윙윙거리는 소리입니다.
늑대는 전 세계 어디서나 달 밝은 밤이면 "**아우~~울~~**"하며 웁니다.

howl [haʊl 하울] v. (개 등이) 울부짖다

Howl하면 먼저 영화 [Howl's Moving Castle하울의 움직이는 성]이 떠오릅니다. 여주인공 소피가 마녀의 curse저주를 받은 후 Howl하울이라는 남자 마법사가 살고 있는 움직이는 성에서 청소부로 일하면서 저주를 풀기 위해 노력하는 이야기입니다.
그 잘생긴 마법사 Howl의 이름이 왜 Howl인지는 알려진 바가 없습니다. howling울부짖는하는 늑대인간도 아닌데도 이름이 그렇습니다.
어쨌든 이 애니메이션은 아름다운 OST(Original Sound Tract)가 압권인 영화입니다.

> The wind was howling around the house.
> 그 집 주위로 바람이 윙윙거리며 불어대고 있었다.

★ **gale**은 강한 바람인 '**돌풍**'을 말합니다. 철자가 많이 바뀌기는 했지만 yell고함치다의 어원에서 나온 단어입니다.
gale을 기억할 때는 조금 억지스럽지만 돌풍이 불어서 누워있던 **개**가 **일**어났다고 기억해봅시다.

gale과는 전혀 관련 없는 regale

참고로 gale에 re-가 접두어로 붙어있는 regale은 gale돌풍과는 어원이 관계가 없습니다. regale은 단어 gala 경축행사와 연관되어 있습니다. 피겨스케이트 김연아 선수가 긴장되는 대회를 마치고 나서 마지막 날에는 gala show갈라쇼에서 자유롭고 아름답게 스케이팅하는 것을 보았을 것입니다.

gala란 '즐겁게 만들다'는 의미에서 나왔고 gala day는 '잔칫날'을 말합니다. regale은 이렇게 gala경축행사와 연관되어 '융숭하게 대접하다'의 뜻이 되었습니다.

gala [géɪlə 게일러] n. 경축행사
regale [rɪgéɪl 리게일] v. 융숭하게 대접하다

Zephyr
W – 서풍

(기본 지속 효과) : 잔나의 이동 속도를 높이고 유닛 사이를 지날 수 있게 해줌.
(액티브) : 잔나가 적에게 바람을 발사하여 마법 피해를 입히고 3초 동안 적의 이동 속도를 늦춤. 서풍이 재사용 대기시간에 들어간 동안 기본 지속 효과 효과는 사라짐.

□□□ **Zephyr** [zéfə(r) 제ㅎ퍼] n. 산들바람, 미풍

★ zephyr는 산들거리는 부드러운 바람인 breeze미풍를 말합니다.
그리스식 이름은 Zephyrus제피로스입니다.

Zephyrus [zéfərəs 제ㅎ퍼러ㅅ] n. 미풍

그리스-로마 신화에서는 바람도 모두 신격화되어서 바람의 신들이 존재합니다. 북풍의 신 Boreas 보레아스, 서풍의 신 Zephyrus제피로스, 남풍의 신 Notos노토스, 동풍의 신 Eurus에우로스가 있습니다. 황량하고 사나운 북풍의 신 보레아스와 비교하여 Zephyrus는 부드럽고 온화한 신으로 묘사됩니다.

비너스의 탄생

산드로 보티첼리의 명화 〈비너스의 탄생〉에 보면 왼쪽에 여자를 안고 입으로 바람을 부는 신이 제피로스입니다. 제피로스가 품고 있는 여자는 꽃과 봄의 nymph님프인 Chloris클로리스인데 제피로스가 납치하여 결혼했습니다. 제피로스가 뿜어낸 바람으로 해안가로 떠밀려온 조개껍데기에서 미의 여신인 Aphrodite아프로디테(로마식 Venus)가 탄생하는 모습이 보이고 꽃과 봄의 여신 Flora플로라가 망토를 들고 대기 중입니다.

원래 로마신화의 아프로디테의 탄생신화는 천신 Uranus우라노스의 성기가 아들 Kronos크로노스에 의해 제거된 뒤에 바다에 버려져 떠돌다가 흰 포말이 되고 아프로디테는 그 안에서 태어났다는 설이 유명합니다. 그러나 이 그림에서는 커다란 조개에서 아프로디테가 태어나는 것으로 표현이 되었습니다.

황량하고 순결한 겨울의 대지위에 부드러운 서풍이 불게 되면 꽃이 피는 봄이 오게 됩니다. 이러한 자연의 이치를 신들의 결합으로 의인화한 것이 제피로스와 클로리스의 결합입니다.

Eye of The Storm
E - 폭풍의 눈

폭풍의 눈에는 '과도한 조용함(tranquil)'이 있다

★ 폭풍의 눈(eye of the storm)은 열대 태풍의 특징적인 중앙부의 모습입니다.
폭풍의 눈의 지름은 약 30km 정도이고 가벼운 바람과 맑은 하늘을 보여줍니다. 폭풍 속의 tranquil
고요한한 지역이라고 하겠습니다. 폭풍의 눈 다음에 밀려오는 폭풍의 벽을 eyewall이라고 부릅니다.

tranquil [trǽŋkwɪl **트랭퀼**] a. 고요한

* tranquil은 '**고요한**'이라는 뜻인데 명사형인 tranquility고요함에서 형용사가 생성된 것입니다. 명사 tranquility는
라틴어인 tranquillitatem에서 나온 단어인데 trans(over) + quies(quiet조용한)의 조합입니다.
즉, tranquil은 '**과도하게 조용하다**'라는 뜻의 조합이 되겠습니다. 단어를 기억할 때는 tranquil 속에서 quiet를
찾아내는 것이 중요하겠습니다.

Monsoon
R - 계절풍

(액티브) : 잔나가 주위 적을 밀쳐내며 치유 효과가 있는 바람을 일으켜 3초에 걸쳐 주변 아군의 체력을 회복시킴.

□□□ **monsoon** [mɑːnsúːn 마안**수운**] n. (동남아시아의) 우기, 계절풍

★ monsoon은 4월부터 10월까지 부는 동남아시아의 '**계절풍**'을 말합니다. 보통 남서쪽에서 부는 바람을 말하는데 몬순 시기(우기)에는 많은 비가 갑자기 내리는 특징이 있습니다.
이 특징적인 기후 때문에 몬순은 동남아시아 지역의 '**우기**'를 말하기도 하고 이 시기의 '**장맛비**'를 뜻하기도 합니다.

monsoon이란 단어는 '**계절**'을 뜻하는 아랍어인 mawsim이 '**인도양의 무역풍**'을 부르는 명칭으로 쓰이다가 나중 포르투갈과 네덜란드를 거쳐서 영어에 정착된 것입니다.

Janna

★☆☆☆☆ **tailwind** - A tailwind caused the alien attackers to be late to the fight.
뒤에서 부는 바람이 그 외계인 공격기들로 하여금 전투에 늦게 도착하게 했다.

★★★☆☆ **stream** - She blew out a stream of smoke to get his attention.
그녀는 그의 주의를 끌려고 담배 연기 한 줄기를 뿜어냈다.

★★★☆☆ **westerlies** - the westerlies of the temperate zones 온대지방의 편서풍

★★★★★ **troposphere** - Because of the cloud spreading at the top, the height of the troposphere can be calculated.
꼭대기에서 구름이 퍼지고 있기 때문에 대류권의 높이는 계산될 수 있다.

★★★☆☆ **altitude** - flying at altitudes over 15,000 feet
만 오천피트 상공에서의 비행

★★★☆☆ **howling** - The howling sirens woke us up at 4am.
울부짖는 사이렌의 소리는 우리를 새벽 4시에 깨웠다.

★★☆☆☆ **gale** - The gale-force winds destroyed the cities along the South Coast.
강풍 급의 바람이 남부해안을 따라서 그 도시들을 파괴했다.

★★★☆☆ **howl** - A small shabby man howled like a wolf.
작고 초라한 남자가 늑대처럼 울부짖었다.

★★★★★ **gala** - a gala evening at the opera house
오페라하우스에서의 저녁 축하공연

★★★☆☆ **regale** - Moments earlier we were regaled with tea and cakes.
조금 전에 우리는 다과 대접을 받았다.

★★★★★ **zephyr** - They both felt at peace after a zephyr rolled in.
그들은 둘 다 미풍이 밀려오자 평화로움을 느꼈다.

★★★☆☆ **tranquil** - The tranquil party was interrupted by a group of party animals.
그 고요한 파티는 파티광 무리 때문에 중단되었다.

★★★☆☆ **monsoon** - The monsoon rains caused widespread flooding across the border.
몬순 폭우는 국경을 가로질러 대규모의 홍수를 일으켰다.

Jarvan IV. the Exemplar of Demacia

자르반 4세 - 데마시아의 귀감

P	Martial Cadence	전장의 군가
Q	Dragon Strike	용의 일격
W	Golden Aegis	황금빛 방패
E	Demacian Standard	데마시아의 깃발
R	Cataclysm	대격변

P **Martial Cadence**
passive - 전장의 군가

> 자르반 4세의 첫 기본 공격은 대상 현재 체력의 10%에 해당하는 물리 피해를 추가로 가함. 피해를 받은 대상은 수초 동안 이 효과의 추가 피해를 받지 않음.

□□□ **martial** [máːrʃl 마아셜] a. 싸움의, 전쟁의

□□□ **cadence** [kéɪdns 케이든ㅅ] n. 억양, 악곡의 마침부분

martial은 전쟁의 신 Mars에 관한 것들

★ **martial**은 로마신화의 전쟁의 신 Mars에서 나온 단어입니다. 화성도 Mars라고 불립니다.

Mars [mɑːrz 마아스] n. 화성
martian [máːrʃn 마아션] n. 화성인 a. 화성의

martial은 형용사인데 '**전쟁의**'라는 뜻으로 쓰일 때와 '**화성의**'라는 뜻으로 쓰일 때가 있습니다. '**전쟁의**' 뜻일 때의 주요 예들은 계엄령을 뜻하는 martial law, (전투)무술을 말하는 martial art, 군법회의를 뜻하는 court martial 등이 있습니다.

martian은 그냥 '**화성인**'이나 '**화성의**'라는 뜻으로서 화성과만 관계된 단어입니다.

화성을 포함한 the Solar System태양계의 planets행성들은 로마 신의 이름을 붙였습니다. 각 행성의 위성이나 여러 별자리에도 다양한 로마 신의 이름이 붙어있어서 천문학을 좋아하는 사람은 모두 그리스-로마신화에도 익숙해지게 됩니다.

the Solar system	유 래		그리스 신
Mercury 수성	전령의 신	∞ Jayce 참고	Hermes헤르메스
Venus 금성	미의 여신	∞ Janna 참고	Aphrodite아프로디테
Earth 지구	땅의 여신 Tellus		Gaia가이아
Mars 화성	전쟁의 신		Ares아레스
Jupiter 목성	제우스		Zeus제우스
Saturn 토성	농경의 신 사투르누스		Cronus크로노스
Uranus 천왕성	하늘의 신 (가이아의 남편이자 아들)		Uranus우라노스
Neptune 해왕성	바다의 신	∞ Fizz 참고	Poseidon포세이돈
Pluto(~2006) 명왕성	명계의 신		Hades하데스

명왕성의 퇴출

미국인에게 아쉽게도 pluto명왕성은 2006년 planet행성의 지위에서 퇴출되었습니다. 체코의 프라하에서 열린 세계천문학회에서 [IAU definition of planet태양계 행성의 조건]이 가결되었는데 그 조건에 pluto명왕성가 맞지 않았던 것이죠. 명왕성을 크기로만 행성으로 인정한다면 계속해서 발견되는 Kuiper belt카이퍼벨트의 명왕성보다 큰 수많은 dwarf planet왜행성들도 모두 행성으로 인정해야했기 때문입니다.

다음은 세계 천문학회에서 제시한 행성의 조건의 원문입니다.

1) The object must be in orbit around the Sun.
   태양을 중심으로 공전할 것
2) The object must be massive enough to be rounded by its own gravity. More specifically, its own gravity should pull it into a shape of hydrostatic equilibrium.
   스스로의 중력으로 안정적인 유체역학적인 구 형태를 지닐 것
3) It must have cleared the neighborhood around its orbit.
   자기궤도 근처의 모든 천체를 위성으로 만들거나 밀어낼 능력이 있을 것

명왕성은 20세기 초 미국의 천문학자 Tombaugh톰보가 발견하여 미국인의 사랑을 한 몸에 받고 있었지만 3번째 조건에 맞지 않아(pluto는 위성인 Charon카론과 마주보고 revolution공전하며 질량중심이 명왕성 외부에 존재하므로) 퇴출된 것입니다.
2006년 그해의 신조어에 'plutoed(명왕성됐다)'란 단어가 유행했는데 우리말로 'x됐다'라는 뜻입니다.

분노한 미국인들은 2015년 10년간의 항해 끝의 탐사선 New horizon뉴호라이즌호가 명왕성을 방문한 것을 계기로 이를 대대적으로 경축하며 pluto명왕성를 무시한 유럽의 지구인들에게 "우리 맘속엔 여전히 pluto가 planet행성이다"라는 경고를 보냅니다.

★ cadence는 음악이나 시의 운율을 말합니다. 말소리의 억양에서 느껴지는 운율도 해당됩니다. 랩의 끝부분에는 일정한 rhyme라임이 있습니다. 다른 음악의 끝마치는 부분에도 운(韻)을 가지고 있는 경우가 많습니다.
이러한 일정한 반복이나 유사성의 **'끝마침'**을 cadence라고 부릅니다.

Dragon Strike
Q - 용의 일격

(액티브) : 자르반 4세가 창을 길게 늘려 창에 맞는 모든 적에게 물리 피해를 입히고 3초 동안 방어력을 낮춤.
창이 깃발에 맞으면 자르반 4세가 깃발이 있는 곳으로 이동하며 자르반과 부딪히는 적들을 모두 공중에 띄움.

Golden Aegis
W - 황금빛 방패

자르반 4세가 데마시아의 고대 왕들의 힘을 빌려 피해를 흡수하는 보호막을 소환하고 주변 적의 이동 속도를 늦춤.

□□□ **aegis** [íːdʒɪs 이이지ㅅ] n. 이지스 방패　∞ Pantheon 참고

 aegis(이지스)는 아테나의 무적의 방패

★ **Aegis**는 Zeus제우스신이 딸 Athena아테나에게 준 방패입니다. 챔피언 Cassiopeia카시오페이아의 R스킬 〈Petrifying Gaze석화의 응시〉에서 Perseus페르세우스가 잘라온 Medusa메두사의 목을 Aegis 방패에 붙인 것까지 보았습니다.
이제 Athena와 상대하려면 방패를 칼로 뚫기는커녕 쳐다보기만 해도 돌로 변해버리는 위험까지 감수해야 합니다.

이 무적의 방패 Aegis 이름을 딴 Aegis이지스함정이 세계의 바다를 호령하고 있습니다. 우리나라 세종대왕함 같은 Aegis이지스함하면 최대 200개의 목표를 추적하고 20개 이상의 목표를 공격할 수 있는 무적의 군함입니다. 말 그대로 적들을 petrify(겁에 질리게) 하는 함정입니다.

우리나라와 미국의 이지스함 운용

　우리나라 1년 예산은 약 400조인데 미국은 4000조가 넘습니다. 그래서 인터넷 속어로 미국을 '천조국'이라고 부릅니다. 부자나라 미국은 aircraft carrier항공모함를 절대 혼자 다니게 하지 않습니다. 즉 Carrier Battle Group(CVBG)항모전단을 만들어서 이동하는데 그 budget예산이 우리나라 1년 예산만 합니다. 이 항모전단 1개를 대적할 나라는 거의 없습니다. 이런 대단한 항모전단을 미국은 세계에 모두 11개를 배치하고 있습니다.

　'천조국' 미국에서는 그 비싼 이지스함도 항공모함을 포함한 항모전대에서 Air Defence Network방공망을 담당하는 배로만 주로 운용합니다. 전투의 나머지 역할들은 항공모함의 백대 가까운 전투기와 5척 이상의 이지스함, 대잠구축함, 공격 원자력 잠수함, 군수지원함, 미사일구축함 등으로 나눠서 배정하고 있습니다.

　그러나 국방예산을 아껴서 쪼개 써야 하는 우리나라 이지스함은 배 한 척에 방공업무뿐 아니라 antiaircraft대공, antisubmarine대잠, ground attack대지, electronic warfare전자전 능력까지 모두 갖추게 설계했습니다. 그래서 만일 우리나라와 미국의 이지스함이 1:1로 붙는다면 우리나라가 이길 것이라고 예측하는 militarist군사전문가가 많습니다. 대신 우리나라가 이지스함을 3척 보유하고 있지만 '천조국' 미국은 무려 84척을 가지고 있다는 것이 문제입니다.

Demacian Standard
E - 데마시아의 깃발

(기본 지속 효과) : 자르반 4세의 공격 속도가 증가.
(액티브) : 데마시아의 깃발을 근처에 던져 적들에게 마법 피해를 입히고 주변의 아군 챔피언들에게 8초 동안 공격 속도 증가 효과

　□□□ **standard** [stǽndərd 스탠더ㄷ] n. 기준

Cataclysm
R - 대격변

(액티브) : 자르반 4세가 적 챔피언을 향해 용감하게 뛰어들어 물리 피해를 입히고 3.5초 동안 적을 지나갈 수 없는 벽으로 둘러 쌈. 스킬을 다시 사용하면 벽을 무너뜨릴 수 있음.

 □□□ **cataclysm** [kǽtəklɪzəm 캐터클리점] n. 대재앙, 대변동

cataclysm(대재앙)은 세상을 clean(깨끗하게) 씻는 신의 청소

★ **cataclysm**은 cata(down아래로) + clysm(clean깨끗이 하다)의 조합으로 생각하면 됩니다. 홍수를 뜻하는 그리스어 kataklymos에서 나온 말인데 모든 것을 쓸어간 모습을 나타냅니다. 기본적으로 cataclysm은 죄악에 빠진 인류를 깨끗하게 쓸어버렸던 '노아의 홍수'를 연상하게 하는 단어입니다. 대재앙의 홍수신화는 고대 수메르 신화와 바빌로니아 신화에서도 볼 수 있는데 차차 유대교를 통해 전세계의 여러 신화에 영향을 끼치게 됩니다.

cataclysm대재앙을 외울 때는 영화를 보고 운 다음에 기분이 해소가 되는 **카타르시스**(catharsis)를 생각하면 되겠습니다. 발음도 비슷하고 홍수와 눈물이 어딘가 비슷하죠?

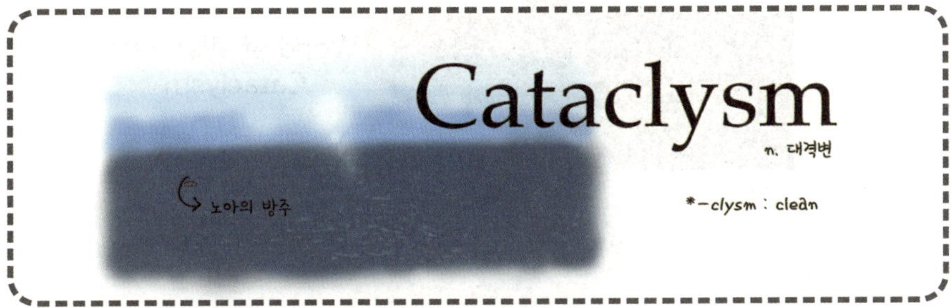

그리고 이 clysm 어원은 비슷한 모양의 접미사 -clysis에서 볼 수 있는데 wash, clean의 뜻으로 아주 어려운 의학용어에서 사용됩니다. 청소하다는 뜻의 접미사입니다.
예를 들면 enteroclysis고위관장법(코로 위장에 관을 집어넣는 술기), pleuroclysis흉막강세정(흉강을 세척하는 술기)같은 단어들이 있습니다. (외우지는 마세요.)

cataclysm대재앙은 volcanic eruption화산폭발이나 earthquake지진에 의한 geological지질학적 대변동 현상을 나타낼 때 외에도 어떤 사회의 영역에 큰 변동이 생겼을 때 사용됩니다.

그러나 이 책을 보는 우린 게이머니까 당연히 [WOW]의 3번째 expansion pack확장팩 [Cataclysm 대격변]을 떠올려야합니다. 이 확장팩에서는 바다 속 전투를 처음 선보여서 흥미를 끌었습니다. [WOW]는 이 대격변 패치를 통해 위상변화(Phasing)라는 시스템을 처음 도입했습니다. 위상변화란 유저의 퀘스트 진행에 따라서 주변 환경과 NPC가 바뀌는 것입니다. 즉 쪼렙과 고렙 때의 배경을 달라지게 해서 스토리 진행을 무척 실감나게 만드는 기술입니다.

다른 [WOW]의 확장팩 제목인 [Burning Crusade불타는 성전]이나 [Wrath of the Lich King리치 왕의 분노] 등도 우리에게 단어 몇 개를 제공합니다.

crusade [kruːséɪd 크루우**세이드**] n. 십자군
wrath [ræθ 래쓰] n. 분노 ∞ Nautilus 참고

WOW 확장팩 순서

인류 최고의 게임 [WOW]를 즐기는 게이머 중에는 우리나라 대통령 재위순서는 몰라도 확장팩 출시순서는
알고 있는 분이 많습니다.

1. WOW Original 오리지널 (24th Nov. 2004) 만렙 60
2. WOW Burning Crusade 불타는 성전(16th Jan. 2007) : 만렙 70, Outland, 날것 등장
3. WOW Wrath of the Lich King 리치왕의 분노 (18th Nov. 2008) : 만렙 80, Northland, 죽기 등장
4. WOW Cataclysm 대격변 (9th Dec. 2010) : 만렙 85, 바닷속 전투
5. WOW Mists of Pandaria 판다리아의 안개 (1st Oct. 2012) : 만렙 90. 수도사, 판다렌 추가
6. WOW Warlords of Draenor 드레노어의 군주 (20th Nov. 2014) : 만렙 100. 주둔지, 시간여행 등장
7. WOW Legion 군단 (1st Sep. 2016) : 악마사냥꾼 추가

Jarvan IV

★★☆☆☆ **martial** - The martial leader marched his troops into the battle without any hesitation.
그 군사 지도자는 조금도 주저함 없이 전투지역으로 자신의 군대를 진군시켰다.

★★★★★ **cadence** - Her speech to the president had excellent use of cadence.
대통령을 향한 그녀의 연설은 빼어난 음률을 사용했다.

★☆☆☆☆ **mars** - It is the year 2100 and Little Johnny now lives on Mars with his puppy.
지금은 2100년이고 리틀 조니는 이제 그의 강아지와 화성에 살고 있다.

★★☆☆☆ **martian** - Believe it or not, Martians have been living on Earth for millions of years with the help of disguises.
믿거나 말거나, 화성인은 변장의 도움으로 수백만 년 동안 지구에 살아오고 있다.

★★★★☆ **aegis** - the document produced under the aegis of UN security council
유엔안전보장 이사회의 엄호아래 만들어진 문서

★☆☆☆☆ **standard** - another standard boring lunch at school
학교의 또 다른 지겨운 기준형 점심

★★★☆☆ **cataclysm** - the economic cataclysm 경제적인 격변

★★★★☆ **crusade** - The knight joined a crusade against the evil king.
그 기사는 사악한 왕에 대항한 십자군에 참가했다.

★★★☆☆ **wrath** - The sea monster showed his wrath when a fisherman caught his young.
그 바다괴물은 한 어부가 자기 자식을 잡자 분노를 보여주었다.

P Relentless Assault

| 잭스가 적을 공격할 때마다 공격속도가 증가. 최대 6번까지 중첩.

passive - 가차없는 맹공

□□□ **relentless** [rɪléntləs 릴렌틀러ㅅ] a. 가차 없는   ∞ Lucian 참고

□□□ **assault** [əsɔ́ːlt 어서얼ㅌ] n. 폭행

 **relentless는 가차 없이 돈을 lent(빌려주지) 않아**

★ relentless는 relent(수그러들다) + -less(없는)의 조합으로 '**가차 없다**'라는 표현입니다. '**가차 없다**'라는 말은 자주 쓰지만 '**가차 있다**'라고 할 반대말은 우리말에서 덜 쓰는 표현입니다. '**가차**'라는 것은 조금 어려운 개념이므로 우린 '**봐주는 것**'으로 쉽게 외우는 것이 좋습니다.

relent		relentless
좀 봐 주다, 가차 있다	⇔	봐 주는 것 없는, 가차 없다

영어도 relent보다는 relentless가 더 자주 사용되는 단어입니다. relent의 어원은 라틴어 re(다시) + lentus(lithe유연한)입니다. 딱딱하게 굴지 않고 유연하게 봐준다는 뜻에서 나온 것입니다.

재미있게도 relent를 어원과 관계없이 철자대로 분해해본다면 '**re(다시) + lent(빌리다)**'가 되는데 한문으로는 뜻이 연결이 됩니다. '**가차(假借)**'의 한문 뜻이 '**임시로 빌려 오다**'는 뜻이기 때문입니다. 이 lent의 뜻을 이용해 가차 있게 돈을 **빌려주는** 친구(relent)와 가차 없이 돈을 절대 **안 빌려주는** 친구(relentless)로 단어를 기억하면 오히려 편합니다.

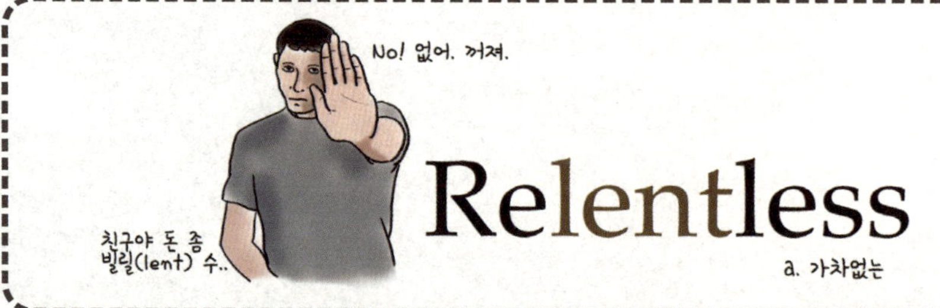

참고로 relentless처럼 접미사 -less가 어근에 붙게 되면 '-가 없는'의 부정의 뜻을 가지게 됩니다.
네이버 사전에서 -less가 뒤에 붙은 단어는 무려 2811개가 검색됩니다. 모두 외울 필요는 없겠죠.
그냥 아무 명사에나 '없다'의 뜻으로 -less를 붙여도 원어민에게 뜻은 전달 될 것입니다.
-less가 들어간 다음의 예 14개 중에서 10개 이상 뜻을 알고 있다면 단어 좀 하는 친구입니다.

(정답은 328페이지에)

> **careless, harmless, regardless, reckless, ruthless, needless, valueless**
> **priceless, helpless, endless, countless, homeless, useless, worthless**

이중 priceless를 제외하고는 모두 '-가 없는'의 부정의 뜻을 원 단어에 붙이기만 하면 됩니다.

needless [níːdləs 니이들러스] a. 불필요한
→**needlessly** [níːdləslɪ 니이들러슬리] ad. 불필요하게
→**unnecessarily** [ʌnnésəserɪlɪ 언네서세릴리] ad. 불필요하게
uselessly [júːsləslɪ 유우슬러슬리] ad. 쓸데없이

* needless는 '불필요한'의 의미로 unnecessary, useless와 같은 의미로 사용됩니다.
글에서는 needless의 부사형인 needlessly를 더 자주 볼 수 있습니다.

* priceless는 특이하게도 '가격 + less(~없는)'으로 싸구려란 뜻이 아니고 '값을 매길 수 없이 소중한'이라는 뜻입니다.

assault(폭행)은 폴짝 뛰어 올라서 공격하는 모습

★ assault는 폭행이나 폭행죄, 공격을 말합니다. ad(to) + sault(leap뛰어 오르다)의 조합에서 나온 단어입니다. 공격하기 위해서 대상을 향하여 뛰어오르는 모습을 표현한 단어입니다.
assault는 어근으로 암기하기는 힘드므로 발음을 이용해 "그래! 때렸다~어쩔(건데)!"하며 폭행하고 시비거는 모습으로 기억하는 것이 편합니다.

우리나라의 법은 특이해서 먼저 assault폭행한 사람(A)이 있더라도 만일 맞은 사람(B)이 A를 다시 때리게 되면 "상호 폭행"이 됩니다. 물론 비슷하게 서로 때렸다면 먼저 assault폭행한 사람(A)이 더 큰 벌을 받게 되지요.

assault 안에 들어있는 sault는 '**폴짝 뛰다**'의 뜻이 있어서 그 자체로 '**폭포**'라는 의미로 사용되기도 합니다.

assail [əséɪl 어**세일**] v. 공격하다   as(ad) + sail(폴짝 뛰다)
somersault [sʌ́mərsɔːlt **서**머소얼ㅌ] n. 공중제비 = summersault
   somer(over위로) + sault(폴짝 뛰다)

sault [sú: **수**우] n. 폭포

또한 assault는 sexual assault성(적인)폭행 같은 단어에서 사용되어 신문에 등장합니다. 입에 담기 거북한 rape강간란 단어를 성폭행으로 완곡하게 표현한 것입니다.
그에 비해 sexual molestation성추행은 부녀자를 희롱하거나 추행했을 때 쓰는 표현입니다.

molestation [moulestéɪʃən 모울레스**테이**션] n. 추행, 희롱

* molestation은 추행이라는 뜻입니다. 추행이란 성적 수치심을 일으키는 모든 행위를 말합니다.
법적인 용어라서 신문에서나 가끔 볼 수 있는 어려운 단어입니다. 동사는 '**성추행하다**'는 뜻의 molest인데 여기서 mole은 우리가 물리시간에 배우는 분자의 단위인 mole몰과 같은 뜻입니다. 물리에서 몰은 덩어리란 뜻입니다.
molestation은 어원상 이 덩어리(mass)의 뜻에서 짐(burden)의 의미가 나오고 다시 '**고통스럽게 만들다(annoy)**'는 뜻이 차례로 발전해서 나온 단어입니다. 덩어리, 짐, 고통, 추행의 순서로 뜻이 이어진 것이죠.
molestation을 기억할 때는 성추행범이 '**몰래 정거장(station)**'까지 따라와 괴롭히는 상황을 설정하면 됩니다.

Leap Strike
잭스가 목표를 향해서 뛰어오름. 대상이 적일 경우 물리 피해.
Q - 도약 공격

□□□ **leap** [lɪːp 리이ㅍ] v. 뛰어오르다

leap은 뛰어 오르는 것이고 reap는 잘라 버리는 것이다

★ leap는 '뛰어 오르다'라는 뜻입니다. 개구리가 폴짝 뛰는 것을 생각하면 되겠습니다.
그래서 2월이 29일로 하루가 더 있는 해인 윤년을 leap year라고 부릅니다. 4년에 한 번 꼴로 **폴짝
뛰어서** 오는 해라는 뜻입니다.
그리고 높은 곳에서 **뛰어내리는** 투신자살은 death-leap이라고 말합니다.

leap뛰어 오르다는 reap수확을 거두다과 발음에 주의하여야합니다. /l/과 /r/발음은 한국인이 /p/와
/f/발음 다음으로 가장 구별하기 힘들어하는 것입니다. leaper는 '**뛰는 사람**'이니 곡예사를 말하게
되고 reaper는 게임에서 몬스터로 자주 나오는 큰 낫을 든 서양 '**저승사자**'를 말합니다.
이 두 단어 leaper와 reaper가 정말 구별이 되지 않을 때 쓸 수 있는 최후의 방법은 leaper는 /l/의
높은 곳에서 뛰어 내리는 개구리를 생각하면 되고 reaper는 /r/자 모양을 큰 낫처럼 이미지화해서
기억하면 됩니다.

    reap [rɪːp 리이ㅍ] v. 수확하다

Empower
W - 무기 강화

| 잭스가 무기를 강화시켜서 다음 공격 혹은 도약공격에 마법 피해를 추가.

□□□ **empower** [ɪmpáʊə(r) 임**파우어**] v. 권한을 주다   ∞ Singed 참고

empower는 power를 into(안으로)

★ **empower**는 en + power의 조합입니다. 힘을 안에 넣어주는 것이죠. en(em)-은 into(안으로)나
make into(되게 하다(化))란 뜻의 접두사로 널리 사용됩니다.
em은 en이 주로-p-,-b-,-m- 앞에서 동화되어 바뀐 것입니다. 이 en(em)- 접두사를 이용하면
embed나 embody, embark처럼 홍길동의 문일지십(聞一知十)하는 능력이 생깁니다.

    embed [ɪmbéd 임**베**ㄷ] v. 단단히 끼워 박다   em + bed (bed묻히게 만들기)
    embody [ɪmbáːdɪ 임**바아**디] v. 구현하다 (body형태를 가지게 하기)

embark [ɪmbάːrk 임**바**아ㅋ] v. 승선하다 (ship배로 들어가게 하기)

* embark은 배에 승선하다는 뜻입니다. em(into) + bark의 조합인데 여기서 bark은 작은 배를 의미합니다. 이때의 bark은 나무껍질을 나타내는 bark과는 철자는 같지만 다른 어원에서 나온 것입니다.
작은 배를 나타내는 bark의 어원은 우리가 바닥이 평평한 배로 알고 있는 '**바지(barge)선(船)**'에서 그 어근을 찾아볼 수 있습니다.
embark을 외울 때는 한글 발음 그대로 "**출항이 임박했다. 승선하라!**"의 안내 방송으로 기억하면 편합니다.

이처럼 en-, em-과 관련된 단어는 읽기만 해도 뜻을 유추하고 외울 수 있을 만큼 쉽습니다.
en-, em이 들어간 중요한 단어 50개를 뽑아서 문일지오십을 해봅시다.

embargo	n. (교역금지) 제재, 엠바고	em + bar (제재)　*bar = stick
embark	v. 승선하다	em + bark (ship배로 들어가게 하다)　*bark = ship
embed	v. 단단히 끼워 박다	em + bed (bed침대에 묻히게 만들다)
embellish	v. 아름답게 장식하다	em + bel (아름다운 것을 넣다)　*bel = handsome
embezzle	v. 공금횡령하다	em + bezzle (파괴하다)　*bezzle = destroy
emblem	n. 엠블럼, 상징	em + bl (던지다, 대표할 수 있는 것을)　*bl = throw
embody	v. 구현하다	em + body (body형태를 가지게 하다)
emboss	v. 돋아나게 하다	em + boss (돌기)　*엠보싱 화장지
embroider	v. 자수를 놓다	em + broider(수를 놓다)
embroil	v. 관련시키다	em + broil (다툼에 끌어들이다)
embryo	n. 태아	em + bryo (안에서 부풀어 오르다)　*bryo = swell
empathy	n. 감정이입	em + pathy (안으로 감정을 불어넣다)
empirical	a. 경험의	em + pirical (경험 안에서의)　*experience
enact	v. 제정하다	en + act (법으로 만들다)
enchant	v. 마법을 걸다	en + chant (노래를 부르다)　∞ Ashe 참고
encircle	v. 둘러싸다	en + circle (원으로 만들다)
encompass	v. 포함하다	en + compass (컴파스로 둘레를 만들다)
encounter	v. 우연히 만나다	en + counter (반대로 만들다, 마주 만나다)
encroach	v. 침해하다	en + croach (갈고리로 파고 들다)
encyclopedia	n. 백과사전	en + cyclo + pedia (아이들을 공부 뺑뺑이를 돌리다)
endanger	v. 위험에 처하게 하다	en + danger (위험 속으로 데려가다)

endear	v. 애정을 느끼게 하다	en + dear (사랑을 만들게 하다) * dear사랑
endemic	a. 풍토성의	en + demic (한 지역(demi-)내에만 있는)
endorse	v. 배서하다, 승인하다	en + dorse (종이 뒷면에 쓰다) * dorse = back
endure	v. 견디다	en + dure (어렵게 만들다) * dure괴로운
engender	v. 발생시키다	en + gender (생성시키다) * generate
engrave	v. 새기다	en + grave (글자를 새기다) * grave조각하다
engross	v. 몰두하다	en + gross (큰 일 안에 빠져들다) * gross = total
enliven	v. 활기차게 하다	en + liven (생기 있게 하다) * live
enhance	v. 향상시키다	en + hance (위로 높이 올리다) * high
enlist	v. 입대하다	en + list (명부에 올리다)
ennoble	v. 고상하게 하다	en + noble (귀족처럼 고상하게 만들다)
enrage	v. 분노하게 하다	en + rage (분노하게 만들다)
enroll	v. 등록시키다	en + roll (명부에 올리다)
ensemble	n. 앙상블	en + semble (동시에 나타남) * simul동시에
ensign	n. 국기	en + sign (표시를 위에 매달다)
enslave	v. 노예로 만들다	en + slave (노예로 만들다)
ensue	v. 결과로 일어나다	en + sue (~다음에 일어나다) * sequence시퀀스
ensure	v. 책임지다	en + sure (확실하게 하다)
entail	v. 수반하다	en + tail (꼬리를 만들다)
entangle	v. 엉키게 하다	en + tangle (엉키게 만들다)
enthrall	v. 노예화시키다	en + thrall (노예로 만들다)
enthrone	v. 즉위시키다	en + throne (왕좌에 오르게 하다)
entice	v. 꾀다	en + tice (횃불로 유혹하다) ∞ Wukong 참고
entitle	v. 제목을 붙이다	en + title (제목을 붙이다)
entrap	v. 함정에 빠뜨리다	en + trap (덫 안에 넣다)
entreat	v. 간청하다	en + treat (상대의 옷을 끌며 애원하다) * tract끌다
entrench	v. 참호로 에워싸다, 지키다	en + trench (안에 참호를 파다)
entrust	v. 맡기다	en + trust (믿음 안에 두다)
envoy	n. 사절	en + voy (길로 내보내는 사람) * way길

E Counter Strike
E - 반격

잭스가 2초 동안 모든 공격을 회피하고, 광역스킬에 의해 받는 피해는 25% 감소.
지속시간이 끝나면 범위 375 이내의 적에게 물리 피해를 입히고 적들을 1초간
기절시킴. 첫 발동 후 1초 후에 다시 스킬을 발동시키면 효과를 일찍 끝낼 수 있음.

Grandmaster's Might

R - 달인의 저력

| (기본 지속 효과) : 기본 공격의 3번째 공격 시 마법 피해를 추가.
(액티브) : 8초 동안 방어력과 마법 저항력이 증가.

□□□ **grandmaster** [ɡrændmǽstə(r) 그랜드**매**스터] n. 명인

□□□ **might** [mɑɪt 마이트] n. 힘

★ **might**는 '**힘**'을 말합니다. 물론 조동사 may~일지도 모른다의 과거형인 might도 같은 철자이지만 이때는 어원이 다릅니다.
might의 형용사형인 mighty는 '**전능한**'이라는 뜻이고 기도에서 사용하는 '**전능하신 하나님**'이라는 뜻으로 쓰일 때는 almighty를 사용합니다. almighty는 all(전부) + mighty(전능한)의 조합으로서 한글에서는 '**전(全)**'이 두 번이나 들어간 단어입니다.

    almighty [ɔːlmɑ́ɪtɪ 어얼**마이**티] a. 전능한   ∞ Garen 참고

또한 might는 온라인게임에서 '**힘**' stack을 쌓는 종류의 스킬에서 볼 수 있습니다.
예를 들면 온라인게임 [길드워 2]에서는 one kill을 할 때마다 힘이 + 5가 되는 식으로 25 스택까지 쌓을 수 있는 버프가 있습니다. 적을 처치할수록 더 강해지는 스킬로서 만일 25 kill을 해서 × 25의 힘(might) 버프가 쌓여있다면 버프가 아까워서 게임을 끄기가 싫어집니다.
[히어로즈 오브 마이트 앤 매직(HOMM)]이란 유명한 온라인게임도 있어서 might 단어는 이래저래 게이머에게 익숙한 단어입니다.

Jax

★★★☆☆ **relentless** - He relentlessly tried to put a square block in the triangle hole.
그는 가차 없이 정사각형 블록을 삼각형 구멍에 집어넣으려 했다.

★★★☆☆ **assault** - The riot assaulted a police officer.
폭도들이 경찰관을 폭행했다.

★★★☆☆ **needless** - so many needless deaths of young people
너무나 많은 젊은이의 불필요한 죽음

★★★☆☆ **needlessly** - He needlessly did a slam dunk when his team was winning by 99 points.
그는 그의 팀이 99점으로 이기고 있을 때 쓸데없이 슬램덩크를 했다.

★★★☆☆ **unnecessarily** - They have pulled out patient's teeth unnecessarily from lack of basic health care.
그들은 기본적인 의료 서비스의 부족으로 불필요하게 환자의 이빨을 뽑아왔다.

★★☆☆☆ **uselessly** - Uselessly, he cleaned the house just before it was destroyed.
쓸 데 없이, 그는 집이 파괴되기 직전에 집을 청소하였다.

★★★☆☆ **assail** - the terrorists who assail us everyday
날마다 우리를 공격하는 테러리스트들

★★★★★ **somersault** - The K-1 fighter did a somersault to show-off his victory.
그 K-1 파이터는 그의 승리를 뽐내기 위해 공중제비를 했다.

★★★★☆ **molestation** - child molestation 아동 성희롱

★★☆☆☆ **leap** - The treasure hunter leaped over a pit of snakes.
그 보물사냥꾼은 뱀 구덩이를 뛰어 넘었다.

★★★☆☆ **reap** - He reaped all the benefits of the gaming class and is now a pro-gamer.
그는 게임 교실의 모든 혜택들을 수확했고(얻어냈고), 지금은 프로게이머이다.

★★☆☆☆ **empower** - legally empowered new cabinet members
법적으로 권한이 부여된 새로운 내각 구성원들

★★★☆☆ **embed** - The hacker team embedded a virus on the companies' computers.
그 해커 팀은 그 회사들의 컴퓨터들에 바이러스를 심어 두었다.

★★★☆☆ **embody** - Batman seems to embody social justice.
배트맨은 사회정의를 구현하는 것으로 보인다.

★★★☆☆ **embark** - The heir embarked on a new business.
그 후계자는 새로운 사업에 착수했다.

★★☆☆☆ **grandmaster** - a grandmaster of go 바둑의 명인

★★★☆☆ **might** - the might of the Soviet military techniques 소련의 군사기술의 힘

★★★☆☆ **almighty** - The almighty dollar rules us all without exception.
전능한 달러화가 예외 없이 우리 모두를 지배한다.

(정답)

careless부주의한, harmless무해한, regardless개의치 않고, reckless무모한
ruthless무자비한, needless불필요한, valueless무가치한
priceless값을 매길 수 없이 소중한, helpless무력한, endless끝없는
countless무수한, homeless노숙자의, useless쓸모없는, worthless무가치한

Jayce, the Defender of Tomorrow
제이스 - 미래의 수호자

- **P** — Hextech Capacitor 마법공학 축전기
- **Q** — To the Skies! 하늘로!   Shock Blast 전격 폭발
- **W** — Lightning Field 전류 역장   Hyper Charge 초전하
- **E** — Thundering Blow 천둥 강타   Acceleration Gate 가속 관문
- **R** — Transform:Mercury Cannon 변환: 머큐리 캐논
  Transform:Mercury Hammer 변환: 머큐리 해머

P ## Hextech Capacitor
passive – 마법공학 축전기

| 무기를 변환할 때마다 1.25초 동안 이동 속도가 40 증가하며 유닛 충돌을 무시.

□□□ **capacitor** [kəpǽsɪtə(r) 커**패**시터] n. 콘덴서, 축전기

 **capacitor(축전기)에서 cap은 '잡다'의 뜻**

★ **Capacitor**는 condenser콘덴서와 같은 말입니다.

> **capacitor = condenser = 콘덴서 = 축전기**

capacitor축전기는 charge전하를 저장해주는 장치입니다. capacitor에서 앞부분 capa- 는 catch 잡다 뜻의 capere라는 라틴어에서 나왔습니다. capere 어근은 무언가를 잡아서 놓치지 않고 보관, 수용(受容)하거나 그것을 이용할 수 있는 능력을 뜻합니다.
'잡다'의 의미를 가진 capare 어원의 단어들을 모아서 보겠습니다.

capture [kǽptʃə(r) 캡쳐r] v. 포로로 잡다
captive [kǽptɪv 캡티ㅂ] a. 사로잡힌 n. 포로
capable [kéɪpəbl 케이퍼블] a. ~를 할 수 있는 → **capability** [kéɪpəbɪləti 케이퍼빌러리] n. 능력, 역량
capacity [kəpǽsəti 커**패**서티] n. 용량   ∞ Urgot 참고

* capture는 '포로로 잡다'라는 뜻인데 요즘은 '화면을 캡쳐하다'라는 뜻으로 자주 보는 단어입니다.

* captive는 '잡다' 뜻의 라틴어 capere 어근의 과거분사형에서 나온 단어로 '잡혀진, 잡혀진 포로'를 의미합니다.

* capable은 '잡을 수 있는'에서 '수용할 수 있는', '~을 할 수 있는'으로 의미가 확장된 단어입니다.

* capacity는 '잡다' 뜻의 라틴어 capere 어근의 명사형인 capax에서 나온 단어로서 '잡아서 용기에 무언가를 담을 수 있는 한계치'인 '용량'을 말합니다.
capacity를 간단하게 외울 때는 그냥 '컵에서 티(tea) 용량이..'로 발음대로 이어서 외우면 됩니다.

capacitor축전기의 다른 말인 condenser콘덴서도 어원을 보면 결국 같은 뜻입니다.
condenser를 분해해보면 con(강조) + dense(두꺼운) + -er(장치)의 조합으로서 '두껍게 전기를 저축하는 장치'란 뜻이 됩니다.

> condenser [kəndénsə(r) 컨덴서] n. 축전기, 콘덴서
> dense [dens 덴스] a. 두꺼운, 빽빽한 → density n. 밀도

이 전하를 저장하는 축전기는 다른 여러 전기장치와 성격이 다릅니다.
즉, capacitor축전기는 conductor도체가 두 부분으로 분리되어 있으므로 resistor저항가 아닙니다.
전류를 생산하는 곳은 아니므로 electric generator발전기도 아닙니다. 다양한 전압 값을 가지도록 충전되므로 한 전압만 나오는 battery배터리와는 다릅니다.

축전기는 정해진 일정한 값의 전하를 보관했다 사용되며 오디오의 안정된 음을 유지하고자 할 때, 라디오의 주파수 값을 맞출 때, 컴퓨터의 전자회로에 일정한 값의 전하를 보낼 때 등 여러 용도로 사용되고 있습니다.

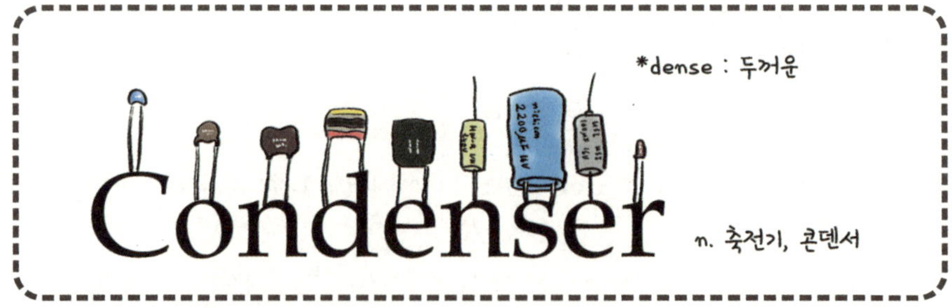

<h3 align="center">최초의 축전기 Leiden(라이덴) 콘덴서</h3>

실제로 병에 음료수를 저장하듯 최초의 축전기인 'Leiden 콘덴서'는 jar유리병에 전하를 저장한 장치였습니다. 두 개의 electrical conductor전기도체를 마주보게 하고 그 사이에 공간을 두어서 전하를 저장하게 하는 것입니다. 너무 떨어지면 electric field전기장이 연결되지 않을 것이고 너무 가까우면 전하는 저장되지 않고 흘러버릴 것입니다. 그러므로 capacitor축전기의 용량은 두 판이 넓을수록, 거리가 가까울수록 커집니다.

전지가 연결되면 축전기는 자신의 전하를 채우는 동안에는 전류가 흐르고 다 채워지면 전류가 끊어집니다. 또한 축전기에 AC power supply교류전원이 연결되면 positive charge양전하와 negative charge음전하가 교대로 흐르면서 계속 전류가 흐르게 됩니다.
축전지는 직류를 filter필터하는데 사용되거나 전하의 축적용, 또는 resonant circuit공진회로 등에 사용됩니다.

AC power supply : alternating current power supply 교류전원
DC power supply : direct current power supply 직류전원

 **To the Skies! / Shock Blast**

Q - 하늘로! / 전격 폭발 │ 공중으로 도약해 적들에게 물리 피해를 입히고 이동 속도를 2초 동안 감소시킴. 적을 맞히거나 사거리 끝에 닿으면 폭발하는 전기 구체를 발사.

 **Lightning Field / Hyper Charge**

Q - 전류 역장 / 초전하 │ 해머를 사용하는 동안은 기본 공격을 할 때마다 마나 회복. 4초 동안 전류 역장을 생성하여 주위 적에게 마법 피해. 동력이 대폭 증가하여 최대 공격 속도로 공격을 3회 가함.

□□□ **lightning** [láɪtnɪŋ **라이트닝**] n. 번개　∞ Kennen 참고

□□□ **hypercharge** [háɪpərtʃɑːrdʒ **하이**퍼챠아지] n. 초전하　∞ Gnar 참고

hypercharge(초전하)는 입자물리학 용어

★ **hypercharge**는 초전하를 말하는데 particle physics입자물리학에 사용되는 단어입니다. 이런 어려운 현대 물리학 용어가 LOL의 여러 스킬에서 자주 사용되는 것으로 봐서는 개발자 중 한 명이 물리학과 출신인 것으로 의심됩니다.

다음 내용을 정신 바짝 차리고 읽어보면 어렴풋이 뭔가 손에 잡힙니다. 물리학 심신노약자는 다음 skill로 넘어가시기 바랍니다. 현대물리학에서 사용되는 기본 용어를 볼 수 있게 적었습니다.

hypercharge(초전하)란?

hypercharge초전하는 quantum mechanics양자역학분야의 용어입니다. 이는 양자계를 묘사하기 위해 만든 quantum number양자수의 하나입니다. 여기서 quantum number양자수란 atom원자 안에서 electron전자의 에너지 정도를 묘사하거나 angular momentum각운동량, spin스핀 등에 대한 정보를 담고 있는 integer정수나 half-integer반정수를 말합니다. 반정수란 2.5, 3.5처럼 정수의 반을 더해서 표현할 수 있는 수입니다.

hypercharge초전하와 isospin아이소스핀은 flavour맛깔의 부분을 이루고 있는 quantum number양자수입니다. flavour맛깔란 quantum field theory양자장론의 전역적인 대칭을 이루고 있는 elementary particle기본입자의 종류들을 말합니다. particle physics입자물리학 Standard model표준모형에 따르면 6개 quarks쿼크의 flavour맛깔와 6개 leptons렙톤의 flavour맛깔들이 있습니다.

hypercharge초전하(Y)는 strange quark기묘쿼크(S), charm quark맵시쿼크(C), bottom quark바닥쿼크(B'), top quark꼭대기쿼크(T)와 barion바리온(B) 수의 합입니다.

$$Y = S+C+B'+T+B$$

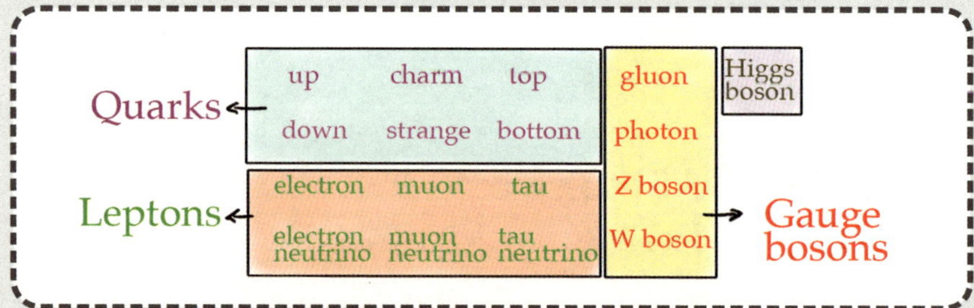

입자 물리학의 표준모형에서 중성미자와 게이지 보손, 힉스 보손을 제외한 다른 모든 입자를 디랙 입자로 나타냅니다. 이러한 디랙 입자는 스핀1/2(페르미온)을 가지며 질량과 전하를 가집니다. 강하게 상호작용하는 입자는 quarks쿼크(보라색), 그렇지 않은 입자는 중성미자와 함께 leptons렙톤(초록색)으로 분류합니다.

이들은 Gauge bosons게이지보손에 의해서 상호작용을 하게 되고 이론의 대칭을 나타냅니다. Guage bosons게이지보손에는 전자기력의 photon광자와 강한 상호작용(강력)의 gluon글루온, 약한 상호작용의 W, Z보손이 있습니다. 낮은 에너지에서 약전자기력의 대칭은 Higgs mechanism힉스메커니즘에 의해 깨져 약력을 이루고 이 과정에서 힉스 보손이 W보손, Z보손과 함께 질량을 얻습니다.

여기서 hyper-는 '**기준보다 높다**'라는 뜻의 접두사이고 hypo-는 그 반대로 '**기준보다 낮다**'라는
뜻의 접두사입니다. hyper는 속어로 쓰일 때는 그 자체만으로 '**들떴다**'거나 '**흥분한**'이라는 의미로
사용됩니다.   ∞ Gnar 참고

| hyper- | 위로, 높은 | hypertension고혈압, hyperthermia고열 |
| hypo- | 아래로, 낮은 | hypotension저혈압, hypothermia저체온증 |

E Thundering Blow / Acceleration Gate

Q – 천둥 강타 / 가속 관문   적 최대 체력의 일정 부분에 해당하는 마법 피해를 가하고 짧은 거리만큼 뒤로 밀쳐냄.
4초 동안 가속 관문을 열어 관문을 통과하는 아군의 이동 속도를 3초 동안 증가시킴. 이
관문을 통해 전격 폭발을 발사할 경우 전기 구체의 이동 속도와 사거리가 증가하며
피해량 또한 40% 증가.

□□□ **thundering** [θʌ́ndərɪŋ **쎈**더링] a. 뇌성이 울리는

□□□ **acceleration** [əkseləréɪʃn 억셀러**레이**션] n. 가속   ∞ Gragas 참고

★ acceleration은 속도를 올린다는 '**가속**'이라는 뜻입니다. 단어를 분해해보면
ac-(to향하여) + celer(서두르다) + -ation(명사형어미)의 합임을 알 수 있습니다.
반대는 deceleration이 됩니다.
acceleration의 어근에 해당하는 라틴어 celer는 단어 celerity기민함에 그 어원이 남아있습니다.
우리가 자동차의 '**액셀**'을 밟다라고 말할 때는 '**accelerator**가속장치'를 밟는 것을 말합니다.
속도를 올리고 내린다고 할 때는 speed up과 slow down이란 쉬운 표현도 있습니다.

deceleration [dɪːseləréɪʃən 디이셀러**레이**션] n. 감속   ∞ Gragas 참고
celerity [səlérətɪ 설**레**러티] n. 기민함   ∞ Sona 참고

R Transform : Mercury Cannon / Mercury Hammer

Q – 변환: 머큐리 캐논 / 변환: 머큐리 해머   (머큐리 해머를 머큐리 캐논으로) : 새로운 스킬을 사용. 원거리로 공격.
변환 후 다음 공격은 적의 방어력과 마법 저항력을 5초 동안 감소시킴.
(머큐리 캐논을 머큐리 해머로) : 새로운 스킬을 사용. 추가 방어력과
마법 저항력을 얻음. 변환 후 다음 공격은 추가 마법 데미지를 가함.

□□□ **mercury** [mɝ́ːrkjərɪ **머어**큐어리] n. 수은(水銀), 수성(水星)

# Mercury(머큐리)와 mercury(수은)는 모두 활달하다

★ Mercury는 올림포스 신들의 사자(使者) 역할을 하는 신인 머큐리입니다. 그리스신의 Hermes헤르메스에 해당하는 로마의 신입니다.
그의 빠른 이동과 민첩함 때문에 머큐리는 Zeus제우스 신의 전령으로 활약하였습니다.

머큐리의 심볼은 모자, 신발, 지팡이입니다.
머리에는 winged hat날개달린 모자을 쓰고 발에는 winged shoes날개달린 신발를 신고 있습니다.
또한 뱀 두 마리가 서로 교차하며 감겨있는 staff지팡이를 들고 다닙니다. 그 뱀 두 마리는 의술의 표장에 등장하는 상징으로서 Caduceus카두세우스라고 불립니다.

그리고 Mercury의 형용사형인 mercurial은 '**변덕스럽고 활달하다**'라는 뜻으로 사용됩니다.
화학에서는 volatile휘발성하고 unstable불안정한 물질의 성질을 설명할 때 사용됩니다.
mercurial이 '**활달한**'이라는 뜻이 된 이유는 원소인 mercury수은의 성질이 이리저리 흘러 다니는 불안정한 모습이기도 하고 점성술에서 수성좌에 해당하는 사람들의 성격이나 Mercury머큐리 신의 성격이 모두 활발해서입니다.

또한 Mercury는 장사의 신이기도 해서 market시장, merchant상인, merchandise상품라는 단어도 모두 Mercury에서 기원하였습니다.
merchandise상품와 merchant상인는 한글의 '**몇 천원**'과 발음이 비슷해서 기억하기 편합니다.
'**merchandise가 몇 천원에 다 있어!**' 라고 호객하는 merchant를 떠올리면 됩니다.

    herald [hérəld 헤럴드] n. 전령
    mercurial [mɜːrkjúrɪəl 머큐리얼] a. 활달한
    merchant [mɜ́ːrtʃənt 머어쳔ㅌ] n. 상인
    → **merchandise** [mɜ́ːrtʃəndaɪz 머어천다이즈] n. 상품
    → **market** [máːrkɪt 마아킷] n. 시장

Jayce

★★★☆☆ **capacitor** - An Object that is used to store charge is called capacitor.
전하를 저장하는 데 사용되는 물체를 축전기라고 부른다.

★★☆☆☆ **capture** - The troops captured another town where religion remained a core of life.
그 군인들은 종교가 생활의 중심으로 남아있는 다른 마을을 점령하였다.

★★★☆☆ **captive** - The captives escaped through the window.
그 포로들은 그 창문을 통해 탈출했다.

★★★☆☆ **capable** - an outstanding player capable of making a huge difference
지대한 차이를 가져올 수 있는 뛰어난 선수

★★☆☆☆ **capability** - a company's capability to increase productivity
생산성을 향상시키기 위한 회사의 능력

★★★☆☆ **capacity** - He has the capacity to remember all these words in 3 weeks.
그는 삼 주 내로 이 모든 단어를 기억할 능력을 가지고 있다.

★★★☆☆ **condenser** - A repair robot fixed the condenser on our spaceship.
수리로봇이 우리 우주선의 콘덴서를 고쳤다.

★★★☆☆ **dense** - Jeju airport was enveloped in a dense fog. 제주 공항이 짙은 안개에 휩싸였다.

★☆☆☆☆ **lightning** - A lightning strike caused a huge forest fire.
번개 한 방이 거대한 산불을 일으켰다.

★★★★☆ **hypercharge** - a hypercharge exchange reaction 초전하 교환 반응

★☆☆☆☆ **thundering** - The sound of thunder could be heard for many miles.
그 천둥소리는 수 마일에 거쳐 들을 수 있었다.

★★☆☆☆ **acceleration** - the acceleration of the industrialization process 산업화 과정의 가속

★★★☆☆ **deceleration** - a deceleration in economic growth 경제 성장의 저하

★★★☆☆ **celerity** - celerity of wave 파속(波速)

★★☆☆☆ **mercury** - mercury batteries 수은 전지

★★★☆☆ **merchant** - The merchant set up a new drone shop in the mall.
그 상인은 그 쇼핑몰에 새 드론 가게를 차렸다.

★★★☆☆ **merchandise** - Their merchandise is on sale every Tuesday from 4 P.M. to 5 P.M.
그들의 상품은 매주 화요일 오후 4시부터 오후 5시까지 세일한다.

★☆☆☆☆ **market** - a flea market 벼룩시장

Kalista, the Spear of Vengence
칼리스타 – 복수의 화신

P **Martial Poise** 전투 태세

Q **Pierce** 꿰뚫는 창

W **Sentinel** 감시하는 혼

E **Rend** 뽑아 찢기

R **Fate's Call** 운명의 부름

P **Martial Poise**
passive - 전투 태세

칼리스타가 기본 공격이나 꿰뚫는 창의 준비 동작을 하는 동안에 이동 명령을 하면
칼리스타가 공격과 함께 해당 위치로 도약. 도약 거리는 신발 업그레이드에 비례.

□□□ **martial** [máːrʃl 마아셜] a. 싸움의, 전쟁의 ∞ Jarvan IV 참고

□□□ **poise** [pɔɪz 포이즈] n. 침착, 균형

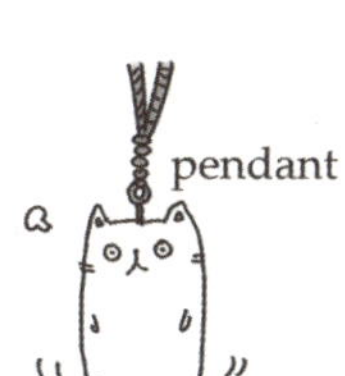

Poise(포이즈)는 높은데서 POSE를 취하며 균형을 잡는 것

★ poise는 높은 곳에서 균형이나 자세를 잡는 것을 말합니다.
어원은 '**매달다, 걸다**'라는 뜻의 라틴어인 pendere에서 기원하였고 pendant펜던트라는 단어에서
어근의 자취를 찾아볼 수 있습니다. 펜던트는 목걸이에 매다는 보석이나 장식품을 말합니다.

아쉽게도 pendere 어근은 poise에서는 모음의 모습이 많이 바뀌어서 알아보기가 쉽지 않습니다.
그러나 hang(매달려있다)의 의미가 들어간 다른 많은 단어들에서 중요한 pendere 어근을 찾아 볼
수 있습니다. depend의지하다, suspend매달다, expend돈을 들이다, impend절박하다, pension연금
등이 그 예가 되겠습니다.
이 pendere 어근은 물건이 매달리는 것이기도 하지만 저울에 돈을 매달아 무게를 재는 것이기도
하므로 '**돈을 지불하다(pay)**'의 의미로도 확장되었습니다.

append [əpénd 어**펜**ㄷ] v. 첨부하다
depend [dɪpénd 디**펜**ㄷ] v. 의존하다
suspend [səspénd 서스**펜**ㄷ] v. 매달다

expend [ɪkspénd 익스**펜**ㄷ] v. (돈, 정성, 에너지를) 들이다
impend [ɪmpénd 임**펜**ㄷ] v. 절박하다
pension [pénʃn **펜션**] n. 연금

* append는 '**첨부하다**'라는 뜻입니다. ad(to향하여) + pendere(매달다)의 조합입니다. 본문의 글에 조그마하게
설명을 덧붙이는 '**주석을 달다**'라는 뜻으로 주로 사용됩니다.
appendix는 append의 명사형인데 글의 '**부록**'을 말하기도 하고 맹장에 붙어있는 '**충수돌기**'를 뜻하기도 합니다.
우리가 흔히 '**맹장염이 생겼다**'고 하면 맹장이 아니라 거기에 붙은 충수돌기에 염증이 생긴 것입니다.
죄 없는 맹장이 부록으로 appendix를 달고 다니다가 억울하게 욕을 먹는 경우라 하겠습니다.

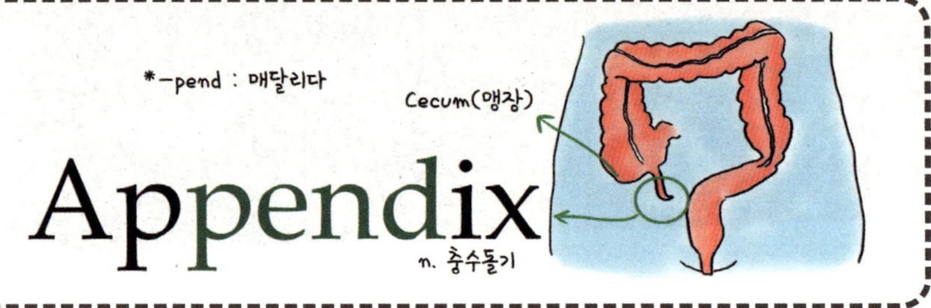

* depend는 '**의존하다**'라는 뜻인데 항상 전치사 on과 같이 외워야 합니다. de(down아래로) + pendere(매달다)의
조합입니다. 원숭이 새끼처럼 엄마에게 매달려 의존하는 모습에서 depend 단어가 나온 것입니다.
형용사형인 dependent의존하는의 경우 오히려 앞에 반대의 의미인 in-이 붙은 independent독립적인 단어를 더 자주
볼 수 있습니다.

* suspend는 '**매달다**'라는 뜻인데 정학을 당하거나 정직을 당했을 때 쓸 수 있는 단어입니다. sus(sub아래에) +
pendere(매달다)의 조합으로서 일을 처리하지 않고 매달아놓는 것에서 여러 의미가 파생된 것입니다.
차차 '**(숨을, 정신을) 빼앗거나 멈추게 하다**'는 의미에서 suspension서스펜션 즉, 긴장감이란 뜻까지 발전하였습니다.

* expend는 '**(돈이나 에너지, 정성 등을) 들이다**'라는 뜻으로서 ex(out밖으로) + pendere(지불하다)의 조합입니다.
여기서 '**매달다(pendere)**' 어근은 '**돈을 지불하다(pay)**'는 의미로 사용되었습니다. 돈의 무게를 저울에 매달아
지불하는 이미지입니다.
명사형인 expense비용나 expenditure지출와 형용사형인 expensive비싼는 무척 자주 쓰이는 단어입니다.

* impend는 '**절박하다**'라는 뜻인데 im(upon바로위에) + pendere(매달다)의 조합입니다. 바로 위에
뭐가 매달려 있어서 다음에 발생할 일이 바로 앞에 와있다는 뜻입니다. 코앞에 칼이 대롱대롱 매달려
있다고 생각하면 되겠습니다.
impending은 imminent임박한와 같은 뜻이어서 서로 바꿔 사용할 수 있습니다.

* pension은 퇴직 후에 받는 '**연금**'이라는 뜻도 있고 우리가 휴가 때 놀러가는 가정집 분위기의 숙박업체인 '**펜션**'을
뜻하기도 합니다. pension의 이 두 가지 뜻(연금, 펜션)이 연결된 유래는 유럽에서 은퇴한 노인의 많은 수가 민박업을
하며 연금을 받으며 산다고 해서 집의 종류의 하나로 '**펜션**' 이름이 붙여진 것입니다.
pension은 pendere(지불하다) + ion(명사형 어미)의 조합으로 만들어진 단어인데 여기서도 pendere 어근은 '**돈을
지불하다(pay)**'라는 의미로 사용되었습니다.

참고로 poise균형, 포이즈와 발음이 비슷한 pose, pause는 구별해서 함께 기억해야 합니다.
먼저 pose는 그냥 사진을 찍기 위해 '**포즈**'를 취하는 것을 의미합니다. 이 pose는 어원이 '**자리에**

놓다(place)'라는 뜻의 라틴어 poser에서 나왔습니다. pose의 발음은 [포우즈]입니다.
그다음 pause는 **'잠시 멈추다'**라는 뜻입니다. MP3 music player에서 음악을 잠시 멈춤하게 하는
'pause 버튼(||)'을 떠올리면 됩니다. 이 때 발음을 주의해야 하는데 [퍼어즈]라고 발음하면 됩니다.
pose와 pause는 어원도 같고 **'멈추다'**라는 개념도 같이 들어있는 단어입니다.

> **pose** [poʊz 포우즈] n. 자세, 포즈
> **pause** [pɔːz 퍼어즈] v. 잠시 멈추다

 **Pierce**
Q - 꿰뚫는 창

☐☐☐ **pierce** [pɪrs 피어스] v. (뾰쪽한 것으로) 뚫다

 **Pierce는 Per(뚫으면서) 때리는 것**

★ pierce는 **'뚫다'**라는 뜻인데 귀나 코에 piercing피어싱을 하는 사람들이 늘어나서 매우 익숙한
단어입니다. pierce의 어원은 per(through통하여) + tundere(beat때리다)의 라틴어 조합으로서
'관통하는 공격'을 의미합니다. 라틴어에서의 철자가 많이 바뀌는 바람에 pierce에서 어원의 모습을
찾기는 조금 힘이 듭니다.
piercing이 형용사로 사용되면 **'시선이 날카롭다'**는 뜻이 되어 꿰뚫어 보듯 사람을 쳐다보는 것을
말합니다. pierce가 **'찌르다'**라는 의미일 경우 stab, penetrate와 바꿀 수 있습니다.

> **piercing** [pírsɪŋ 피어싱] a. (시선이) 날카로운   n. 피어싱   ∞ Lucian 참고
> **penetrate** [pénɪtreɪt 페니트레이트] v. 관통하다

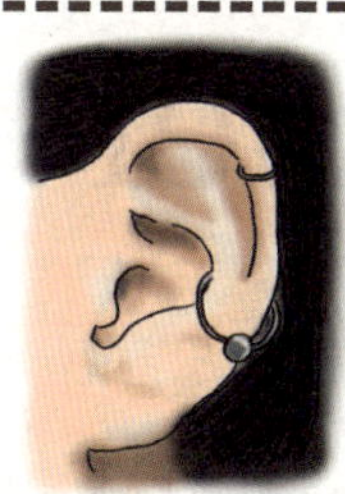

* **penetrate**는 **'관통하다'**라는 뜻인데 절대 안 외우려고 해도 사춘기의 남학생들에게는 강제로 마구 외워지는 **'19금'**
단어입니다. 명사로는 penetration삽입입니다.

물건이나 조직, 적진 등에 뚫고 들어가거나 침입한다라는 뜻도 있고 성관계를 할 때 penis성기를 삽입한다는 강렬한 뜻도 있습니다.
그러나 penis성기와 penetrate의 글자 앞부분이 거의 같다고 '그게 penis에서 나온 단어냐'고 오해하면 곤란합니다. penetrate는 원래 라틴어 penus라고 'temple신전의 가장 깊은 곳'을 뜻하는 단어에서 기원한 것입니다. 즉 penus를 향하여 '신을 만나기 위해 신전 깊숙이 들어가다'라는 아주 신성하고 건전한 뜻에서 나온 단어입니다.

(기본 지속 효과) : 2초 안에 칼리스타와 동맹이 함께 같은 대상을 기본 공격하면 칼리스타는 대상의 최대 체력의 일부에 해당하는 마법 피해를 입힘. 대상 하나 당 재사용 대기시간 10초.
(사용 시) : 영혼을 하나 보내 보이지 않는 지역을 정찰. 감시하는 혼은 지역을 오가며 원뿔 범위의 전방을 감지. 발각된 챔피언은 4초 동안 위치가 드러남. 감시하는 혼은 7바퀴 동안 유지.

□□□ **sentinel** [séntɪnl **센티늘**] n. 경비병

sense를 가지고 쎈 티 내는 sentinel(경비병)

★ sentinel은 온라인게임에서 '**경비병**'이라는 NPC의 모습으로 자주 볼 수 있는 단어입니다. 감각을 의미하는 sense와 비슷한 어원에서 나왔습니다.
어원인 라틴어 sentire는 '**감각(sense)에 의해 인식하다**'는 뜻이어서 경비병이 주의 깊게 주변을 확인하는 모습을 의미합니다.
sentinel을 외울 때는 집적거리는 잡상인들에게 '**쎈 티 낼 때**' 효과적으로 경비업무를 할 수 있는 경비병의 특징을 생각하면 편합니다.

그런데 sentinel보다는 sentry가 요즘의 보초병을 말할 때 자주 사용됩니다. 둘을 서로 바꿔 쓸 수는 있지만 sentry는 병영이나 궁전의 정문에 정지해서 출입자를 체크하는 군인의 의미가 강합니다. 반면 sentinel은 전체 병영을 지키기 위해 약간 자유롭게 돌며 순찰하는 군인을 의미하는 경우가 많습니다.

sentry [séntrɪ **센트리**] n. 보초병

Rend
E - 뽑아 찢기

(기본 지속 효과) : 재사용 대기시간이 아닐 때는 칼리스타의 창이 대상을 꿰뚫고 4초간 그대로 유지.
(사용 시) : 칼리스타가 근처 대상에 박힌 창을 뜯어내며 물리 피해. 대상의 이동 속도를 2초 동안 늦춤.
창이 하나 늘어날 때마다 피해량 증가. 대상 처치 시 뽑아 찢기의 재사용 대기시간이 초기화.

□□□ **rend** [rend 렌ㄷ] v. 찢어발기다

rend는 찢어버리고, render는 되게 하다

★ rend는 뭔가를 거칠게 찢어발기는 모습을 말합니다. 약간 옛글에서 비감한 감정으로 사용되는
단어입니다. 어원은 과일의 껍질을 뜻하는 rind와 관련이 있습니다.
rend는 껍질을 찢는(rip) 모습이나 슬픔에 빠져 머리를 쥐어뜯거나 옷을 찢어발기는 모습을 형용
하기에 어울리는 단어입니다.

> **They rent their hair in grief.** 그들은 슬픔에 빠져 머리를 쥐어뜯었다.

참고로 render는 rend에 -er만 붙어있으므로 서로 관련이 있을 법하게 보이지만 어원이 다릅니다.
render는 기본적으로 **'되게 하다'**의 의미입니다.
그러나 render는 문장에서 give나 cause야기하다, leave남다, translate번역하다 등 여러가지 뜻으로
쓰이므로 만능동사 make로 보고 해석하면 이해하기 쉬운 경우가 많습니다.

render [réndə(r) **렌**더] v. 되게 하다

* render는 **'되게하다, 제공하다'**라는 뜻입니다. return돌아감을 뜻하는 라틴어 reddere에서 나온 말입니다.
render를 이용한 rendering렌더링은 우리가 온라인게임 화질에 대해 옵션 체크를 할 때 자주 보는 단어입니다.
렌더링은 3D 컴퓨터그래픽이나 애니메이션에서 모델 데이터를 display디스플레이 장치를 이용하여 빛이나 색깔,
texture질감, 그림자 등이 실제로 존재하는 것처럼 보이게 하는 기술입니다.
게임설정에서 렌더링 옵션을 높이면 기막힌 화질을 감상할 수 있지만 컴퓨터는 느려질 겁니다.
render를 기억할 때는 "1등 친구가 render는 make**란다**"라고 한글 발음을 이용하면 됩니다.

Fate's Call
R - 운명의 부름

계약자를 칼리스타 옆으로 끌어옴. 최대 4초 동안 이 아군은 공격 받지 않지만 스킬도 사용할 수 없는 상태가 됨. 칼리스타와 계약 맺은 아군은 마우스를 클릭하여 지정한 위치로 날아 갈 수 있게 됨. 적 챔피언에게 부딪치면 멈추며 좁은 반경 안의 모든 적들을 뒤로 밀어내고 계약자는 자신의 최대 공격 사거리 끝에 위치함.

□□□ **fate** [feɪt ㅎ페이ㅌ] n. 운명

★ fate는 운명을 의미합니다. 형용사형인 fatal치명적인도 자주 볼 수 있는 단어입니다.

fatal [féɪtl ㅎ페이틀] a. 치명적인　　→ **fatality** n. 치명률, 사망자

예를 들어 'a fatal accident'라면 치명적인 사고를 의미하고 'a fatal blow'라면 치명타를 뜻하게 됩니다.
또한 fatal치명적인은 프랑스어가 철자 그대로 영어로 온 famme fatale팜므 파탈이나 homme fatale 옴므 파탈에서도 볼 수 있습니다.
여기서 프랑스어로 famme팜은 famale여성을 말하고 homme옴은 male남성을 말합니다. 참고로 프랑스어는 형용사가 명사의 뒤에서 수식을 합니다. 따라서 팜므 파탈과 옴므 파탈은 각각 거부할 수 없는 치명적인 매력을 가진 여성이나 남성을 말합니다.

Kalistar

★★☆☆☆ **martial** - Sparta was a martial society, which did away with any sickly child at birth.
스파르타는 군사사회였고, 병든 아이가 태어나면 죽여 버렸다.

★★★☆☆ **poise** - That soldier has the poise to remain calm even when bombs are falling.
그 군인은 폭탄이 떨어질 때조차 조용히 있을 수 있는 침착함이 있었다.

★★★☆☆ **append** - I appended my win/lose ratio chart to the document.
나는 나의 승리/패배 비율 차트를 그 문서에 첨부했다.

★★☆☆☆ **depend** - Backpacking around Europe depends on my getting a part-time job this summer.
유럽배낭여행은 내가 이번 여름에 아르바이트 일자리를 구하는 것에 달렸다.

★★★☆☆ **suspend** - I was suspended for 8 days because I have been late everyday this year.
올해 내가 날마다 지각을 했기 때문에 나는 팔일 동안 정학을 당했다.

★★☆☆☆ **expend** - I expended all my time and energy studying for the final exams.
나는 나의 모든 시간과 에너지를 기말고사를 위한 공부에 사용했다.

★★★☆☆ **impend** - The impending earthquake was forecasted to happen, so I traveled to Las Vegas.
그 임박한 지진이 일어난다고 예보되었다. 그래서 나는 라스베이거스로 떠났다.

★★★☆☆ **pension** - The national pension fund invested in gaming stocks because they knew gaming has a bright future.
그 국가연금기금은 게임 산업에 밝은 미래가 있다는 것을 알았기 때문에 게임관련 주식에 투자했다.

★★☆☆☆ **pose** - To our surprise, the bird was holding a pose for the camera.
놀랍게도, 그 새는 카메라 촬영을 위해 포즈를 취하고 있었다.

★★☆☆☆ **pause** - I paused the game to grab a snack which by accident I dropped into my underwear.
나는 내가 우연히 내 속옷 안으로 떨어뜨린 과자를 집으려고 게임을 잠시 중단했다.

★★☆☆☆ **pierce** - Albert pierced his colleague with a knife, so I took it away from him.
알버트는 그의 동료를 칼로 찔렀다. 그래서 내가 그것을 뺏었다.

★☆☆☆☆ **piercing** - a piercing look 꿰뚫어 보는 시선

★★★☆☆ **penetrate** - I had my drill penetrate the wall to make a bullet-sized hole.
나는 총알크기의 구멍을 만들기 위해 드릴로 벽을 관통시켰다.

★★★☆☆ **sentinel** - The sentinel was asleep when the boy passed through the forbidden forest.
그 소년이 금지된 숲을 지나갈 때 경비병은 잠을 자고 있었다.

★★★☆☆ **sentry** - a sentry on guard 보초를 서고 있는 초병

★★★☆☆ **rend** - The gryphons swooped on her soldiers and began to rend them apart.
그리폰들은 그녀의 병사들을 덮쳐서 갈기갈기 찢어내기 시작했다.

★★★☆☆ **render** - The battle was rendered a failure as your general was killed in action.
너희 장군이 작전 중에 사망해서 그 전투는 실패로 끝났다.

★★★☆☆ **fate** - a cruel twist of fate 운명의 잔인한 꼬임

★★★☆☆ **fatal** - Thankfully, the wound wasn't fatal.
감사하게도, 그 상처는 치명적이지 않았다.

Karma, the Enlightened One
카르마 - 깨우친 자

P	Gathering Fire	열정 응집
Q	Inner Flame/Soulfire	내면의 열정 / 영혼의 불꽃
W	Focused Resolve/Renewal	굳은 결의 / 재생
E	Inspire/Defiance	고무/저항
R	Mantra	만트라

P **Gathering Fire**
passive - 열정 응집

| 카르마가 적 챔피언에게 스킬을 적중시키면 만트라의 재사용 대기시간이 2초, 적 챔피언에게 기본 공격을 적중시키면 만트라의 재사용 대기시간이 1초 감소함.

□□□ **gather** [ɡǽðə(r) 개더] v. 모으다

gathering

gather는 together(함께) 모으는 것

★ gather는 흩어져 있는 것을 '**모으다**'는 뜻입니다. 다행히 together함께와 어원이 같은 단어이고 뜻도 '**함께 ← 모으다**'로 연관되어서 외우기 편합니다.
선사시대(prehistoric ages)의 인류는 열매나 씨앗을 gathering채집하거나 hunting수렵을 통해서 calory열량를 공급받았습니다.
이후 재배 가능한 씨앗의 발견과 목축이 가능한 동물품종의 발견으로 agriculture농경와 farming 목축이 발전하고 정착생활을 할 수 있게 됩니다.

Jared Diamond제레드 다이아몬드는 저서 [Guns, Germs, and Steel총,균,쇠]에서 calory열량 생산의 여유로 인해 인간이 문명을 발전시킬 수 있었다고 말합니다.
gatherer채집인는 많은 시간을 채집이나 사냥에 소모하고도 간신히 하루 필요 열량분의 음식밖에 모을 수 없었습니다. (물론 하루 종일 일하는 현대인보다는 편한 삶이었죠.)
그런데 차차 열량이 높은 grain곡식을 cultivate경작하고 livestock가축을 기를 수 있었던 인류는 덕분에 칼로리를 위해 하루를 소모하지 않아도 되는 잉여인력이 생기게 됩니다. 이들이 지배인력과 문화인력이 되고 곧 사회가 발전하고 civilization문명이 탄생하는 바탕이 되었다고 합니다.

다음은 그 책 [총, 균, 쇠]에 나온 문명별 동, 식물 domestication길들이기의 도입시기입니다.

위 지도를 보면 문명이 특정 latitude위도 부근에서 주로 발생한 것을 알 수 있습니다. 이는 적합한 종류의 가축과 곡식, 그리고 충분한 재배면적의 유무가 문명의 탄생조건이었다는 것을 보여줍니다.

agriculture [ǽgrɪkʌltʃə(r) 애그리컬쳐] n. 농경   acre(field) + culture(경작하다)
cultivate [kʌ́ltɪveɪt 컬티베이트] v. 경작하다
domestication [dəmestɪkéɪʃən 더메스티케이션] n. 가축 길들이기
civilization [sɪvələzéɪʃn 시벌러제이션] n. 문명

* agriculture는 '**농경**'이라는 뜻인데 '**땅**'을 뜻하는 acre에 '**경작하다**'라는 뜻의 culture가 결합된 단어입니다. 1 acre에이커는 지금도 4,046m² 의 땅을 뜻하는 땅 면적의 단위입니다.
culture는 15세기까지는 '**돌보거나 경작하다**'는 뜻으로 쓰이다가 이후 '**교육을 통해서 기르다**'는 뜻이 나왔고 19세기에 이르러서야 '**문화**'라는 뜻으로 쓰이게 된 단어입니다.
culture는 현재 문화를 뜻하는 명사로 주로 쓰이지만 동사로는 '**배양하다**'의 뜻이 아직 남아있어서 실험실에서 '**박테리아를 culture배양한다**'는 식으로 자주 사용됩니다.

* cultivate는 '**경작하다**'라는 뜻입니다. culture에서 '**경작하다**'는 뜻이 사라진 요즘에 경작의 의미를 쓰고 싶을 때 대신 사용할 수 있는 동사입니다. 역시 culture에서 나온 단어입니다.

* domestication은 '**가축 길들이기**'라는 뜻입니다. domestic국내의이란 형용사에서 나온 단어로서 어근이 되는 domus는 라틴어로 집(house)을 의미합니다. 즉 동물을 집에서 키우게 된다는 '**가축화(家畜化)**'를 의미합니다. 동사는 domesticate입니다.

* civilization은 말할 것도 없이 문명(文明)입니다. 중독성 강한 PC게임 '**[문명]하셨습니다**'로 유명한 단어입니다. '**city도시 → civil시민의 → civilize문명화하다**'의 순서로 의미가 발전하였습니다. 이 3단어 모두 도시를 뜻하는 같은 라틴어 civis 어근에서 나온 단어입니다.

Q Inner Flame / Soulfire
Q - 내면의 열정 / 영혼의 불꽃

카르마가 적에게 부딪히면 폭발하는 구체를 던져 적과 그 주변에 피해를 주고 1.5초 간 적을 25%만큼 느려지게 함.
(만트라) : 스킬에 추가 마법 피해를 더하고 적을 50% 느려지게 하는 원형 지역을 만듦. 1.5초 후에 해당 지역은 폭발하며 그 위에 있는 적들에게 마법 피해.

□□□ **inner** [ínə(r) 이너] a. 내부의

□□□ **flame** [fleɪm ㅎ플레임] n. 불꽃, 불꽃   ∞ Jinx 참고

inner(내부의) 반대는 outer(외부의)

★ inner는 '내부의'라는 뜻으로 위치관계를 나타내는 형용사입니다. 반대는 outer외부의입니다.
사물을 중심으로 위치를 나타내는 라틴어 어원의 단어들은 다른 단어의 접두사나 어근이 되므로
모아서 이해해야 합니다.   ∞ Graves 참고
inner와 outer를 학술적인 단어로 쓰고 싶을 때는 interior와 exterior로 바꾸어볼 수 있습니다.

W Focused Resolve / Renewal

W - 굳은 결의 / 재생

카르마가 적 챔피언 또는 몬스터와 자신을 잇는 끈을 만들어 2초간 마법 피해를 주며 시야를
공유. 만약 2초 후에도 끈이 이어진 경우 적 챔피언 또는 몬스터를 속박.
(만트라) : 카르마가 끈이 이어진 동안 잃은 체력의 20%만큼 자기 자신을 즉시 치유. 2초간
끈이 끊어지지 않으면 다시 한 번 잃은 체력의 20%만큼 회복.

□□□ **focused** [fóukəst ㅎ포우커스ㅌ] a. 집중한   ∞ Ashe 참고

□□□ **resolve** [rɪzáːlv 리자알ㅂ] v. 해결하다, 다짐하다, 의결하다   ∞ Galio 참고

□□□ **renewal** [rɪnúːəl 리뉴우얼] n. 재개발, 연장   ∞ Swain 참고

focus(집중하다)는 대상에 on을 사용하라

★ focus는 '집중하다'라는 뜻입니다. 명사로는 '초점'입니다. 무언가를 설명하려 할 때 집중해서
설명 한다면 emphasize나 concentrate로도 바꿀 수 있는 단어입니다.
셋 다 대상을 향해 집중해야 하므로 전치사는 focus on, emphasis on처럼 'on'이 자주 쓰입니다.
아예 on과 함께 데리고 기억하는 것이 좋습니다.

emphasis [émfəsɪs 엠ㅎ퍼시스] n. 강조   → **emphasize** v. 강조하다
concentrate [káːnsntreɪt 카안슨트레이ㅌ] v. 집중하다

* emphasis는 '강조'라는 뜻입니다. em(en되게하다) + phainein(show보여주다)의 라틴어 조합이고 '말에 숨겨진
추가적인 의미를 보여줌'이라는 뜻입니다. 라틴어 어근 phainein은 모양이 변하였지만 phantom유령이나 fantasy
판타지에서 그 자취를 찾아볼 수 있습니다. 명사 emphasis에서 동사 emphasize가 나왔습니다.
emphasis를 외울 때는 오디오 앰프가 소리를 증폭하고 잘 들리게 한다는 점을 이용해 '앰프 써서 강조'로 이해하고
emphasize는 '앰프 사이즈 올려 강조해'로 기억하면 됩니다.

* concentrate는 '집중하다'라는 뜻인데 con(함께) + center(중앙) + ate(동사화접미사)의 조합입니다.
정신을 center중앙에 con함께 모으는 것이죠.

 **새로워지는 3가지 방법 : renewal, renovate, restore**

★ renewal은 '**재개발, 연장**'을 의미합니다. 낡아진 것을 새롭게 재단장하거나 기한이 정해진 것을 연장했을 때 사용하는 단어입니다. re(다시) + new + al(명사형 어미)의 조합입니다.
renewal과 비슷하게 '**고친다**'라는 뜻의 renovate와 restore도 묶어서 세 개를 함께 알아야 합니다.

1. **renewal**
2. **renovate** [rénəveɪt 레너베이트] v. 보수하다
    → **renovation** [renəvéɪtʃiən 레너**베이**션] n. 혁신
3. **restore** [rɪstɔ́ː(r) 리**스토**어] v. 회복시키다

* **renewal**은 passports여권이나 contracts계약, information정보처럼 정기적으로 교체가 필요한 것을 연장할 때 주로 사용합니다.
또한 renew재개하다의 과거형이자 형용사형인 renewed는 휴식을 취한 다음 재충전의 에너지를 얻었다는 뜻입니다.

* **renovate**는 '**보수하다**'라는 뜻인데 어원도 renewal처럼 new가 들어갑니다.
re(다시) + novare(make new새롭게 만들다) + -tion (명사형 어미)의 라틴어 조합이죠.
renovate는 renewal과는 약간의 차이가 있는데 건축물이나 낡은 차, 하수관 등 무언가 '**단단한 것을 고치다**'는 뜻에 적당한 단어입니다. 특히 아파트의 인테리어를 다시 바꾼다면 renovate보수하다가 어울립니다.
여기서 new를 의미하는 nova 어근은 supernova초신성을 통해서 자주 들어본 것입니다. 음악을 좋아하는 분이라면 브라질음악 bossa nova보사노바로 기억해도 됩니다. '**새로운 감각**'이라는 뜻의 포르투갈어에서 온 것입니다.
참고로 innovation도 renovation처럼 같은 '**혁신**'의 뜻인데 이는 주로 기술이나 사상의 혁신을 말할 때 사용합니다.

* **restore**는 '**회복시키다**'라는 뜻인데 원래의 상태로 돌아가도록 고치는 것을 말합니다. 한마디로 수리하는 것입니다.
건강이나 자신감을 되찾는다면 역시 restore를 쓰는 것이 적절합니다.
store에 '**저장하다**'라는 뜻 이전에 '**세우다, 짓다**'라는 뜻이 어원에 있어서 restore회복시키다의 뜻이 형성된 것입니다.

Inspire / Defiance
E - 고무/저항

(고무) : 대상 아군에게 보호막이 씌워져 1.5초 동안 이동 속도 상승, 4초 동안 피해를 흡수.
(저항) : 대상에 가해지는 피해를 추가로 흡수. 대상 주위의 아군 챔피언들은 최초 대상 보호막의 30%에 해당하는 피해를 흡수하는 보호막을 얻음.

□□□ **inspire** [ɪnspáɪə(r) 인스**파이**어] v. 고무하다 ∞ Taric 참고

□□□ **defiance** [dɪfáɪəns 디ㅎ**파이**언스] n. 반항, 저항 ∞ Karthus 참고

spire(숨쉬기) 5형제를 한꺼번에

★ **inspire**는 '**영감을 불어넣다**'라는 뜻입니다. '**안으로(in) 숨 쉬다(spire)**'는 조합에서 나왔습니다.
여기에 사용된 라틴어인 spirare(영어 spire)어근은 '**숨을 쉬다(to breathe)**'는 뜻이고 spirit과
관계가 있습니다.
inspire처럼 spire 어근이 사용되는 단어 5개를 한꺼번에 마스터하는 것이 좋습니다.

1. inspire [ɪnspáɪə(r) 인스**파이**어] v. 흡기하다, 고무하다, 영감을 불어넣다
→ n. inspiration   in(안으로) + spire숨쉬다 → 흡기(吸氣) → 영감(靈感)
2. expire [ɪkspáɪə(r) 익스**파이**어] v. 호기하다, 기한이 만료되다
→ n. expiration   ex(밖으로) + spire숨쉬다 → 호기(呼氣) → 사망
3. respire [rɪspáɪə(r) 리스**파이**어] v. 호흡하다
→ n. respiration   re(다시) + spire숨쉬다 → 호흡(呼吸)
4. perspire [pəspáɪə(r) 퍼스**파이**어] v. 땀을 흘리다
→ n. perspiration   per(통하여) + spire숨쉬다 → 땀, 발한(發汗)
5. conspire [kənspáɪə(r) 컨스**파이**어] v. 음모하다
→ n. conspiracy   com(함께) + spire숨쉬다 → 음모   ∞ Ezreal 참고

자세히 보면 inspire와 expire는 기존의 뜻으로부터 의미가 파생되어 사용됨을 알 수 있습니다.

즉, inspire는 '**호흡을 불어 넣다**'의 뜻에서 '**영감을 불어넣다**'의 의미가 발생했으며 expire는 '**숨을
내쉬다**'에서 '**마지막 숨을 내쉬다 : 사망하다, 기간이 만료되다**'의 뜻이 나왔습니다.
또한 respire는 inspiration흡기와 expiration호기를 re(반복)하는 호흡의 의미가 되었습니다.
그리고 생물에서 봤듯이 개구리처럼 피부를 through(통하여) 호흡을 하거나 땀으로 수증기를 증발
시켜 호흡을 하는 것에서 perspiration땀이 나왔습니다.
conspire의 경우 함께 으슥한 곳에 모여서 숨 쉬며 음모를 꾸미는 모습을 생각하면 됩니다.

inspire	안으로(in) 숨쉬다	v. 영감을 불어넣다 →	inspiration n. 흡기, 영감
expire	밖으로(ex) 숨쉬다	v. 기한이 만료되다 →	expiration n. 호기, 사망
respire	다시(re) 숨쉬다	v. 호흡하다	respiration n. 호흡
perspire	통하여(per) 숨쉬다	v. 땀을 흘리다	perspiration n. 발한
conspire	함께(con) 숨쉬다	v. 음모하다	conspiracy n. 음모

참고로 호흡을 나타내는 다른 단어로는 breath가 있습니다. 이 breath는 breathe, breathing으로 변할 때 품사와 뜻, 발음이 혼동되지 않게 항상 조심해야 하는 단어입니다.

breath [breθ 브레쓰] n. 입김, 숨　∞ Shyvana 참고
breathe [briːð 브리이ㄷ] v. 호흡하다
breathing [bríːðɪŋ 브리이딩] n. 호흡

여기서 breath는 한 번의 숨쉬기로 훅 나오는 '**숨**'을 말하고 breathing은 그 숨의 반복되는 전체 과정인 '**호흡**'을 말합니다. 즉 한 동작(숨)이 반복되어서 전체적인 현상(호흡)이 되는 것입니다.
이렇게 '**부분적 – 동사 – 전체적**'의 3형제 조합은 비슷한 꼴로 변화하는 다른 단어들에서도 볼 수 있습니다. 심지어 발음도 비슷하게 쓰-드-딩(θ-ð-ðɪŋ)이 그대로 사용됩니다.

/θ/	/ð/	/ðɪŋ/
breath 입김	**breathe** 호흡하다	**breathing** 호흡
cloth 옷감	**clothe** 옷을 입히다	**clothing** 의복
bath 욕조	**bathe** 목욕시키다	**bathing** 수영
sooth 진실	**soothe** 누그러뜨리다	**soothing** 완화하는

Mantra
R – 만트라

카르마가 다음 사용하는 스킬을 강화하여 추가 효과를 얻음. 만트라는 레벨 1부터 사용할 수 있으며 추가 효과는 다음 사용하는 스킬의 레벨이 아닌 만트라의 레벨에 영향을 받음.

□□□ **mantra** [mǽntrə 맨트러] n. (불교의 주문) 만트라

★ **mantra**는 Sanskrit어(범어) mandala만다라의 영어식 표현입니다. man은 마음, tra는 자유를 말합니다. 마음의 자유, 해방을 의미하고 진언이라고도 합니다.

만트라는 아(A), 우(U), 음(M)의 세 음절로 이루어져 있는데 esoteric소수만 이해하는 소리로서 우리 몸을 깨우는 수행방법입니다.

'옴마니반메훔'은 티벳어(옴 마니 빼드메 훔)이고 **'우주속의 지혜와 자비가 우리 몸에 퍼지다'**란 뜻의 진언이라고 합니다.

옴: 우주   **마니**: 지혜   **빼드메**: 자비   **훔**: 마음

또한 LOL의 챔피언 이름이기도 한 karma카르마는 업보, 인연이란 뜻으로서 영어에서 mantra처럼 산스크리트어 기원 단어에 해당합니다.

일상대화에서는 karma업보는 **'인연이나 좋은 영혼'**이라는 뜻까지 확장되어 영어 원어민에게서 자주 들을 수 있는 단어입니다.

esoteric [esətérɪk 에서**테**릭] a. 소수만 이해하는, 비전(祕傳)의

karma [kάːrmə **카아**르머] n. 업보

* **esoteric**은 **'소수만 이해하는'**의 뜻입니다. 비밀리에 전해져서 몇 사람만 이해가 가능한 것을 말합니다. 그리스어 eso(within)의 비교부사형인 esotero(more within)에서 나온 단어입니다. **'안'**보다 **'더 안에 속한'** 것이죠.
esoteric을 외울 때는 어려운 한문 글을 보고 **'외조부 데리고 와야 해. 소수만 이해할 수 있는 것이야'**라는 발음을 이용하면 됩니다.

Karma

★★☆☆☆ **gather** - People gathered around a television.
사람들이 텔레비전 주위로 모였다.

★★☆☆☆ **agriculture** - The introduction of agriculture turned our lifestyle.
농업의 도입은 우리의 생활스타일을 바꾸었다.

★★☆☆☆ **cultivate** - White settlers cultivated basic food crops.
백인 정착민들은 기본적인 식용작물을 경작했다.

★★★☆☆ **domestication** - Domestication of animals created farms and gave human extra-calories.
동물의 가축화는 농장을 만들었고 인간에게 여분의 칼로리를 공급하였다.

★★☆☆☆ **civilization** - Our civilization has advanced thanks to war-related technology.
우리 문명은 전쟁관련기술 덕분에 발달해왔다.

★★★☆☆ **inner** - an inner circle (권력을 쥐고 있는) 핵심 세력

★★☆☆☆ **flame** - a tongue of flame 불꽃의 혀

★★☆☆☆ **focused** - I'm completely focused on studies and friends.
나는 공부와 친구에 완전히 집중했다.

★★★☆☆ **resolve** - If they fail to resolve the matter within 3 days, they get a red card.
그들이 그 문제를 삼 일 내에 해결하지 못하면 퇴장을 당한다.

★★★☆☆ **renewal** - a renewal of passport 여권 갱신

★★★☆☆ **emphasis** - the great emphasis on the individual's freedom 개인의 자유에 대한 지대한 강조

★★☆☆☆ **concentrate** - I can't seem to concentrate on the film. 난 그 영화에 집중 못하는 것 같아요.

★★★☆☆ **renovate** - The house was tastefully renovated by its current owners.
그 집은 현 소유자들에 의해 고상하게 재단장 되었다.

★★★☆☆ **renovation** - Our home renovation took five years to complete.
우리 집 수리는 마치는 데 오 년이 걸렸다.

★★★☆☆ **restore** - I restored this old car with the help of my dad.
나는 우리 아빠의 도움으로 이 고물차를 고쳤다.

★★★☆☆ **inspire** - My dad inspired me to be a pro-gamer.
우리 아빠는 내가 프로게이머가 되는 데 영감을 주었다.

★★★☆☆ **defiance** - an act of defiance 반항 행동

★★★☆☆ **expire** - an expired driving licence 만료된 운전면허증

★★★☆☆ **respire** - The aliens of this planet respire through their gills-like organ.
아이 혹성의 외계인들은 그들의 아가미 같은 기관을 통해 호흡한다.

★★★☆☆ **perspire** - My palms perspired profusely during the exam.
시험 시간에 내 손바닥은 땀을 뻘뻘 흘렸다.

★★★☆☆ **conspire** - He conspired against my team by revealing secrets about our tactics.
그는 우리 작전의 비밀을 폭로해서 우리 팀에 대한 음모를 꾸몄다.

★☆☆☆☆ **breath** - Take a deep breath, please. 심호흡을 해주세요.

★★☆☆☆ **breathe** - Breathe in, and breathe out. 숨을 들이마시고, 숨을 내쉬어라.

★★☆☆☆ **breathing** - Deep breathing exercises will help you relax.
심호흡 운동은 네가 긴장을 풀게 도와줄 것이다.

★★★☆☆ **esoteric** - esoteric aspects of the ancient martial art 고대 무술의 비밀스런 측면들

★★★★★ **karma** - The criminal has bad karma, so he asked for the help of a fortune teller.
그 범죄자는 나쁜 업보를 가지고 있어서 점쟁이에게 도움을 요청하였다.

Karthus, the Deathsinger

카서스 – 죽음을 노래하는 자

- **P** Death Defied　죽음 극복
- **Q** Lay Waste　황폐화
- **W** Wall of Pain　고통의 벽
- **E** Defile　부패
- **R** Requiem　진혼곡

P **Death Defied**
passive - 죽음 극복

카서스는 죽음에 이르러서도 잠시 동안 살아있을 수 있음. 카서스가 죽은 후 7초 동안 마나를 소비하지 않고 스킬을 사용할 수 있도록 함.

□□□ **defy** [dɪfáɪ 디ㅎ**파이**] v. 반항하다, 거역하다

defy는 말 안 듣고 de(멀리) -fy하는 것

★ **defy**는 규칙이나 권위에 반항하여 따르지 않는 것을 말하는데 de(dis=away) + faithful(믿음의) 의 조합입니다. 믿음에서 멀리 떠나버린 것이죠.
그냥 간단히 de(멀리) + -fy(~化하다)의 조합으로 외워도 이해가 가는 뜻입니다.
그래서 챔피언 Karthus카서스의 passive 스킬인 〈Death Defied죽음극복〉는 '**죽음이 거부되었다**'는 뜻이 되겠습니다. 분명 죽였는데 7초 동안 나를 때리는 것이죠!
챔피언 Karma카르마의 E 스킬 〈만트라〉가 적용될 때의 이름이 defiance저항였습니다. 자신과 아군 챔피언들에게 보호막이 생기고 이동속도가 60% 상승하는 스킬입니다.
defiance는 defy의 명사형이니 두 챔피언의 스킬을 비교하며 같이 기억하는 것이 좋습니다.

> **defiance** [dɪfáɪəns 디ㅎ**파이**언ㅅ] n. 반항, 저항　∞ Karma 참고
> **defiant** [dɪfáɪənt 디ㅎ**파이**언ㅌ] a. 반항하는

복종하지 않고 반항하다는 뜻의 단어는 그 외에도 disobey, insubordinate, rebel 등이 있습니다.

> **disobey** [dɪsəbéɪ 디서**베이**] v. 불복종하다
> **insubordinate** [ɪnsəbɔ́ːrdənɪt 인서**보어**더닛ㅌ] a. 순종하지 않는

rebel [rɪbél 리벨] n. 반대자 v. 반란을 일으키다

* disobey는 단어 그대로 dis(not) + obey(복종하다), 즉 '복종하지 않다'는 조합입니다.

* insubordinate는 in(not) + sub(아래로) + order(순서, 명령) + ate(형용사형 어미)의 조합으로 '아래에 위치하지 않은'의 뜻이고 이는 '순종하지 않고 반항하는'의 모습을 나타냅니다. 옆의 부족을 정복했는데 고개를 숙이지 않고 반란을 계속 일으키는 경우를 생각하면 되겠습니다.
insubordinate의 반대어는 앞의 in을 제거한 subordinate로서 '종속된'이라는 뜻을 가진 형용사입니다.

* rebel은 반대자, 반란군이라는 뜻입니다. re(다시) + bellum(war전쟁)의 라틴어에서 나온 단어로서 '(순종하지 않고) 다시 전쟁에 들어가다'라는 뜻의 동사로 쓰이거나 '반역자'를 나타내는 명사로 사용됩니다.
rebel은 revolution혁명, revolt반란와 어원은 다르지만 뜻과 어감은 비슷 합니다. 세 단어 모두 순종과는 거리가 먼 단어들이어서 함께 기억할 만 합니다.
참고로 rebel의 단어 속에 숨어있는 war전쟁를 뜻하는 라틴어 bellum은 bellatrix벨라트릭스라는 단어에서 볼 수 있는 어근입니다. 벨라트릭스는 [던파]나 여러 게임에서 볼 수 있는 '여전사'라는 뜻이고 또한 별의 이름이기도 합니다.

Lay Waste
Q - 황폐화

카서스가 커서가 위치한 곳에 잠시 후 폭발을 일으킴. 0.5초 뒤 근처에 있는 적은 마법 피해를 입으며 한 명의 대상만 맞힐 경우 피해가 두 배가 됨.

□□□ **waste** [wéɪst 웨이스트] v. 낭비하다

Wall of Pain
W - 고통의 벽

너비 800의 벽을 지정 위치에 생성함. 벽을 지나는 적 챔피언의 마법 저항력이 5초간 15%만큼 감소하고 이동속도도 감소. 벽의 지속 시간은 5초.

★ 고통의 벽은 예루살렘에 있는 **'통곡의 벽(wailing wall)'**을 차용한 스킬 이름으로 보입니다.
이스라엘 백성이 파괴된 예루살렘의 성벽을 보고 통곡을 했다고 해서 지금까지 무너지지 않고 남아있는 서쪽 성벽을 **'통곡의 벽'**이라고 부르고 지금은 유대인의 성지가 되었습니다.
이 통곡의 벽은 무슬림에게도 성지인데, 팔레스타인 사람들은 영토에 대한 권리를 이스라엘에 모두 빼앗겼으므로 팔레스타인인 사람에게도 말 그대로 **'통곡의 벽'**인 셈입니다.

wail [weɪl 웨일] n. 통곡 v. 통곡하다

E **Defile**
E - 부패

| (비활성화 시) : 카서스가 적 유닛을 처치할 때마다 마나를 회복.
| (활성화 시) : 매 초마다 마나를 소진하여 주변 적에게 매 초마다 마법 피해.

□□□ **defile** [dɪfáɪl 디ㅎ**파일**] v. 더럽히다

defile은 더럽게 만들어서 망치기

★ defile은 de(off) + foler(밟다)라는 고(古) 프랑스어에서 나온 단어로서 신성한 것을 모독하거나 **'망치다'**라는 뜻으로 사용됩니다.
만일 단어의 어근이 file서류철과 관계있으면 그냥 **'공들여 만든 레포트 제출용 file을 망쳤다'**고 외워도 될 것 같지만 아쉽게도 관계가 없습니다.
file과는 별개로 defile은 foil망치다, foul더러운, filthy더러운의 어근과 관계있습니다.
그래도 그냥 외울 때는 **'file이 들어있는 USB가 더(de)러워져 망쳤다'**로 기억하면 편하겠습니다.

foil [fɔɪl ㅎ포일] v. 망치다
foul [faʊl ㅎ파울] a. 더러운
filthy [fɪlθɪ 필씨] a. 아주 더러운

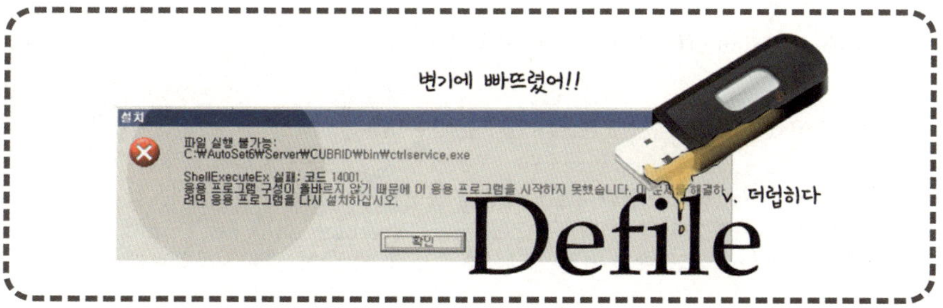

* **filthy**는 아주 더럽다는 뜻입니다. defile처럼 foul더러운 어근과 관계있는 단어입니다.
filthy를 발음할 때는 이빨을 긁는 /θ/ 발음에 주의하면서 표정도 더럽다는 듯 지어야 느낌이 삽니다.
filthy를 외울 때는 온라인게임 폐인이 더러운 방을 사용하는 것을 이미지로 하여 **'그는 필시 아주 더러운 사람일 것이다'**라고 기억하면 됩니다.

defile 외에 **'망치다'**라는 뜻의 단어에는 spoil이 있습니다.
spoil스포일은 친구들 사이에 영화의 반전을 미리 말해서 재미를 떨어뜨리게 하는 아주 못된 장난을 말하기도 합니다. 그리고 할머니가 아이를 응석받이로 오냐오냐하고 키워서 망쳐 놓는 것도 spoil입니다.
spoil은 동사 **'망치다'**라는 뜻으로 대부분 사용되고 격식이 있는 글에서만 드물게 복수형 명사로서 the spoils전리품의 뜻으로 사용됩니다. 전쟁에 승리한 다음 약탈을 하며 온통 망가뜨리는 모습이 spoil의 동사의 뜻이고 이렇게 뺏은 물건이 **'전리품'**이라는 명사의 뜻인 것입니다.
LOL에서도 상점에서 〈Relic Shield고대유물방패〉를 구입하면 passive 효과로 〈Spoils of War전리품효과〉란 것을 얻을 수 있는데 이때가 바로 spoil이 그 드문 명사의 의미 **'전리품'**으로 사용된 때가 되겠습니다.

R **Requiem** | 카서스가 3초 동안 정신 집중을 하여 거리와 관계없이 모든 적 챔피언에게 마법 피해.
R - 진혼곡

□□□ **requiem** [rékwɪəm 레퀴엄] n. 진혼곡, 추도 미사

requiem(진혼곡)은 '영원한 안식'이라는 뜻

★ **Requiem**은 죽은 영혼을 위한 추도미사에서 불러지는 진혼곡을 말합니다.
진혼곡 음악의 라틴어 가사의 첫 부분은 "Requiem æternam dona eis, Domine ..(Grant them eternal rest, O Lord 그들에게 영원한 안식을 주소서, 오 주여..)"로 시작합니다.

그래서 mass미사에 참석한 사람들이 'requiem..'이란 단어만 듣고 레퀴엠진혼곡이라고 그 곡을 이름짓게 된 것입니다.

requiem은 원래 re(다시) + quies(quiet고요한)의 조합인 라틴어에서 나온 것입니다. 라틴어의 뜻은 사람이 죽어서 **'다시 고요해지는 것'**, 즉 영원한 안식을 의미합니다.
구텐베르크 활자가 나오기 전까지는 일반인에게 성경이 많이 보급되지 않아서 라틴어를 잘 모르는 사람들은 라틴어 liturgy예배식 때에 그 가사를 이해하기가 힘들었을 것입니다.

liturgy [lɪ́tərdʒɪ **리**터어지] n. 예배의식

liturgy는 예배의식의 형식 자체를 말하는 단어이고 동방정교, 가톨릭, 신교 등을 포함한 기독교의 순서를 갖춘 예배절차를 말합니다.
기독교에서의 신앙의 행위로서 **'예배'**는 worship이나 service를 사용합니다. 예를 들어 주일예배는 Sunday worship이 되겠습니다.

서양 문화의 기본을 이루는 기독교의 종교적 예식과 관련된 단어들을 몇 가지 보겠습니다.

기독교	Christianity	대성당	cathedral
기독교인	Christian	수도원	abbey, monastery(남자수도원)
목사	pastor, minister, reverend	성당	abbey
설교	sermon, preach	교황	pope(사람), pontiff(직책)
찬송	praise	추기경	cardinal
기도	prayer	대주교	archbishop
독실한, 신실한	royal, devout, devoted, pious	주교	bishop
찬송가	hymn	신부	father, priest(사제)
헌금	offering, offertory	수녀	sister, nun
간증	testimony, witness	수녀원	nunnery, convent
선교사	missionary	성가대	choir
세례	baptism, christening(명명식)	순교	martyrdom
세례명	baptismal name, Christian name	회개	repentance
믿음	faith	축복기도	blessing, benediction
전도	mission, evangelism, spread(동사)	고해성사	confession
모태신앙	christian by birth	성인	saint
장로	elder	성찬식	communion
집사	deacon, deaconess(여자집사)	이단	heresy, cult, pseudo-

Karthus

★★★☆☆ defy - Thor defied gravity by jumping over 28 UFOs.
토르는 28개의 UFO 위로 뛰어넘으며 중력을 거슬렀다.

★★★☆☆ defiance - defiance toward the teacher 선생님에 대한 반항

★★★☆☆ defiant - This ape has shown defiant behavior recently.
이 원숭이는 최근 반항적인 행동을 보여 왔다.

★★★☆☆ disobey - The police officer said that I disobeyed the law of the land.
경찰은 내가 그 나라의 법을 거역했다고 말했다.

★★★☆☆ insubordinate - an insubordinate child 반항하는 아이

★★★☆☆ rebel - the defeat of the rebel forces 반란군의 패배

★☆☆☆☆ waste - If you are going to waste money, just give it to me.
네가 돈을 낭비할거라면, 그냥 나에게 줘.

★★★☆☆ wail - The old grandma wailed as loud as an infant when she heard that news.
그 소식을 듣자 늙은 할머니는 아기처럼 크게 통곡했다.

★★★☆☆ defile - The number of defectors defiled a holy place.
많은 수의 탈주자들이 신성한 장소를 더럽혔다.

★★★☆☆ foil - The space captain foiled my plan with the ultra blaster 5,000.
그 우주선장은 ‘초강력 우주총 5000’ 으로 내 계획을 망쳤다.

★★★☆☆ foul - I'm sick of his foul mouth.
나는 그의 천박한 말투가 지겨워.

★★★☆☆ filthy - The participants were filthy after rolling around in the mud.
그 참가자들은 진흙에서 뒹굴고 난 뒤 지저분했다.

★★★★☆ requiem - a requiem mass for the sailors who drowned
익사한 선원들을 위한 진혼미사

Kassadin. the Void Walker

카사딘 – 공허의 방랑자

- **P** Void stone 공허석
- **Q** Null Sphere 무의 구체
- **W** Nether Blade 황천의 검
- **E** Force Pulse 힘의 파동
- **R** Riftwalk 균열 이동

P **Void stone** | 적이 주는 마법 피해를 15% 감소하여 받으며 유닛 충돌을 무시.
passive - 공허석

□□□ **void** [vɔɪd 보이드] a. 공허한   ∞ Cho' Gath 참고

공허해서 안이 다 보이는 단어 void

★ void는 텅 비어있다는 뜻입니다. **'비어있게 되다'**는 뜻의 라틴어 어근 vacare와 관련이 있습니다.
이 라틴어 어근에서 vacant나 vacuum 같은 단어들이 나왔습니다.
vacare 어근과 관계된 단어들은 고구마 줄기를 캐듯 모아서 기억하는 것이 좋습니다.
모두 비어있는 느낌이 강하게 드는 단어들입니다. **'비어있는'** 뜻의 단어들로 문장을 만들어 각각의
쓰임새를 보면 이해가 쉽습니다.

> vacation휴가을 맞아 자리를 vacancy공석로 비우고 영단어 vagueness모호함 계의 최고가 되겠다는 vainglory
> 허영심로 void 관련 단어를 외웠는데 금방 vaguely모호하게 머릿속이 vacuum진공처럼 되어버린다면 정말 in
> vain헛된한 일이니 차라리 엄마를 도와서 vacantly멍하니 vacuuming진공청소기이나 돌려야 vainness헛됨를
> avoid방지할 수 있지 않을까요..?

vacant 비어있는 → **vacancy** 공석 → **vacantly** 멍하니 → **vacate** 비우다 → **vacation** 휴가
vacuum 진공 → **vacuumize** 진공으로 만들다
vain 헛된 → **vainly** 헛되게 → **vainness** 헛됨 → **vainglory** 허영심
avoid 방지하다 → **avoidance** 회피
vague 모호한 → **vaguely** 모호하게 → **vagueness** 모호함

vacant [véɪkənt 베이컨ㅌ] a.비어있는
vacancy [véɪkənsɪ 베이컨시] n.공석
avoidance [əvɔ́ɪdəns 어**보이**던스] n. 회피
vague [veɪg 베이ㄱ] a. 모호한

* vacant는 자리가 '**비어있다**'라는 뜻입니다. 명사형은 vacancy로서 빈자리인 '**공석**'을 의미합니다. 자리를 비우고 떠나는 것이 바로 vacation휴가이 됩니다.

* avoidance는 '**회피**'라는 뜻이고 동사 avoid에서 나온 것입니다. avoid는 a(ex피하다) + void(헛됨)의 조합으로 (일을 했는데) 헛된 일이 되지 않도록 '**(헛됨을) 피하다**'라는 뜻이 되겠습니다.

* vague는 '**모호하다**'라는 뜻입니다. '**텅 비고 헛되다**'라는 뜻에서 시작해서 나중 떠도는 부랑자 같아서 '**정의하기 모호하다**'라는 의미로 발전한 것입니다.
vague는 부랑자를 뜻하는 vagabond배가본드(던파의 캐릭터 이름이기도 합니다)나 extravagant사치스러운의 단어 에서도 그 어근을 찾아볼 수 있습니다.
vague를 기억할 때는 사과와 구분이 안 되는 '**사과배**'의 모호한 모습을 보고 "이게 **배이가**?"하는 장면으로 기억하면 재미있습니다.

챔피언 Kassadin은 별명이 〈Void Walker보이드워커〉입니다. 보이드워커라고 하면 역시 [WOW]의 보이드워커가 귀여움으로는 최고라고 할 만 합니다. 흑마술사의 소환물로 등장하는 몸빵 전용의 맷집 좋은 친구였죠.
void공허한 단어는 속이 다 **보이던** 이 보이드워커로 기억합시다.

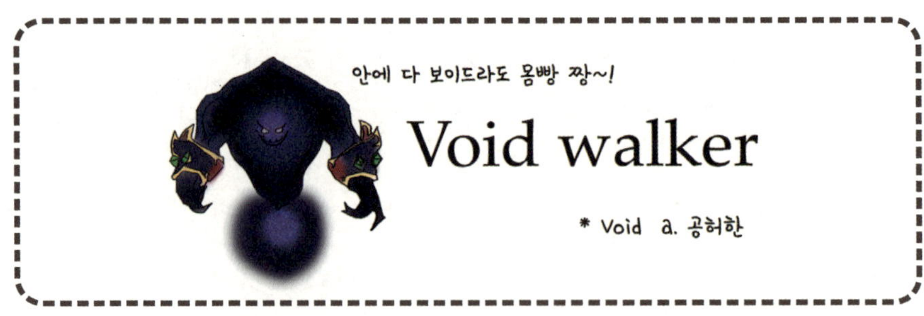

Null Sphere
Q - 무의 구체

| 카사딘이 공허의 에너지를 발사하여 마법 피해를 입히고 정신 집중을 방해. 여분의 에너지는 카사딘의 몸을 감싸 1.5초 동안 마법 피해를 흡수하는 보호막을 생성.

□□□ **null** [nʌl 널] a. 아무 가치 없는　　∞ Malzahar 참고

□□□ **sphere** [sfɪr 스ㅎ피어] n. 구(球)　　∞ Syndra 참고

sphere는 동그란 구(球) 또는 지구

★ sphere는 구체를 말하는데 globe, orb의 뜻과 비슷합니다. sphere는 구(球)를 뜻하는 라틴어 어원이므로 여러 단어들과 조합되어서 사용됩니다.

예를 들면 hemisphere반구(半球)나 atmosphere대기(大氣) 등이 있습니다. 또한 대기권은 4개의 층으로 구분할 수 있는데 각각 열권, 중간권, 성층권, 대류권입니다. 이 4개의 층에 사용된 어근들인 thermo-, meso-, strato-, tropo-는 친해두면 좋은 친구들이어서 정리해 보겠습니다.

hemisphere [hémɪsfɪr 헤미스ㅎ피어] n. 반구
atmosphere [ǽtməsfɪr 앳머쓰ㅎ피어] n. 대기

thermosphere [θɔ́ːrməsfɪr 써어머스ㅎ피어] n. 열권　thermo(열의) + sphere(球)　　∞ Janna 참고
mesosphere [mézəsfɪr 메저스ㅎ피어] n. 중간권　meso(중간의) + sphere(球)
stratosphere [strǽtəsfɪr 스트래터스ㅎ피어] n. 성층권　strato(층층이 펼쳐지는) + sphere(球)
troposphere [tróupəsfɪr 트로우퍼스ㅎ피어] n. 대류권　tropo(변하는) + sphere(球)

* **hemisphere**는 공을 반으로 자른 반구(半球)를 말합니다. hemi-(반半) + sphere(球)의 조합이고 여기에 사용된 라틴어 hemi-는 '**반(半)**'을 뜻하는 어근인데 라틴어 semi-와 같은 뜻입니다. 라틴어 hemi와 semi는 둘 다 절반을 뜻하는 PIE어근 * semi-에서 발전한 단어입니다.

이 hemi가 들어간 단어로는 hemisphere 이외에도 hemiplegia반신마비, hemicycle반원 등을 들 수 있습니다.

＊ atmosphere는 대기를 말하는데 atmo-(steam증기) + sphere(球)의 조합입니다. 때로는 **'분위기'**를 뜻하기도 하는데 우리말에도 "여기 공기가 왜 이래?"라는 분위기가 이상하다는 표현이 있습니다.
 the atmosphere라고 하면 **'대기권'**을 말하는데 각 대기층의 어근이 사용된 단어들을 보겠습니다.

thermo-	열의	thermometer 체온계, thermos 보온병, thermal 열의
meso-	중간의	Mesopotamia 메소포타미아, Mesoamerica 중앙아메리카
strato-	층층의	stratum 지층, stratify 계층화하다, structure 구조
tropo-	변하는	tropical 열대의, tropic 회귀선

Nether Blade
W - 황천의 검

(기본 지속 효과) : 카사딘의 공허에서 에너지를 끌어내 기본 공격 시 추가로 마법 피해.
(액티브) : 카사딘이 황천의 검에 에너지를 불어넣어 다음 기본 공격 시 추가 마법 피해를 입히며 잃은 마나의 일부를 회복. 챔피언을 공격했을 경우 마나 회복량은 5배가 되어 잃은 마나의 일부를 회복.

□□□ **nether** [néðə(r) 네더] a. 아래의   ∞ Malzahar 참고

★ nether는 아래를 뜻하는 말인데 Netherlands네덜란드를 생각하면 쉽습니다. 네덜란드는 **'낮은 나라'**라는 뜻이고 국토의 25%가 바다보다 낮고 또한 동쪽 독일 방향의 Highland에 비하여 낮은 곳이어서 나온 명칭입니다.

이 nether는 자주 쓰이는 단어는 아니지만 농담에서 'my nether man(**내 아래쪽 사람**)'하면 자신의 양다리를 말하기도 하고 'nether region'하면 지옥을 말하기도 합니다.

Force Pulse

E - 힘의 파동

카사딘이 자신의 영역 안에서 시전된 마법에서 에너지를 뽑아냄. 주변에서 마법이 시전될 때 마다 1회 충전을 얻음. 6번의 충전을 얻으면 카사딘이 힘의 파동을 시전하여 원뿔 반경 안의 적에게 마법 피해를 입히고 당한 대상은 1초 동안 이동 속도가 감소.

□□□ **force** [fɔːrs ㅎ포어스] n. 물리력　　∞ Syndra 참고

□□□ **pulse** [pʌls 펄스] n. 맥박, 파동　　∞ Xerath 참고

Pulse(맥박)을 잘 느끼면 한의대로!

★ pulse는 일정한 beat를 뜻하는 단어입니다. pulse라는 단어를 보면 의사라면 환자의 맥박을 생각할 것이고 물리학자라면 빛의 파동의 성질을 생각할 것이고 대학생이라면 홍대클럽의 고동치는 리듬을 떠올릴 것입니다.

맥박이 중간에 한 박자를 쉬거나 두 박자 이상을 연달아 pulsating맥동했을 경우에는 arrhythmia부정맥을 생각해볼 수 있습니다. 실제 한 번 뛰는 맥박모습은 다음 그래프와 같습니다. 이것은 심장이 한 번 뛰며 만들어내는 맥박의 모습입니다.

자신의 wrist손목에 index finger검지와 middle finger중지를 대고 집중을 하면 맥박을 감지할 수 있습니다. 보통은 한 번의 맥동으로 느껴지지만 기계로 측정을 해보면 맥이 평탄해지는 reflected wave반사파와 notch절흔도 볼 수 있습니다.

맨손으로도 그래프에서만 보이는 미세한 힘의 변화를 감지할 수 있다면 신이 주신 손가락이 분명하니 진로를 한의대 쪽으로 변경하는 것을 고려해봐야 합니다.

pulsate [pʌ́lseɪt 펄세이트] v. 진동하다

arrhythmia [əríðmɪə 어리드미어] n. 부정맥(不整脈)

* arrhythmia는 부정맥을 말합니다. 심장의 질환으로 인해 규칙적으로 심근이 수축과 이완을 하지 못하는 질환을 말합니다.

약간 어렵게 보이는 단어이지만 분해를 해보면 a(not) + rhythm(리듬) + -ia(질병)의 조합으로서 '**(정해진) 리듬이 맞지 않는 병 = 부정맥**'이라는 뜻으로 아주 쉽습니다.

Vital sign(활력 징후)

　pulse를 포함한 중요한 신체의 활동을 체크하는 vital sign^{활력징후}은 요즘엔 소설이나 영화제목이기도 해서 모두가 아는 단어들입니다. 이 활력징후(vital sign)는 4가지로 이루어져 있습니다.

　　BT(body temperature) : 체온
　　PR(pulse rate) : 맥박
　　BP(blood pressure) : 혈압
　　RR(respiratory rate) : 호흡수

　병원에 가면 이 네 가지를 재서 환자의 활력상태를 체크하게 됩니다. 이중 측정결과에 0이 하나라도 있으면 살아있는 사람이 아닌 것으로 의심해야 합니다.
　BP와 BT는 각각 BP gauge^{혈압계}와 thermometer^{체온계}로 측정하는 것이고 PR은 손목의 동맥을 누르거나 심장소리를 청진함으로서 알 수 있고 RR은 호흡음을 청진함으로서 측정하게 됩니다. 이중 pulse rate^{맥박}를 계산하는 방법은 손목에 손가락을 대고 10초간 몇 번을 뛰었나를 확인해서 ×6을 하는 것입니다(1분은 60초니까). 또 맥박은 1분당 횟수로 표시하게 됩니다. 맥박 수치는 그 결과가 15세 이상은 1분당 60회에서 100회라면 정상입니다. 마라토너는 더 낮을 수 있고 남자는 예쁜 여자 앞에서 높아지는 경향이 있습니다.

R **Riftwalk**
R - 균열 이동

카사딘이 근처로 순간 이동하여 주변 적들에게 마법 피해. 또한 다음 15초 안에 균열 이동을 연속으로 사용할 경우 마나 소모량이 2배가 되며 추가 피해를 입히며 최대 4번까지 중첩됨.

□□□ **rift** [rɪft 리ㅎ프ㅌ] n. 균열　　∞ Velkoz 참고

rift(균열), raft(뗏목), lift(들어 올리다)를 구별하자

★ **rift**는 균열을 말합니다. rift^{균열}은 얼음 위에 생기거나 바위, 계곡, 사람들의 관계 사이에 발생할 수 있습니다. rift의 동사형은 rive^{찢다}라는 단어입니다.
crack이나 cleft, fissure도 rift와 비슷하게 균열이라는 뜻입니다.

또한 rift는 발음이 비슷한 raft, lift와 구별해야 합니다.
계곡에서 보트나 요트를 타고 급류를 즐기는 rafting^{래프팅}은 raft^{뗏목}에서 나온 말이고 주름살을 올리는 수술을 의미하는 lifting^{리프팅}은 엘리베이터를 뜻하는 lift에서 나왔습니다.

　rive [ráɪv (으)라이ㅂ] v. 찢다
　raft [ræft (으)래ㅎ프ㅌ] v. 뗏목
　lift [lɪft (을)리ㅎ프ㅌ] v. 들어 올리다

Kassadin

★★★☆☆ void - the void spaces inside the load 짐 안의 텅 빈 공간

★★★☆☆ vacant - Thirty percent of the offices in Washington D.C. are still vacant.
워싱턴 D.C.에 있는 사무실의 30%가 아직 비어있다.

★★★☆☆ vacancy - The hotel has vacancy, so the price will be $45.
그 호텔은 공실이 있어서 숙박비가 45달러일 것이다.

★★☆☆☆ avoidance - Tolkien is an author whose avoidance of publicity has become legendary.
톨킨은 매스컴의 관심을 피하는 것이 전설이 된 저자이다.

★★★☆☆ vague - His vague answer was marked wrong by a strict teacher.
그의 애매한 대답은 엄격한 선생님에 의해서 오답처리 되었다.

★★★☆☆ null - All treaties and old ways of doing things are null and void.
모든 조약과 옛날식 일처리 방식은 무효이고 효력이 없다.

★★★☆☆ sphere - After getting a F- in the science fair, they rolled their sphere down the mountain.
과학전람회에서 F-를 받은 뒤에 그들은 하향세를 타기 시작했다(공을 산 아래로 굴렸다).

★★★☆☆ hemisphere - western hemisphere 서반구

★★☆☆☆ atmosphere - Our atmosphere is filled with many types of gases.
우리의 대기는 여러 종류의 가스로 채워져 있다.

★★★★★ troposphere - NASA flew a new drone up into the troposphere.
나사(미항공우주국)는 대류권으로 새 드론을 날려 올렸다.

★★★☆☆ neither - Neither side of the brain is dominant over the other.
어느 쪽 뇌도 다른 한 쪽에 우세하지 않다.

★☆☆☆☆ force - the force of the explosion 폭발의 힘

★★★☆☆ pulse - The laser pulses destroyed our satellites, leaving behind an ionized plasma trail.
레이저 파가 이온화된 플라즈마 흔적을 남긴 채 우리 위성들을 파괴했다.

★★★☆☆ pulsate - It is scary to watch our sun pulsate up closely.
우리의 태양이 맥동하는 것을 가까이서 보는 것은 겁나는 일이다.

★★★★★ arrhythmia - a family history of arrhythmia 부정맥에 대한 가족력

★★★☆☆ rift - the rifts between the clouds 구름 사이의 틈들

★★★☆☆ rive - The party was riven by disagreements over her resignation.
그녀의 사임에 대한 의견을 놓고 그 당은 분열되었다.

★★★☆☆ raft - The chief launched a raft to reach the iceberg.
그 추장은 빙산에 도착하기 위해 뗏목을 띄웠다.

★☆☆☆☆ lift - E89228, the strongest ant in his hill, had tried to lift the barrel.
그의 개미집에서 가장 힘센 개미인 E89228은 드럼통을 들어 올리려고 노력했었다.

Katarina, the Sinister Blade

카타리나 - 사악한 칼날

P	Voracity	탐욕
Q	Bouncing Blade	단검 투척
W	Sinister Steel	사악한 검무
E	Shunpo	순보
R	Death Lotus	죽음의 연꽃

P **Voracity**
passive - 탐욕

| 카타리나가 적 챔피언에게 피해를 입힌 후 3초 안에 처치되었을 경우 카타리나의 스킬들의 재사용 시간이 15초 감소.

□□□ **voracity** [vɔːrǽsətɪ 보어래서티] n. 폭식

voracity(폭식)의 안 좋은 점

★ **voracity**는 엄청나게 먹어치우는 '**대식(大食)**'을 말합니다. eat먹다라는 뜻의 어근인 -vorous 에서 나왔습니다. -vorous는 어근은 육식동물인 carnivore, 초식동물인 herbivore, 잡식동물인 omnivore에서 볼 수 있습니다.
이들의 형용사형은 각각 carnivorous육식성의, herbivorous초식성의, omnivorous잡식성의입니다.
또한 이 -vorous 어근은 '**게걸스럽게 먹다**'는 뜻인 devour 단어에서도 볼 수 있습니다.
일상에서는 명사형인 voracity보다는 형용사형인 voracious게걸스러운를 더 자주 볼 수 있습니다.

devour [dɪváʊə(r) 디**바우**어] v. 게걸스럽게 먹다　　∞ Cho' Gath 참고
voracious [vəréɪʃəs 버**레이**셔스] a. 게걸스러운　　∞ Cho' Gath 참고

carnivore	n. 육식동물	carni(flesh고기) + vore(먹다)	carnage대학살, carnival카니발
herbivore	n. 초식동물	herb(plant식물) + vore(먹다)	herbal약초의, herbicide제초제
omnivore	n. 잡식동물	omni(all모두) + vore(먹다)	omnibus옴니버스, omnipotent전능한

폭식하면 건강을 해치는 것 이외에도 안 좋은 점이 몇 가지 생깁니다.
먼저 기독교의 [The 7 deadly sins7가지 죽음의 죄악]에 voracity폭식가 들어가는 것이 문제입니다.

즉 기독교에 따르면 살찐 것도 서러운데 지옥까지 갈 수 있다고 하는 것입니다.
또한 스릴러 영화 [Seven]에서보면 serial killer연쇄살인범는 수수께끼를 내듯 차례로 사람을 죽이며
벽에 그 죄를 피로 적어 놓습니다. 범인은 신을 대신해서 사람을 심판하겠다며 7가지의 죄에 연관된
마약상이나 매춘부, 모델 등을 차례로 죽이게 됩니다. 거기에 얼떨결에 끼어서 살해당한 비만인은
얼마나 억울할까요? 보라색 티 입고 조금 voracity폭식한 게 죄인가요?

Voracity : 폭식은 죄악

Hieronymus Bosch보쉬가 그린 [7가지 죄악과 마지막 4가지 것들]이라는 명화입니다. 유명한 이 allegory
알레고리 형식의 Bosch의 명화는 1500년경에 가톨릭 교인에게 교훈을 줄 목적으로 그려진 것입니다. 그림은
스페인 Madrid의 Prado프라도 박물관에 있습니다.

1. Lust 색욕 - 3시
2. Gluttony 폭식 -12시
3. Greed 탐욕 - 10시
4. Sloth 나태 - 1시
5. Wrath 분노 - 6시
6. Envy 질투 - 7시
7. Pride 오만 - 5시

5시의 pride오만의 그림에서는 여자가 거울을 보고 있는데 악마가 거울을 들고 있습니다. 그리고 그 여자를 6
시 wrath분노의 그림에서는 남자가 죽이려고 합니다. 12시 방향 gluttony폭식에는 역시 복부비만인 남자가
부인의 눈치에도 불구하고 아이에게도 음식을 안주고 혼자 먹고 있는 중입니다.

gluttony [glʌ́tənɪ 글러터니] n. 폭식   (암기 : 그렇게 폭식하다니 살빼기는 글러텄네)

Bouncing Blade
Q - 단검 투척

단검을 던져 마법 피해. 단검은 근처의 4명의 적에게 튕기며 튕길 때마다 피해가
10%씩 감소. 적중한 적에게는 4초 동안 표식. 표식이 남은 대상에게 스킬이나
기본 공격을 적중시키면 표식은 사라지며 추가 마법 피해.

 □□□ **bouncing** [báʊnsɪŋ **바운싱**] a. 활발한   ∞ Ziggs 참고

bounce는 무생물이 튈 때, bound는 생물이 뛸 때

★ bounce는 공이 통통 튀거나 빛이나 소리가 부딪혀 반사되는 모습을 말합니다.

bounce [báʊns **바운스**] v. 튀다
bound [báʊnd **바운ㄷ**] v. 뛰다, 뛰어오르다

우리나라에서는 basketball농구이나 baseball야구, golf골프에서 공이 통통 튀는 모습을 설명할 때 Konglish콩글리쉬로 bound를 사용합니다. "공이 땅에 바운드 되었어!"라는 식이죠. 그러나 이때의 bound 단어의 사용은 잘못된 표현입니다. 공은 bound되는 것이 아니라 bounce되는 것이 정확한 표현입니다.
아마도 농구에 rebound라는 용어가 있어서 bound를 공의 움직임으로 착각을 한 듯합니다. 가수 조용필도 [Bounce바운스]라는 히트곡에 정확하게 단어를 썼으니 우리가 틀리면 창피합니다.

이처럼 bounce와 bound는 같은 '**뛰다**'의 뜻으로 사용되긴 하지만 서로 차이점이 있고 교환하지 못할 때가 많습니다. 먼저 bounce는 공이나 던진 물건이 어떤 obstacle장애물을 때린 후 방향을 바꾸는 등의 움직임을 말합니다. 물체의 활발한 물리적 운동에 대한 설명이죠. 반면에 bound는 살아있는 생명체가 뛰거나 자동화된 (또는 의인화된) 기계가 뛰며 달릴 때의 움직임을 말합니다. 쉽게 '**bounce는 주로 무생물의 튀기기, bound는 주로 생물의 점프 달리기**'로 이해하면 됩니다. 문장으로 예를 들어 보겠습니다.

> The bullets bounced off his flak jacket. (발사체) 그 총알들이 그의 방탄조끼를 맞고 튀었다.
> The hero can take a 5 meter-high obstacle in one bound.
> 그 영웅은 한 번의 도약으로 5미터 높이의 장애물을 넘을 수 있다.

참고로 bounce와 bound의 이 "무생물/생물"의 구분은 문장에서 잘 맞지 않는 경우가 많습니다. 무생물도 움직임에 따라 의인화하면 표현이 다를 수도 있기 때문입니다.
그래서 "무생물/생물"의 구분 없이 bounce는 바닥이나 벽에 튕기며 '**two way로 jump**'를 하는 운동이고 bound는 '**one way로 크게 뛰며 run**'하는 운동이라고 구별하는 사람도 있습니다. ball 같은 무생물은 주로 제자리에서 통통 튀거나 벽에 맞고 되튀고(bounce), 사람 같은 생물은 주로 크게 점프하며 달리니(bound) 이 구분법도 설득력이 있습니다.

 ## Sinister Steel
W - 사악한 검무

| 카타리나가 단검을 360도 휘둘러 해당 범위에 있는 모든 적에게 마법 피해를 입힘. 적 챔피언을 맞히면 1초 동안 이동 속도 증가.

□□□ **sinister** [sínɪstə(r) **시**니스터] a. 불길한
□□□ **steel** [stɪːl 스티일] n. 강철

 ### sinister는 왼편에 있어서 불길하다라는 뜻

★ sinister는 왼편이라는 뜻의 라틴어 sinister에서 나온 단어입니다. 그러나 지금은 왼편의 의미는 사라지고 '**사악한**', '**해로운**'의 뜻으로만 쓰이는 단어입니다.
반대로 오른쪽을 뜻하는 dexter에는 아직 '**오른쪽의**'라는 뜻이 있습니다.

dexter [dékstər **덱**스터] a. 오른쪽의 ⇔ **sinistral** [sínəstrəl **시**너스트럴] a. 왼쪽의
dexterous [dékstrəs **덱**스트러스] a. 손재주가 좋은

sinister a. 불길한	**sinistral** a. 왼쪽의	
dexter a. 오른쪽의	**dextral** a. 오른쪽의	**dexterous** a. 손재주가 좋은

대부분의 사람들은 오른손잡이어서 오른손이 왼손보다 좀 더 사용하기 편하므로 여기에 형용사형 어미 -ous가 붙어 dexterous가 되고 skillful(재주가 있는)의 의미로 발전하였습니다.

왼쪽이 불길하다고 생각하는 것은 동서양이 같은 듯합니다.
2015년 중국의 항일승전 70주년 기념식에서 시진핑 중국국가주석이 사열을 하며 왼손으로 경례를 했다고 이슈가 된 적이 있습니다.
왼손을 쓴다는 것은 조금 드문 것뿐인데 taboo터부로 삼은 것은 그리스시대에도 찾아볼 수 있습니다. 그리스인들도 birds새 점(占)을 칠 때 새가 왼 편으로 날아가면 불길하다고 여겼다고 합니다. 정말 오래된 인류의 생각이라고 할 수 있겠습니다.
sinister를 암기할 때는 신발던지기 운 테스트에서 "**왼쪽에 신이 서떠..sinister 불길한데..**"라는 발음을 이용하면 간단합니다.

Shunpo
E - 순보

대상의 위치로 순간 이동. 대상이 적인 경우 추가 마법 피해. 사용한 후 1.5초 동안 적에게 받는 피해가 15% 감소.

★ shunpo는 한문 순보(瞬步)를 말합니다. **'순식간에'**라고 할 때의 순(瞬)입니다.
영어로 순보는 flash steps이고 오락게임기에서 두 번 조이스틱을 탁탁 치면 흔히 순간이동을 하는 모습을 볼 수 있습니다.

Death Lotus
R - 죽음의 연꽃

카타리나가 칼날의 돌풍을 일으키며 근처 적 챔피언 최대 3명에게 각각 최대 10개의 단검을 던짐. 단검은 마법 피해를 입힘. 단검에 맞은 적은 고통스러운 상처로 인해 3초 동안 치료 효과가 50% 감소.

□□□ **lotus** [lóutəs 로우터ㅅㅌ] n. 연(蓮)

★ lotus는 연꽃이 피는 연을 말합니다. lotus하면 역시 스포츠카 메이커인 Lotus Cars Ltd.로터스 자동차가 연상됩니다.
로터스 자동차는 원래 1952년 설립된 영국의 스포츠카 제작업체입니다. 창고에서 자동차 레이스에 참가하기 위해서 차를 개조하고 Lotus Mark series마크 씨리즈의 차로 우승까지 해버린 업체입니다. 그 후 유명한 스포츠카 업체로 발전하였고 주로 E로 시작하는 아름다운 스포츠카들을 판매합니다. Elise엘리스, Exige엑시지, Europa유로파, Evora에보라 등입니다.
로터스 자동차는 지금은 중국기업에 팔렸습니다.

Katarina

★★★☆☆ voracity - He reads with voracity.
그는 탐욕스럽게 책을 읽는다.

★★★☆☆ devour - He devoured the whole cake in 30 seconds.
그는 게걸스럽게 그 케이크 전부를 30초 만에 먹어치웠다.

★★★☆☆ voracious - Bears show a voracious appetite before they hibernate to store up fat.
곰은 겨울잠에 들어가기 전에 지방을 저장하기 위해 게걸스러운 식성을 보여준다.

★★★★☆ gluttony - a victim of his own gluttony
자기가 스스로 행한 폭식의 희생자

★★★☆☆ bouncing - My dog jumped up and down like bouncing balls.
내 개는 공처럼 위 아래로 점프했다.

★☆☆☆☆ bounce - He bounced off his bed and broke his pinky.
그는 자기 침대에서 방방 뛰다가 새끼손가락을 부러뜨렸다.

★★☆☆☆ bound - The master sergeant could catch the grenade on the first bound.
그 상사는 수류탄이 첫 번째 바닥에 튀었을 때 잡을 수 있었다.

★★★☆☆ sinister - The gang created a sinister plan, but thankfully they were arrested before they did it.
그 폭력단이 사악한 계획을 세웠지만 고맙게도 그들이 그 계획을 실행하기 전에 체포되었다.

★★★☆☆ sinistral - Sinistral individuals are known in many normally dextral species.
보통 오른손을 사용하는 많은 종에서 왼손을 쓰는 개체가 있다는 것이 알려져 있다.

★★★☆☆ dexterous - a dexterous keyboard player
솜씨 좋은 키보드 연주자

★★★☆☆ dexterity - The dexterity of that sculptor is second to none.
저 조각가의 솜씨는 둘째가라면 서러워하는 정도다.

★★★★★ lotus - The moon is rising over the lotus flower.
달이 연꽃 위로 떠오르고 있다.

Kayle, the Judicator

케일 - 심판자

P	Holy Fervor	신성한 열정
Q	Reckoning	징벌
W	Divine Blessing	신성한 축복
E	Righteous Fury	정의로운 분노
R	Intervention	중재

Holy Fervor
passive - 탐욕

케일이 적 챔피언을 공격하면 5초 동안 대상의 방어력과 마법 저항력이 3% 떨어짐. 이 효과는 5번까지 중첩.

- □□□ **holy** [hóʊlɪ **호울리**] a. 신성한
- □□□ **fervor** [fə́ːrvər **ㅎ퍼어버**] n. 열정　∞ Irelia 참고

Reckoning
Q - 징벌

적을 공격하여 마법 피해를 입히고 신성한 열정을 적용하며 3초동안 이동속도를 느리게 함.

- □□□ **reckoning** [rékənɪŋ **레커닝**] n. 계산, 추정, 심판

reckon은 think로 바꿔서 해석하자

★ reckoning은 동사인 reckon(~라고 생각하다)에서 '**계산, 추산**'의 뜻이 나온 명사입니다.
reckon은 영국식의 비격식 표현이지만 원래 미국 남부지방의 dialect사투리와 관련이 되어있다고 합니다.
'**~라고 생각하다**'라는 표현을 하고 싶을 때 reckon은 친구들과는 think만큼 자유롭게 자주 사용할 수 있는 단어입니다. 하지만 엄숙한 interview면접에서 쓰기엔 곤란한 조금 가벼운 단어입니다.
문장에서 think와 reckon은 거의 바꾸어 쓸 수 있으므로 교환해서 해석해보면 편합니다.

또한 reckoning은 인간의 행동에 대한 신의 심판을 의미하는 경우도 있습니다. 이는 성경의 마지막 책인 Revelation계시록에 나오는 이야기입니다.

전승에 따르면 예수님이 Second Advent재림하는 A day of reckoning심판의 날에 그의 좌우에 한 천사는 작고 가벼운 선택받은 자들의 장부를 들고, 다른 한 천사는 두꺼운 저주받은 자들의 장부를 들고 인간의 죄악을 계산한다고 합니다.

여기에서 선과 악에 대한 '계산'의 의미에서 reckoning의 '심판'의 뜻이 발전했습니다. 고로 챔피언 Kayle케일의 Q skill 〈징벌〉은 '심판'으로도 번역이 가능하겠습니다.

> **revelation** [revəléɪʃn 레벌**레이**션] n. 폭로, 계시록(R~)
>   ← **reveal** [rɪvíːl 리**비일**] v. 폭로하다
> **advent** [ǽdvent **애**드벤ㅌ] n. 도래, 출현, 재림

* revelation폭로은 '**폭로하다**'라는 뜻의 reveal에서 나온 것입니다. 대문자 Revelation이 되면 '**계시록**'이라고 하며 인류의 최후에 대하여 기술한 성서의 마지막 책을 말합니다. 계시록은 요한이 천국의 비밀을 reveal폭로한 성경의 한 권이라고 생각하면 됩니다.

reveal은 unveil과 같은 의미, 같은 구조로서 '**반대로(re) 하여 veil을 벗기다**'는 뜻입니다.

revelation을 외울 때는 재미있게 '**까발려블레이션**'이란 단어를 만들어 기억하면 됩니다.

unveil [ʌnvéɪl 언**베일**] v. 베일을 벗기다   un(반대로) + veil(베일)

* **advent**는 '**도래, 재림**'을 말합니다. ad(to향하여) + venire(come)의 라틴어 조합으로서 예수의 재림을 뜻하는 종교용어입니다.

advent의 어근이 되는 venue는 처음에는 '**오다**'의 뜻에서 나중 '**(회담이나 큰 행사의) 장소**'의 의미가 된 것입니다.

venue를 기억할 때는 이산가족 모임에서 할머니가 눈물지으며 "**이제 헤어지면 영감을 어느 장소에서 뵈누?**"하시는 것으로 외우면 슬프지만 외울 수는 있습니다.

venue [vénjuː 베뉴우] n. (회담, 경기 등의) 장소

Divine Blessing
W – 신성한 축복

□□□ **divine** [dɪváɪn 디**바인**] a. 신성한

□□□ **blessing** [blésɪŋ **블레**싱] n. 축복　　∞ Nami 참고

devine(신성한)은 deus(제우스)에서 나온 말

★ divine은 '**신성한**'이라는 뜻이고 '**of a god(신의)**'의 뜻인 라틴어 divinus에서 나온 단어입니다. 이 divinus는 신을 뜻하는 deus(Zeus)에서 기원한 라틴어인데 더 멀리는 신을 뜻하는 PIE어근 *dewos-에서 나온 것임을 알 수 있습니다. Zeus제우스를 혀를 조금 짧게 발음하면 deus가 됩니다. 그리고 명사로 divinity는 '**신성**'이라는 뜻입니다.

divinity [dɪvínətɪ 디**바**이너티] n. 신성

[WOW]나 [Diablo-III] 등 여러 게임에서 divine power신성력를 사용하는 성기사 Paladin팔라딘을 사랑했던 게이머들은 사용 가능한 skill 목록에서 divine을 자주 보았을 것입니다.
특히 [WOW]에서 Paladin은 divine aura, divine shield 등의 신성 스킬 등을 이용하여 자힐의 능력과 높은 체력, 무적 등의 다양한 필살기로 죽어도(?) 죽지 않는 '**성박휘**'(성기사+바퀴벌레)의 애칭으로 불렸습니다.
divine을 기억할 때는 이 성박휘가 머리 뒤의 오라를 보여주며 "나의 신성한 **뒤** 모습을 **봐 잉~**"하고 귀환타는 모습을 상상하면 됩니다.
그리고 이 divine과 비슷한 뜻의 단어로는 holy, sacred가 있습니다.

sacred [séɪkrɪd 세이크리ㄷ] a. 성스러운　　∞ Sion 참고
　→ **sacrifice** [sǽkrɪfɑɪs 새크리파이ㅅ] n. 희생

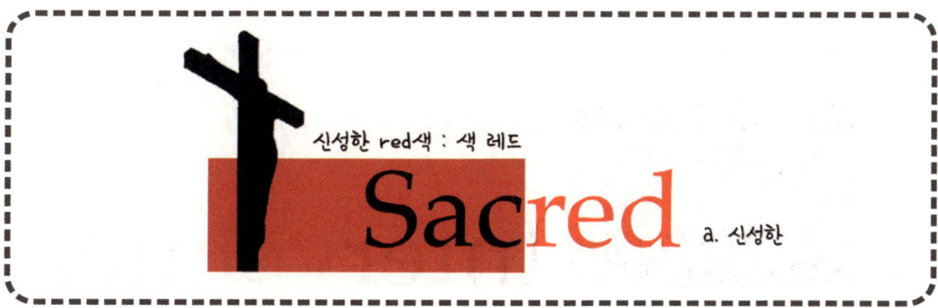

* **sacred**는 '**신성한**'을 뜻하는 단어입니다. 어원인 PIE어근 *sak-는 saint성스러운나 sanction제제에서처럼 성(聖)스러움의 의미와 연결되어 있습니다. 재미있게도 PIE어근 *sak-의 발음인 '**색(色)**'은 동양에서는 성(聖)의 반대의 의미로 속됨을 말하는 한자어입니다.   ∞ Pantheon E 참고
sacred를 외울 때는 '**신성한 색 레드**'로 기억하면 되겠습니다.

Righteous Fury
E - 정의로운 분노

| (패시브) : 케일의 기본공격이 추가 피해를 입힘.
| (액티브) : 케일의 공격이 10초동안 사거리가 400 늘어나는 동시에 대상과 대상 주변의 적에게 추가 피해를 입히며 추가 피해량이 증가.

□□□ **righteous** [ráɪtʃəs **라**이쳐ㅅ] a. 정의로운, 옳은   ∞ Gailo 참고

Intervention
R - 중재

| 자신이나 아군 챔피언을 신성한 빛으로 감싸 모든 공격에 피해를 입지 않도록 함.

□□□ **intervention** [ɪntərvénʃən 인터**벤**션] n. 중재

intervene은 inter(중간에) vene(끼어들어 오는) 것

★ Intervention은 중재라는 뜻이고 동사는 intervene입니다. inter(사이의) + vene(come오다) + tion(명사형어미)의 합입니다. vene는 라틴어 venire에서 나왔고 come의 뜻입니다.
다툼을 하는 사람들의 중간에 끼어들어 싸움을 말리는 모습에서 나온 단어입니다.

intervene [ɪntərvíːn 인터**비**인] v. 개입하다   inter(사이의) + vene(come오다)

vene(come오다, 도달하다) 어근과 관련되는 단어는 곳곳에 숨어 있으므로 모아서 알아보겠습니다.

advent [ǽdvent 애드벤ㅌ] n. 도래, 출현, 재림   ad(to) + vene(come오다)   ∞ Q skill 참고
convene [kənvíːn 컨비인] v. (회의를) 소집하다   con(함께) + vene(come오다)   ∞ Yorick 참고
　　　→ convention n. 관습, 대회
　　　→ conventional a. 관습적인
　　　→ convenience n. 편리
circumvent [s3ːrkəmvént 서어컴벤ㅌ] v. 회피하다   circum(돌아서) + vene(come오다)
event [ívent 이벤ㅌ] n. 사건   ex(밖으로) + vene(come오다)
　　　→ eventual a. 궁극적인
　　　→ eventually ad. 마침내
invent [ɪnvént 인벤ㅌ] v. 발명하다   in(안으로) + vene(come오다)
　　　→ invention n. 발명
　　　→ inventory n. 물품목록
prevent [prɪvént 프리벤ㅌ] v. 막다   pre(전) + vene(come오다)
　　　→ prevention n. 방지
　　　→ preventive a. 예방적인
revenue [révənuː 레버뉴우] v. (정부의) 수익   re(다시) + vene(come오다) : 투자가 돌아오는 것
souvenir [suːvənír 수우버니어] n. 기념품   sub(아래에서) + vene(come오다) : 마음으로 오는 것
venue [vénjuː 베뉴우] n. (회담, 경기) 등의 장소   vene(come오다)   ∞ Kayle Q skill 참고
venture [véntʃə(r) 벤쳐] n. 모험   * adventure의 변형
　　　← adventure n. 모험   ad(향하여) + vene(come오다)

cardiac intervention(심장 중재술)

intervention중재 단어가 들어간 '심장 중재술'이란 처치법이 있습니다. 심장에 피를 공급하는 관상동맥에 기름이 끼어서 협착이 오면 개흉수술을 하기 전에 cardiac intervention심장중재술을 시도하게 됩니다. 여기서 쓰인 intervention중재이란 단어는 심장기능의 실패에 대한 중재가 되겠습니다. 즉 화가 난 심장과 아픈 나 사이의 중재가 되는 것이지요.
이 중재술은 허벅지 안쪽의 혈관을 자르고 긴 철사처럼 생긴 catheter카테터를 심장 쪽으로 보내서 풍선으로 막힌 곳을 넓히거나 stent스텐트라고 그물 파이프 모양의 통로를 삽입하기도 합니다. 중요한 점은 비싸다는 것입니다. stent는 3번까지는 보험이 되지만 그 다음부터는 보험이 적용되지 않아 stent 한 개당 400만원이고 입원하면 1000만원이 날아갑니다.
건강은 돈이고 행복이고 사랑입니다. 담배 배우지 말고 살 빼고 운동해야 합니다.

Kayle

★★★☆☆ fervor - the excessive education fervor 과도한 교육열

★★★★☆ reckoning - It was the time of his reckoning, as the exam was on his desk.
그의 책상위에 시험지가 있으니 이제 그의 심판의 시간이었다.

★★★☆☆ revelation - The revelation from the teaching assistant that pop quizzes are important hit the slackers.
쪽지시험들이 중요하다는 조교의 폭로는 게으른 학생들에게 타격을 주었다.

★★★☆☆ reveal - My friend was reluctant to reveal his secret plan to seduce Helen.
내 친구는 헬렌을 유혹하기 위한 그의 비밀 계획을 밝히기를 꺼렸다.

★★★☆☆ advent - with the advent of the 21st century 21세기의 도래와 함께

★★★☆☆ unveil - I unveiled my newest creation, a flying, submarine, driving tank.
나는 날 수 있고 잠수도 하며 운전도 가능한 탱크인 나의 최신 발명품의 베일을 벗겼다(공개했다).

★★★☆☆ venue - the change of venue for this ceremony 이 예식 장소의 변경

★★★☆☆ divine - Freddy called upon the divine ghost to help him on his mission.
프레디는 자기 임무를 도와달라고 신성한 유령에게 청했다.

★★☆☆☆ blessing - a blessing and a curse 축복과 저주

★★★☆☆ divinity - the Harvard Divinity School 하버드 신학대학

★★★☆☆ sacred - The priest recited prayers over a sacred fire.
그 사제는 신성한 불을 대고 기도문을 암송했다.

★★☆☆☆ sacrifice - The queen sacrificed her guard, so she could be saved.
여왕은 자신의 근위병을 희생시켰다. 그래서 그녀는 살아날 수 있었다.

★★★☆☆ righteous - a righteous death 의로운 죽음

★★★☆☆ intervention - a call for government intervention 정부 중재에 대한 요청

★★★☆☆ intervene - The notably feeble teacher intervened to break up the fight.
누가 보아도 연약한 그 선생님은 싸움을 멈추려고 끼어들었다.

★★★☆☆ convene - The king convened the first public meeting.
왕은 첫 번째 공중 집회를 소집했다.

★★★☆☆ circumvent - The new Bill puts in place tougher penalties for those seeking to circumvent the rules.
그 새 법안은 규칙을 회피하려 꾀하는 사람들에게 더 무거운 벌칙을 부과한다.

★☆☆☆☆ event - the momentous political events of the late 1970s'
1970년대 후반의 중대한 정치적인 사건들

★★☆☆☆ invent - The brother invented an improved form of the steam engine.
그 형제는 향상된 형태의 증기엔진을 발명했다.

★★☆☆☆ prevent - This door alarm can prevent a burglar from getting in.
이 문 경보장치는 빈집털이범이 들어오는 것을 방지할 수 있다.

★★☆☆☆ revenue - Revenue from the sale of lemonade allowed the members of the union to travel to Spain.
레모네이드 판매 수입은 그 조합원들이 스페인으로 여행을 갈 수 있게 해주었다.

★★★☆☆ souvenir - They bought a small UFO as a souvenir from their trip to Roswell, New Mexico.
그들은 뉴멕시코의 로즈웰에 여행한 기념으로 작은 UFO를 하나 샀다.

★★★☆☆ venue - The date and venue of the vote have been selected by the committee.
투표 시간과 장소는 그동안 그 의원회에 의해서 선택되어왔다.

★★★☆☆ venture - a venture business 벤처(모험) 사업

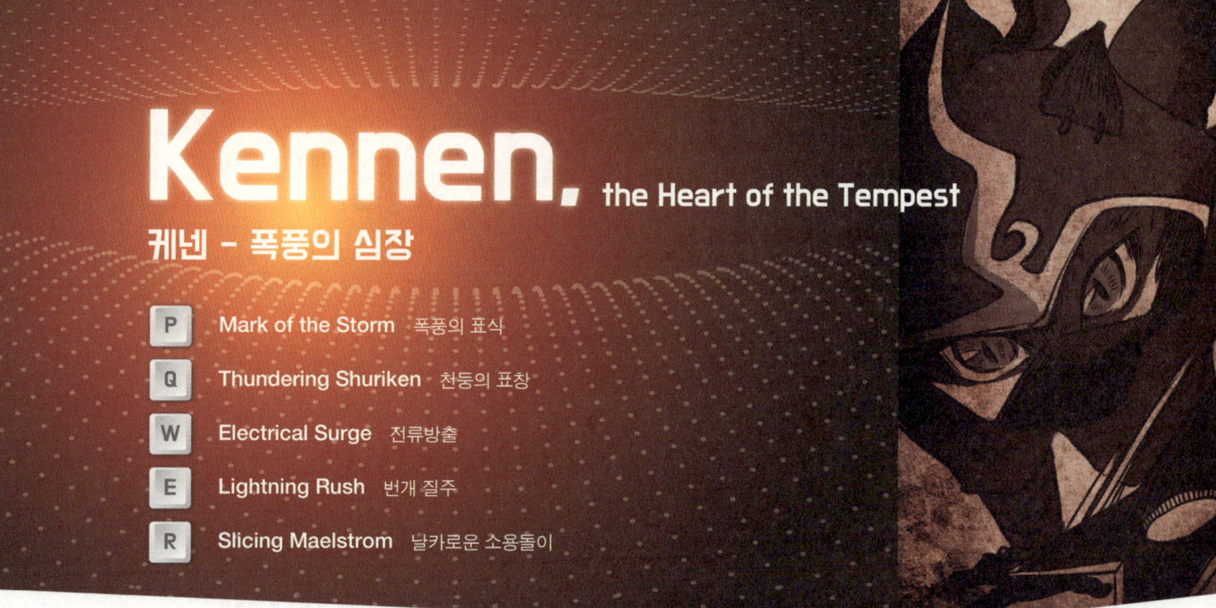

P Mark of the Storm
passive - 폭풍의 표식

케넨의 기술이 적에게 적중하면 표식을 하나 새김. 이 표식이 세 개 모이면 폭발하여 대상은 1.25초간 기절하고 케넨의 기력이 25 회복. 폭발이 7초 이내 재발동하면 기절 시간이 0.5초로 감소. 표식은 6초간 유지.

□□□ **mark** [mɑ:rk 마아ㅋ] v. 흔적을 내다 ∞ Zed 참고

Q Thundering Shuriken
Q - 천둥의 표창

고속의 표창을 던짐. 표창은 적에게 마법 데미지를 입힘.

□□□ **thundering** [θʌ́ndəriŋ 썬더링] a. 뇌성이 울리는 ∞ Jayce 참고

nuisance(골칫거리) 슈리켄 표창

★ shuriken수리검 표창을 던지는 킨코우의 그림자 전사 케넨은 어둠 속에 숨어있다 공격하는 닌자 컨셉의 챔피언입니다.
수리검은 '손안에 숨긴(手裏) 검'이라는 의미입니다. 일본어가 영어에 그대로 사용되고 있습니다.
수리검은 주로 별표 모양이었지만 송곳의 형태나 원, 네모 등 다양한 형태가 있습니다.
영화에서 보면 이 수리검을 맞고 팍팍 죽어나가지만 실제로 전투에서는 직접 살상용으로 쓰이기 보다는 적을 성가시게 하거나(nuisance) 주의를 끌(distraction) 목적으로 사용되었습니다.

nuisance [nú:sns 누우슨스] n. 성가신 일, 골칫거리
distraction [dɪstrǽkʃn 디스트랙션] n. 집중을 방해하는 것　　∞ Vladimir 참고

* nuisance는 심각한 것은 아니지만 약간 성가신 '**골칫거리**'를 뜻하는 단어입니다. hurt다치게하다라는 뜻의 라틴어 nocere에서 나왔는데 이는 noxious유해한와 연관이 되는 어근입니다.
nuisance를 기억할 때는 '**아버지가 골칫거리로 누우셨어**'가 발음 응용 암기에 적당합니다.

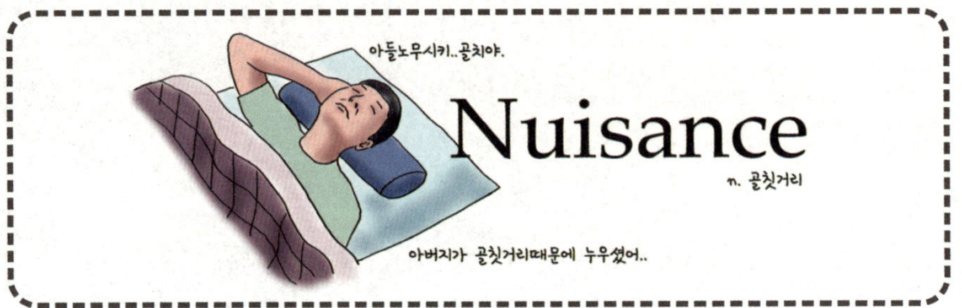

W Electrical Surge
W - 전류방출

(패시브) : 5회째 공격을 가할 때마다 적에게 추가 마법 데미지. 대상에게 폭풍의 표식을 남김.
(액티브) : 주변에 폭풍의 표식을 가진 적이 있으면 발동시켜 마법 데미지.

□□□ **electrical** [ɪléktrɪkl 일렉트리클] a. 전기의

□□□ **surge** [s3ːrd3 써어지] v. 밀려들다, 급등하다　　∞ Irelia 참고

electric(전기)는 amber(호박)에서 나온 단어

★ electrical은 라틴어 electrum에서 나온 말로 electrum은 노란 보석 중의 하나인 amber호박를 말합니다.
amber는 아랍어인 anbar에서 유래한 단어입니다.
electric이란 단어는 영국인 과학자 William Gilbert가 amber호박을 문지르면 발생하는 전기적인 현상(정전기)을 '**amber호박의 성질을 닮았다**'라는 뜻으로 만든 것입니다.

amber [ǽmbə(r) 앰버] n. (보석)호박

amber는 소나무 등의 resin송진이 굳으면서 생긴 fossil화석입니다. 앰버 안에 곤충 등을 담고 있는 경우가 있어서 고대생물의 유전자 연구에 사용되기도 합니다. 곤충이 들어있으면 더 비쌉니다.
amber 단어를 기억할 때는 앰버 안에 갇혀서 영원히 구경거리가 된 모기의 심경을 대변하는 말인 "**엠병..;**"을 이용하면 됩니다.

Amber
n. 호박

영화 [Jurassic Park쥬라기공원]에서는 dinosaur공룡의 피를 빨아먹은 후 amber호박 안에 갇힌 모기에게서 공룡의 유전자를 채취하여 공룡을 다시 만드는 스토리가 흥미를 끌었습니다.

resin [rézn **레즌**] n. 송진, 수지(樹脂)
fossil [fάːsl ㅎ**파아슬**] n. 화석
Jurassic [dʒʊrǽsɪk **쥬래식**] a. 쥐라기의

* resin은 소나무의 송진과 같은 천연수지나 공장에서 만든 합성수지 모두를 말합니다. resin은 끈적끈적한 형태일 때는 balsam발삼이라고 부르는데 이것은 수증기 증류를 통해 기름성분과 딱딱한 고형성분으로 분리가 가능합니다. 이 때 고형성분은 rosin로진이라고 부르고 야구에서 투수들이 공을 던지기 전 미끄러움을 방지하기 위해 만지작거리는 **'로진 백'**의 모습으로 TV에서 볼 수 있습니다.

* fossil은 **'땅을 파다(dig)'**는 뜻의 라틴어 fossilis에서 나온 단어입니다. **'땅을 파다'**라는 동사에서 땅을 파서 찾을 수 있는 **'결과물(화석)'**을 뜻하는 명사형이 나온 것입니다. fossil은 예전에는 땅을 파서 나오는 석탄이나 소금 같은 것도 의미했지만 17세기 고고학이 발달하면서부터는 **'화석'**만을 뜻하게 되었습니다.
또한 **'화석화되었다'**는 표현을 쓸 때는 fossilize를 사용합니다.
fossil을 외울 때는 Archeologist고고학자들이 화석을 발견하려고 땅을 파는(dig) 동작을 생각하며 발음 그대로 **'땅을 팠을 때 나오는 화석'**으로 기억하면 편합니다.

* Jurassic은 쥐라기 시대(중생대 중기)를 말합니다. 이 시대의 지층이 잘 발달한 프랑스의 Jura Mts.쥐라산맥의 이름을 따서 지은 단어입니다.

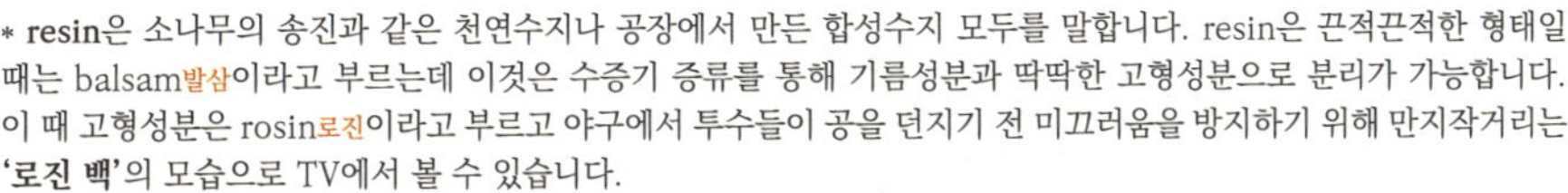

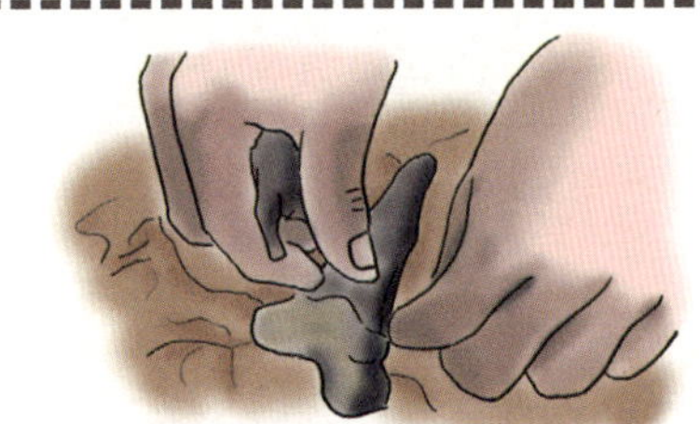

Fossil
n. 화석

아랍어 기원 단어

원래 아랍어로 al은 정관사입니다. 영어의 the에 해당합니다. 그러나 서양문명에 아랍어가 도입되면서 관사 자체를 단어로 인식하여 그대로 한꺼번에 사용되었습니다.

지금도 가끔 들을 수 있는 아랍어에서 al은 자주 보입니다. 테러단체인 '알카에다(Al-Qaeda)', 아랍어 방송인 '알자지라(Al-Jazeera)', 축구구단 '알힐랄(Al-Hilal) FC'에서처럼 말이죠.

서양은 중세까지는 과학이나 수학적으로 학문에 관한한 아랍권에 비해 많이 떨어졌습니다. 이러한 뒤떨어진 학문분야에서는 아랍어 단어가 많이 수입될 수밖에 없었습니다. 또 서양은 아랍지역과의 무역을 통해 아시아의 문물을 받아들였으므로 아랍어 정관사 al로 시작하는 단어는 외래종의 식물이나 설탕 등의 수입물품 이름에서 많이 볼 수 있습니다.

admiral제독 : 아랍어 amir al-bihar (바다의 지도자)
alcohol알콜 : 아랍어 al-kohl
algebra대수학 : 아랍어 al-jabr
algorithm알고리즘 : 아랍어 al-khawarizmi (the man of Khiva히바지역 사람)
alkali알칼리 : 아랍어 al-qali　　∞ Udyr 참고
amber호박 : 아랍어 anbar (보석의 일종)
apricot살구 : 아랍어 al-birquq
arsenal조병창 ; 아랍어 dar al-sina'　　∞ Sejuani 참고
assassin암살 : 아랍어 hashshashin (하시시를 먹는 사람들)　　∞ Akali 참고
candy캔디 : 아랍어 qund (17세기부터 사용)
carat캐럿 : 아랍어 kirat
chemistry화학, alchemy연금술 : 아랍어 al-kimiya
coffee커피 : 아랍어 qahwah
cotton면화 : 아랍어 kutn (알렉산더 대왕 때 인도에서 아랍으로 전파)
ghoul구울 : 아랍어 ghul (아라비안나이트에서 무서운 귀신으로 나옴)
lemon레몬 : 아랍어 laimun (인도, 중국, 페르시아를 거쳐 이집트로 전파)
magazine잡지 :아랍어 ma(장소) + khazin(창고) (화약고라는 뜻에서 잡지라는 뜻이 됨)
parrot앵무새 : 아랍어 babbagha
sugar설탕 : 아랍어 sukkar
syrup시럽 : 아랍어 sharab (음료라는 뜻)
zero영 : 아랍어 sifr (empty텅 빈의 뜻)

E　Lightning Rush
E - 번개 질주

(액티브) : 2초간 전기의 구체로 변하여 이동 속도가 증가하고 유닛과 충돌을 무시. 이 상태에서 적 유닛에게 닿을 경우 마법 데미지를 입힘. 맨 처음 부딪힐 때 40의 기력을 회복. 미니언에게는 절반의 피해.

□□□ lightning [láɪtnɪŋ 라이트닝] n. 번개　　∞ Jayce 참고

★ lightning은 번개를 말합니다. 만일 단어 중간에 /e/를 집어넣어서 lightening으로 쓰게 되면 '가볍게 하다'라는 뜻이 됩니다. lightening은 lightning번개과는 상관없이 '임신말기에 uterus 자궁가 pelvis골반 쪽으로 내려가서 숨쉬기 편해지는 것'을 뜻합니다.
철자를 조심해야 합니다. 산부인과 의사에게 '태아가 골반 쪽으로 내려갔다'라고 말하고 싶었으나 '태아에게 번개가 치다'가 될 수 있으니까요.

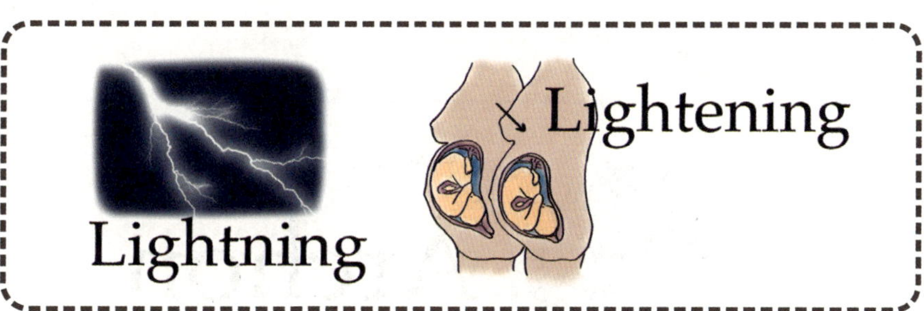

R Slicing Maelstrom
R - 날카로운 소용돌이

(액티브) : 주변에 폭풍을 만들어 적 챔피언들에게 무작위로 번개 발사 마법 피해. 동일 대상에 한해 최대 3번까지 피해.

□□□ **maelstrom** [méɪlstrɑːm **메일스트라암**] n. 큰 소용돌이, 대혼란   ∞ Maokai 참고

maelstrom(메일스트람)은 archon(집정관)의 스킬

★ maelstrom은 '큰 소용돌이'라는 뜻이고 노르웨이어인 Moskstraumen(모스크스트라우멘)에서 나온 말입니다. Norway노르웨이 해와 Lofoten islands로포텐군도 일대에는 조류에 의해서 강력한 소용돌이가 일어나는 유명한 tourist spot관광명소이 있어서 마엘스트롬이란 단어가 나온 것입니다.

마엘스트롬은 [Starcraft스타크래프트] Protoss프로토스 종족의 Dark Archon다크아콘(암흑집정관)의 Maelstrom대혼란 기술을 좋아하는 사람에게는 반가운 단어입니다.
기계 유닛을 일시적으로 먹통으로 만드는 Ghost고스트의 Lockdown락다운과 비슷한 스킬입니다. 생체 유닛을 잠시 멍하게 만드는 효과가 있어서 판세를 뒤집을 수 있는 기술이죠. 이 스킬은 뮤탈처럼 겹치는 공중유닛에게 Maelstrom대혼란을 걸어놓고 하이템플러 사이오닉폭풍으로 지져버릴 수 있어서 저그에게는 악몽이 될 수 있습니다.

[Starcraft스타크래프트] Dark Archon다크아콘(암흑집정관)의 이야기가 나온 김에 archon에 대해서 좀 더 보겠습니다.

archon [ɑ́ːrkɑn 아아칸] n. 집정관

* archon아콘은 고대 그리스의 9명의 집정관을 일컫는 단어입니다. 집정관을 의미하는 콘술(consul)과 비슷합니다. 어원상 archon은 '**시작하다, 통치하다**'라는 뜻인 PIE어근 *arkhein-에서 비롯된 단어입니다.
이 통치하다는 의미에서 나온 arch-어근은 '**중요한, 우두머리**'의 뜻으로 여러 단어에 사용됩니다. 그리고 -archy 처럼 어미의 형태로 사용되면 '**정부형태**'를 의미하는 단어가 됩니다.
그럼 전장을 통치하는 우리의 아콘(집정관)을 통하여 9개의 단어를 더 건져보겠습니다. 참고로 다른 7개 단어는 다 [아키]로 발음되는데 archbishop대주교과 archangel천사장만 [아치]로 발음됩니다.

archbishop

arch- 어근으로 사용된 예 : 중요한, 우두머리의 뜻	
architect건축가	arch-(chief우두머리) + tect(builder건축가)
archbishop대주교	arch-(chief우두머리) + bishop(주교)
archetype원형	arch-(first처음의) + type(model)
archangel천사장	arch-(chief우두머리) + angel(천사) :가브리엘

-archy 어미로 사용된 예 : 통치, 정부형태	
anarchy무정부상태	an(without없는) + -archy(rule통치)
monarchy군주제	mono(alone하나의) + -archy(rule통치)
hierarchy계급, 위계질서	hier(sacred신성한) + -archy(rule통치)
patriarchy가부장제	patri(father) + -archy(rule통치)
matriarchy모계제	matri(mother) + -archy(rule통치)

architect [ɑ́ːrkɪtekt 아아키텍ㅌ] n. 건축가
anarchy [ǽnərkɪ 애너키] n. 무정부상태
monarchy [mɑ́ːnərkɪ 마아너키] n. 군주제　　∞ Nunu 참고
hierarchy [hɑ́ɪərɑːrkɪ 하이어라아키] n. 계급, 위계질서
patriarchy [péɪtrɪɑːrkɪ 페이트리아아키] n. 가부장제
matriarchy [méɪtrɪɑːrkɪ 메이트리아아키] n. 모계제

Kennen

★☆☆☆☆ mark - The marks on the spaceship showed it belonged to the Romans.
그 우주선에 새겨진 마크는 그것이 로마제국에 속한다는 것을 보여주었다.

★☆☆☆☆ thundering - thundering waterfalls
우레 같은 소리를 내는 폭포

★★★☆☆ nuisance - The kid behind me is a huge nuisance, ever since he started yelling whenever the teacher said the word 'test'.
내 뒤에 있는 아이는 선생님이 '시험'이라는 단어를 말할 때마다 고함을 치기 시작한 이래로 큰 골칫거리이다.

★★★☆☆ distraction - The whole class was distracted by a bear fighting with a man in a bear costume.
곰 복장을 한 남자와 싸우는 곰 때문에 교실 전체가 산만해졌다.

★★☆☆☆ electrical - electrical appliances 전기 기구

★★★☆☆ surge - The car surged forward hitting the truck in front.
그 차는 전방의 트럭에 충돌하면서 전방으로 튀어 올랐다.

★★★★★ amber - a pin made of amber 호박보석으로 만든 핀

★★★★★ resin - Those disposable guns were made of synthetic resin.
그 1회용 총들은 합성수지로 만들어졌다.

★★★☆☆ fossil - While searching the country-side antique shop, he finally found a dinosaur fossil.
시외의 골동품상을 뒤지다 마침내 그는 공룡화석을 발견하였다.

★★★★☆ jurassic - During the Jurassic era, it was a case of to eat or to be eaten.
쥐라기 시대 동안에, 그것은 먹고 먹히는 전형적인 일 중 하나였다.

★☆☆☆☆ lightning - a flash of lightning in the dark
어둠속에서 치는 번개의 불빛

★★★★★ archon - In his role as an archon, Solon announced that all slaves were free.
집정관으로서 솔론은 모든 노예는 자유라고 발표했다.

★★☆☆☆ architect - the role of architect in well-being age
웰빙 세대에 건축가의 역할

★★★☆☆ anarchy - The introduction of dinosaurs by that laboratory caused anarchy throughout the world.
그 연구소에 의한 공룡의 도입은 전 세계에 걸쳐 무정부상태를 야기했다.

★★★☆☆ monarchy - A slave found himself at the head of a monarchy by double checking the records.
한 노예가 기록을 재확인함으로써 자신이 왕국의 수장인 것을 알아냈다.

★★★☆☆ hierarchy - They were trying to get away from hierarchy and control.
그들은 계급사회와 통제로부터 벗어나려 노력했다.

★★★☆☆ patriarchy - Feminists want to dismantle the patriarchy.
페미니스트들은 가부장제의 해체를 원한다.

★★★☆☆ matriarchy - a matriarchy run by morally superior women
도덕적으로 우월한 여성들에 의해서 운영된 모계사회

Kha'Zix. the Voidreaver

카직스 - 공허의 약탈자

P	**Unseen Threat** 보이지 않는 위협
Q	**Taste Their Fear** 공포감지
W	**Void Spike** 공허의 가서
E	**Leap** 도약
R	**Void Assault** 공허의 습격

P   ## Unseen Threat
passive - 보이지 않는 위협

카직스는 적의 시야에 노출되지 않을 때 보이지 않는 위협 효과를 받아 다음 기본 공격으로 적 챔피언에게 추가 마법 피해를 주고 2초간 25%만큼 둔화를 검.

□□□ **unseen** [ʌnsíːn 언시인] a. 눈에 띄지 않는　∞ Rengar 참고

□□□ **threat** [θret 쓰레ㅌ] n. 협박

unseen은 소심해서 눈에 잘 안 띄는 것

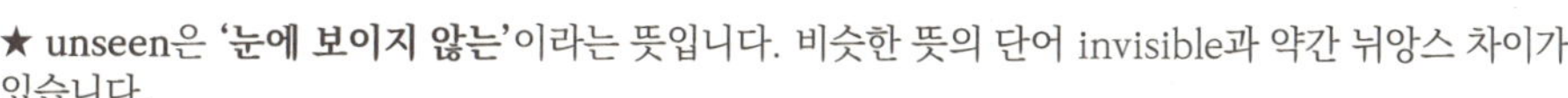

★ unseen은 '눈에 보이지 않는'이라는 뜻입니다. 비슷한 뜻의 단어 invisible과 약간 뉘앙스 차이가 있습니다.
즉 invisible은 아예 존재하지 않아 볼 수 없는 것을 말하지만 unseen은 존재는 하는데 눈에 잘 띄지 않아서 보이지 않는 것을 말합니다.

그러므로 unseen은 눈에 잘 띄지 않는 소심한 친구를 설명하거나 연인이 눈에 안 띄게 은밀하게 밀회를 하는 모습을 표현할 때 쓸 수 있는 단어입니다.
또는 전에는 본 적이 없는 **'처음 보는'** 사건에도 쓸 수 있습니다.

invisibility [ɪnvɪzəbíləti 인비저**빌러티**] n. 투명

> Forests and fields beyond the camp, unseen before, were now visible in the distance.
> 전에는 보이지 않았던 캠프 너머의 숲과 들이 이제 멀리서 보이기 시작했다.

threat(협박)은 '압박을 가하며 밀다'라는 뜻

★ threat은 '**협박**'이라는 뜻입니다. 사람을 물리적, 심리적으로 압박하여 자신의 뜻대로 만들고자 하는 것이 threat입니다. '**압박하다, 밀다**'라는 뜻인 라틴어 trudere에서 나온 단어이고 더 멀리는 역시 '**밀다**'라는 뜻의 PIE어근인 *treud- 와 관계가 있습니다.
thrust밀치다도 같은 PIE어근에서 나온 단어이므로 threat협박은 상대의 가슴을 확 밀치며(thrust) 협박하는 장면을 생각하면 기억하기 편합니다.

    threaten [θrétn 쓰레튼] v. 협박하다
    threatened [θrétnd 쓰레튼ㄷ] a. 위협당한, 멸종위기에 처한

또한 비슷한 협박의 뜻인 blackmail이나 intimidation도 같이 기억할 만합니다.

    blackmail [blǽkmeɪl 블랙메일] n. 공갈, 갈취
    intimidation [ɪntɪmədéɪʃən 인티머**데이**션] n. 위협

blackmail

* blackmail은 스코틀랜드의 영주가 농부들에게 보호해준다는 명목으로 돈이나 가축 등을 extortion갈취하는 것에서 유래한 단어입니다.
blackmail 안의 mail은 '**편지**'의 뜻과는 다른 어원에서 기원한 것입니다. 중세 영어 male이 그 기원인데 이는 rent 대여, tribute조공의 의미입니다. 그러므로 blackmail은 black(검은) + mail(조공 : 못된, 사악한 조공)을 의미하고 이는 못된 영주가 조공을 바치라고 농민을 윽박지르는 것을 표현한 것입니다.
다른 silver mail이나 buttock-mail 같은 단어도 각각 '**화폐로 갚는 조공**'과 '**간통죄의 벌금**' 등의 뜻이어서 mail의 '**조공**'의 의미인 어근의 자취를 찾아볼 수 있습니다.
오늘날에는 blackmail은 조공보다는 '**협박**'이라는 의미로 뜻이 조금 바뀌어 널리 사용되고 있습니다.
blackmail 단어의 기원을 모르는 사람들은 그냥 '**검은색 편지**'로 협박한다고 생각하여 이해하고 있습니다만 배운 사람들인 우리 게이머들은 그러면 안 됩니다.

* intimidation은 'timid소심한'이라는 뜻을 사용한 것으로서 threat과 같은 협박의 의미입니다.
in(안으로) + timid(소심한, 불안한) + ate(化) + tion(명사형이미)의 조합으로 그대로 해석하면 'timid소심하게 만들어 frighten겁을 주는 것'입니다. 단어 속에서 timid를 찾아내어 구성을 이해해야하는 단어입니다.
또한 timid를 기억할 때는 '**소심한 친구 티미(Timmy)**'를 하나 마음속에 가상으로 만들면 됩니다.
대륙의 박보검이라고 불리는 잘나가는 중국 연예인 허위주(Timmy Xu)가 따로 있지만 우리 맘속의 티미는 여드름도 많고 공부도 못해서 소심하게 변한 친구라고 설정하고 그 티미가 되는 것을 '**티미드**'라고 부르면 됩니다.

 **Q** **Taste Their Fear**
Q - 공포감지

(기본 지속 효과) : 아군에게서 고립된 적들을 표시.
(액티브) : 카직스가 단일 대상에게 물리 피해. 고립된 대상에게는 피해량이 30%만큼 증가.

□□□ **taste** [teɪst 테이스트] n. 맛 v. 맛보다   ∞ Tahm Kench 참고

 ### 매운 taste(맛)는 taste(맛)이 아니고 통증이다

★ **taste**는 맛을 뜻합니다.
맛에는 bitter쓴, salty짠, sweet단, sour신, spicy매운가 있습니다. 이중 매운맛은 맛을 느끼는 taste cell미각세포의 작용이 아니고 pain sensory통증 감각의 작용으로 느껴집니다. 그래서 매운맛을 hot 하다고 표현하기도 합니다. tongue혓바닥에는 맛을 느낄 수 있는 taste bud미뢰가 오돌토돌 돋아 있어서 그 사이로 맛을 내는 분자를 받아들입니다.

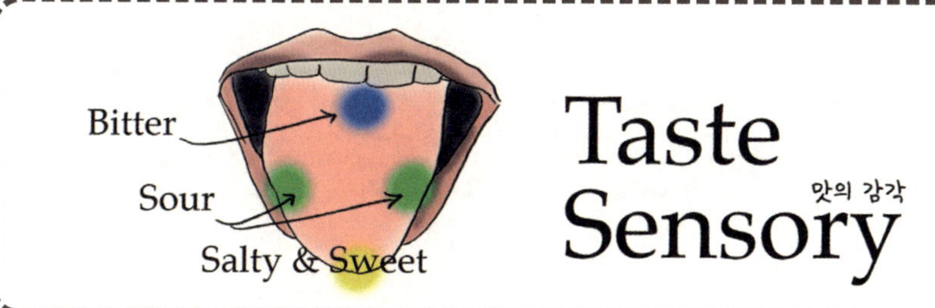

taste는 flavor풍미와 비슷한 뜻이지만 두 단어의 뉘앙스는 약간 다릅니다.
taste가 입안에서 느끼는 맛이고 aroma가 코에서 느끼는 향이라면 flavor는 입과 코로 받아들이는 정보를 합한 맛이라고 할 수 있습니다. 입과 코의 맛 두 가지가 합쳐져야 비로소 풍미가 완성이 되는 것입니다.

즉, flavor = taste + aroma 라고 할 수 있습니다.

flavor [fleɪ́və(r) ㅎ**플레이**버] n. 맛, 풍미 (= flavour)

그 외에도 맛을 표현하는 단어는 무궁무진합니다.
맛은 음식의 viscosity점성과 temperature온도, hardness딱딱함, size크기, prickle껄끄러운 정도, 통증의 intensity강도 등의 정보에 따라 다양한 느낌으로 표현할 수 있습니다.

viscosity [vɪskás̩ətɪ 비스**카**서티] n. 점도
prickle [prɪkl 프리클] v. 따끔거리다, 까칠거리다   ∞ Zyra 참고

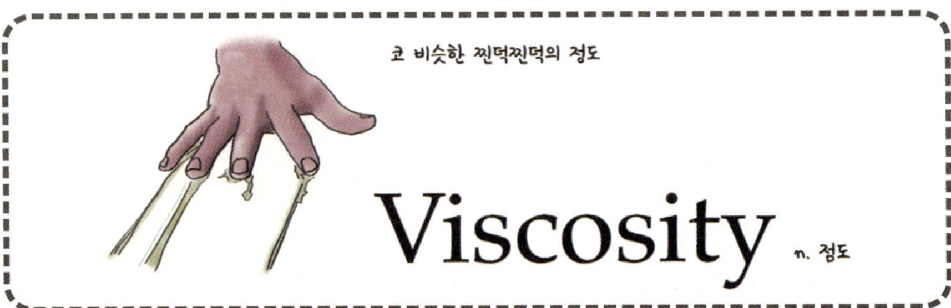

Viscosity
n. 점도

* viscosity는 물질의 달라붙는 성질인 점성의 정도를 나타내는 단어입니다. 단어의 기원상 PIE어근인 *weis-와 관련이 있는데 이는 **'녹아버렸다'**라는 뜻입니다. 여기에서 **'독성'**이라는 뜻도 나왔으므로 virus바이러스 단어와 멀리 연관이 되어있습니다.
viscosity를 기억할 때는 어떤 물질의 점성이 맑은 코, 노란 코, 초록 코처럼 점점 진해지는 **'코와 비슷한(비슷 코) 정도'**를 생각하면 됩니다.

W Void Spike
W - 공허의 가시

(액티브) : 폭발하는 가시를 발사하여 주위 적에게 물리 피해를 입히고 2초 동안 느리게 만듦. 카직스가 폭발 반경 내에 있는 경우 60만큼 치유. 중립 몬스터에게 20%의 추가 피해.
(가시 어깨 진화) : 공허의 가시가 세 개가 발사되며 둔화 효과가 50%로 증가. 적 챔피언에게 적중하면 해당 챔피언의 위치를 2초간 드러냄.

□□□ spike [spɑɪk 스파이ㅋ] n. 대못, 뾰쪽한 것   ∞ Cho' Gath 참고

E Leap
E - 도약

(액티브): 카직스가 지정한 위치에 도약하여 물리 피해.

□□□ leap [lɪːp 리이ㅍ] v. 뛰어오르다   ∞ Jax 참고

hideous(흉측한) 약탈자 카직스

★ voidreaver공허의 약탈자란 별명의 점점 진화하는 챔피언 카직스는 침을 질질 흘리는 hideous 흉측한 모습의 에어리언 컨셉의 챔피언입니다.

voidreaver에서 reaver는 '**약탈자**'라는 뜻인데 PIE어근인 *reup-에서 나온 단어입니다. 이 어근은 rip의 기원이 되는 단어로서 '**찢다**'라는 뜻입니다.
'**훔치다**'는 뜻의 rob도 이 어근에서 나온 단어여서 찢고 훔치고 강탈하는 발음에 일관성을 줍니다.
reaver약탈자를 기억할 때는 rip찢다를 기본으로 해서 발음이 비슷한 ripper톱, robber도둑, reaper 죽음의 사자의 이미지와 함께 기억하면 좋겠습니다.
물론 [스타크래프트]의 프로토스의 장거리 지상공격유닛인 굼벵이처럼 생긴 '**리버**'를 떠올려서 단어 reaver를 기억해도 됩니다. 처음에 리버는 '**기갑충**'으로 불렸지만 지금은 원래 의미대로 '**파괴자**'로 불리고 있는 유닛입니다.

> **reaver** [ríːvə(r) **리이**버] n. 약탈자　　← reave　v. 약탈하다
> **hideous** [hídiəs **히**디어ㅆ] a. 흉측한

* hideous는 끔찍하고 '**흉물스럽다**'라는 뜻입니다. 어원은 horror공포를 뜻하는 독일어 hisda에서 나온 것입니다. 그런데 어원과 상관없이 의외로 쉬운 암기방법이 있습니다. 소설 [Dr. Jekyll and Mr. Hyde지킬박사와 하이드]에서 괴물이름 하이드를 이용하면 hideous는 이미지가 딱 맞아떨어집니다.
'**하이드** 같이 hideous한 괴물'. 공짜 단어 감사합니다.

Void Assault
R - 공허의 습격

(기본 지속 효과) : 공허의 습격 레벨이 오를 때마다 스킬 하나를 진화시킬 수 있음.
(액티브) : 1초 동안 은신. 보이지 않는 위협이 활성화되며 유닛 충돌을 무시. 카직스의 이동 속도가 40% 증가. 공허의 습격은 10초 내에 한 번 더 시전할 수 있음.

□□□ **assault** [əsɔ́ːlt 어**서얼**ㅌ] n. 폭행　∞ Jax 참고

Kha'Zix

★★★☆☆   unseen - The problem of the vaccine creating zombies was unseen by the top scientists.
좀비를 만들어내는 그 백신의 문제점이 최고의 과학자들에게는 보이지 않았다.

★★★☆☆   threat - They received numerous death threats over the phone.
그들은 전화로 무수한 살해 위협을 받았다.

★★★☆☆   invisibility - An invisibility cloak helped them escape the dungeon.
투명망토가 그들이 던전을 벗어나는 것을 도왔다.

★★★☆☆   threaten - The guard threatened to call her mommy, if she didn't eat her vegetables.
그 경비는 그녀가 채소를 먹지 않으면 그녀의 엄마를 부를 것이라고 위협했다.

★★★☆☆   threatened - threatened species 멸종위기의 종(種)들

★★★☆☆   blackmail - The governor was blackmailed by photos of him on the kiddy slide.
그 주지사는 그가 유아용 미끄럼틀에서 노는 사진으로 협박당했다.

★★★☆☆   intimidation - the intimidation of witnesses and jurors 증인들과 배심원 협박

★★★☆☆   timid - He timidly asked if he could join my football team.
그는 우리 축구팀에 들어올 수 있는지 소심하게 물어보았다.

★☆☆☆☆   taste - a fruity taste 과일 맛

★★☆☆☆   flavor - the scents and distinctive flavors 향기와 독특한 풍미들

★★★☆☆   viscosity - low viscosity and surface tension 낮은 점성도와 표면장력

★★★☆☆   prickle - the prickles of the bushes 덤불의 가시

★★★☆☆   spike - The trap was filled with sharp spikes.
그 함정은 날카로운 대못으로 채워져 있었다.

★★☆☆☆   leap - a giant leap in productivity 생산성의 커다란 향상

★★★☆☆   reaver - The judge labeled me a reaver for my crimes, but I swear it was my evil twin who stole those items.
그 판사는 내 범죄 때문에 나를 강탈범이라고 꼬리표를 붙였다. 그러나 맹세하건데 그건 그 아이템들을 훔친 내 사악한 쌍둥이였다.

★★★★☆   hideous - The other team showed to be poor losers by dumping coffee on our keyboards.
다른 팀은 우리 키보드에 커피를 쏟는 것으로 자신들이 불쌍한 패배자들이라는 것을 보여주었다.

★★★☆☆   assault - He was called in to be a witness to the assault.
그는 그 폭행 행위의 증인이 되어달라는 요청을 받았다.

Kog'Maw, the Mouth of the Abyss

코그모 - 심연의 아귀

- **P** Icathian Surprise 이케시아식 마무리
- **Q** Caustic Spittle 부식성 침
- **W** Bio-Arcane Barrage 생체마법 폭격
- **E** Void Ooze 공허의 분비물
- **R** Living Artillery 살아있는 곡사포

P Icathian Surprise
passive - 이케시아식 마무리

코그모는 죽을 때 몸에서 화학적 연쇄 반응을 일으켜 4초 후에 폭발. 코그모의 폭발에 휘말린 적은 100 + (25x레벨)의 고정 피해.

□□□ **surprise** [sərpráɪz 서프**라이**즈] n. 놀라운 일

Q Caustic Spittle
Q - 부식성 침

(기본 지속 효과) : 공격 속도가 증가.
(사용 시) : 부식성 탄도체를 발사하여 처음 맞은 적에게 마법 피해를 가하고 해당 적의 방어력과 마법 저항력을 4초간 낮춤.

□□□ **caustic** [kɔ́:stɪk **커어**스틱] a. 부식성의
□□□ **spittle** [spítl 스**피**틀] n. 침

홀로코스트에서 본 적 있는 caustic 단어

★ caustic은 '**부식성의**'라는 뜻으로 산성이나 알칼리성 물질의 화학적 작용인 부식을 일으키는 성질을 의미합니다. 주로 caustic soda가성소다(수산화나트륨)의 성질을 말할 때 사용됩니다. caustic은 burnt불에 탄 뜻의 라틴어인 causticus에서 나온 단어입니다. 그리스어로는 kaustos 입니다. 화학적으로 부식되는 것은 불에 탄 것과 거의 비슷하기 때문에 뜻이 '**불에 탔다(burn)**'에서 부식으로 이어진 것입니다.

이 **'불에 탔다'**라는 뜻의 kaustos 어근이 들어간 단어로는 holocaust홀로코스트가 있습니다. 홀로
코스트는 WWII 때 히틀러에 의해 유대인이 대량학살된 것을 표현하는 단어입니다. 홀로코스트는
holo(whole완전히) + kaustos(burn태우다)의 조합으로 된 단어입니다.   ∞ Aatrox 참고
부식성이란 것은 영화 [Alien에일리언]에서처럼 외계인이 침을 탁 뱉었는데 우주선 바닥이 치익~하고
녹는 장면을 생각하면 되겠습니다.
caustic을 기억할 때는 홀로코스트의 **코스트**(태우다)로 뜻을 유추하거나 영화에서 에일리언이 **'코를
풀어 stick (달라붙어) 부식되는'** 이미지를 만들면 됩니다.

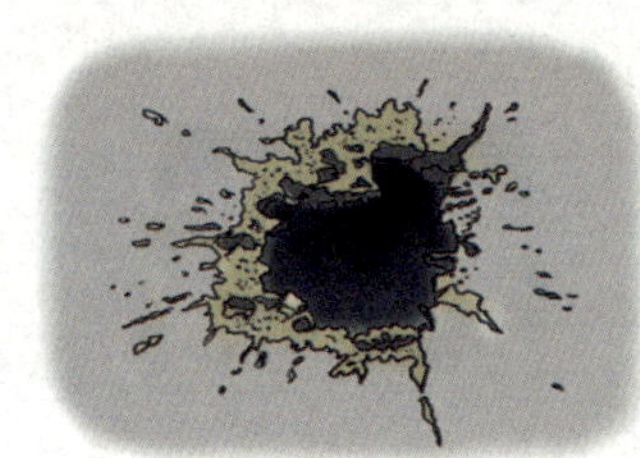

Caustic a. 부식성의

그럼 caustic과 비슷한 뜻을 가진 두 단어 corrosive와 erosive를 보겠습니다.
corrosion은 주로 chemical화학적인 부식을 말하는데 반해 erosion은 mechanical기계적인 마모나
침식을 뜻합니다.
뜻뿐만 아니라 corrosive의 동사와 명사형의 변화도 erosive와 거의 비슷하므로 비교하며 동시에
기억을 해야 하는 단어들입니다.

corrode v.	corrosive a.	corrosion n.	화학적인 부식	코(鼻)로 부식
erode v.	erosive a.	erosion n.	기계적인 마모, 침식	이(齒)로 침식

corrode [kəróud 커**로**우드] v. 부식시키다
  → **corrosive** [kəróusɪv 커**로**우시브] a. 부식성의   ∞ Urgot 참고
  → **corrosion** [kəróuʒən 커**로**우젼] n. 부식

erode [ɪróud 이**로**우드] v. 침식시키다
  → **erosive** [ɪróusɪv 이**로**우시브] a. 침식성의
  → **erosion** [ɪróuʒən 이**로**우젼] n. 침식

* corrode는 라틴어 corrodere에서 나온 단어인데 **'조금씩 갉아져서 없어지다'**라는 뜻입니다. 단어의 조합은
co(com함께) + rodere(gnaw갉아먹다)이고 어근이 되는 rodere는 설치류를 뜻하는 rodent에서 볼 수 있습니다.
PIE어근인 *red-까지 거슬러 올라가 멀리서 보면 rat쥐도 이 자음과 연관되어 나온 단어인 것을 알 수 있습니다.
corrode를 외울 때는 erode와 동시에 기억해야 합니다. 코와 이의 발음과 역할을 연결하여 각각 **'코로도 부식시키고
이로도 (갉아서) 침식시키다'**고 기억하면 됩니다.

rodent [róudnt 로**우**든ㅌ] n. 설치류

Corrode

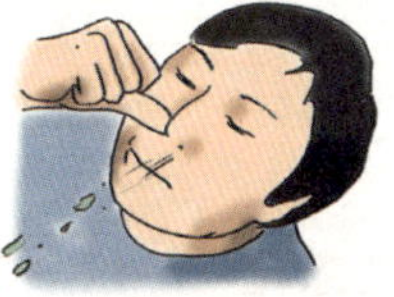

v. 부식시키다

* **erode**는 corrode와 같은 rodere 어근에서 나온 단어이고 ex(away) + rodere(gnaw갉아먹다)의 조합입니다. 절벽이 바닷물에 의해서 침식당하는 것이 대표적인 예입니다. 우린 앞 페이지에서 corrode와 함께 이미 외웠죠.

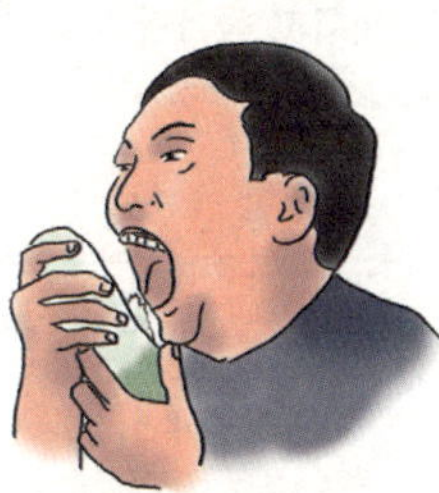

Erode

v. 침식시키다

★ **spittle**은 입안에서 나오는 **'침'**을 말합니다. 침을 뜻하는 단어 중 spittle은 구식용어라서 요즘은 spit이나 saliva를 사용합니다. 침 외에 조금 지저분하지만 우리 몸에서 분비되거나 생산하는 것을 머리꼭대기에서 발바닥까지 훑어보겠습니다.

dandruff	비듬
sebum	피지
sleep, eye mucus	눈곱
earwax	귀지
pimple, acne	여드름
booger	코딱지
runny nose	콧물
phlegm, sputum	가래
spit, saliva	침
burp, belch	트림
sweat, perspiration	땀
semen	정액
period, menses	생리
urine, number one, pee	오줌
feces, number two, dung	똥
fart	방귀
dead skin cell	각질

Bio-Arcane Barrage
W - 생체마법 폭격

기본 공격 사거리가 증가하며 대상 최대 체력의 일부 만큼의 마법 피해가 추가 (몬스터에게는 최대 피해량 100). 8초간 지속.

□□□ **arcane** [ɑːrkéɪn 아아케인] a. 신비로운

arcane은 감추니까 신비로운 것

★ arcane은 신비롭고 '**불가사의한**'의 뜻입니다. 어원인 PIE 어근 *arc-는 guard지키다의 뜻입니다. 뭔가가 군사들에 의해서 비밀로 지켜지니 그 숨겨진 것이 '**신비롭고 불가사의**'하다고 생각해서 나온 단어입니다. 원래 별거 아닌 것도 누가 막 감추려고 하면 신비롭게 보이는 법입니다.

arcane은 온라인게임에서 '**비전(祕傳)**'으로 해석되는 속성스킬의 한 종류로 사용됩니다. 예를 들어 바람, 불, 공기, 흙, 흑마법, 기계 등의 여러 속성 스킬이 있듯이 arcane비전 스킬은 비밀리에 전해 내려오는 스킬을 말합니다. arcane 이외에도 *arc- 어근이 쓰이는 단어로는 coerce, exercise가 있는데 어근의 모습이 많이 바뀌어서 본 어근과 연관성을 찾기가 쉽지는 않습니다.

coerce [kouɜ́ːrs 코우어스] v. 강압하다
exercise [éksərsaɪz 엑서사이즈] n. 운동

* coerce는 '**함께 지키다**'는 co(함께) + arc(지키다)의 조합이고 여러 명이 빙 둘러서 한 사람에게 무언가를 강요하는 이미지가 들어있는 단어입니다.
coerce는 이 이미지를 이용하여 '**co(코)를 잡아끌며 어서 자기들과 함께하라고 강요**'하는 모습을 떠올리면 기억하기 편합니다.

* exercise는 지키는 것(arc)을 그만두고(off) 훈련하거나 운동하는 것을 말합니다. ex(중단=off) + arc(지키다)의 조합이고 로마시대 군인들은 경비하는 시간 외에 훈련과 운동을 하였으므로 나오게 된 단어입니다.
exercise는 '**훈련하다, 운동하다**'의 뜻 외에도 '**(힘이나 권력을) 발휘하다**'라는 뜻도 있습니다.
또한 exercise는 스펠링이 비슷한 exorcise귀신을 내쫓다와 구분을 잘 하여야합니다. 이때의 exorcise는 퇴마술사인 엑소시스트와 관련된 단어입니다.

Void Ooze

E - 공허의 분비물

진액에 맞은 적에게 마법 피해를 입히고 진액이 남긴 흔적을 지나는 모든 적의 속도가 4초 동안 감소.

□□□ **ooze** [uːz 우으즈] v. (피 같은 진득한 액체가) 새어 나오다

ooze는 피가 진득하게 새어 나우~~지

★ ooze는 피나 고름이 새어나오는 모습을 말합니다. 원래 고(古) 영어의 부드러운 진흙을 뜻하는 wase에서 나온 단어입니다. ooze는 손가락 사이로 진흙이 주르륵 빠져나가는 모습을 생각하면 됩니다.
ooze는 재미있게 발음을 '**피가 새어나우~~지**'로 반복해보면 단어가 입에 딱 붙습니다.

피가 상처에서 bleeding을 할 때는 동맥이 잘려서 펑펑 pumping펑펑할 수도 있고 정맥에 고여 있다가 진득하게 oozing할 수도 있고 피를 뚝뚝 dripping할 수도 있습니다.
또한 ooze 이외에 액체가 새어나오는 것을 표현하는 다른 단어로는 leak, effusion, exudate, transudate가 있습니다.

> **effusion** [ɪfjúːʒn 이퓨우젼] n. 유출
> : exudate [éksjudeɪt 엑슈데이트] n. 삼출물
> : transudate [trǽnsudeɪt 트랜슈데이트] n. 누출물

leak는 '**새다**'는 뜻으로 액체와 기체에 모두 사용 가능합니다.
나머지 세 가지는 모두 삼출물로 생각하고 해석을 하면 되지만 의학적 개념정리가 필요한 전문용어라서 접두어의 사용 방법만 기억하면 되고 암기는 필요 없습니다. 몸이 자주 붓는 분을 위해 조금 설명만 하겠습니다.

* **effusion**은 유출이라는 뜻입니다. 주로 액체의 유출을 뜻하고 ex(out) + fundere(pour쏟아 붓다)의 조합인 라틴어 effundere에서 나온 단어입니다. 밖으로 물을 퍼내는 모습을 설명하는 단어입니다. 이 fundere(pour쏟아 붓다) 어근은 transfusion, infusion 등의 단어에서 보았던 어근입니다.

* **exudate**는 삼출물의 뜻인데 보통 물과 단백질이 혈관에서 밖으로 빠져나오는 것을 말합니다. 라틴어 exudare에서 나온 단어인데 ex(out) + sudare(sweat땀)의 조합입니다. '**땀을 흘리듯이 밖으로 물이 새어 나오다**'는 의미로 만들어진 단어입니다.

* **transudate**는 유출물을 뜻하는데 보통 물이 혈관에서 밖으로 빠져나오는 것을 말합니다. 예전 라틴어에는 없는 단어를 현대에 과학자들이 조합해서 만든 단어입니다. trans(지나서) + sudare(sweat땀)의 조합입니다. 이렇게 어근에 접두어를 다양하게 붙이는 방식으로 라틴어는 새 과학용어를 조어(造語)하기에 편한 언어입니다.

effusion의 구분 : exudate와 transudate

** 이 내용은 몸이 잘 붓는 사람 전용입니다. **

effusion유출은 혈관 밖이나 막의 바깥으로 물이 새어나오는 모습을 말합니다. exudative effusion(삼출성 유출)과 transudative effusion(누출성 유출)이 있습니다.

exudate는 혈관내의 염증이 발생한 경우 혈관의 직경이 증가하고 내피세포사이가 벌어져서 물뿐만 아니라 protein단백질도 새어나가게 됩니다. 이 경우를 exudative effusion(삼출성 유출)이라 합니다. transudate는 lung폐 쪽의 압력이 증가하면 심장 쪽에서의 압력도 증가하여 결국 혈관 밖으로 물이 새어나가게 됩니다. 이 경우를 transudative effusion(누출성 유출)이라 합니다.

이 두 가지는 각각 물이 새어나오는 원인이 다른데 exudate는 혈관의 직경이 증가한 경우이고 transudate는 혈관의 압력이 증가한 경우입니다. 또한 결과도 다릅니다. exudate는 물과 함께 단백질이 같이 나오게 되고 transudate는 물만 나오게 됩니다. 쉽게 생각해서 다리가 부은 경우 exudate는 단단한 살처럼 느껴지는 부종이고 transudate는 물렁물렁한 물 풍선 같은 부종이 되는 것입니다.

R Living Artillery
R - 살아있는 곡사포

아주 멀리서 살아있는 곡사포를 발사. 잠시 후, 포탄이 떨어져 마법 피해를 입히고 4초 동안 은신 상태가 아닌 적의 모습을 드러나게 함. 다음 6초 안에 연속으로 살아있는 곡사포 스킬을 사용하면 40의 마나를 추가로 소모.

□□□ **artillery** [ɑːrtílərɪ 아아**틸**러리] n. 대포   ∞ Vi 참고

art(기술)을 쓰는 -ry(군사집단) artillery(포병대)

★ **artillery**는 대포를 말하는데 cannon대포처럼 각각의 한 대를 일컫는 것이 아니고 집합적으로 발사하는 대포나 '**포병대**'를 말합니다. 예술이나 기술을 뜻하는 art에서 나온 단어입니다. 포병대는 힘으로 공격하는 것이 아니라 '**기술**(art, skill)'로 공격하는 군대라는 뜻입니다.
artillery포병대와 비슷하게 어근에 -ry가 붙어서 군사집단을 나타내는 단어에는 보병대(infantry), 기병대(cavalry) 등이 있습니다.

infantry [ínfəntrɪ **인**ㅎ펀트리] n. 보병
cavalry [kǽvlrɪ **캐**블리] n. 기병, 기갑부대

* **infantry**는 '**보병대**'라는 뜻입니다. 유아나 젖먹이를 뜻하는 infant에서 나온 단어입니다. 중세시대에는 군대를 구성할 때 경험 없고(inexperienced) 어린 병사들은 보병으로 지명되었습니다. 반대로 갑옷을 살 돈이 있고 나이가 있는 사람들은 기사나 기병이 되어 복무하였습니다.
무기의 발달로 인하여 현대에 이르러서는 무시무시한 병과가 될 수 있는 infantry보병대도 사실은 어리다(youth)는 뜻의 연약한 infant에서 나왔다는 사실이 재미있습니다. 아장아장 걷는 아기와 척척 씩씩하게 걷는 보병대를 연관하여 생각하면 되겠습니다.

참고로 infant는 라틴어 infantem에서 나온 단어로서 in(not) + fans(speak)의 조합입니다. 즉, **'아직 말을 하지 못하는 아기'**라는 뜻입니다.

프랑스어로 **앙팡** 테리블(enfant terrible)은 **'(조숙하고 영악해서) 무서운 아이'**라는 뜻으로 우리나라에서도 자주 볼 수 있는 단어이고 여기서 앙팡은 바로 infant유아를 말하는 프랑스어입니다. 한때 앙팡 테리블은 우리나라 축구선수 고종수의 별명이기도 했습니다.

infant [ínfənt 인ㅎ펀ㅌ] n. 유아

* cavalry는 말을 탄 병사들인 **'기병대'**를 뜻하는데 기사를 뜻하는 cavalier에서 나온 단어입니다.

또한 이 cavalier는 말을 뜻하는 라틴어인 equus에서 나온 단어입니다. 시간이 지나면서 라틴어의/q/발음이 영어의 /c/의 발음과 철자로 옮겨진 단어입니다. 현대자동차의 고급차인 [Equus에쿠스]가 이 라틴어를 사용한 차종입니다.

cavalry를 외울 때는 친구들 간에 자주 사용하는 비속어인 **'개불리'**를 이용하면 됩니다.

즉 "기병대가 없으니 **캐불리**해!"라고 보병이 외치는 것으로 상상하면 쉽고도 재미있습니다.

Kog'Maw

★☆☆☆☆ surprise - They yelled, "Surprise!" when he opened the door to his surprise party.
그가 자신의 깜짝 파티가 열리는 곳의 문을 열었을 때 그들은 "놀랐지!"하고 외쳤다.

★★★☆☆ caustic - a caustic type of chemical 부식성 화학물

★★★☆☆ spittle - spittle flying from his mouth 그의 입에서 날아온 침

★★★☆☆ corrode - The corroded tank couldn't even fire.
그 부식된 탱크는 심지어 대포를 발사할 수도 없었다.

★★★☆☆ corrosive - the corrosive effects of salt water 염수(소금물)의 부식효과

★★★☆☆ corrosion - Workers sprayed oil on her metal arms to prevent corrosion.
일꾼들이 부식을 막기 위해 그녀의 금속 팔에 기름을 뿌렸다.

★★★☆☆ erode - Chasing after Ulysses, a giant eroded the mountain top by his mighty blow.
율리시스를 아가며 한 거인이 강력한 주먹 한 방으로 산꼭대기를 허물어뜨렸다.

★★★☆☆ erosive - Beavers, through their dam, had reduced the erosive power of the river.
비버가, 그들의 댐을 통해, 그 강의 침식력을 감소시켰다.

★★★☆☆ erosion - the problem of soil erosion 토양 침식 문제

★★★☆☆ rodent - All the ground staff tried to catch a rodent which ran on the field.
모든 경기장 관리인들이 구장을 뛰어간 설치류 한 마리를 잡으려 했다.

★★★★☆ arcane - describe with arcane mathematics and symbols
불가사의한 수학식과 기호로 묘사하다

★★★☆☆ coerce - A tattooed man coerced his friends into joining the street fight.
문신을 한 한 남자가 자기 친구들을 거리싸움에 억지로 밀어 넣었다.

★☆☆☆☆ exercise - the prime time to exercise 운동하기 가장 좋은 시간

★★★☆☆ ooze - Ooze dripped down from the alien's mouth.
외계인의 입에서 분비물이 흘러내렸다.

★★★☆☆ effusion - the rate of effusion of gases 가스의 배출 속도

★★★★☆ artillery - Artillery fire rained down on the village.
마을에 포화가 비처럼 쏟아져 내렸다.

★★★★☆ infantry - a unit of infantry soldiers 보병 부대

★★★★☆ cavalry - The cavalry attacked Indian troops from the rear.
그 기병대는 인디언 부대를 뒤쪽에서 공격했다.

★★★☆☆ infant - infant mortality rates 유아사망율

LeBlanc, the Deceiver

르블랑 - 환술사

- **P** Mirror Image 거울 환영
- **Q** Sigil of Malice 악의의 인장
- **W** Distortion 왜곡
- **E** Ethereal Chains 도약
- **R** Mimic 모방

Mirror Image
passive - 거울 환영

르블랑의 체력이 40% 이하로 떨어지면 즉시 1초 동안 투명 상태로 변함. 투명 상태가 풀리면 공격 능력이 없는 거울 환영이 생성되어 8초간 유지. 분신의 기본 공격은 온 힛 효과를 냄. 은신상태에서 점멸을 해도 은신이 해제되지 않음.

Sigil of Malice
Q - 악의의 인장

(액티브) : 르블랑이 목표에 구체를 발사하여 마법 피해를 입히고 3.5초 동안 대상에게 표식을 남김. 대상이 르블랑의 스킬로 피해를 입을 경우 인장이 발동되어 피해를 추가.

□□□ **sigil** [sídʒɪl **시질**] n. 인장
□□□ **malice** [mǽlɪs **맬리스**] n. 악의

Sigil(인장)은 Sign에서 나온 단어

★ **sigil**은 인장을 말합니다. sign서명을 뜻하는 라틴어인 signum에서 나왔으며 도장이나 봉함을 뜻하는 seal과 관련이 있는 단어입니다. sigil은 과거에는 가문의 표식을 의미했으나 현대에 와서는 도장이라는 뜻으로도 사용됩니다. sigil은 sign과 철자도 비슷하고 뜻, 어원도 같아서 sign을 통해 기억하면 되겠습니다.

온라인게임에서 sigil은 악마를 불러내거나 마법을 부릴 때에 사용하는 마법진과 같은 그림 문양의 형태로 자주 볼 수 있습니다.

또한 sigil은 중세 가문의 문장을 의미하기도 합니다. 판타지 역사드라마라고 할 수 있는 전 세계 최고의 인기 미드 [Game of Throne왕좌의 게임]에도 각 가문의 sigil인장을 볼 수 있습니다.

sigil은 보통 그 가문의 기원이나 신조 등에 관한 상징동물이나 물건을 표시하는 경우가 많습 니다.
우리나라의 고조선이라면 마늘 먹는 곰을 깃발에 그려넣었을 것이고 신라는 박혁거세의 알이나 백마를, 고구려는 삼족오(三足烏)나 주몽을 도와준 자라와 물고기를 사용했을 것입니다.

또한 sigil과 같이 한 가문의 특징을 나타내는 것에는 글귀(문장)들이 있는데 우리나라의 '**가훈(家訓)**'에 해당하는 가문의 '**words구호**'입니다.
[Game of throne]에서는 이처럼 각 가문의 sigil인장과 함께 '**words구호**'를 보는 재미도 상당 합니다.
가장 인상 깊은 가문의 words구호는 Greyjoy그레이조이 가문의 '**We do not sow. 우리는 씨를 뿌리지 않는다.**'같습니다. 우리는 해적이니 약탈로 먹고 산다는 뜻입니다.

Happy ending 따위는 없는 [Game of Throne]

[왕좌의 게임]은 '**조지 R.R. 마틴**'이 지은 판타지소설을 드라마화 한 작품입니다. 중세 영국을 닮은 상상의 칠왕국을 중심으로 한 방대한 세계관과 신비한 이야기와 치밀한 스토리, 아무도 예상 못하는 충격적인 전개로 전 세계에서 가장 매니아 층이 두터운 드라마입니다.

흔한 happy ending은 없는 드라마입니다. 심지어 '**조지 R.R. 마틴**'은 시청자가 가장 사랑하는 주인공들을 골라 죽이는 것으로 유명합니다. 그래서 [왕좌의 게임] 드라마로 전 세계적인 인기를 얻은 주연급 배우들은 대본을 받자마자 이 시즌에 자기가 죽는지 사는지부터 체크한다고 합니다.

시청자의 입장에서는 각 가문의 sigil인장도 외우고 words구호도 외우면서 어느 배우가 주인공인 것 같아서 정 좀 붙여보려고 하면 어느 순간 그는 아주 비극적으로 죽어버립니다. 아마도 그 충격에 입을 다물지 못하다가 그 후의 전개가 궁금해서 다음 시즌을 더 보게 되는지도 모르겠습니다.

mal은 악(惡)이란 한자이다

★ malice는 나쁜 의도인 악의(惡意)를 말합니다. 앞의 mal-접두어는 악(惡)을 의미합니다. 선(善)을 뜻하는 bene- 와 대비하여 이해하면 좋습니다.

mal 惡			bene 善		
	malice	n. 악의			good will 선의
	malicious	a. 악의적인		beneficient	a. 자비로운
	malevolent	a. 악의적인		benevolent	a. 자애로운
	malignant	a. 악성의			benign a. 양성의
	malefactor	n. 악인		benefactor	n. 선인
	malefaction	n. 범죄		benefaction	n. 기부금

이처럼 mal로 시작하는 단어는 '악(惡)'의 뜻인 접두사로 사용되는 경우가 많아서 뜻을 유추하기가 편합니다.

maltreat [mæltríːt 맬**트리**잇] v. 잔인하게 다루다   mal(惡) + treat
malpractice [mælpræktɪs 맬**프랙**티스] n. 위법행위, 의료과실   mal(惡) + practice(잘못된 실행)
maladaptive [mælədǽptiv 맬어**댑**티브] a. 부적응의   mal(惡) + adaptive(잘못 적응한)
malformation [mælfɔːrméɪʃn 맬포어**메이**션] n. 기형   mal(惡) + formation(잘못된 형성)
malady [mǽlədɪ 맬**러**디] n. 잘못된 습관 : 병폐   mal(惡) + habit

Distortion
W - 왜곡

(액티브) : 르블랑이 대상 위치로 빠르게 이동하며 주변의 적들에게 마법 피해. 이후 4초 내에 다시 한번 발동하면 르블랑은 원래 위치로 돌아갈 수 있음.

□□□ **distortion** [dɪstɔ́ːrʃən 디스**토어**션] n. 왜곡

distortion(왜곡)의 tort는 비틀다는 뜻

★ distortion은 형상이 찌그러지는 것인 **'왜곡'**을 의미합니다. 챔피언 Aatrox아트록스의 E 스킬인 〈Blades of Torment고통의 검〉에서도 tort 어근이 나왔었습니다.
tort가 들어있는 단어는 **'꼬다'**는 뜻을 넣어서 기억하면 이해가 쉬워집니다.

distort [dɪstɔ́ːrt 디스**토어**ㅌ] v. 왜곡하다 dis(완전히) + tort(twist꼬다)
torture [tɔ́ːrtʃə(r) **토어**쳐] n. 고문 → **torment** n. 고통 ∞ Aatrox 참고

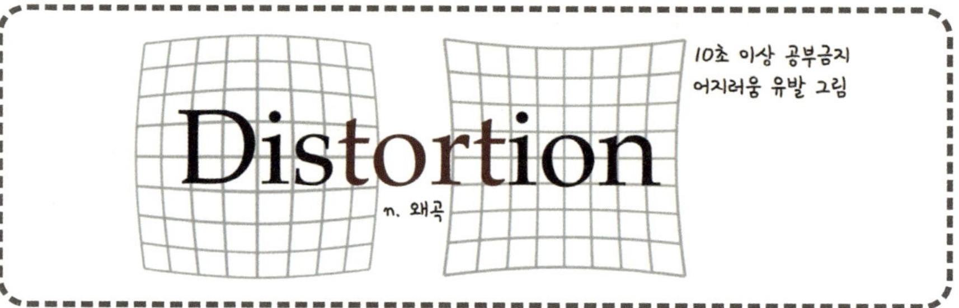

다음 세 단어는 tort가 들어갔지만 자주 쓰이는 단어가 아니므로 뜻을 외우지는 말고 유추만 해보기 바랍니다.

contort : con(완전히) + tort(twist꼬다) 완전히 비틀어 끌어내다 → v. 찡그리다
extort : ex(밖으로) + tort(twist꼬다) 밖으로 비틀어 끌어내다 → v. 자백을 강요하다
retort : re(다시) + tort(twist꼬다) 다시 되돌려 비틀어 끌어내다 → v. 말대꾸하다

참고로 단어 tornado토네이도에도 tor가 들어갑니다. 토네이도도 바람이 돌며 꼬는 모습을 연상시키지만 원래 tornado는 thunderstorm천둥 폭풍을 뜻하는 스페인어 tornada에서 나온 단어라서 tort 어근과 살짝 기원이 다릅니다.

E | **Ethereal Chains**
E - 환영 사슬

(액티브): 르블랑이 대상 위치로 마법의 사슬을 던짐. 사슬이 적을 타격하면 마법 피해를 입히고 이동 속도를 25% 감소시킴. 대상이 1.5초 동안 이 사슬에 묶임.

□□□ **ethereal** [ɪθíɾɪəl 이**씨**리얼] a. 천상의

ethereal(천상의) 단어는 ether(에테르)에서 나온 것

★ ethereal은 '**천상의**' 뜻의 형용사입니다. 눈에 보이는 하늘보다는 신이 사는 천상을 의미합니다. 예를 들어 ethereal music하면 '**하늘의 음악**'이 아니고 '**천상의 음악**' 즉, 천국에서나 들을 수 있는 아름다운 음악이라는 뜻이 됩니다.
ethereal은 ether에테르에서 나온 단어입니다.

aether [íθər 이이써] n. = **ether** 에테르, 하늘, 창공

나중 이 ether는 하늘이나 창공의 뜻 외에도 과학의 발전에 따라 몇 가지 뜻이 더 생겼습니다.

첫째, 5번째 원소로서 에테르입니다.
이는 그리스 철학자들이 세상을 이루는 5번째의 원소로서 당시 인간이 발견하지 못한 가상의 물질에 에테르란 이름을 붙여 놓은 것이었습니다.

둘째, 빛의 매질로서의 에테르입니다.
근대에 빛은 wave파동이다라고 생각했던 과학자들이 빛을 전달하는 가상의 medium매질을 에테르라고 명명해놓았었습니다. [5원소설]처럼 지금은 폐기된 개념입니다.

셋째, 에테르는 마취제로 쓰이는 휘발성 화학물질 에테르를 말하기도 합니다.
현대에 에테르하면 거의 이 화학물질로서의 에테르를 의미합니다.

참고로 ethereal천상의과 같은 뜻의 단어로는 celestial이 있고 반대어로는 '**대지의**'라는 뜻을 가진 terrestrial이 있습니다.

medium [míːdɪəm 미이디엄] a. 중간의 n. 매체, 매질
celestial [səléstʃl 설레스츨] a. 천상의
terrestrial [təréstrɪəl 터레스트리얼] a. 지생의, 대지의
　　← **terrain** [təréɪn 터레인] n. 지형, 지역
　　→ **territory** [térətɔːrɪ 테러토어리] n. 영토

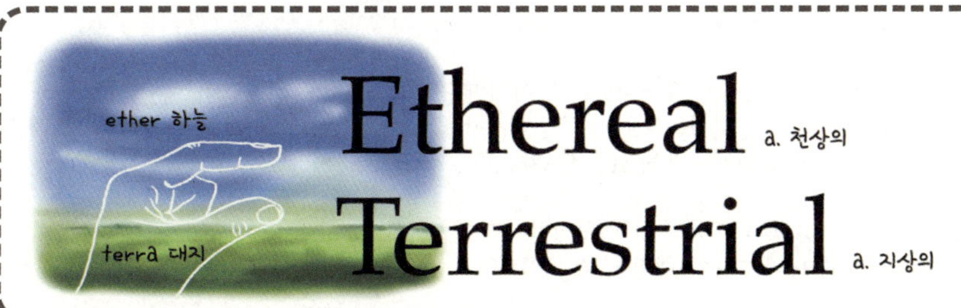

* **celestial**은 '**천상의**'라는 뜻인데 하늘을 뜻하는 라틴어 caelum에서 나온 단어입니다. 어원상 천장을 뜻하는 ceiling과 관련이 있습니다.
celestial을 기억할 때는 ceiling천장의 뜻을 이용하거나 '**마음 설레게 스쳐가는 천상의 별**'로 시를 한 편 써도 됩니다.

* **terrestrial**은 '**대지의, 육상의**'라는 뜻입니다. earth땅를 뜻하는 라틴어 terra에서 기원한 단어이고 대지의 여신 Tera테라를 생각하면 되겠습니다. 공중에 사는 동물과 대비해서 '**육상동물**'을 이야기 하고 싶을 때면 이 '**육상의**' 뜻으로 terrestrial을 사용하면 됩니다.
인기 온라인 게임 [테라]를 생각하면 쉽게 기억됩니다.

Mimic
R - 모방

(액티브) : 르블랑이 직전에 사용한 기술을 다시 한 번 사용할 수 있음. 모방을 통해 발동한 기술은 기존 스킬에 추가 피해.

□□□ **mimic** [mímɪk 미믹] v. 흉내를 내다

mimic은 mime(마임)에서 나온 단어

★ **mimic**은 그리스어 mime에서 나온 단어입니다. 우리가 알고 있는 pantomime판토마임과 같은 것입니다.
pantomime은 그리스에서 로마로 전래된 연극의 한 종류로서 'panto(모든 것)+ mimos(흉내 내는 사람)', 즉 모든 것을 흉내 내는 예술입니다. 판토마임은 본래 전형적이고 격식화된 연극에 비해 저속하고 호색적인 내용이 많은 것이 특징이었습니다.
따라서 mimic은 보통 흉내를 낼 때 조롱하는 뜻을 포함하고 있습니다. mimic의 명사형은 mimic-ry입니다.
또한 '**흉내내다**'라는 뜻의 mime 어근과 관련된 단어로는 mock이 있습니다.

mimicry [mímɪkrɪ 미미크리] n. 흉내
mock [mɑːk 마아ㅋ] v. 조롱하다   ∞ Tryndamere 참고
　→ **mockery** [mɑ́ːkərɪ 마아커리] n. 조롱

이외에 mimic과 비슷하게 흉내내다는 뜻이지만 조롱의 의미가 없는 단어로는 imitate가 있습니다. 또 그대로 복사한다는 의미는 copy, 존경해서 본받는 것은 emulate를 사용합니다. 그리고 '**짝퉁**' 이라는 표현에는 fake라는 좋은 단어가 있습니다.

imitate [ímɪteɪt 이미테이트] v. 모방하다
emulate [émjuleɪt 에뮬레이트] v. 모방하다

이러한 모방하다라는 뜻의 동사들을 뉘앙스에 따라 표로 정리해보겠습니다.

v. 모방하다, 흉내 내다	mimic	조롱의 뜻을 포함
	imitate	조롱의 의미는 없음, (값비싼 것의) 모조품
	copy	원형 그대로 복사하는 것
	emulate	존경해서 본받는 것

* imitate는 '**모방하다**'는 뜻인데 여자들은 명품 백(bag)이나 명품 옷들을 본 딴 imitation이미테이션(복제품)이라는 단어를 통해 익숙한 단어입니다. imitation이란 단어에 조롱의 의미는 없으므로 우리말 '**짜가, 짝퉁**'처럼 조롱의 의미가 들어간 단어를 찾는다면 fake를 쓰는 것이 적절합니다.

imitation은 라틴어 imitationem에서 나온 단어인데 copy복제품란 뜻의 PIE어근의 *aim-에서 파생된 것입니다. 이 PIE어근 *aim-에서 나온 단어로는 image가 있습니다. image는 실체가 아닌 형상이라는 뜻입니다.

imitate를 기억할 때는 이 image의 철자를 이용하면 됩니다.

* emulate도 '**모방하다**'는 뜻이기는 하지만 '**존경해서, 혹은 이기려고 본받다**'는 의미가 들어있습니다. imitate처럼 PIE어근의 *aim-어근에서 나왔으므로 imitate와 발음이 살짝 비슷합니다.

emulate를 외울 때는 어미 게가 아기 게에게 똑바로 정면으로 걸어가라고 가르치는 모습을 떠올리면 됩니다.

"**애야. 애밀따라 모방해서 걸어 보거라**"

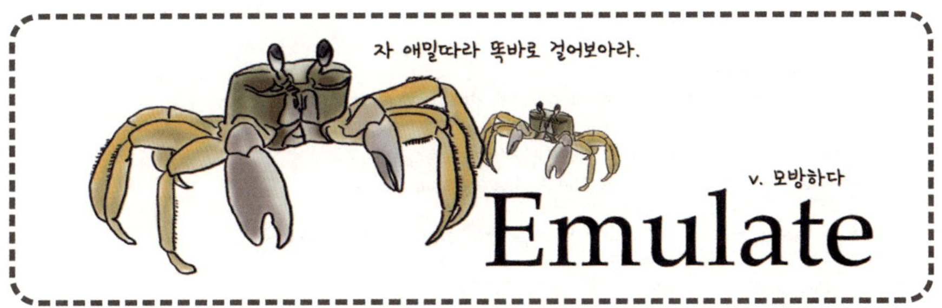

LeBlanc

★★★★☆ sigil - He turned his flashlight on the sigil to get a better look.
그는 그 인장을 좀 더 잘 보기 위해서 자신의 손전등을 켰다.

★★★☆☆ malice - I bear no malice toward anybody.
나는 누구에게도 악의를 품지 않는다.

★★★☆☆ maltreat - parents who maltreat their children
자신의 아이를 학대하는 부모

★★★☆☆ malpractice - The doctor was sued for malpractice after attaching the navel on the patient's chest.
그 의사는 환자의 가슴에 배꼽을 붙인 뒤 의료과실로 고소당했다.

★★★☆☆ maladaptive - a maladaptive behavior 부적응 행동

★★★☆☆ malformation - a congenital malformation 선천성 기형

★★★☆☆ malady - a never ending social malady 끝나지 않는 사회적 병폐

★★★☆☆ distortion - a serious distortion of the truth 진실의 심각한 왜곡

★★★☆☆ distort - Don't distort the facts about the Sino-Japanese war.
중일전쟁에 관한 사실을 왜곡하지 마라.

★★★☆☆ torture - They tortured suspected communists in a brutal manner.
그들은 공산주의자로 의심되는 자들을 잔인한 방법으로 고문했다.

★★★☆☆ ethereal - her ethereal beauty 그녀의 천상의 아름다움

★★★☆☆ aether - Nasty gases and smoke dispersed into the aether.
끔찍한 가스와 연기가 공기 중으로 흩어졌다.

★★★☆☆ medium - the medium of sound 소리의 (전달)매체

★★★☆☆ celestial - This black planet is a mysterious celestial body.
이 검은 행성은 불가사의한 천체이다.

★★★☆☆ terrestrial - a digital terrestrial TV 디지털 지상파 TV

★★★☆☆ terrain - The terrain is rough, I need shock absorbers on my bike.
지형이 거칠어서 나는 내 자전거에 완충장치가 필요하다.

★★★☆☆ territory - The territory of both countries expanded after the 'Thirty Years' War'.
그 두 나라의 영토는 '30년 전쟁' 후에 확장되었다.

★★★☆☆ mimic - Hey, don't mimic me, or I will tell the teacher.
야. 나를 흉내 내지 마. 안 그러면 선생님께 일러바칠 거야.

★★★☆☆ mimicry - a talent for mimicry 흉내 내는 재주

★★★☆☆ mock - He was mocked for his bowl shaped haircut.
그는 자신의 바가지 모양 헤어스타일 때문에 조롱받았다.

★★★☆☆ mockery - His tone held a hint of mockery and sarcasm.
그의 목소리 톤은 조롱과 비난의 기미를 가지고 있었다.

★★★☆☆ imitate - We imitated nature to extract renewable energy.
우리는 재생 에너지를 추출하기 위해 자연을 모방했다.

★★★★☆ emulate - his wish to emulate his father
그의 아버지를 따라하고 싶은 그의 소망

Lee Sin. the Blind Monk

리 신 - 눈 먼 수도승

P	Flurry 질풍격
Q	Sonic Wave / Resonating Strike 음파 / 공명의 일격
W	Safeguard / Iron Will 방호 / 강철의 의지
E	Tempest / Cripple 폭풍 / 무력화
R	Dragon's Rage 용의 분노

P Flurry
passive - 질풍격

리 신이 스킬을 사용하고 난 후 그의 다음 두 번의 공격은 40% 증가된 공격 속도를 갖고 타격 시 기력을 회복.

□□□ **flurry** [flə́ːrɪ ㅎ플러어리] n. 광풍

★ flurry는 갑자기 짧게 휘몰아치는 돌풍을 말하기도 하고 사람들 사이의 갑작스런 혼란을 말하기도 합니다. flour밀가루가 혼란스럽게 휘날리는 모습과 관련이 있는 단어입니다.

Q Sonic Wave / Resonating Strike
Q - 음파 / 공명의 일격

(액티브) : 리 신이 음파를 발사하여 적에게 물리 피해. 명중하면 3초 이내에 공명하는 일격을 사용.
(액티브) : 리 신이 적에게 돌진하여 물리 피해.

□□□ **sonic** [sáːnɪk 사아닉] a. 소리의
□□□ **resonate** [rézəneɪt 레저네이트] v. 공명이 되다   ∞ Ekko 참고

 **sono-는 소리 음(音)을 나타내는 어근이다**

★ sonic은 '소리의'라는 뜻인데 sound 뜻의 라틴어 sonus에 형용사형 어미 -ic가 붙은 것입니다. sonic은 기술전문 용어로 자주 사용되는 단어입니다. 예를 들어 sonic boom음속폭음은 초음속 비행기가 the sonic barrier음속장벽을 돌파할 때 나는 소리를 말합니다.

이 소닉붐은 비행기의 속도가 음속(실온에서 340m/s)을 초과하게 되면 비행기의 압력이 한 점에 모이는 변화가 생겨 발생하는 충격파입니다.
건물 가까이에서 비행기가 소닉붐을 발생시키면 유리창이 깨지거나 건물에 손상이 가해집니다.

참고로 sonus 어근은 ultrasound초음파나 resound, sonata 단어에서도 확인할 수 있습니다.

> **ultrasound** [ʌ́ltrəsaʊnd **얼**트러사운ㄷ] n. 초음파
> **resound** [rɪzáʊnd 리**자운**ㄷ] v. (소리가) 울려 퍼지다
> **sonata** [sənáːtə 서**나아**터] n. 소나타　　∞ Ekko 참고

그리고 sonus- 외에도 '**소리**'에 관한 더 전문적인 용어로 acoustic이란 단어가 있습니다.

> **acoustic** [əkúːstɪk 어**쿠우**스틱] a. 음향의

 * **acoustic**은 '**음향의**'라는 뜻의 형용사인데 그리스어 akoustos에서 나온 단어입니다. 이 그리스어는 '**듣다(hear)**'라는 뜻의 PIE어근 *kous-앞에 /a/가 붙은 것입니다. 이 *kous-어근은 영어에서 통보(notice)를 뜻하는 라틴어 기원의 용어인 caveat캐비엇 외에는 보기가 힘듭니다.
acoustic은 어려운 '**음향**'을 뜻하는 전문용어이지만 electric guitar전기기타와 비교대상이 되는 어쿠스틱 기타(acoustic guitar통기타)라는 용어 때문에 음악을 조금 아는 사람에게는 꽤 친숙한 단어입니다.

Safeguard / Iron Will

W - 방호 / 강철의 의지

□□□ **safeguard** [séɪfɡɑ:rd 세이ㅎ프가아드] v. 보호하다

Tempest / Cripple

E - 폭풍 / 무력화

□□□ **tempest** [témpɪst 템피스트] n. 폭풍

□□□ **cripple** [krípl 크리플] v. 불구로 만들다   ∞ Lee sin 참고

tempest(폭풍)는 temporary(일시적인) weather에서 나온 단어

★ tempest도 storm처럼 폭풍을 말하지만 기상학 학술용어는 아닙니다. 좀 더 관용적으로 쓰이고
'a tempest in a teapot찻잔 속의 태풍'에서처럼 문학적인 표현에 사용됩니다.
원래는 'temporary일시적인 시간'을 나타내는 라틴어 tempus에서 나온 단어인데 점차 '일시적인
시간'의 뜻이 '일시적인 날씨'로 바뀌고 또 '나쁜 날씨, 폭풍우'로 변화하여 생긴 단어입니다.

temporary 일시적인 시간 → 일시적인 날씨 → 나쁜 날씨 → tempest 폭풍우

이 시간을 의미하는 라틴어 tempus에서 기원한 단어들은 tempest 외에 temporary, temporal,
contemporary 등이 있습니다.

temporary [témpəreri 템퍼레리] a. 일시적인
    ← temporal [témpərəl 템포럴] a. 시간의, 현세의
contemporary [kəntémpəreri 컨템퍼레리] a. 동시대의, 당대의

* temporary는 '일시적인'이라는 뜻입니다. 시간을 나타내는 라틴어 tempus 어근은 현대 영어에서 음악의 속도를
뜻하는 tempo템포 단어로 쓰이고 있습니다.
temporary를 기억할 때도 **템포**에서 뜻을 발전시켜 나가면 됩니다.

* contemporary는 '동시대의'라는 뜻입니다. con(함께) + temporal(time시간의) + -ary 조합의 형용사이고 같은
시대를 살아가는 것을 말합니다.
3천 년 뒤의 후손이 봤을 때 우리는 빌 게이츠, 워렌 버핏, 스티븐 호킹과 동시대의(contemporary) 사람입니다.

Contemporary

a. 동시대의

각각의 문화에 따라 원어민들에게는 단어가 주는 첫 이미지가 있기 마련입니다.
고등학교에서 공부한 원어민들은 'tempest'하면 가장 먼저 셰익스피어의 희곡을 떠올리게 됩니다.
우리가 '메밀'이라는 단어에서 이효석의 소설 [메밀꽃 필 무렵]을 떠올리는 것이나 '사랑방'이라는
단어에서 주요섭의 소설 [사랑손님과 어머니]를 떠 올리는 것과 같은 이치입니다.

[The Tempest폭풍우]는 William Shakespeare윌리엄 셰익스피어의 로맨스 희곡의 제목입니다.
희곡 [The Tempest]는 유명한 등장인물 Prospero프로스페로의 대사인 "잔치는 끝났다"가 나오는
작품입니다.
아주 유명한 구절이라서 그 장면의 본문을 가져와서 보겠습니다.

The Tempest Act 4, Scene 1

Prospero dismisses the sprites and tells Ferdinand and Miranda:
"**Our revels are now ended.** These our actors,
As I foretold you, were all spirits and
Are melted into air, into thin air:
And, like the baseless fabric of this vision,
The cloud-capp'd towers, the gorgeous palaces,
The solemn temples, the great globe itself,
Ye all which it inherit, shall dissolve
And, like this insubstantial pageant faded,
Leave not a rack behind. We are such stuff
As dreams are made on, and our little life
Is rounded with a sleep.

프로스페로는 정령들을 해산시키며 퍼디난드와 미란다에게 말한다.
"이제 우리의 연회는 끝났다. 이들은 우리 배우들이다.
너에게 아까 말했듯이, 모두 정령들이고 그리고
공기 속으로, 엷은 공기 속으로 녹아져 간다.
그리고 이 환상에 보인 가공의 꾸밈처럼,
구름에 휩싸인 탑도, 멋진 궁전도,
장엄한 사원도, 위대한 지구 자체도,
그래 존재하는 모든 것은, 사라져버리게 될 것이다.
그리고 이 꿈같은 가면극이 사라지는 것처럼
아무 자국도 남기지 않게 된다. 우리는 꿈을 만드는 재료처럼
만들어졌으며 우리의 짧은 인생은
잠으로 둘러싸여 있느니."

the Tempest 4막 1장

놀고 즐기고 게임하고 응석부리고..대충 공부하며 지내던 대한민국의 한 젊은이는 어느날 아침에 깨자마자 "이제 잔치는 끝났다"는 말을 듣게 되고 동시에 사회에 던져지게 됩니다.
공포영화의 한 장면처럼 머리에 찬물을 추악~ 끼얹는 대사입니다.

cripple(불구)로 만들다는 것은 creep(기다)하도록 만드는 것

★ cripple은 '**불구를 만들다**'는 뜻인데 여러 장애 중에서 특히 '**다리의 불구**'와 연관이 있습니다.
그 이유는 cripple은 creep기다과 어근이 연관되어 있고 다리를 다쳐서 기어가는 모습에서 유래한
것이기 때문입니다.

장애인을 표현하는 단어는 disabled person, the disabled, the handicapped 등을 사용할 수
있습니다. 장애와 관련된 다른 단어들은 비하의 의미가 있을 수 있으므로 선택에 주의해야 합니다.
우리나라도 불구자란 표현보단 장애인, 장애우의 표현을 사용합니다.

disabled [dɪséɪbld 디스**에이**블ㄷ] a. 장애를 가진   dis(반대) + able(가능한)
handicap [hǽndɪkæp **핸**디캡] n. 장애

＊ disabled는 '**장애를 가진, 장애인의**'라는 뜻이고 '**장애를 입히다**'라는 뜻의 동사인 disable에서 나온 것입니다.
dis(반대) + able(~할 수 있는)의 조합으로서 '**능력이 없다**'는 뜻입니다. 명사는 disability장애입니다.

＊ handicap은 주로 경마장에서 사용하는 용어였는데 공평한 경주를 위해 잘나가는 말에게
얹는 '**무게**'를 말합니다. 그렇게 승률을 비슷하게 만들어 사람들이 배팅을 하게 만드는 것입니다.
원래 '**모자 속의 손(hand in cap)**'이란 것은 17세기에 만들어진 게임의 한 종류였습니다.

Handicap 게임

handicap이란 단어는 hand in cap이란 게임에서 나온 것입니다. 게임규칙은 두 사람이 모자 속에 자신의
베팅금액을 손으로 쥐고 숨겨놓은 다음 심판이 그 금액의 차이를 두 사람에게 알려줍니다. 심판의 신호에 따라
각자 손을 빼면 그 판의 게임에 들어간다는 것이고 그대로 있으면 그 판의 게임을 안 한다는 뜻입니다. 만일 둘
다 손을 빼거나 둘 다 그대로 있으면 심판이 판돈을 가져가게 되고 한 사람만 손을 빼게 되면 상대방의 돈을
가져가게 됩니다.
hand in cap 게임은 지금도 친구 3명이 모인다면 동전으로 재미있게 놀 수 있는 게임방법입니다.

cripple이 다리 부분의 장애에서 몸 전체적인 장애의 표현으로 발전한 것임에 비해 직접 '**다리를
절다**'라는 표현으로는 limp와 lame이 있습니다.

limp [lɪmp 림ㅍ] v. 절뚝거리다
lame [leɪm 레임] a. 절름발이의

＊ limp는 '**절뚝거리다**'라는 동사이고 limb사지(四肢)에서 나온 단어입니다. '**주변**'을 뜻하는 라틴어 limbus에서 나온
단어입니다. 우리의 팔다리는 몸통 주변에 붙어있는 물건들이니 사지를 주변의 것들이라고 표현해도 될 듯합니다.
영어에서도 limbus는 '**가장자리**'라는 뜻으로 라틴어 철자 그대로 사용되고 있습니다.

* lame은 '**절름발이의**'라는 뜻인데 우리가 흔히 레임덕이라는 용어에서 볼 수 있는 단어입니다. lame duck레임덕이란 '**절뚝거리는 오리**'를 말합니다.
레임덕은 정치에서 대통령 같은 권력자의 임기가 만료되는 시점에 다가가면 주변사람이 그의 말을 듣지 않게 되거나 영향력을 상실하게 되는 것을 말합니다. 레임덕이란 표현은 President Lincoln링컨 대통령이 맨 처음 쓴 용어라고 합니다.

그 외에도 장애와 관련된 가장 인상 깊은 단어로는 '**basket case**'가 있습니다.
basket case는 손이 다친 case경우, 눈이 다친 case경우 등 여러 질병과 손상 중 특별한 환자 case경우를 부르던 단어입니다.

제 1차세계대전중에 미군병원에서 전투중의 부상으로 사지를 절단당한 병사를 바구니로 이동해야하는 경우를 basket case로 불렀습니다.
팔과 다리가 모두 잘려 바구니로 이동당한다고 상상하여 보십시오. 끔찍하죠.

이렇게 basket case는 전쟁의 참상을 알리는 단어여서 이후에도 살아남아서 지금은 '**완전 무능력한 노이로제 상태**'를 표현할 때 사용되고 있습니다.

They said he'd been a basket case for almost two months by the time he got divorced.
그들은 그가 이혼을 당한 뒤 두 달동안 거의 노이로제로 무기력 상태였다고 말했다.

R **Dragon's Rage**
R - 용의 분노

(액티브) : 리 신이 강력한 돌려차기로 적 챔피언을 뒤로 날려버리고 날아간 대상과 부딪히는 모든 적에게 물리 피해. 공격 대상과 부딪힌 적은 짧은 시간 공중에 떠오름. 더불어 대상과 충돌하는 적 챔피언에게 대상의 추가 체력의 일부에 해당하는 물리 피해를 입힘.

Lee Sin

★★★★★ **flurry** - After a flurry of action, the game is now 5 to 5.
한바탕의 법석을 피운 후에, 게임은 이제 5:5가 되었다.

★★☆☆☆ **sonic** - the sonic assault of rock music
락 음악의 음파 공격(소리 공해)

★★★☆☆ **resonate** - The sound of the huge tractor resonates through the town.
그 거대한 트랙터의 소리는 도시 전체에 울려 퍼진다.

★★★☆☆ **ultrasound** - a beam of high intensity ultrasound 고강도 초음파의 빔

★★★☆☆ **resound** - The picture of the dead boy resounded around the world.
그 죽은 소년의 사진은 전 세계에 반향을 일으켰다.

★☆☆☆☆ **sonata** - Beethoven's Moonlight Sonata 베토벤의 월광 소나타

★★★★☆ **acoustic** - The acoustics in this music hall are lousy.
이 음악당의 음향시설은 형편없다.

★★★☆☆ **safeguard** - Our data was safeguarded on the server.
우리의 자료는 서버에서 보안이 유지된다.

★★★★☆ **tempest** - the hush before a tempest 폭풍전의 고요

★★★☆☆ **cripple** - The motorcycle crippled him forever.
그 오토바이는 그를 영원히 불구로 만들었다.

★★★☆☆ **temporary** - temporary internet files 임시 인터넷 파일

★★★☆☆ **temporal** - The Pope has no temporal power.
교황은 세속적(현세의) 권력이 없다.

★★★☆☆ **contemporary** - a contemporary art 현대 미술

★★☆☆☆ **disabled** - The disabled runner had a robotic leg, which allowed him to win the race.
그 장애인 주자는 로봇식 다리를 가지고 있었는데, 그것이 그로 하여금 경주에 이기게 해 주었다.

★★★☆☆ **handicap** - a physical handicap 신체적 장애

★★★☆☆ **limp** - My leg went limp after playing computer games for the whole day.
하루 종일 컴퓨터 게임을 했더니 내 다리가 축 처졌다.

★★★☆☆ **lame** - She was lame in one leg.
그녀는 한쪽 다리를 절뚝거렸다.

Leona, the Radiant Dawning

레오나 - 여명의 빛

P	Sunlight	햇빛
Q	Shield of Daybreak	여명의 방패
W	Eclipse	일식
E	Zenith Blade	천공의 검
R	Solar Flare	흑점 폭발

P **Sunlight**
passive - 햇빛

레오나의 스킬은 대상에게 3.5초간 표식을 남김. 아군 챔피언이 대상을 공격할 경우 표식이 터지면서 대상에 마법 데미지. 이 추가 데미지는 아군 챔피언의 데미지로 인식되며 아군 챔피언의 마법 관통을 따름. 레오나 자신은 추가 피해를 입힐 수 없음.

Are we alone? 우주에 우리뿐인가?

★ **솔라리 성전사 레오나**는 천공의 검과 여명의 방패로 타곤산을 수호하는 챔피언입니다. 레오나는 태양과 관련된 컨셉의 스킬을 사용합니다. 그럼 레오나가 신념을 가지고 지키려했던 태양의 불길을 확률적인 시각으로 생각해보겠습니다.

태양은 지구의 기원이고 생명력의 원천이며 인류에게 무한한 궁금증을 제공하는 곳입니다.
특히 우리 세계의 중심인 태양은 지구를 품고 있다는 점에서 그것이 우주에서 아주 특별한 별인지 아니면 은하계의 수천 억 개의 항성중의 흔한 별 중 하나인지의 고민을 하게 만듭니다.
페르미의 역설(Fermi paradox) **"만약 외계인이 흔하다면, 왜 안 보이는 거지?"**의 해답은 태양과 같은 별의 rarity희귀성와 관련이 있습니다.

행성천문학과 우주생물학 학자들은 우리 태양과 같은 조건을 가지고 있는 항성을 찾고 그 항성의 Goldilocks골디락스 zone 안에 들어있는 행성을 확인하는 작업을 계속하고 있습니다.
그리고 이러한 고등생물이 생길 수 있는 다른 태양계가 우리에게 연락을 할 확률에 대한 complicated복잡한한 공식이 유명한 [Drake equation드레이크 방정식]입니다.

$$N = R^* \times f_p \times n_e \times f_l \times f_i \times f_c \times L$$

여기서 N은 우리 은하계의 교신 가능한 문명의 숫자이고 각각의 항들은 별의 수, 행성의 존재확률, 생명체가 생존확률, 생명체 탄생확률, 문명 진화확률, 통신기술을 가질 확률, 문명의 존속기간을 나타냅니다. 현재 이 방정식은 정답이 없는데 과학자에 따라서 0.08(즉, 우리밖에 없다)에서 수백만 까지 다양합니다.

이 복잡한 드레이크 방정식을 통해 밤하늘의 거의 모든 별과는 다른 우리의 태양을 감탄의 눈으로 바라볼 수 있게 됩니다.
적당한 크기, 은하계 내에서의 적당한 위치, 적당한 은하공전주기를 가지고 고등생물을 만들어낸 태양은 확률상 우주에서 결코 흔한 것이 아닌 셈입니다.

Goldlocks [góuldɪlɑks **고울**디락ㅅ] n.(신조어) 생명체가 살기에 적당한 곳
complicated [káːmplɪkeɪtɪd **카암**플리케이티ㄷ] a. 복잡한

* Goldlocks골디락스는 영국 전래동화 [골디락스와 세 마리 곰]에서의 금발머리 여주인공 이름인 '**골디락스**'에서 따온 것입니다.
그녀가 숲속의 집에서 찾은 곰들의 수프 중에 '**먹기에 적당하게, 너무 뜨겁지도 너무 차갑지도 않은**(just right, not too hot and not too cold' 것이 있었습니다. 물론 아기 곰의 것이었습니다. 이 이야기에서 유래하여 골디락스란 의미가 천문학에서는 '**생명체가 살기에 적당한**'이라는 의미로 사용되고 있습니다.

* complicated는 '**복잡한**'이라는 뜻인데 동사는 complicate복잡하게 만들다입니다. 라틴어 동사 complicare에서 나온 것입니다. 이 라틴어는 com(함께) + plicare(ply=fold접다)의 조합이고 '**여러 번 접어서 무척 복잡하게하다**'는 뜻입니다. complicated는 명사형 complication이 되면 '**복잡한 일이 생긴 것**'이므로 '**합병증**'이라는 뜻이 됩니다. 어근이 되는 plicare는 ply나 plic의 형태로 여러 단어에서 볼 수 있습니다.

replica [réplɪkə **레**플리커] n. 복제품   re (다시) + plicare(ply=fold접다)
multiply [mʌ́ltɪplɑɪ **멀**티플라이] v. 곱하다   multi(많이) + plicare(ply=fold접다)
implicit [ɪmplísɪt **임플리**싯] a. 암시된, 내포된   in(안으로) + plicare(ply=fold접다)
   → **implicate** [ímplɪkeɪt **임**플리케이트] v. 시사하다
   → **implication** n. 암시
explicit [ɪksplísɪt **익스플리**싯] a. 분명한, 명쾌한   ex(밖으로) + plicare(ply=fold접다)
   → **explicate** [éksplɪkeɪt **엑**스플리케이트] v. 설명하다
   → **explication** n. 설명

 **Q**

Shield of Daybreak
Q - 여명의 방패

| (액티브) : 레오나의 다음 공격은 마법 피해를 추가. 상대방을 1.25초 만큼 기절.

□□□ **daybreak** [déɪbreɪk **데이브레이크**] n. 동틀 녘　∞ Akali 참고

★ daybreak는 동틀 무렵인 dawn새벽을 말합니다. 해가 뜨거나 지는 시기를 나타내는 단어들인 twilight여명, dusk황혼와 비교해서 봐야하는 단어입니다.

 **W**

Eclipse
W - 일식

| (액티브) : 레오나가 방패를 들어 3초 동안 자신의 방어력과 마법 저항력을 증가. 이 효과가 끝날 때 주변에 마법 피해. 적이 이 피해를 받는다면 방어력과 마법 저항력 상승이 3초 더 지속.

□□□ **eclipse** [ɪklíps **이클립스**] n. 식(蝕)　∞ Akali 참고

어! 해가 집나갔네? eclipse(식)

★ eclipse는 그리스어 eklepsis에서 나온 단어로서 분해를 해보면 ec(ex밖으로) + lepsis(leave 떠나다)의 조합입니다. 해나 달이 원래 있던 자리에서 없어졌다는 뜻으로 보면 되겠습니다.
단어의 기원을 보면 동양의 한문에서는 식(蝕)을 벌레가 갉아먹은 것(먹을 食 + 벌레 虫)으로 상상한 것을 알 수 있습니다.
그러나 서양의 라틴어에는 그냥 태양이 자리에서 떠났다고 **'어? 없어졌네?'**라고 평이하게 구성되어 있습니다. 이것으로 봐서는 천체의 사건에 대한 상상력은 동양이 조금 더 뛰어나 보입니다.
eclipse식란 한 astronomical object천문학적 물체가 다른 천문학적 물체를 관찰자의 시야 사이로 들어가 가리는 현상을 말합니다.
지구에서는 solar eclipse일식와 lunar eclipse월식가 대표적인 식(蝕)입니다.

 **Zenith Blade**
E - 천공의 검

(액티브) : 레오나가 직선상의 모든 적에게 마법 피해를 입히는 햇빛의 검을 던짐.
레오나는 피해를 받은 마지막 적 영웅을 0.5초 동안 구속하며 그 위치로 달려감.

□□□ **zenith** [zénɪθ **제니쓰**] n. 천정(天頂)

★ **zenith**는 하늘의 꼭대기 천정을 말합니다. 어원은 **'머리 위의 길'**이란 뜻의 아랍어 samt ar-ra's
입니다. 이를 라틴어에 수입해서 간단히 senit이라고 부르다 나중 zenith가 된 것입니다.
천정은 관측자를 지나는 연직선이 천체와 교차하는 점을 말 합니다. 그 연직선은 중력의 방향이기도
합니다. 이때의 중력은 지구인력과 지구자전의 원심력과의 합력입니다.
지구는 완벽한 구형도 아니고 원심력도 작용하므로 만일 지구중심과 관측자를 연결하면 천정과 약간
어긋나는 점이 찍히게 됩니다.

zenith천정의 반대 지점은 nadir천저입니다. 이런 단어들은 어려운 천문학 용어이지만 왠지 멋있어
보여서 그룹이나 게임명, 가게이름 등에서 의외로 자주 볼 수 있습니다.

nadir [néɪdɪr **네이러**] n. 천저(天底), 최악의 순간

 **Solar Flare**
R - 흑점 폭발

(액티브) : 레오나가 지정 위치에 태양의 광선을 내리꽂음. 잠시 후 범위 내의 적들은 마법
피해를 입고 1.5초동안 이동속도가 80% 느려짐. 빛줄기의 중심에 있던 적은 느려지는 대
신 스턴에 걸림.

□□□ **solar** [sóulə(r) **소울러**] a. 태양의
□□□ **flare** [fleə(r) ㅎ**플레어**] n. 불꽃

SOI은 태양(日)을 뜻하는 어근

★ solar는 '태양의'라는 뜻입니다. 라틴어 solaris(of the sun태양의)에서 나온 말이고 어근은 라틴어 sol(sun태양)입니다.
solar-는 자체로 접두사로 사용되어 '태양의'라는 뜻을 가지기도 합니다. solar가 접두사로 사용된 예를 들면 solarium일광욕실, solarize지나치게 빛에 노출하다 등이 있습니다.

solar 이외에 태양(日)을 나타내는 다른 어근으로는 helio-가 있습니다. 그리스어 기원 어근이죠.
heliocentric theory지동설 같은 단어에서 볼 수 있는 어근입니다.

태양권

solar sphere태양권는 solar wind태양풍의 진행에 따른 변화를 기준으로 몇 개의 영역으로 구분하고 있습니다. 태양풍은 위성이나 우주인에게 치명적인 위험을 줄 수 있는데 지구에 살고 있는 생명체가 이 방사선이 포함된 치명적인 태양풍을 피해서 살 수 있는 이유는 지구의 자기장 때문입니다. 이 중요한 태양풍이 외부로 전달되는 과정을 도식적으로 나누면 다음과 같습니다.

* Termination Shock말단 충격파 영역 : 태양풍이 흘러가다가 별 사이에 있는 가스의 압력으로 인해 속도가 갑자기 느려지는 곳을 말합니다.

* Heliosheath태양계 황야 : Termination Shock말단 충격파 영역을 지나서 bow shock선두 충격파 영역을 만드는 지역까지의 광대한 공간으로서 태양풍이 다시 속도가 빨라지고 뜨거워지는 곳입니다.

* Bow Shock선두 충격파 영역 : 태양풍이 interstellar wind성간풍를 만나면서 형성하는 지역. bow shock선두 충격파 영역에 이르게 되면 태양의 영역이 끝난다고 보고 이 면을 heliopause태양권계면라고 부릅니다.

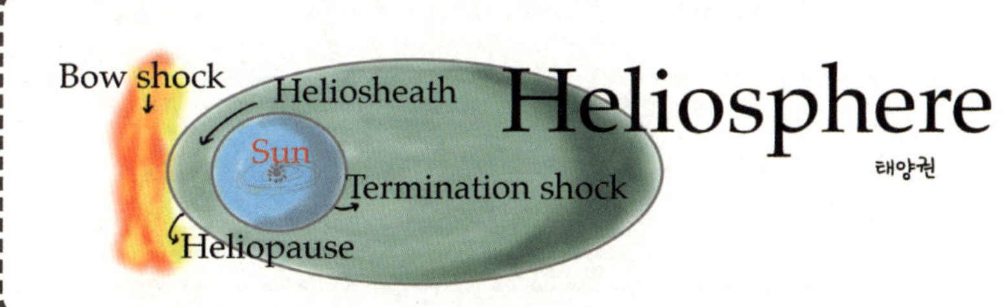

flare는 순식간에 확(!) 타오르는 불꽃

★ flare는 불꽃을 말하는데 그냥 솔솔 타는 불꽃이 아니고 갑자기 확 타오르는 불꽃을 말합니다.
성냥불이나 화약이 확 켜지는 모습을 떠오르게 하는 단어입니다.
그래서 flare는 군사 분야에서는 섬광탄을 말합니다.

비행기의 flare섬광탄는 적의 Infra-Red Homing Missile(IRHM)적외선유도미사일을 피하기 위해 공중에 뿌리게 되고 본체보다 적외선 발생량이 많은 flare에 미사일이 맞게 되는 방식입니다.

다음은 밀덕(밀리터리 덕후)들은 모두 아는 flare 관련 영어단어들입니다.
비행기나 선박에서 미사일이나 어뢰의 추적을 피하기 위해 방어용으로 사용하는 무기는 flare플레어 외에도 chaff채프나 decoy디코이, nixie닉시 등이 있습니다.
chaff는 미사일의 Radar레이다를 교란시킬 목적으로 사용되는 aluminum알루미늄이나 glass fiber 유리섬유 조각들입니다. Radar Homing Missile(RHM)레이다유도미사일은 이 채프 구름을 적 기체로 보고 폭발해버립니다.
그리고 nixie닉시는 함정에서 사용되는 것으로서 예인식 또는 자주식으로 항행하는 장치입니다. 배의 음파와 비슷한 소음을 내게 하여 Antiship Missile(ASM)대함미사일을 속이게 됩니다.
마지막으로 decoy디코이도 닉시처럼 배의 소음과 비슷한 소리를 내며 적의 소나 탐지에 반응하여 torpedo어뢰에 대응할 목적으로 만들어졌습니다.

decoy [díːkɔɪ 디이코이] v. 유인하다 n. 유인용 모형   ∞ Lee sin 참고
torpedo [tɔːrpíːdou 토어피이도우] n. 어뢰

torpedo

Red Queen effect(붉은 여왕 효과)

　미사일을 막기 위한 flare플레어의 개발과 다시 그 flare플레어를 무시하는 발전된 미사일의 개발에서 보듯이 무기체계라는 것은 한 가지가 개발되면 다음 그것을 무력화할 새로운 것이 개발되는 끊임없는 대항의 역사라고 할 수 있겠습니다. 이러한 발전의 꼬리물기를 생물학자들은 'Red Queen effect붉은 여왕 효과'라고 부릅니다. 여우가 빨라져서 빠른 유전자를 자식에게 남기지만 살아남은 더 빠른 토끼들은 그 더 빠른 유전자를 자식 토끼에게 전달하는 식입니다.
　이것은 루이스 캐롤의 [Through the looking-glass이상한 나라의 엘리스]에서 나오는 붉은 여왕에서 인용한 효과입니다. 엘리스는 붉은 여왕과 영토횡단 경주를 하게 되는데 아무리 헉헉거리며 열심히 달리기를 해도 항상 그 자리인 것을 발견합니다. 아무리 발전해봐야 결과상으로는 제자리인 효과를 말하는 것입니다.

　공부를 아무리 열심히 해도 성적이 그대로라면 문제도 같이 어려워진 것이거나 친구들도 같이 공부를 열심히 했기 때문일 것입니다. 이런 것을 '붉은 여왕 효과'라고 부릅니다. 붉은 여왕은 엘리스에게 이렇게 말합니다.

"Now, here, you see, it takes all the running you can do just to keep in the same place."
여기서는, 보다시피, 같은 장소에 머물기 위해서라도 네가 할 수 있는 일은 계속 달리는 거야.

Leona

★★★★★ goldilocks - The newest game character 'Goldilocks' used her hair spinning powers to knock down her opponents.
최신 게임 캐릭터인 '골디락스'는 상대를 쓰러뜨리기 위해 머리카락 회전력을 사용했다.

★★★☆☆ complicated - I solved the most complicated math problem in the world with the help of coffee and my pet hamster.
나는 커피와 내 애완햄스터의 도움으로 세계에서 가장 복잡한 수학문제를 풀어냈다.

★★★☆☆ replica - I built a replica of the 'White House' using a shoe box and tooth picks.
나는 구두통과 이쑤시개를 이용해서 백악관의 모형을 만들었다.

★★★☆☆ multiply - My problems were multiplied when my teacher found my cheat note on the bottom of my shoe.
우리 선생님이 내 신발 바닥에서 커닝노트를 발견했을 때 내 문제는 몇 배로 커졌다.

★★★☆☆ implicit - The police implicated an infant for in a series of armed robberies.
경찰은 연쇄 무장 강도 사건에 한 신생아를 연류 시켰다.

★★★☆☆ implicate - The sheriff could find a clue to implicate him in this case.
그 보안관은 이 사건에 그를 연루시킬 단서를 찾을 수 있었다.

★★★☆☆ explicit - Our teacher was trying to explicate the reason behind our poor test results.
우리 선생님은 우리의 딱한 시험 결과 뒤에 있는 이유를 해명하려 노력했다.

★★★☆☆ explicate - He asked me to explicate the lyrics of a song.
그는 나에게 노래의 가사를 해석해보라고 요청했다.

★★★☆☆ daybreak - At daybreak the werewolves went to sleep.
동틀 녘에 그 늑대인간들은 잠이 들었다.

★★★☆☆ eclipse - The zombies had super powers during the solar eclipse.
그 좀비들은 일식동안 큰 힘을 갖고 있었다.

★★★★☆ zenith - The 10th goal in the English Premier League(EPL) was the zenith of his career.
영국 프리미어리그에서의 열 번째 골은 그의 경력의 정점이었다.

★★★★☆ nadir - Their relationship reached a nadir when they sued each other.
그들이 서로 고소했을 때 그들의 관계는 밑바닥을 쳤다.

★☆☆☆☆ solar - a solar panel 태양전지판

★★★☆☆ flare - solar flares and sunspots 태양폭풍과 태양흑점

★★★☆☆ decoy - He used his cat as a decoy to lure the android robot, and ran to safety.
그는 자기 고양이를 그 안드로이드 로봇을 꾀는 미끼로 사용하고 안전한 곳으로 도망쳤다.

★★★★★ torpedo - The captain said "Launch!" and the torpedo was fired.
선장은 "발사!" 라고 말했고, 그 어뢰는 발사되었다.

P Iceborn
passive - 냉기의 화신

매 18초마다 리산드라의 다음 스킬은 사용 시에 마나를 소모하지 않음. 스킬을 통해 적의 이동을 방해할 때마다 쿨타임이 1초 줄어듬.

Q Ice Shard
Q - 얼음 파편

(액티브) : 처음 맞는 적에게서 부서지는 얼음창을 던져 마법 피해를 입히고 1.5초 동안 이동 속도를 늦춤. 그 후 파편들이 대상을 꿰뚫고 나가 여기에 맞은 다른 적들에게도 동일한 피해.

 **shard** [ʃɑːrd 샤아ㄷ] n. (유리, 얼음 등의) 파편   ∞ Malphite 참고

  **shard(파편)는 shear(부러지다)에서 나온 것**

★ shard는 유리나 얼음 나무 등의 파편을 말합니다. etimology어원학 상 '깎다, 부러지다'라는 뜻인 shear의 과거분사형과 관련이 있습니다. shear에 -ed를 붙이면 sheared로서 '깎아진, 베어낸'의 뜻인데 그 변형이 shard인 것입니다.
shard파편는 splinter와 뜻이 비슷한데 splinter는 나무 조각처럼 길게 쪼개지는 파편을 말할 때 좀 더 어울립니다.

shear [ʃɪr 쉬어] v. (양의 털을) 깎다, 부러지다
splinter [splíntə(r) 스플린터] n. (나무, 유리, 금속 등의) 파편

* shear는 '**양털을 깎다, 무언가가 부러지다**'라는 뜻입니다. 미세하게 보았을 때는 양털도 뚝뚝 부러지며 깎입니다.
shear는 cut자르다의 뜻인 PIE어근 *(s)ker-에서 나온 단어입니다. 이 *(s)ker-어근은 shred찢다, scorpion전갈 등의
단어에서 볼 수 있습니다.
shear는 물체를 뚝 부러지게 하는 힘인 shearing force전단력라는 물리학용어에서 볼 수 있는 단어이기도 합니다.
shear를 외울 때는 발버둥치는 sheep양에게 '**쉬어, 쉬어**'라고 달래며 털을 깎는 모습으로 기억하면 되겠습니다.

* splinter는 나무, 유리, 금속 등의 파편을 말합니다.
이는 splint부목(副木)에서 나온 말로서 둘 다 '**나누다**'는 뜻의 split에서 기원하였습니다.

	split (약간 큰 나무 조각)	n. 부목
split v. 나누다 →	splint (약간 큰 나무 조각)	n. 부목
	splinter (작은 나무 조각)	n. 파편

병원에 가면 손가락이나 팔이 부러졌을 때 고정하기 위해서 다친 곳의 좌우에 splint나무조각을 대고 붕대를 감습니다.
이것을 '**splint스플린트(부목)를 댔다**'라고 합니다.
splint는 좀 큰 나무파편인 셈이고 splinter는 작은 가시 크기의 나무 조각을 말합니다. 그래서 '**get a splinter**'라는
표현은 '**손가락에 가시가 찔리다**'라는 뜻이 됩니다.
또한 splinter는 발음할 때 조심해야하는데 만일 sprinter스프린터로 발음하면 '**단거리 육상선수**'가 되어버립니다.
스프린터는 sprint전력질주하다라는 동사에서 나온 것이므로 /l/과 /r/발음에 주의해야합니다.

Ring of Frost | (액티브) : 주변 적들에게 마법 피해를 입히고 발을 묶음.
W - 서릿발

□□□ **frost** [frɔːst ㅎ프러스트] n. 서리   ∞ Anivia 참고

frost(서리)는 freeze(얼리다)와 친구

★ frost는 서리를 말합니다. frost는 '**얼리다**'라는 뜻의 freeze의 어근과 관련이 있습니다.
그리고 frost 단어가 들어간 유명한 게임 아이템이 있습니다.
온라인 게임 역사상 가장 멋있고도 소유욕을 자극하는 검을 고르라면 [WOW]의 〈Frostmourne
서리한〉이 가장 많이 선택이 될 것입니다.
frost는 '**서리**'이고 mourn은 '**애도하다**'라는 뜻이어서 이를 한글화하고 명사화해서 '**서리한**'이라는
멋진 이름이 나온 것입니다.

mourning [mɔ́ːrnɪŋ **모**어닝] n. 애도

* **mourning**은 '**애도하다**'라는 뜻입니다. 어원은 remember기억하다의 뜻을 가진 PIE어근 *(s)mer-입니다. 죽은
사람을 기억하면서 슬퍼하는 것을 말합니다. 이 *(s)mer-어근은 memory기억 등의 단어에서 볼 수 있습니다.
비슷한 철자인 moan은 신음하다라는 뜻입니다.
mourn을 외울 때는 전라도 사투리를 쓰는 사람이 장례식에서 '**이게 뭔** 일이다요..'하면서 슬픈 일을 애도하는 모습을
떠올리면 됩니다.

frostmourne(서리한)

 아이템 자체가 게임 스토리의 중요한 요소가 되는 것은 영화 [The Lord of the Rings반지의 제왕]의 〈The One
Ring절대반지〉을 들 수 있습니다. 마찬가지로 [WOW]에서는 그 역할을 〈Frostmourne서리한〉이 담당합니다.
[WOW]에서 희대의 패륜아 아서스는 리치왕이 되어 Frostmourne서리한을 휘두르다가 [Heroes Of The
Storm(HOS)히어로즈오브더스톰]에서는 뛰어난 회복력을 보여주는 전사계열 영웅으로 등장하게 됩니다. 패륜아
아서스에게서 그 멋진 검을 빼앗아 집에 보관하고 싶은 게이머들을 위해서 블리자드 게임회사는 진검을 만들
었습니다.
 〈Frostmourne서리한〉 진검은 우리나라에서 구하기는 힘들지만 20세 이상이고 경찰서에서 도검소지허가증을
받으면 30kg짜리 진검을 소유할 수 있다고 합니다.

E — Glacial Path
E - 얼음갈퀴 길

(액티브) : 얼음갈퀴를 던져 여기에 맞는 모든 적들에게 마법 피해. 이 스킬을 다시 시전하면 리산드라가 얼음갈퀴의 현재 위치로 순간 이동.

 □□□ **glacial** [ɡléɪʃl **글레이셜**] a. 빙하의   ∞ Anivia 참고

R — Frozen Tomb
R - 얼음 무덤

(엑티브) 적에게 사용 시 : 대상 챔피언을 꽁꽁 얼려 1.5초 동안 기절.
(액티브) 자신에게 사용 시 : 리산드라가 2.5초 동안 어둠의 얼음으로 자기 몸을 감싸 아무런 행동도 취할 수 없는 대신 공격도 받지 않는 무적 상태가 됨. 체력을 회복하며 잃은 체력 1% 당 회복량이 1%증가. 3초 동안 어둠의 얼음이 마법 피해. 적의 이동 속도를 늦춤.

 □□□ **frozen** [fróʊzn ㅎ**프로우즌**] a. 냉동된   ∞ Trundle 참고
□□□ **tomb** [tuːm **투움**] n. 무덤

 ## tombrader(툼레이더)는 무덤 사냥꾼

★ tomb은 주로 돌로 만들어진 무덤을 말합니다. 만일 무덤이 그냥 산소처럼 둥그런 모습이라면 grave무덤 단어가 더 어울립니다. 그러나 tomb과 grave를 교환하여 사용해도 큰 차이는 없습니다. 그래서 womb-to-tomb(자궁에서 무덤까지)이란 개념은 그대로 from cradle to grave(무덤에서 요람까지)로 바꿔 쓸 수 있습니다. 비석이란 단어도 tombstone, gravestone 모두 가능합니다.

참고로 국립묘지같은 큰 묘지는 cemetry라고 부르고 일반적인 묘지는 grave yard라고 부릅니다.

tomb이 나온 김에 무덤과 장례에 관련된 단어를 알아보겠습니다.

burial [bériəl **베리얼**] n. 매장 ← **bury** v. 묻다
coffin [kɔ́ːfin **코어**ㅎ**핀**] n. 관
funeral [fjúːnərəl ㅎ**퓨우**너럴] n.장례식
obituary [oubítʃuerɪ 오우**비츄**에리] n. 부고(사망기사)
monument [mɑ́ːnjumənt **마아**뉴먼ㅌ] n. 기념물
eulogy [júːlədʒɪ **유울**러지] n. 추도사

* coffin은 시신을 담는 관입니다. coffer구리에서 나온 단어입니다. 원래 coffer구리의 어원인 라틴어 cophinus는
상자를 의미했는데 상자는 주로 구리로 만들어졌고 나중 이 상자라는 개념이 시신을 담는 관의 뜻이 된 것입니다.
coffin 단어의 암기는 '**꽃 핀 관**' 이라는 발음의 연관을 통해 쉽게 기억이 가능합니다.

* funeral은 장례식을 말하는데 죽음을 뜻하는 PIE어근 *dheu-에서 발전한 단어입니다.
이 *dheu-어근은 die, death, dead, down같은 단어들의 기원이 되는 어근입니다. 게다가
이 PIE어근은 발음을 해보면 우리말의 "**듀글래?**" 같은 단어에서 볼 수 있는 발음이라는
생각이 듭니다. funeral을 기억할 때는 장례식에서 '**휴~**(한숨과 함께 시신을 관에) **넣을**'
순서라고 생각하면 됩니다.

* obituary는 '**부고**'를 말합니다. 부고란 신문에 나오는 사망소식을 말합니다. ob(toward향하여) + ire(go가다)의
뜻의 조합인 라틴어 obitus에서 나온 단어인데 '**누군가를 만나러 가다**'라는 뜻입니다. 이는 신이나 죽은 조상을
만나러간다는 뜻이므로 은유적으로 죽음을 의미하는 단어가 되었습니다.
외울 때는 재미있게 LOL게임에서 챔피언의 '**사망기사**'를 읽고 그 챔피언이 '**오**늘 **비추**'되는 것을 떠올리면 어떨까요?

* monument는 기념물을 말하는데 기억할만한 어떤 것을 말하는 라틴어인 monere에서 나온 단어입니다. remind 나 monitor의 어원과 관련이 있습니다. 그러나 발음상으로는 memory기억와 연관짓는 것이 더 외우기 편합니다.

* eulogy는 추도사를 말하는데 이는 사람이 죽었을 때 그 사람을 기리며 업적이나 인생을 돌아보는 문장이나 연설을 말합니다.
eulogy는 eu(well) + logy(speak말하다)의 조합으로 된 단어입니다. 죽었으니 이제 '좋게 말해준다'는 뜻입니다.
아무리 악한 사람이라도 추도사를 하면서 욕을 하는 경우는 거의 없고 보통 칭찬을 하게 됩니다.
eulogy의 앞부분 eu-는 '좋다'는 뜻의 접두사로서 여러 단어에서 볼 수 있습니다.
예를 들면 euphoria유포리아(극도의 희열), euthanasia유써네이저(안락사)가 있습니다.
그리고 eulogy의 뒷부분 -logy는 speaking말을 뜻하는 그리스어 기원의 어근입니다. 이 -logy는 어근(logo-)으로도 쓰이고 어미(-logia)로도 쓰입니다. 회사의 logogram로고나 dialogue대화, analogue아날로그식 등의 단어에서 무수히 찾아볼 수 있습니다. 기독교인들에게 logos로고스는 '말씀'의 의미 그대로 예수님을 뜻하는 말이기도 합니다.

Tomb Rader(툼레이더)

 일단 우린 게이머이므로 tomb하면 역시 콘솔 게임 [라라 크로프트 : Tomb Raider툼레이더]를 먼저 떠올리게 됩니다. 찰싹 달라붙은 탱크 탑과 갈색의 핫팬츠, 그리고 쌍권총과 권총 가죽 띠를 찬 주인공 라라는 우아한 섹시함과 강인한 모험심을 가지고 있는 캐릭터입니다. 1996년 EIDOS사에서 만든 [툼레이더]는 안젤리나 졸리 주연으로 영화화가 되었습니다. Angelina Jolie안젤리나 졸리의 캐스팅에 모두들 고개를 끄덕인 이유는 그녀보다 더 라라 크로프트의 캐릭터에 어울리는 배우를 상상하기 힘들기 때문일 것입니다.

 [Tomb Rader툼레이더]에서 raid레이드란 '습격, 급습'을 말하는데 또한 MMORPG 게임용어이기도 합니다. dungeon던전에서 공대원이나 파티원과 협력하여 거대한 Boss 몹을 raid레이드하는 즐거움은 이성친구와의 데이트보다 즐거울 수 있습니다. 데이트를 하면 지갑이 더 가벼워지는 것에 반하여 raid레이드를 수행한 raider 에게는 덤으로 최강 아이템까지 떨어집니다.

 이렇게 레이드에 빠진 게이머는 나중에 최강 솔로가 됩니다.

 raid [reid 레이드] n. 습격

Lissandra

★★★☆☆ **shard - While digging for treasure, a boy found a blue shard in the ground.**
보물을 찾으러 땅을 파다가 그 소년은 땅속에서 파란 파편을 발견하였다.

★★★☆☆ **shear - Go for wool and come home shorn.**
(양털) 모포를 얻으러 갔다가 털을 깎이고 집에 오다. (서양속담 : 혹 떼러 갔다가 혹 붙이고 돌아오다.)

★★★☆☆ **splinter - Ouch, Timmy got another splinter from running bare foot on the desk.**
아야, 티미는 책상 위를 맨발로 뛰어다니다가 또 다른 가시에 찔렸다.

★★☆☆☆ **frost - A layer of frost silently covered the bloody battlefield.**
서리 한 겹이 피로 물든 전장을 조용히 덮었다.

★★★☆☆ **mourning - a period of mourning for him** 그를 위한 애도 기간

★★★☆☆ **glacial - the glacial period** 빙하기

★★★☆☆ **frozen - a huge frozen foods section** 큰 냉동식품 코너

★☆☆☆☆ **tomb - Suddenly, a slender hand smashed through the tomb.**
갑자기, 가느다란 손 하나가 무덤을 뚫고 나왔다.

★★★☆☆ **burial - The rescue squad collected the body for burial.**
구조대원들은 매장을 위해 시체를 모았다.

★★★☆☆ **coffin - They heard a strange tapping sound coming from grandma's coffin.**
그들은 할머니의 관에서 나오는 이상한 두드리는 소리를 들었다.

★★★☆☆ **funeral - Firemen attend the funeral service for the victims.**
소방관들은 희생자들을 위한 장례 예배에 참석하였다.

★★★☆☆ **obituary - I read his obituary notice in the columns of the newspaper.**
나는 신문 칼럼에서 그의 부고(사망기사)를 읽었다.

★★★☆☆ **monument - Someone pushed down the giant 'Annie' monument in the town square.**
누군가 마을 광장에 있는 거인 '애니' 의 기념비를 밀어 내렸다.

★★★☆☆ **eulogy - He delivered a brief eulogy at Joseph's funeral.**
그는 조셉의 장례식에서 간략한 추도연설을 했다.

★★★☆☆ **raid - He raids around 7 hours a day in one of the top guilds in WOW.**
그는 와우의 최고 길드에서 하루에 7시간씩 레이드를 한다.

Lucian, the Purifier
루시안 - 정화의 사도

P	Lightslinger	빛의 사수
Q	Piercing Light	꿰뚫는 빛
W	Ardent Blaze	타는 불길
E	Relentless Pursuit	끈질긴 추격
R	The Culling	빛의 심판

P **Lightslinger**
passive - 빛의 사수

루시안은 스킬을 사용한 후 3초 안에 기본 공격을 하면 총을 두 번 연속 발사. 두 번째 공격은 적 챔피언과 구조물에 대해서는 공격력의 일부의 피해를 입히고 적중 시 효과를 적용함. 미니언은 두 번째 공격에서 100%의 피해를 입음.

 □□□ **slinger** [slíŋər 슬링어] n. 투석병

 **sling은 돌을 1. 매달다 2. 던진다**

★ slinger는 투석병을 말합니다. sling은 고대부터 사용되었던 투석기를 말합니다. 우리말 '물매'를 떠올리면 됩니다. 투석병이 가죽 끈을 이용하여 가운데에 돌을 끼운 다음 빙글빙글 돌리다가 한 쪽 끈을 풀면 돌은 무서운 속도로 날아가게 됩니다.
그러므로 sling이란 단어는 가죽 끈에 '**1.무엇인가를 거는 동작**'과 '**2.휙 던지는 동작**' 두 가지를 모두 나타내는 동사가 되었습니다. 즉 '**한 단어 두 동작**'의 단어입니다.
두 동작은 서로 다르지만 투석기를 사용하는 일련의 동작에서 연관이 된 셈입니다.

예를 들어 sling bag하면 여자들이 한 쪽 어깨에 '**걸고**' 다니는 가방을 뜻하게 되고 sling a stone at하면 누구에게 돌을 '**던지는**' 것이 됩니다.
앞으로는 sling이란 단어를 보게 되면 그 뜻이 매다는 것인지 혹은 던지는 것인지 투석병의 입장에서 생각하면 되겠습니다.

sling [slíŋ 슬링] v. 매달다, 휙 던지다 (sling-slung-slung) n. 투석기구

챔피언 루시안의 passive스킬인 〈Lightslinger〉는 짱돌이 아니라 빛을 던지는 것으로 조어(造語)한 것으로 보입니다.

고대 최강의 아시리아 투석병

고대 가장 유명한 slinger투석병는 Assyria아시리아의 투석병입니다. 아시리아는 궁수부대, 창병부대와 별개로 투석병부대를 따로 운용했습니다. 돌멩이가 별 것 아닌듯하지만 그 정확성과 파괴력은 갑옷을 입어도 뼈를 부술 정도의 타격을 주는 무기였습니다. 성경에도 Goliath골리앗은 David다윗가 던진 sling의 짱돌에 머리를 맞고 한 방에 쓰러지게 됩니다.

특히 그리스 Rhodos로도스 섬의 slinger투석병는 장궁을 사용하는 Persia페르시아의 궁병보다 우월하다고 기록되어있으며 정확도가 대단하다고 알려져 있습니다.

무기체계의 발달로 slinger투석병는 사라졌지만 그 간단함과 파괴력은 짱돌의 무서움을 잘 알려주고 있습니다.

참고로 sling이 들어가 만들어진 다른 단어의 예로는 mudslinging이 있습니다.
여기서 mud는 진흙을 말합니다. 그러므로 mudslinging이란 **'진흙 던지기'**라는 뜻이고 우리말의
이전투구(泥田鬪狗) 즉, 진흙탕의 개싸움처럼 서로를 모략하고 중상하는 것을 말합니다.

mudslinging [mʌ́dslɪŋɪŋ **머드슬링잉**] n. 이전투구

Piercing Light

Q - 꿰뚫는 빛

적 유닛 하나를 관통하는 빛 줄기를 발사하여 일직선 상의 적들에게 물리 피해.

☐☐☐ **piercing** [píːrsɪŋ **피어싱**] a. (시선이) 날카로운   ∞ Kalista 참고

Ardent Blaze

W - 타는 불길

적을 맞히거나 경로 끝에 도달하면 폭발하는 탄환을 발사. 폭발에 맞은 적에게 마법 피해를 입히고 6초 동안 표식을 남김. 표식이 남은 적을 공격하면 이동 속도가 1초간 상승.

□□□ **ardent** [ɑ́ːrdnt 아아든ㅌ] a. 열렬한

ardent(열렬한)은 불에 '아! 덴 듯!' 뜨거워

★ **ardent**는 불이 타는 것 같은 뜨거운 열정을 나타내는 형용사입니다. 불이 붙어서 뜨겁게 빛나는 것을 나타내는 PIE어근인 *as-에서 나온 단어입니다. *as-어근은 'ash재' 단어에서 아직도 찾아볼 수 있습니다.

ardent는 주로 열렬한 애국자나 굉장한 광팬이나 스포츠 응원자들, 종교적 열정을 가진 신도나 환호하는 정치적 지지자들의 이미지를 생각하면 되는 형용사입니다.

ardent를 암기할 때는 연인끼리 **'당신의 열렬한 사랑에 아! 덴 듯?'** 하며 기억하면 조금 오글거리지만 편합니다. 그 외 fervent열렬한, zealous도 열렬함을 표현하는 ardent의 유의어입니다.

fervent [fɜ́ːrvənt 퍼어번ㅌ] a. 열렬한   ← **fever** n. 열   ∞ Irellia 참고
zealous [zéləs 젤러스] a. 열성적인   ∞ Irellia 참고

* **fervent**는 열렬한의 뜻입니다. 어원은 부글부글 끓다(boil)는 뜻의 PIE어근 *bhreuə-에서 나왔지만 기억할 때는 쉽게 fever열에서 나온 단어라고 생각하면 철자나 뜻이 잘 맞습니다.

참고로 ardent는 비슷한 발음과 철자의 단어 arduous, assiduous와 함께 **'아듀 3형제'로** 한꺼번에 기억하는 것이 좋습니다.

물론 이들 3형제 단어들은 발음만 비슷하지 어원은 아무 관계가 없습니다.

arduous [ɑ́ːrdʒuəs 아아쥬어ㅅ] a. 몹시 고된
assiduous [əsídʒuəs 어시쥬어ㅅ] a. 근면 성실한

서로 아무 관계없지만 비슷하게 발음되는 아듀 3형제		
ardent	a. 열렬한	암기법 : 불이 뜨거워서(열렬해서) 아~덴 듯!
arduous	a. 몹시 고된	암기법 : 일이 힘들어서 아~ 쥬거었쓰..
assiduous	a. 근면 성실한	분해법 : ad(향하여) + sit(앉다). 앉아서 닥공하는 근면성실한

Arduous
a. 몹시 고된

Relentless Pursuit
E - 끈질긴 추격

| 짧은 거리를 빠르게 돌진. 빛의 사수로 맞힐 때마다 끈질긴 추격의 재사용 대기시간이 1초씩 감소.

□□□ **relentless** [rɪléntləs 릴렌틀러ㅅ] a. 가차 없는 ∞ Anivia 참고

□□□ **pursuit** [pərsúːt 퍼**수**우ㅌ] n. 추구, 추적 ∞ Galio 참고

pursuit는 pro(앞으로) follow(따르다)하다

★ pursuit는 원하는 것을 추구하거나 적을 추적하는 것을 말합니다. 동사는 pursue입니다.
여기서 pur-는 앞 방향을 뜻하는 pro-의 변형이고 suit은 'follow따르다'는 뜻의 라틴어 sequi에서
나온 것입니다. 즉 '**앞 방향으로 따라가다**'는 의미에서 추구하다의 뜻이 발전한 것입니다.
pursuit 단어를 암기할 때는 그냥 발음 그대로 '**버스를 추적하는 것**'으로 기억하면 됩니다.

Persuit
n. 추구, 추적

* pursue v. 추구하다, 추적하다

pursue [pərsúː 퍼**수**우] v. 추구하다, 추적하다

pursuit의 어근이 되는 라틴어 sequi(follow)가 사용된 영어 단어로는 sequel, sequela, subsequent, consequence, execution 등이 있습니다.

sequel [síːkwəl **시이퀄**] n. 속편　　∞ Renekton 참고
sequela [sɪkwíːlə 시퀴일러] n. 후유증
sequence [síːkwəns **시이퀀스**] n. (사건의) 순서, 극의 순서
subsequent [sʌ́bsɪkwənt **섭**시퀀ㅌ] a. 그 다음의
consequence [kɑ́ːnsəkwens **카안**서퀜스] n. 결과
execution [eksɪkjúːʃn 엑시**큐우션**] n. 처형, 집행　　∞ Draven 참고

* sequel은 속편을 말합니다. 영화가 잘 되면 속편이 나오게 되고 더 잘되면 스타워즈나 엑스맨처럼 prequel프리퀄이 만들어지기도 합니다. 씨퀄은 '**뒷이야기**'를 말하고 프리퀄은 '**앞이야기**'를 말 합니다.

* sequela는 후유증을 말합니다. 라틴어 철자 그대로 사용되는 병리학 용어입니다.

* subsequent와 consequence는 각각 '**그 다음의**', '**결과**'라는 뜻입니다. 여기에 -ly를 붙여서 우리말의 '**그리고 나중에**', '**결과적으로**'처럼 잠깐 말을 끊으며 하던 말을 종합함과 동시에 대화를 정리하고 싶을 때 사용합니다.
그런데 subsequently와 consequently 두 단어의 사용법은 약간씩 다릅니다.
먼저 subsequently는 '**시간이나 순서의 다음으로서**'를 말하는 것입니다. 'after the event그 사건 다음에'의 뜻으로서 사건과는 관계가 있든 없든 그냥 순차적인 현상을 나열하려는 단어입니다.
그에 반해 consequently는 접속부사로서 '**앞 사건의 결과로서**'를 말합니다. 'as a result결과적으로'의 의미이고 앞의 원인에 따른 결과를 설명하려는 단어입니다.

Many of those who voted for the ruling party subsequently regretted their decision.
집권당에 표를 찍은 사람들은 그들의 결정을 나중 후회했다. (원인은 모름)

There is a terrible storm. Consequently, we moved to another shelter.
끔찍한 폭풍이 있었다. 결과적으로 우리는 다른 장소로 이동해야했다. (원인 : 폭풍 때문에)

그러므로 만일 문장의 같은 장소에 두 단어가 쓰인다면 각각 그 해석은 달라집니다.

A volcano erupted in Baek-Du Mountain. Subsequently, Bal-hae residents moved away.
백두산에 화산 폭발이 발생했고 그 후에 발해주민은 이주하였다. (폭발이 원인인지 아닌지는 관계가 없음)

A volcano erupted in Baek-Du Mountain. Consequently, Bal-hae residents moved away.
백두산에 화산 폭발이 발생해서 결과적으로 발해주민은 이주해야 했다. (폭발이 원인)

subsequently	그 사건 다음에(그 뒤로)	앞 이야기와는 인과관계 없음
consequently	그에 따른 결과로	앞 이야기 때문에 다음 결과가 발생

이러한 사건의 순서와 관계된 라틴어 어근 sequi(follow)에서 나온 5 단어를 기억할 때는 sequence 극의 순서를 기준으로 씨퀄과 프리퀄을 앞뒤로 통으로 기억하고 그담 subsequently와 consequent-ly를 동시에 구별하여 기억하면 됩니다.
또한 정말로 subsequently와 consequently의 뜻이 구별이 안 될 때는 sub(섭 : 차례로 섬), con(코 : 코가 꿰어 딸려옴)의 기억법으로 떠올리면 됩니다.

The Culling
W - The Culling

루시안이 한 방향으로 3초 동안 빠르게 총을 난사하며 자유롭게 이동. 이 총알들은 처음 맞는 적에게 충돌하며 물리 피해. 총알 숫자는 공격 속도에 비례. 루시안은 빛의 심판을 사용하는 동안 끈질긴 추격을 사용할 수 있음. 빛의 심판을 한 번 더 사용하면 사격을 중지함.

□□□ **cull** [kʌl 컬] v. 도태시키다　　∞ Renekton 참고

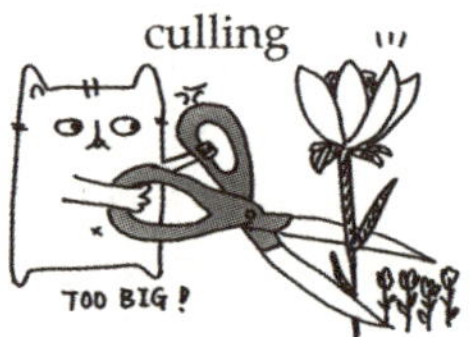

culling(도태)는 choose(고르다)에서 나온 단어

★ culling은 고르기, 도태시키기를 뜻합니다. 어근상 collect고르다 단어와 관련이 있습니다.
예를 들어 꽃밭을 손질하며 시들거나 맘에 들지 않는 꽃을 따내는 것이죠.
꽃뿐 아니라 livestock가축들도 너무 많거나 품종의 향상이 필요하면 collect한 후 죽입니다.
culling은 야생동물에게도 적용이 되는데 예를 들어 멧돼지가 도시에 너무 많이 출몰한다면 시청에서는 멧돼지 수의 감소를 위해 culling을 선택할 것입니다.

The culling of Stratholme(옛 스트라솔름)

[WOW]에서는 리치왕 패치 때 추억의 던전인 Stratholme스트라솔름을 〈The culling of Stratholme옛 스트라솔름〉으로 개편해서 다시 내놓아서 기존 유저들의 큰 호응을 얻었습니다. 원래는 '스트라솔름의 도태'라고 번역해야하지만 도태는 익숙한 단어가 아니어서 '옛 스트라 솔름'으로 던전 이름을 바꾼 듯합니다.

그리고 그 새 던전에서 유저들은 Uther the lightbringer빛의 수호자 우서경과 함께 서서 Arthus아서스 왕자의 망나니짓을 보게 됩니다. NPC와 함께 하는 긴 스토리식 던전 진행은 무척 흥미가 있었지만 매번 반복을 해야 해서 유저들은 자면서도 대사를 모두 외울 정도가 되었습니다.
[LOL]이나 [HOS]의 캐릭터의 대사를 외우고 있는 자신을 보면 이해가 갈 것입니다.

Lucian

★★★☆☆ **slinger** - A slinger is a soldier armed with a sling.
투석병은 물매투척기로 무장한 병사이다.

★★★☆☆ **sling** - That Heimerdinger's machine ride will sling riders into the pool.
그 하이머딩거의 기계 타기는 탑승자를 풀장으로 휙 던져버릴 것이다.

★★★☆☆ **mudslinging** - the political mudslinging and back-stabbing
정치적 이전투구와 중상모략

★★☆☆☆ **piercing** - The piercing sound of the babies cry broke all the windows in the house.
(고막을 찢을 듯이) 날카로운 아기들의 울음소리는 집에 있는 모든 창문을 깨뜨렸다.

★★★☆☆ **ardent** - The whole nation gave ardent support to Korean baseball team.
온 나라가 한국 야구팀에게 열화와 같은 성원을 보냈다.

★★★☆☆ **fervent** - a fervent disciple of tax reform
세제 개혁의 열렬한 신봉자

★★★☆☆ **zealous** - the zealous pursuit of their religious ideals
그들의 종교적 이상의 열성적 추구

★★★☆☆ **arduous** - an arduous job 몹시 고된 일

★★★☆☆ **assiduous** - years of assiduous study
다년간의 근면 성실한 공부

★★★☆☆ **relentless** - The warrior was relentless, and didn't stop until he saw the beautiful princess.
그 전사는 끈질겼고, 아름다운 공주를 보기까지 멈추지 않았다.

★★★☆☆ **pursuit** - The police were in pursuit of the driver of the stolen car.
경찰은 그 도난차량의 운전자를 추적 중이었다.

★★★☆☆ **pursue** - If you pursue your dreams, you can have a happy life.
네가 너의 꿈을 계속 추구한다면, 너는 행복한 인생을 살 수 있다.

★★★☆☆ **sequel** - The sequel was not as good as the original movie.
속편은 본편 영화보다 좋지 않았다.

★★★☆☆ **sequence** - Find the sequence to complete the puzzle in order to cross the bridge.
다리를 건너려면 퍼즐을 완성시키기 위해 그 순서를 알아내라.

★★★☆☆ **subsequent** - for the subsequent generation 다음 세대를 위하여

★★★☆☆ **consequence** - Finally, he understood the consequence of not studying.
마침내 그는 '공부하지 않음' 의 결과를 이해했다.

★★★☆☆ **execution** - a public execution 공개 집행

★★★☆☆ **cull** - the number of deer culled by hunter
사냥꾼에게 죽은(도태된) 사슴의 수

P	Pix, Faerie Companion	요정 친구 픽스
Q	Glitterlance	반짝반짝 창
W	Whimsy	변덕쟁이
E	Help, Pix!	도와줘, 픽스!
R	Wild Growth	급성장

P Pix, Faerie Companion
passive - 요정 친구 픽스

픽스는 주인이 적 유닛을 공격할 때마다 마법 피해를 주는 3발의 화살로 같이 공격. 이 마법 화살들은 대상을 추적하지만 다른 유닛이 끼어들어 막을 수 있음.

□□□ **faerie** [féɪərɪ ㅎ**페이**어리] n. 요정 a. 요정의 = **fairy** [férɪ ㅎ**페**리]

□□□ **companion** [kəmpǽnɪən 컴**패**니언] n. 동반자

★ faerie는 '**요정**'의 뜻인데 고대 영어에서 주로 사용된 철자형태입니다. 요즘에는 요정이라 부를 때는 fairy의 철자로 자주 사용합니다.

영어영문학을 공부하면 16세기 영국 르네상스시대에 Edmund Spenser스펜서의 작품 [Faerie Queene페어리 여왕]을 꼭 공부하게 됩니다. Faerie Queene은 중세 기사들의 영웅적인 이야기로서 거인, 용, 괴물, 마술사 등이 등장하는 epic poem서사시입니다.
요즘의 판타지 소설이나 RPG게임과 등장하는 요소들이 서로 비슷합니다.
영국에서 [해리 포터]같은 상상력 가득한 소설이 나온 것은 이러한 유구한 fantasy판타지의 역사가 바탕을 이룬 것으로 보입니다.

companion(동반자)은 함께 빵을 먹는 사이

★ companion은 동반자라는 뜻인데 com함께 + panis(bread빵)조합으로 된 라틴어 companio 에서 나온 단어입니다.
여기서 라틴어인 panis는 food음식을 뜻하는 PIE어근 *pa-에서 기원한 것이고 멀리 포르투갈어인 '빵'과도 연관이 있는 단어입니다.

그러므로 companion은 함께 음식을 먹는 친구나 파트너를 말하는 것입니다.
우리말에서는 같이 식사를 하는 사람은 '**식구(食口)**'가 되는데 영어권에서는 같이 빵을 먹으면 '**동료**'
가 되는 모양입니다.
이 빵을 뜻하는 라틴어 panis 어근과 관련된 단어들을 보겠습니다.

    count [káunt **카운트**] n. 백작
    company [kʌ́mpənɪ **컴**패니] n. 회사
    accompany [əkʌ́mpənɪ 어**컴**퍼니] v. 동반하다
    concomitant [kənká:mɪtənt 컨**카아**미턴ㅌ] a. 수반되는

* count는 유럽의 귀족인 '**백작**'을 말합니다. '**숫자를 세다**' 뜻의 동사 count와는 어원이 다릅니다.
백작 뜻의 count는 로마의 provincial governor^{주지사}를 말하는 comitem에서 나온 단어이고 '**함께 가다**'라는
뜻입니다. 처음에 count는 '**동반자, 참석자**'의 역할을 수행하는 로마시대 공직자를 의미했다가 나중 유럽의 귀족
작위의 명칭으로 쓰이게 되었습니다.
어원으로만 보면 count^{백작}는 '**주민과 함께 가는 companion**^{동반자}'라는 뜻에서 나온 단어이니 주민을 위해 헌신하는
귀족작위처럼 느껴집니다. 그러나 어원과 달리 중세의 count^{백작}들은 소작인을 무척 괴롭혔습니다.

* accompany^{동반하다}는 접두사 ad-(to)가 company에 붙은 단어로서 역시 '**함께 가다**'라는 뜻입니다. '**빵을 먹으며
함께 하다**'는 뜻의 company의 원래 의미로 기억하면 좋겠습니다. 지금의 company는 '**회사**'라는 뜻이 되었지만 잘
생각해보면 회사도 '**동료들이 빵 값을 벌려고 모인(會) 곳**'이긴 합니다.

* concomitant^{수반되는}는 com(함께) + comitari(동반자)의 조합입니다. '**함께(con)**'에 '**함께(com)**'가 두 번 붙은
단어로서 '**A가 항상 B를 같이 데리고 다니는**'의 뜻으로 사용됩니다. 명사로 사용될 때는 '**부수물**'이라는 뜻이 됩니다.
concomitant 단어를 사용할 때 B가 꼭 A의 종속된 것일 필요는 없습니다.
둘이 대등하더라도 같이만 다닌다면(예를 들어 부부처럼) 사용이 가능한 형용사입니다.

> Sleeplessness is a concomitant of old age.
> 잠을 못 이루는 것은 노년의 부수물이다.

concomitant를 암기할 때는 con이 두 빈 언급된 점을 기억하면서 '**차를 함께(con) 함께(com) 탄,
동반되는**'으로 기억하면 됩니다. 혹은 뒤의 com을 come으로 발음대로 기억하여 '**함께 온**'으로
기억해도 무방합니다.

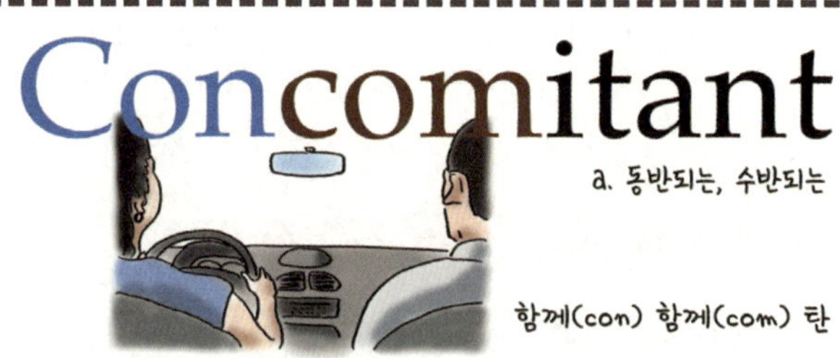

참고로 com이 들어간 단어 중 공산당들이 동지를 부를 때의 호칭으로 사용되는 comrade동무란 단어가 있습니다. 이 단어는 com + rade처럼 보여 **'함께 약탈하는(raid) 사람들'**인가.. 싶지만 사실은 room을 뜻하는 라틴어 camera카메라에서 나온 단어입니다. **'방을 같이 쓰는 사람'**이라는 건전한 뜻에서 나온 단어가 되겠습니다.

comrade [kɑ́ːmræd **카암**래드] n. (공산주의의) 동무

Glitterlance
Q - 반짝반짝 창

(액티브) : 룰루와 픽스가 각자 예리한 마법 화살을 발사하여 마법 피해를 주고 여기 맞은 적들은 수 초 동안 속도가 80% 감소. 둔화 효과는 지속 시간에 걸쳐 점차 감소.

□□□ **glitter** [ɡlítə(r) **글리터**] v. 반짝반짝 빛나다
□□□ **lance** [læns 랜스] n. 창

freelancer(프리랜서)는 떠도는 창잡이 기사

★ **glitterlance**는 LOL에서 만든 단어입니다. 재미있게도 glitter에 마치 명사형 어미 -ance가 붙은 것처럼 보이게 단어를 만들었습니다. 실제로는 glitter(반짝이는) + lance(창)라는 게임용어 조합이 되겠습니다.
여기서 lance는 일반적인 창이 아니고 tournament마창시합에서 사용하는 기다란 원뿔형의 lance창을 말합니다.

lance가 들어간 단어로는 freelancer프리랜서가 있습니다. 요즘은 회사에 얽매이지 않고 자유롭게 계약해서 일을 하는 사람들을 의미하지만 예전에는 한 영주에 소속되지 않는 떠돌이 기사를 의미 했습니다.
또한 큰 일을 시작하거나 로켓을 발사대에서 launching론칭할 때 볼 수 있는 launch 단어도 lancer 에서 나온 단어가 되겠습니다.

freelancer [fríːlænsər ㅎ**프리일**랜서] n. 프리랜서
launch [lɔːntʃ 로언치] v. 개시하다
tournament [túrnəmənt **투어**너먼ㅌ] n. 토너먼트

* tournament는 알다시피 게임을 대진표대로 하는 **'토너먼트'**란 뜻입니다. 여기서 동사형인 tourney는 **'마창시합을 하다'**는 뜻이고 원래는 turn돌리다에서 나온 단어입니다.
tournament마창시합는 가운데 낮은 담장을 경계로 중무장한 기사가 양쪽에서 달려오며 서로를 lance로 찔러 상대를 떨어뜨리면 이기는 경기입니다.
tournament마창시합라는 단어는 처음에는 마창시합 기사들의 이기는 사람끼리의 대결방식을 의미하다가 현대에는 스포츠의 사다리형 대진표를 말하는 것이 되었습니다.

Whimsy
W - 변덕쟁이

(아군에게 시전) : 수 초 동안 대상 아군의 이동 속도가 상승.
(적에게 시전) : 수 초 동안 적 챔피언을 변이시켜 기본 공격이나 스킬 공격을 할 수 없게 만들고 기본 이동 속도를 감소시킴.

□□□ **whimsy** [wímzɪ **윔**지] n. 엉뚱한 생각

엉뚱한 생각 whimsy

★ whimsy는 변덕스러운 유머나 기발한 생각 등을 말하는데 기분, 변덕을 뜻하는 whim에서 나온 말입니다. 형용사형은 whimsical기발한입니다.
whimsy 단어가 어울리는 **'기발한 유머'**를 나타내는 단어 중에 신조어로서 switcheroo가 있습니다.
Switcheroo는 농담과 관련해서 예기치 못하게 두 개의 사물이 바뀌는 것을 말합니다.
인터넷이나 SNS에서도 남자가 여자 옷을 입고 그 옆의 여자가 수염과 근육을 기르는 식의 재미있는 switcheroo를 자주 볼 수 있습니다.
또한 switcheroo는 단어 자체도 기발한데 kangaroo캥거루와 마지막 발음의 느낌이 비슷한 단어여서 스위치와 캥거루를 연결하는 switcheroo 그림을 만들어 볼 수도 있습니다.

유명한 영화감독 Woody Allen우디 앨런은 이런 gags개그에 익숙해서 친구들이 switcheroo식으로 그의 이름을 'Allen Woody'라고 불렀다고 합니다.
길거리에서 그는 앞가슴 호주머니에 bullet총알을 가지고 다니다가 "누가 나에게 성경을 던졌는데 이 총알이 내 생명을 구해줬다."고 주장하기도 했습니다. 이런 농담을 스위쳐루라고 부릅니다.

 switcheroo [swítʃəru **스위**쳐루] n. 예기치 못한 변화

whim의 의미와 비슷하게 caprice라 하면 날씨나 기분, 태도 등의 갑작스러운 변화를 의미합니다.

 caprice [kəprí:s 커**프리**스] n. 갑작스러운 변화
 capricious [kəpríʃəs 커**프리**셔스] a. 변덕스러운

일상에서는 caprice보다는 형용사형인 capricious를 더 자주 볼 수 있습니다.
capricious를 외울 때는 발음을 이용하여 '**한 때 커플이셨어**.. 하지만 **변덕**으로 헤어지고 또 만나고 **하는 연인**'의 이미지로 기억하면 됩니다.

 **Help, Pix!**
E - 도와줘, 픽스!

(아군에게 사용) : 픽스가 대상에게 점프한 다음 6초간 공격을 도움. 픽스가 아군 챔피언에게 보호막.
(적에게 사용) : 픽스가 대상 적 유닛에게 마법 피해. 그 다음 4초 동안 대상의 위치를 보여줌.

★ 챔피언 Lulu룰루처럼 원거리 스킬을 쓰면서 상대와 일정한 거리를 유지하며 공격하는 것을 LOL 용어로 kiting카이팅이라고 합니다.
원딜이 거리를 유지하는 모습이 kite연이 연줄에 의해서 팽팽하게 당겨져 일정한 거리를 유지하는 모습과 비슷한 것으로 여겨서 LOL에서 만든 단어입니다.

 kite [kɑɪt 카이트] n. 연

Wild Growth
E - 급성장

(액티브) : 룰루가 아군 챔피언이나 자신의 몸집을 키우며 대상 주변에 있는 적을 공중으로 띄움. 7초 동안 아군은 추가 체력을 얻고 근처의 적들은 1초 동안 느려짐.

□□□ **wild** [waɪld 와일ㄷ] a. 야생의
□□□ **growth** [groʊθ 그로우ㅆ] n. 성장　∞ Zyra 참고

wild(야생의) 반대는 tame(길들인)

★ wild growth급성장 스킬은 LOL에서 챔피언 Lulu룰루가 자신의 몸집을 크게 만드는 것입니다. 자신이나 아군이 죽기 직전상황에서 쓰는 필살기입니다.
여기서 wild는 '**격렬한, 사나운**'의 뜻으로 사용되어 갑자기 쑥쑥 커지는 모습을 묘사하고 있습니다.

그러나 실제로 영어에서 wild growth는 '**야생(野生)**'이란 뜻으로 자주 사용되고 있습니다. 이 경우 농장이나 집에서 기르는 동, 식물을 표현하는 '**tame**길들인'의 반대의 뜻이 됩니다.
집고양이는 tame cat으로 불리고 야생고양이나 도둑고양이는 feral cat이라고 부르는 식이죠.

wild야생와 비슷한 의미의 단어들로는 '**길들여지지 않았다**'는 뜻의 untamed나 '**길들여지지 않는 강인함과 단단함**'을 뜻하는 adamant가 있습니다.

　　feral [férəl ㅎ페럴] a. 야생의, 흉포한, (다시) 야생화한　∞ Zyra 참고
　　tame [teɪm 테임] a. 길들여진　v. 길들이다
　　　⇔ **untamed** [ʌntéɪmd 언테임ㄷ] a. 길들여지지 않은
　　adamant [ǽdəmənt 애더먼ㅌ] a. 단호한, 견고한

* **tame**은 '**길들이다**'라는 뜻의 그리스어 daman에서 나왔고 더 멀리는 '**집**'을 뜻하는 PIE어근인 *dem-에서 나온 단어입니다. 이 *dem-어근은 domesticate, diamond처럼 가축화하거나 집, 안정을 나타내는 단어에서 볼 수 있는 것입니다.　∞ Renekton, Karma 참고
tame의 반대어는 untamed길들여지지 않은입니다.

* **adamant**는 '**강인함, 단단함**'이라는 뜻입니다. untamed와 같은 어원인 PIE어근인 *dem-에서 나온 단어입니다. 즉 a(not) + daman(tame)의 조합으로서 길들여지지 않아 순하지 않고 단호하다는 뜻입니다. diamond의 이미지와 같이 기억하면 됩니다.

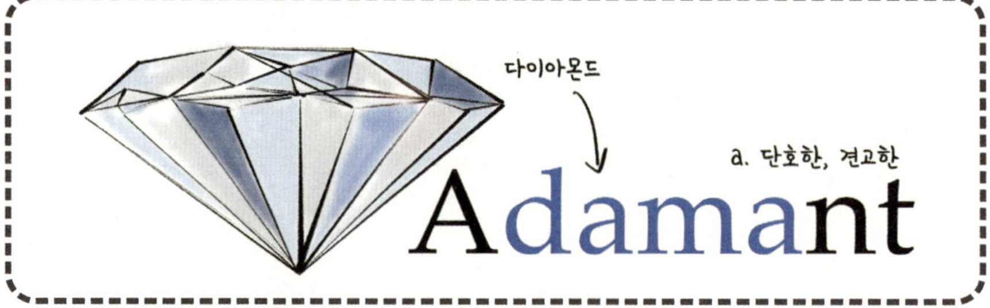

Lulu

★★☆☆☆ **faerie** - a place of legend known only to wizards and the faerie creatures
마법사들과 요정 생물들에게만 알려진 전설상의 장소

★★★☆☆ **companion** - His companion fell and broke his leg.
그의 동료는 넘어져서 다리가 부러졌다.

★☆☆☆☆ **count** - the count and countess of Champagne 샹파뉴 백작과 백작부인

★★★☆☆ **accompany** - He accompanied his girlfriend to the E-sports event.
그는 여자친구와 E-스포츠 대회에 가는 데 동행했다.

★★★☆☆ **concomitant** - I loved travel with all its concomitant worries.
나는 여행을 사랑했다. 그 여행에 동반되는 모든 걱정거리도 함께.

★★★☆☆ **comrade** - We have been comrades since we were two.
우리는 두 살 때부터 동무였다.

★★★☆☆ **glitter** - the superficial glitter of the idol group
아이돌 그룹의 피상적인 화려함

★★★★★ **lance** - The knight's lance pieced the enemy's shinning armor.
그 기사의 창은 적의 빛나는 갑옷을 뚫었다.

★★★☆☆ **freelancer** - Olivia worked as a freelancer for ten years.
올리비아는 프리랜서(전속계약이 없는 전문가)로 십 년간 일했다.

★★☆☆☆ **launch** - S. Korea launched a spaceship into space and became a leader in the space robotics.
남한은 우주로 우주선을 쏘아 올렸고 우주 로봇공학의 리더가 되었다.

★☆☆☆☆ **tournament** - Due to heavy traffic the tournament started 2 hours late.
교통 혼잡 때문에 그 토너먼트는 두 시간 늦게 시작되었다.

★★★☆☆ **whimsy** - a moment of whimsy 기발한 순간

★★★★★ **switcheroo** - The magician did the old switcheroo to fool the crowd.
그 마술사는 군중을 속이기 위해 그 오래된 스위처루(맞바꾸기)를 행했다.

★★★☆☆ **caprice** - a sudden caprice of her 갑작스런 그녀의 변덕

★★★☆☆ **capricious** - His capricious mood kept her from joining the all-male team.
그의 변덕스러운 기분은 그녀가 남자로만 구성된 팀에 합류하지 못하게 했다.

★★☆☆☆ **kite** - A boy flies a kite into the blue sky.
한 소년이 푸른 하늘에 연을 날린다.

★★☆☆☆ **growth** - the rapid economic growth
급격한 경제의 성장

★★★☆☆ **feral** - The abandoned lion cub couldn't join the feral herds in the wild.
그 버려진 새끼 사자는 야생의 무리에 합류할 수 없었다.

★★★☆☆ **tame** - The lion tamer lost his head during his performance.
그 사자조련사는 공연 중에 자신의 머리를 잃었다.

★★★☆☆ **untamed** - An untamed lion chased me around the zoo until he saw a squirrel.
그 길들여지지 않은 사자는 다람쥐를 보기 전까지 동물원을 빙 둘러 나를 쫓아다녔다.

★★★☆☆ **adamant** - My friend is still adamant that humans have never been to the moon.
내 친구는 인간이 달에 가본 적이 절대 없다고 아직까지 확고히 믿는다.

Lux, Lady of Luminosity
럭스 - 광명의 소녀

P Illumination 광채

Q Light Binding 빛의 속박

W Prismatic Barrier 프리즘 보호막

E Lucent Singularity 광휘의 특이점!

R Final Spark 최후의 섬광

P **Illumination**
passive - 광채

| 럭스의 공격 스킬에 맞은 적은 6초 동안 빛의 표식이 새겨짐. 표식이 새겨진 적을 럭스의 기본 공격으로 공격하면 표식이 사라지며 적은 마법 피해를 입음.

□□□ **illumination** [ɪluːmɪnéɪʃn 일루우미**네이**션] n. 조명

illumination은 lumen(빛)을 안으로 비추는 것

★ illumination는 '**조명**'이라는 뜻인데 빛을 뜻하는 라틴어 lumen 앞에 접두사 il(into)이 붙어서 만들어진 명사형입니다. 빛(lumen)이 나게 만드는(into) 것입니다.
어근인 라틴어 lumen은 영어에서 철자 그대로 사용되어 lumen(루멘 : 광속의 단위)으로 사용되고 있습니다.
이 라틴어 lumen은 빛을 뜻하는 PIE어근 *leuk-에서 나온 것이고 이 PIE어근을 통해 단어 lucid와 관련이 되어있습니다.

light(빛) 관련 단어		
PIE어근 *leuk- (빛) →	라틴어 lumen, lucere →	영어 lumen, lucid

조도의 단위인 lux(럭스 : 빛의 밝기의 단위)도 이 *leuk- 어근에서 나온 것인데 LOL 게임에서는 챔피언 Lux의 이름으로 사용되었습니다.
보통 공부방의 밝기는 500lux, 책상위의 스탠드는 600~1000lux의 밝기를 확보해야 눈이 피로하지 않습니다.

그림 빛 관련 단어의 기초가 되는 lucid에서 탄생한 단어들을 모아보겠습니다.

lucid [lúːsɪd **루우시ㄷ**] a. 명쾌한
  → **lucidity** [luːsídətɪ 루우**시**더티] n. 명료
  → **lucent** [lúːsnt **루우슨ㅌ**] a. 빛을 내는
elucidate [ɪlúːsɪdeɪt 일**루우**시데이트] v. 자세히 설명하다
illustrate [ɪlÁstreɪt **일러스트레이트**] v. 삽화를 쓰다
translucent [trænslúːsnt 트랜스**루우슨ㅌ**] a. 반투명한
  ⇔ **opaque** [oʊpéɪk 오우**페이**ㅋ] a. 불투명한

* lucid는 shine빛나다의 뜻의 라틴어 lucere에서 나온 단어이고 clear명료한, 또는 '**명쾌한**'이라는 뜻입니다.
여러 lucid가 들어간 단어의 기초가 됩니다.
lucid의 '**명쾌한**'의 뜻은 '**빛에 의해 어둡고 알 수 없는 구석이 없어지다**'라는 의미에서 나중 생긴 것입니다.

* elucidate는 상대방이 '**아하!**'하며 명료하게 이해하도록 '**자세하게 설명하다**'라는 뜻이 되겠습니다. ex(밖으로) +
lucid(clear) + ate(~하게 만들다)의 조합입니다. lucid 앞에 접두사로 붙은 ex는 여기서는 변화의 의미로 쓰인
것입니다.
elucidate는 lucid가 단어 안에 그대로 예쁘게 들어있어서 이해하기 좋습니다.

* illustration은 삽화라는 뜻입니다. '**그림을 통하여 무언가를 명료하게 나타내는 것**'에서 나온 단어입니다. il(in
안으로) + lucere(shine빛나다) + ate(~하게 만들다)의 조합입니다.
글의 애매함에 골치 아프게 헤매다가 갑자기 그림 한 장에 의해 머릿속에 환한 빛이 비춰지는 느낌을 잘 표현한
단어라고 하겠습니다. elucidate와 발음도 비슷하고 구조도 비슷합니다.

* translucent는 '**반투명한**'이라는 뜻입니다. trans(통하여) + lucent(빛을 내는)의 조합으로서 '**통하여 빛을 내다**'는
뜻이 되겠습니다. 종이나 얇은 막처럼 빛이 통하는 재질을 떠올리면 됩니다.
translucent와 opaque불투명한는 의학에서 각막이나 고막처럼 membrane막 구조의 투명도를 설명할 때 자주 사용
하는 단어입니다.
예를 들어 각막에 백내장이 생겨서 혼탁하면 opaque한 것이고 정상이면 translucent한 것입니다. 또한 고막에 고름이
차서 중이염이 생기면 opaque하게 돼서 안이 안 보이는 것이고 정상이면 translucent한 것이 되겠습니다.
opaque를 외울 때는 조금 야하지만 불투명하게 가려놔서 보이지 않는 여자의 사진을 향해 분통을 터트리는 야동
매니아를 생각하면 기억이 편합니다. "**오 빡쳐. 불투명해서 안보여!**"

translucent	a. 반투명한	ex) 종이, 매미 날개
opaque	a. 불투명한	ex) 백내장, 셀로판지

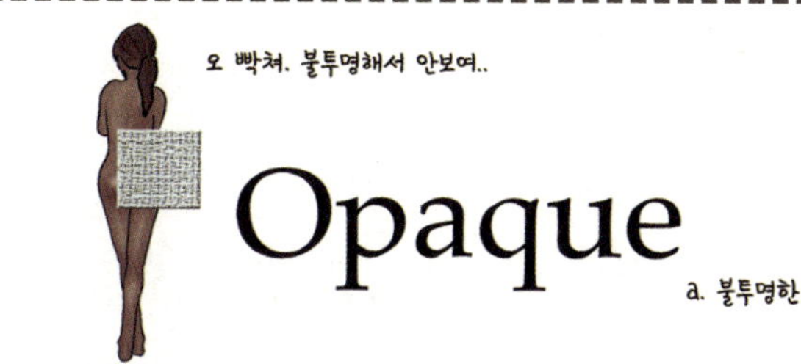

Opaque

a. 불투명한

비밀결사대 Illuminati(일루미나티)

Illuminati일루미나티란 프리메이슨과 같은 비밀결사대를 말하고 영화 [Avengers어벤져스]를 포함한 여러 음모소설에서 인용되는 단체이름입니다. 사탄 루시퍼를 숭배하고 전 세계에 단일정부를 세워 군림하고자 하는 단체라고 합니다. 일루미나티의 원래 뜻은 **'밝히다, 계몽하다'**인데 상징이 Oculus전시안이라는 삼각형 안에 들어있는 눈입니다.

이 상징은 미국 1 달러에도 도안이 들어있을 정도여서 conspiracy theory음모론를 믿는 사람들은 여기저기서 일루미나티의 실체를 밝히고자 노력하고 있습니다.

Q

Light Binding
Q - 빛의 속박

| (액티브) : 지정한 위치에 빛의 구체를 발사하여 최대 2명의 적에게 피해를 입힘. 적은 마법 피해를 입고 2초 동안 속박당함.

□□□ **binding** [báɪndɪŋ 바인딩] a. 법적 구속력이 있는 n. 책의 표지   ∞ Morgana 참고

Prismatic Barrier
W - 프리즘 보호막

(액티브) : 럭스가 지정한 위치에 부메랑처럼 돌아오는 마법 봉을 던져 자신과 봉에 맞은 아군 챔피언을 3초 동안 피해로부터 보호.

□□□ **prismatic** [prɪzmǽtɪk 프리즈**매틱**] a. 프리즘의, 각기둥의

★ prismatic은 무지개를 만드는 prism프리즘에서 나온 단어입니다.
mathematical수학적 물체가 나온 김에 쉬운 것만 mathematics수학 관련 단어를 모아보겠습니다.

점	point	꼭지점	vertex
선	line	대각선	diagonal line
원	circle	등식	equation
곡선	curve	마름모	rhombus
각	angle	부채꼴	sector
삼각형	triangle	사다리꼴	trapezoid
사각형	square, quadrangle	소수(素數)	prime number
오각형	pentagon	수직	perpendicularity
원호	arc	정수	integer
구	sphere	함수	function
유리수	rational number	무리수	irrational number

Lucent Singularity
E - 광휘의 특이점

(액티브) : 적 유닛의 속도를 느리게 하는 지역을 조성. 5초간 지속된 후 마법 피해를 주며 스킬을 다시 사용하여 적에게 피해를 즉시 입힐 수도 있음.

□□□ **lucent** [lúːsnt **루우슨ㅌ**] a. 빛을 내는   ∞ Lux P skill 참고
□□□ **singularity** [sɪŋgjulǽrətɪ 싱귤래러티] n. 특이성

★ singularity는 single에서 나온 말로서 보기에는 어렵게 생긴 단어이지만 구성은 무척 쉬운 단어입니다. 물론 과학적으로는 이해가 무척 어려운 물리학 용어 '특이점'이라는 뜻입니다.

single n. 혼자 →	singular a. 단수의 n. 단수 →	singularity n. 특이성, 특이점

single에서부터 형용사형 어미 -ar와 명사형 어미 -ity가 추가되어 singular는 **'(문법의) 단수'**의 뜻이 되고 singularity는 **'(천체물리학의) 특이점'**의 뜻이 되었습니다.

그리고 문법에서 singular단수의 반대말인 '복수'는 plural입니다.

plural [plúrəl 플루럴] n. 복수형 ⇔ **singular** [síŋgjələ(r) 싱규얼러] n. 단수형

* **plural**은 '복수의'라는 뜻입니다. 같은 뜻의 라틴어 pluralis에서 나온 단어인데 라틴어 기본형은 plus입니다.
영어에서처럼 +(더하기)란 뜻입니다.
plural을 기억할 때도 이 **plus**의 발음을 이용하면 됩니다.
그런데 이 plural [plúrəl 플루럴]을 발음을 살짝 잘못하여 pleural [pluərəl 플루어럴]로 하면 뜻이 '늑막의'가
되어버립니다. 듣는 외국인 입장에서 의아함을 느끼게 되는 문장이 만들어지므로 발음에 주의해야 합니다.

singularity(특이점)이란?

singularity특이점이란 단어 자체의 과학적 의미를 잠깐 보겠습니다. 전에도 언급했는데 LOL 제작자 중에
물리학전공자가 있는 것으로 의심되는 이유는 스킬이름에 물리학 용어가 다양하게 나오기 때문인데 이 챔피언
럭스의 E 스킬도 그중 하나입니다.

singularity는 물리학에서는 특이점을 말하는데 theory of general relativity일반상대성이론에 따르면 태양의
8배 이상 무거운 별들은 red supergiant적색초거성가 되다가 나중 supernova초신성폭발를 일으키고 그 가운데서
새로운 neutron star중성자별를 만들게 됩니다. 즉 폭발로 인해 먼지로 다른 물질을 모두 흩어버린 후에, 중력이
인력(引力)으로만 작용해서 중성자가 모이고 모여 부피가 한 점에 집중되는 것입니다. 이 중성자별보다 밀도가
높아 무한대의 밀도를 가지게 된 것이 black hole블랙홀입니다.
이 블랙홀에 부피가 0이고 밀도가 무한대인 점을 black hole singularity블랙홀 특이점라고 합니다.

Final Spark
E - 최후의 섬광

(액티브) : 시간차를 두고 럭스가 정면을 향해 빛을 발사하여 해당 지역에 있는 모든 적에게 피해,
또한 최후의 섬광에 적중당한 적들은 광채 기본 지속 효과의 피해를 추가로 받으며 다시 광채
효과에 걸리게 됨.

Lux

★★★☆☆ **illumination** - The full moon provided the only illumination that night.
보름달은 그날 밤의 유일한 조명을 제공하였다. (보름달만이 밤을 비추고 있었다.)

★★★☆☆ **lucid** - Clarke gave a lucid explanation of the international background of rising inflation.
클라크는 치솟는 인플레이션의 국제적 배경에 대한 명쾌한 설명을 했다.

★★★☆☆ **lucidity** - a model of lucidity and fairness
명쾌함과 공평함의 좋은 예

★★★☆☆ **lucent** - a pattern of lucent gold coloured stripes
반짝이는 금색 줄무늬 패턴

★★★☆☆ **elucidate** - I hope that you will be able to elucidate the position.
나는 네가 입장을 명확히 할 수 있게 되기를 바란다.

★☆☆☆☆ **illustrate** - This book was illustrated by two talented artists.
이 책은 재능 있는 화가 두 명에 의해 삽화가 그려졌습니다.

★★★☆☆ **translucent** - His translucent computer was a hit at the computer show.
그의 반투명 컴퓨터는 그 컴퓨터 쇼에서 히트를 쳤다.

★★★☆☆ **opaque** - His house was too sunny, so he made one window opaque.
그의 집은 너무 햇볕이 많이 들어서 그는 창문 하나를 불투명하게 만들었다.

★★★☆☆ **binding** - The robots were bound together to create a super robot.
그 로봇들은 슈퍼로봇을 만들어내기 위해 서로 묶였다.

★★★☆☆ **prismatic** - prismatic colors 프리즘의 (무지개) 색깔

★★★★☆ **singularity** - the singularity of the woman 그 여자의 특이성

★★★★☆ **plural** - The plural form of fighter is fighters.
파이터의 복수형은 파이터들이다.

★★★☆☆ **singular** - The singular form of soldiers is soldier.
군인들의 단수형은 군인이다.

Index

INDEX

emphasis	상347
empower	상324,하233
emptiness	하433
emulate	상406
enchant	상78
enchantmen	상79
encompass	하322
encourage	상253
endemic	하465
endurance	상251
endure	하435
energize	하249
engulf	하291
enrage	상259
entangle	하57
enthusiasm	상297
entice	하440
envisage	하23
envision	하23
envoy	하141
ephemeral	하430
epidemic	하465,상286
epilepsy	상162
equal	하194
equalitarian	하194
equality	하194
equalizer	하193
equally	하194
equate	하194
equation	하194
equator	하194
equilibrium	상301,하194
equinox	하269,하194
equivalent	하194
equivocal	하194
erect	하70
erode	상394
erosion	상394
erosive	상394
erupt	상137
escalade	하229
escalate	하229
escalator	하229
esoteric	상351
esquire	하288
essence	상209,상29
essential	상209
eternal	하429
eternity	하429
ethereal	상404
eulogy	상429
event	상377
evolution	상291,하413
excavate	하163
exceed	하408
except	하214
excessive	하407
exclamation	하155
execute	상176
execution	상176,상437
executive	상176
exercise	상396
exhaust	하227
exile	하186
exogenous	하251
exonerate	하252
exorbitant	하252
exoskeleton	하251
exotic	하252

expect	상127
expedite	상207
expedition	상207
expel	하186
expend	상338
expire	상349
explicate	상418
explicit	상418
explode	상271
explore	상207
explorer	상205
explosion	상271
explosive	상271,하330
expulsion	하186
extraction	하422
extraordinary	하391

F

facade	하93
facet	하93
faerie	상441
faint	하221
fake	하221
famine	하467
famish	하467
fanatic	하238
fang	상130
fatal	상342
fate	상342,상96
fatigue	하227
feast	상140
federation	상174
feign	하221
feint	하220
feral	상138,상446
ferocious	하16,상138
ferocity	하16
fertilizer	하397
fervent	상435
fervor	상297,상373
festival	상140
fiction	하221
fiddlestick	상217
fierce	하16
filibuster	하185
filthy	상355
finite	하434
fission	하399
fissure	상117,하399
fist	상102
flagrant	상108
flail	하206
flame	상106,상347
flammable	상107
flare	상420
flash	상62
flavour	상389
flay	하323
fleabite	상63
flee	상23
flexible	하475,하402
flight	상22
fling	하236
flock	하277
fluctuate	하200
fluctuation	하70
fluent	하200
fluid	하200
flurry	상409
flux	하200
focus	상75

focused	상347
foil	상355
force	하281,상363
fort	하261
fortify	하261
fossil	상381
foul	상355
fractal	하252
fraction	하252
fracture	하252
fragile	하74
frantic	하238
fraternal	하226
freelancer	상444
frenetic	하238,상199
frenzy	상199,상192
frequency	하446
frost	상427,상62
frostbite	상63
frozen	하336,상428
fume	상283
fundamentalism	하59
funeral	상429
furious	하164
furnace	하244
fury	하77,하159
fuse	하487
fusion	하423
futile	하184

G

gala	상308
gale	상307
gallop	상262
gate	하354
gather	상345
gatling	상147
gaze	상131
gene	상259
genocide	상26
genuine	하131
geology	하13
giggle	상23
glacial	상63,상117
glacier	상63
glitter	상443
glorious	하413
glory	하241,하413
gluttony	상368
Goldlocks	상418
grab	상100
grand	상225,하134
grandeur	상225
grandiose	상225
grandmaster	상327
granite	하11,상261
grasp	하497,하24
grave	하54
gravel	상261
gravity	하415
grenade	상294
grim	하191
grimace	하191
grit	상275
groove	하415
growth	상446,하497
grumble	하190
guillotine	상155
gulf	하291
gumshield	상115
gust	상240

perceive 하214
percuss 상114
percussion 상114
perfect 상167
period 하446
perm 하207
permafrost 하207
permanent 하207,하430
pernicious 하390
perpendicular 하392
perpetual 하430
persecute 상240
persecution 상240
perseverance 상251,하259
persevere 상251
perspire 상349
pesticide 상253,하397
pestilence 하465,하426
petition 하118
petrify 상131
petrol 상132
petroleum 상132
phalanx 하274
phantom 하281
phase 상186
phlegm 하424
phlegmatic 하424
phoenix 하368
phosphorus 상144
physics 하375
pickaxe 상175
pickpocket 상29
pierce 상339
piercing 상339,상434
pillar 상106,하338
pirate 하185
plague 하426
plaintiff 상254
plasma 하399
plaster 하399
plastic 하399
plasticity 하399
plausibility 상271
plausible 하105,상271
plethora 하418
plough 하298
plow 하298
plumbing 상216
plummet 상300,상268
plunder 하175
plunge 상300
plural 상453
poacher 상76
poise 상337
poison 하233
poisonous 하234
pollen 상46
pollute 하360
pollution 하360
pomegranate 상295
ponder 하36
portrait 하324
pose 상339
Poseidon 상232
position 하374
potassium 하67
potion 하237
pounce 하91
precede 하408

precedent 하408,상254
precise 하419
precursor 하394
predate 하162
predation 하162
predator 하162,하175
prepare 상290
preside 하450
prevent 상377
prey 하161,하175
prickle 상389,하496
primacy 하92
primal 하91
primary 하91
primate 하92
prime 하91
primitive 하92
primordial 하92,하394
prismatic 상452
prison 하199,하66
probation 상254
prodigal 상205
proficient 하304
prop 하367
propagation 하367
property 하45
prophecy 하22
prophet 하22
propriety 하45
prosecutor 상246
prospect 상127
protect 하125
protection 하125,하130
protective 하125
protector 하125
protest 상50
protocol 상294
proton 상294
prototype 상294
provide 하23
provision 하23
prowl 하89
prowler 하89
prudent 하474
psalm 하258
puberty 상61
puff 상283
pulsate 상363
pulse 상363,하446
pulverize 상46
punctual 하154
punctuate 하154
punctuation 하154
puncture 하154
pungent 하154
pursue 상436
pursuit 상436
pyromania 상67

Q quantum 상185
quartz 하12
queer 하29
query 상84
quest 상84
quintessential 상209
quiver 하383

R rabies 상259
racism 하185
radial 하307
radiance 하306

radiate 하307
radiation 하307
radical 하307
radio 하307
radioactive 하307
radius 하307
raft 상364
rage 상259
ragnarok 하119
raid 상430
rake 하297
ramp 상285
rampage 상284
rampant 상285,하497
ranger 상75
rapid 하329,상200
rapidity 하330
rappel 상193
rash 하117
ravage 상200
raven 상218,하277
ravish 상200
razor 하480
reap 상324
reaper 하51
reaver 상391
rebel 상354
rebirth 상59
recant 상79
recede 하408
receive 하214
recessive 하156
reciprocal 하66
reckless 하117
reckoning 상373
recommend 하121
reconstruction 하53
redeem 하266
redemption 하266,상39
reflect 하401
reflex 하498
reflux 하291
refract 하401
regale 상408
regurgitate 하290
rehabilitation 하369
reign 하167
reincarnation 상60
rejuvenation 상61
relativity 하375
relax 하284
relentless 상321,상436
relevant 하152
remark 하483
remarkable 하483
removal 상247
remove 상248
renal 상166
rend 상341
render 상341
renewal 상347,하274
renovate 상348
renovation 상348
repair 상289
repeal 상194
repent 상206,하199
repentance 하171
replica 상418
reprimand 하77